中国社会科学院国情调研丛书
CASS Series of National Conditions Investigation & Research

宁夏农村现代化
与共同富裕建设和探索

新社会转型的

理论与实践

THEORY AND PRACTICE OF
NEW SOCIAL TRANSFORMATION

CONSTRUCTION
AND EXPLORATION OF
THE RURAL MODERNIZATION
AND COMMON PROSPERITY IN NINGXIA

王春光　李保平　等　著

社会科学文献出版社
SOCIAL SCIENCES ACADEMIC PRESS (CHINA)

目　录

第一部分　共同富裕的"共存"逻辑：新社会
转型的生态篇

第三部分　共同富裕的"共融"逻辑：新社会转型的社会融合篇

导言
新社会转型背景下的闽宁合作
与区域共同富裕

王春光[*]

最近几年，中国社会科学院社会学研究所与宁夏社会科学院的同仁合作，以闽宁合作为重点议题，开展国情基地课题的调查和研究。为什么选择以闽宁合作为研究议题？还得从我们的合作历史说起。这不是我们第一次合作开展国情调查和研究，而是第二次。与这次不同的是，上次合作的研究议题是生态移民。两次合作有不同的研究议题，与国家发展战略有一定的关系。当然，这两个研究议题之间有着内在的关联性。第一次合作研究之所以关注生态移民问题，是因为当时全国正处于农村精准扶贫、脱贫攻坚阶段，生态移民曾是用来解决农村贫困问题的一项重大举措，起步时间早，取得了很好的效果，研究这个议题对推进精准扶贫和脱贫有着重要的实践价值。那时候主要关注生态移民来自哪里、迁移到什么地方，他们在迁入地能否实现脱贫、如何实现脱贫以及在迁入地面临着什么样的困境，等等。研究这些问题，对进一步推进宁夏脱贫攻坚乃至全国的精准扶贫和脱贫有着非常重要的学术和实践价值。"易地搬迁和生态移民都是为

---

* 作者简介：王春光，中国社会科学院社会学研究所副所长、研究员。

了缓解生态脆弱地区的人口压力，实现环境保护和减贫的双重目标而进行的大规模人口异地安置。与政策安置移民相伴生的是移民的流动，包括政策安置移民的二次流动和非政策移民的自发流动。宁夏的经验表明，移民为农村人口流动提供了机会，促进了人口流动。现有的移民社会治理机制主要服务于异地安置，很难应对移民社会的高度流动性，这在实施精准扶贫中表现尤其明显。"[1] "作为实施扶贫和生态移民最早的省份，从南部山区向黄河灌区，宁夏对于改善贫困人群的生活和保护山区生态环境都起到了重要作用。"[2] 在研究生态移民的过程中，我们注意到，闽宁合作在其中发挥了作用，尤其是在宁夏的脱贫攻坚上，闽宁合作具有不可替代的作用。而在脱贫攻坚成果巩固和乡村振兴新时代，闽宁合作将发挥怎样的作用？该如何发挥作用？与以前又有着怎样的相同和不同？从区域共同富裕建设这个角度出发，怎样看待闽宁合作的今昔和未来？由此，在生态移民研究的基础上，我们从更广阔的视角来探讨和分析闽宁合作这一现象及其具有的内在学术和实践价值。

在宁夏，每到一处，我们都能听到有关闽宁合作的故事，也都能看到闽宁合作的成果，这会让人产生这样的认知：宁夏的发展似乎离不开闽宁合作。事实究竟如何？闽宁合作始于 1996 年，到 2023 年，已经有 27 年历史。2011 年某学者所做的一项研究指出，从 1996 年到 2011 年的 15 年中，福建向宁夏提供了援助资金 6.6 亿元。另外，"据不完全统计，闽宁合作中福建省财政援助宁夏地区的扶贫协作资金达 2.64 亿元，对口帮扶市县（区）先后无偿投入资金达 2.69 亿元，社会各界捐助折款 1.32 亿元；企业投资额达 600 亿元，提供就业岗位 3 万个；为宁夏贫困地区修建梯田1.5 万亩，打井窖 1.5 万口，人工种草 2.7 万亩，建移民示范点 3 处，搬迁移民 1942 户 9700 人；修建一批水利水保设施，实施农村电网、道路、广播电视、饮水工程等；发展种植业 2 万亩、养殖业近 4 万头（只），建

---

[1] 王晓毅：《移民的流动性与贫困治理——宁夏生态移民的再认识》，《中国农业大学学报》（社会科学版）2017 年第 5 期。

[2] 李培林、王晓毅：《移民、扶贫与生态文明建设——宁夏生态移民调研报告》，《宁夏社会科学》2013 年第 3 期。

设 124 个闽宁示范村，带动了一大批贫困群众脱贫致富，使近 50 万名群众受益，取得了丰硕成果"。① 从 2011 年到 2023 年，闽宁合作只有比以前更紧密，福建在其中的资源投入和所做的事情只会比以前更多，而不是减少，发挥的作用只会更大，而不是变小。仅仅 2022 年福建省在闽宁合作上投入的援助资金就多达 4.01 亿元（不计入招商引资项目到位资金），接近 2011 年前 15 年的 6.6 亿元福建对全宁夏的援助资金。从广义上看，招商引资也是闽宁合作的一部分，而且是非常重要的一部分，这部分投入在 2011 年后更多，不会减少。

如果以 2011 年为分界线，那么闽宁合作究竟发生了怎样的变化？只有量的变化吗？如果有质的变化，那又是什么样的质变？这种质变是怎样发生的？对此做怎样的解释？如果还是停留在量的变化上，那又是为什么？从效果上看，闽宁合作是怎样的情况？是否从初期的援助转向真正的协作乃至合作？或者说现在是援助与协作、合作并存？对此又将做怎样的解释？

第一节　社会转型、区域合作与共同富裕的理论关系

一　社会转型与区域合作

改革开放后，国家实施了"先富带后富、实现共同富裕"的发展战略，前提是先让一部分人、一部分地区富起来，没有他们的富裕，哪来"先富带后富"和"共同富裕"？1992 年，邓小平在南方谈话中谈到这一点："走社会主义道路，就是要逐步实现共同富裕。共同富裕的构想是这样提出的：一部分地区有条件先发展起来，一部分地区发展慢点，先发展起来的地区带动后发展的地区，最终达到共同富裕。"② 那么，何时才能转向"先富带后富"？怎样实现"共同富裕"？邓小平继续指出："解决的办

---

①　蒋宇：《闽宁合作的多元化发展趋势及目前存在的问题》，《农业科学研究》2011 年第 3 期。
②　邓小平：《邓小平文选》（第三卷），人民出版社，1993，第 373～374 页。

法之一，就是先富起来的地区多交点利税，支持贫困地区的发展。当然，太早这样办也不行，现在不能削弱发达地区的活力，也不能鼓励吃'大锅饭'。什么时候突出地提出和解决这个问题，在什么基础上提出和解决这个问题，要研究。可以设想，在本世纪末达到小康水平的时候，就要突出地提出和解决这个问题。到那个时候，发达地区要继续发展，并通过多交利税和技术转让等方式大力支持不发达地区。不发达地区又大都是拥有丰富资源的地区，发展潜力是很大的。总之，就全国范围来说，我们一定能够逐步顺利解决沿海同内地贫富差距的问题。"[①] 显然，邓小平已经清晰地认识到区域发展不平衡是需要解决的，是实现共同富裕的必然要求，但是同时也指出需要一定的时间和条件，即一部分有条件的人和地区先发展起来，有了一定的实力后，可以通过转移支付和技术转让等方式帮助发展较慢、不发达地区去发展。从社会学视角来理解，那就是，区域协作及先富带后富、实现共同富裕是国家在发展、转型过程中才会出现的，这是需要一些条件、时机和方式的，这里称之为新社会转型。

　　社会转型是中国社会学界于20世纪80年代后期提出来的，是解释当时中国改革开放引发的社会经济变迁的一个很重要的概念。"转型"的概念不是那个时候提出来的，也不是中国首先提出来的，而是1944年奥地利经济人类学家卡尔·波兰尼在《大转型》一书中提出来的，旨在解释19世纪欧洲市场经济兴衰过程，波兰尼提出了市场社会、嵌入和脱嵌等重要概念。最重要的一点是，他认为，自我调节的市场经济不是有史以来就存在的，仅仅出现在19世纪，给社会带来的冲击和破坏是很大的，因此市场与社会保护出现反向运动，最终市场会重新嵌入社会，出现一种新的社会形态。其中，市场社会出现是一种大的社会经济转型，这是一个脱嵌过程，而市场重新嵌入社会，则是又一次大转型。[②] 虽然20世纪80年代后期中国社会学界提出"社会转型"概念跟波兰尼所说的大转型一样来描述

---

① 邓小平：《邓小平文选》（第三卷），人民出版社，1993，第374页。
② 所谓市场社会，是指市场从社会中脱离并主导社会，而市场重新嵌入社会，是指社会重新对市场进行制约，比如福利国家和福利社会，以解决市场带来的社会问题，让市场为社会服务。参见包刚升《反思波兰尼〈大转型〉的九个命题》，《浙江社会科学》2014年第6期。

和解释现代化过程，但是它们有着不同的内涵。波兰尼的大转型更偏重于市场与社会关系，中国的社会转型则指向传统与现代、农村与城市、农业与工业、封闭与开放、伦理与法治之间关系的变迁。李培林认为，"社会转型是指中国社会从传统社会向现代社会、从农业社会向工业社会、从封闭性社会向开放性社会的社会变迁和发展"。[①] 郑杭生和李强也表达了相似的看法："工业化是现代化的必要条件，从这个意义上说，由传统社会向现代社会转型，实质上是由农业社会向工业社会转型。"[②] 社会转型是对我国现代化过程的具体表述。经历了四十多年，虽然我国的现代化还在建设中，我国社会还处于社会转型之中，但是现在的转型是不是与过去有所不同？于是我们提出了"新社会转型"这一概念，它是对"社会转型"概念的一种修正。"新社会转型"这一概念虽然延续了社会转型的一些含义，但是被赋予更多新的解读、新的意涵。新社会转型虽然依然沿着现代化轨迹进行，但是社会经济从原先的二分或者三分状态转变为融合、重组的状态，不再是非此即彼，而是彼此融合形成新状态、新样式和新机制。在新社会新转型期，传统与现代、农村与城市、一二三产业、区域边界等不再是那么迥然分明的，而是趋于模糊、融合乃至产生的新样态。换句话说，新社会转型不同于社会转型的是，从原来二元分割并进行切换转变的社会形态转向多元边界融合、模糊化、重组和更新的社会形态。[③]

　　虽然我们不能用二分的视角来看待宁夏与福建的关系，它们不是传统与现代、乡村与城市、农业与工业、封闭与开放等的对应关系，但是它们确实存在先发与后发的关系，因此，从这个意义上，国家提出沿海各省市帮扶内地特别是西部各省份。这种帮扶首先体现在沿海省市帮助西部省区解决贫困尤其是农村贫困问题。所以帮扶带有明显的二元视角：富裕与贫困、有机会与没有机会、发展与不发展。在这样的二元视角下，帮扶就是解决从贫困到富裕、从没有机会到有机会、从不发展到发展等的转变问

①　李培林：《处在社会转型时期的中国》，《国际社会科学杂志》（中文版）1993 年第 3 期。
②　郑杭生、李强：《当代中国社会结构和社会关系研究》，首都师范大学出版社，1997，第 19 页。
③　王春光：《新社会转型视角对乡村振兴的解读》，《学海》2021 年第 5 期。

题。日本学者佐佐木卫在研究中国改革开放以来发展的机制时发现:"人民公社解体后,中国在经济上导入了市场原理,通过私营企业的开展、国有企业改革、农村用地的承包耕作及村民对村行政的参与等,现代中国以剧烈变化的姿态推进着产业化、城市化与民主化。不仅仅是大城市,就连中小城市也是一派高楼林立的景象,一改往日的面貌。"① 显然,西部省份在大部分方面滞后于东部省份,尤其是东南沿海省份。无论是市场发达程度还是对外开放程度,东南沿海得改革开放之先,在私营经济、乡镇经济乃至国有企业改革上都先行一步,这实际上就导致东、中、西部在发展速度、水平等方面拉大了差距,这差距反过来需要东部省份帮扶西部省份,尤其要帮助解决西部农村的贫困问题。整个改革开放过程实际上就是中国现代化建设和发展过程,产业化、城市化和民主化在推进,这里用社会学来解读,就是社会转型,而沿海地区在社会转型方面走在前列,因而获得了先行发展机会,反过来就要去带动西部地区加快社会转型,所以其初期的帮扶就是用社会转型的思路和方法来推进的。

　　具体来说,社会转型的帮扶思路和方法就是用产业化、工业化、城市化、市场化以及由此而生的流动来解决帮扶问题。本地的产业化、工业化、城市化、市场化水平不高,那么怎么解决这个问题?早期帮扶采用异地和本地相结合的办法。异地办法就是鼓励受帮扶对象离开当地,到援助单位和地区就业与创业(更多的是就业),所以宁夏各级政府当时千方百计动员受帮扶地区的人特别是青壮年外出务工经商。而援助地区政府则通过出台政策和采取措施的方式鼓励它们的企业到受帮扶地区投资兴业,带动那里的工业化,从而促进城市化,让更多的农村居民离土离乡、就近进城务工经商。与此同时,援助地区会选派人员到受帮扶地区开展各种各样的扶贫工作,尤其是支教、援医以及投资基础设施建设等,有的还会在农村产业发展方面给予一些支持。但是问题在于,受帮扶地区相应的产业基础和条件并不好,而且援助地区也缺乏足够的财力,因此只能进行有限的帮扶。这里的关键还是在于,通过帮扶加快促进受帮扶地区人们在价值观

---

① 佐佐木卫:《全球化中的中国社会变迁:日本社会学者看现代中国》,李升译,科学出版社,2012,第74页。

念上的转变以及激发当地人的思想和推动当地人的行动解放，提升他们参与和推动现代化社会转型的能力。

虽然地区之间的帮扶在 20 世纪 50 年代就已出现，并在 60 年代和 70 年代有一些做法，但直到 80 年代才被中央正式提出，大规模的帮扶行动则始于 20 世纪 90 年代。这里就将 20 世纪 90 年代作为讨论的起始点，因为福建是从这个时候帮扶宁夏的，以前是上海帮扶宁夏，考虑到闽宁这个话题，从 90 年代开始讨论比较合适，也符合现在所说的帮扶的含义。如果说从 20 世纪 90 年代中期开始帮扶，那么经历了 27 年，实际上帮扶者与被帮扶者之间不再是帮扶与受帮扶的简单关系，而是出现了一些新的形态，仅仅用社会转型视角不足以解释和分析，但是这种新形态依然是现代化形态，还没有完全脱离社会转型，于是就冠之以"新社会转型"。新社会转型的帮扶视角是：帮扶者同时也是受益者，受帮扶者同时也是帮助者；单向异地就业转变为本地就业或者双向流动就业；在帮扶中一二三产业融合取代单一的工业化路径；城乡融合和乡村振兴取代单一的城镇化路径；等等。

由此可见，从 20 世纪 90 年代中期开启的闽宁合作是一个不断改进和发展的过程。随着国家社会经济的发展，这样的区域合作关系发生了一些明显的变化，即从帮扶、援助到合作的变化过程。它们在含义上发生了一些变化：帮扶、援助偏重于对接受帮扶和援助的对象的价值或者作用，让他们受益，而对于帮扶和援助方来说，更多的是出于一种义务、责任乃至一种压力，只有付出没有回报或者说很少有回报，有一种"牺牲"的意思；合作则转向双方更为平等的关系，不限于单方的付出和另一方的获得，而是扩展到双方乃至多方从中获益，实现共赢。当然，在帮扶、援助过程中并不是决然没有合作关系，同样后者也并不是没有帮扶和援助意涵，这里只是就"偏重于"某一方面而言。实际上，合作是更高质量的帮扶和援助。那么，为什么从一开始不采用区域合作的"先富带后富"模式？从帮扶、援助转向合作，需要什么样的社会经济条件？在社会转型初期，不能直接采用合作模式，因为这一模式需要双方或者多方具备可以用来支持这一模式的条件和基础。事实上，在社会转型初期，无论是援助方还是受援方，都没有这个条件：前者没有足够富裕，自身还处在不断发展的阶段;后者则没有能力为前者提供投资的条件和基础。只有经历了一定时期的发展,先富地区才有能力从转移支付和技术上带动后富地区发展,社会转型进入新阶段才有可能和条件。一方面,区域关系从帮扶、援助转向合作需要社会转型进入新阶段,但是从闽宁合作来看,新阶段是在小康达成之后进入全面小康建设时才出现的,也就是在十多年前才出现;另一方面,从帮扶、援助转向合作也是新社会转型的表现,即改变了过去社会转型的单向性、一维性,进入了双向、多向互动和多维立体关系的阶段。

二　作为区域合作动力源的共同富裕

共同富裕不只是区域合作的目标,也是区域合作的动力源。没有这样的动力源,区域合作是不可持续的。闽宁合作的长期实践恰好印证了这一点。

这一合作始于20世纪90年代国家倡导东西部扶贫帮扶、协作。国家之所以在那个时候倡导东部在扶贫上帮扶西部,是因为经过70年代末和80年代的改革开放,全国经济取得了快速发展,特别是东部沿海地区发展迅速。与此同时,区域差距和城乡差距不但没有缩小,反而出现了扩大的态势,尤其是东西部农村发展差距在不断扩大。虽然东部地区农村也存在贫困问题,但是我国农村贫困问题大多发生在中西部尤其是西部地区。所以,国家解决贫困问题的重点、难点就在中西部农村尤其是西部农村地区。国家在实施"八七扶贫攻坚计划"的过程中,将区域之间在扶贫上的帮扶纳入其中,以更好地激发与调动区域在扶贫中的活力和积极性。

虽然东部帮扶西部只是国家倡导的,表面上是彼此之间的一种自愿性合作,但是实际上带有一定的政治强制性,国家给东部地区省份安排了具体的援助对象和任务。国家给福建安排的帮扶和援助对象是宁夏,于是闽宁合作就这样拉开了序幕。闽宁合作为什么能得以进行?除了中央政府的要求,是否还有其他一些达成合作的条件和因素?仅仅通过行政强制动员就能让闽宁合作从1996年开始,一直延续到现在而且还在继续进行吗?

从帮扶协作和援助的获益角度来看,一开始闽宁合作中福建是贡献方,而宁夏是受益方,这自然是一种单向帮扶的方式,尽管以区域协作名义冠之，由此看来，前者对帮扶的意愿没有后者那么强烈。让帮扶获得成功，不仅需要受援方的积极配合，而且需要援助方有强烈的帮扶意愿，仅仅依靠外部强制是不够的。这种意愿来自援助方能从帮扶中看到乃至获得一些好处，即受益。显然，在初期阶段，福建是奉献者、主导者、帮助者，合作的成分少了一些，更谈不上从中受益，即便也许有政治收益，这就有可能产生一些问题：帮扶协作和援助的力度并不大，当然那时候福建还没有发展得很好，这也限制了它的帮扶力度（从 1996 年到 2011 年的总帮扶金额还不如后来一年的总量），而且作为受援方的宁夏更多处于被动地位，因此有可能影响它们之间的互动。如果长期是这样的关系，从动力学角度来看，援助方就很难坚持下去，更不会增加投入以及创新机制、方式。事实上，福建从这样的帮扶协作实践中逐渐发现自己也能获得收益，真正找到合作的站位，从单方受益的关系转变为双方共同获益的关系，具有实现共同富裕的可能。

从理论上看，东部帮扶西部，背后的主导逻辑也是共同富裕，尽管早期以扶贫帮扶形式出现。福建作为东部沿海地区，20 世纪 80 年代在改革开放中占据了一定的区位优势，在奔向发展富裕上先行了一步，尽管其内部也存在一定的区域差距和城乡差距，但是总体上还是比西部地区特别是宁夏回族自治区有了明显的先发优势。这样的先发优势是不是决定了福建一定要帮扶宁夏？对于参与者来说，理论的发展往往是滞后的，而国家则从大局上考虑如何缩小区域发展差距，并提出"先富带后富"的路径，实施东部帮扶西部，虽然这种帮扶的要求并不高，只限于扶贫，这取决于当时国家整体发展水平还不高、沿海地区发展也刚有一些起色，而帮扶方也只是响应国家的号召，做一点力所能及的事。从共同富裕的元理论来理解，这样的帮扶乃至后续合作不应只是一种单纯的政治要求，而是符合发展规律的，顺应这种发展规律要求开展的合作是可持续的、双赢的。

我在《共同富裕的思想渊源、基本定律与实践路径》一文中提出决定共同富裕的三个基本定律，即共存、共生和共融定律。① 现有关于共同富

----

①　王春光：《共同富裕的思想渊源、基本定律与实践路径》，《新视野》2022 年第 3 期。

裕的经济学研究大多从三次分配关系来讨论，还有其他学科从公共服务、社会政策、社会组织乃至民生领域等来讨论，但是目前很少有研究从更深层次来分析共同富裕是人类社会发展不能避开的定律。我们认为上述三个基本定律决定了共同富裕是区域帮扶、协作和合作发展的一个重要目标。

共存定律指自然生态资源在人类出现之前就已经存在，是人类共同存在的基础和环境，因此是人类的共同资产，利用自然生态资源获得的财富应该有一部分属于人类共同所有。这是东部地区在先行发展起来后应该支援、帮扶西部地区的一个重要依据。同样地，我们在书中以"共存"为标题，将生态建设、可持续发展、生态振兴等纳入这一部分进行讨论。

共生定律指财富和收入不是只由资本或技术带来的，也不是仅仅靠劳动者创造的，而是大家合作的产物。没有资本或技术，劳动者也不能创造太多的财富，特别是进入工业化时代，每个生产环节、每个参与者都会对创造财富做出贡献。三次分配的讨论主要涉及这方面内容。本书有关这方面的章节相对较多，涉及产业发展、农民道义经济、移民搬迁致富、乡村振兴重点帮扶等。虽然这些内容并不仅仅聚焦共生定律，但是与共生定律有着非常密切的关联。当然，其中有一些内容也与共融定律有着一定的关联。

共融定律指财富的生产和创造需要有良好的社会环境，特别是稳定的社会秩序。凡是社会稳定的国家往往经济发展都比较快，反之，长期动荡不安的国家则无法发展经济，大多会陷入贫困，而贫困反过来又会损害社会秩序，出现恶性循环。这说明没有所有社会成员的配合和合作，大家都不能达成富裕，甚至连基本的温饱问题也解决不了，因此财富的创造有社会合作的贡献，同时也需要拿出一部分财富用来维护社会合作和秩序。"共融"篇主要涵盖民生、公共服务等内容。当然，共融规律在很大程度上与二次分配和三次分配有关。

也就是说，共同富裕既是闽宁合作的动力源，也是其合作的发展要求，决定了闽宁合作的必由路径和发展方向，即从单向的帮扶协作转向在合作中实现双赢和多赢，达成共赢和共富，或者以共富方式驱动彼此合作。当然，这是一个社会转型过程。进入新社会转型阶段，这样的共赢和共富特征彰显得更加明显，或者说是更有条件，也更有意愿。本书就是以这样的架构展开的。

三　闽宁合作与闽宁现代化建设

闽宁合作是中国现代化建设在闽宁两省区开展过程中的一种区域合作实践,对双方乃至中国的现代化建设有着重要的价值。闽宁合作是在改革开放后中国推进现代化建设进程中发生和进行的,是中国现代化建设的一部分,也是中国现代化建设的具体表现。从历史和人类发展来看,区域合作、国际合作特别是国家之间的现代化合作是"二战"以后出现的,如"二战"后美国帮助欧洲复兴的马歇尔计划、联合国机构(如世界银行、联合国开发计划署等)对发展中国家提供的经济援助等,都代表着区域合作在国家和地区之间展开,它们合作的内容就是帮助受援国和地区推进现代化进程。中国作为发展中国家也曾接受欧美、日本、澳大利亚等发达国家和世界银行等联合国机构的援助,如高速公路建设、机场建设、农村饮用水安全工程建设、艾滋病防治等,这对我国的现代化建设也发挥了一定的作用。同时,中国也对发展中国家开展援助,如"一带一路"基础设施建设等。中国在内部也实施了区域之间的合作,闽宁合作就是其中之一,产生了明显的效果。所有这些合作都发生在现代化背景下,与现代化建设密切相关,对现代化建设起到了一定的作用。但是国内区域合作的深度和广度是国际区域合作无法比拟的,更重要的是,参与合作的主体更为多元,实施起来更为直接,不存在明显的文化和体制障碍,更不存在意识形态问题,产生的效应也是多方面的。从这个角度来看,闽宁合作对福建和宁夏的现代化建设发挥着值得深入探讨的作用。

闽宁合作首先是践行先富帮后富的责任或者要求,在长时间的合作过程,闽宁合作在机制、影响和表现上发生了明显的变化。从共同富裕的角度来看,从原来的一方扶持另一方,转变为相互合作,彼此都有收益,真正达到了合作共赢、共同富裕的效果。从具体参与主体的逻辑来看,我们看到,它们从原来工业化、城市化的思维转变为城乡融合、乡村发展的思维,这里就采用了新社会转型视角,或者说这是一个从社会转型发展为新社会转型的过程。

闽宁两省区在合作中构建与开辟了相互促进的现代化建设机制和路径。宁夏从福建的援助中获得的不仅有资源、技术、管理经验，还包括改革的动力、文化理念的更新等。在脱贫、基础设施建设、产业发展、市场开拓、政策创新和体制改革、劳动力就业乃至医疗、教育、住房、社会救助等民生事业上，宁夏得到了福建的支持和帮助，这明显提升了宁夏的现代化水平。贺兰山葡萄种植和葡萄酒产业的发展，离不开福建资本的注入；闽宁镇在一个戈壁上建设起来，成为宁夏重要的小城镇，与福建的支持分不开，那里的企业特别是产业园区的企业大部分来自福建；宁夏的蘑菇种植、销售离不开福建；等等。与此同时，福建在与宁夏的合作中也找到了新资源、新产业、新市场、新产品。据调查，宁夏外来的资本中福建占大部分，宁夏市场似乎被福建占据，宁夏还向福建输送劳动力、特色农产品以及一些民族文化产品。这样的合作在一定程度上消除了区域之间的隔阂、分歧乃至冲突，获得了双赢。值得指出的是，在合作中，宁夏的现代化自主能力得到明显提升，确保了宁夏在后续的现代化建设中有能力主动拓展发展空间。

当然，闽宁合作是一个过程，闽宁合作对闽宁的现代化建设发挥作用也是一个过程。闽宁合作经历了从单向的援助、帮扶转向多主体协作、合作和共赢、共富的过程，这表明两地的现代化也经历了从二元格局转向相互融合、相互支持的过程，表现为城乡融合、产业与民生融合、区域融合等新的社会转型形态。在这两个过程中，闽宁两地无论是在合作还是在推进现代化发展方面，并不是没有问题，也不是没有矛盾、冲突。事实上，这是一个非常复杂，充满着碰撞、冲突、适应、妥协、解构、重构、失衡和再平衡等演进、变迁的过程。比如，一些年轻人从宁夏来到福建的企业打工，就经历了从传统的农业劳动、农村生活转变为现代的工业劳动和城市生活的过程，其间有人经历了冲突但通过学习适应了这种生活，有人因适应失败而返回家乡；又如，福建资本将企业办到宁夏的村头屋前，为村民提供就业机会，但不少村民并不愿意，即使愿意，也会以原先的劳动和生活习惯对待工业劳动，因此企业家也得调整观念、改变做法去适应当地的生活方式。所有这些都是在合作中出现的外部与内部、现代与传统、不同民族、城市与农村、农业与工业之间的摩擦、冲突、适应和创新。在闽宁这样的区域合作和交流中，现代化从外部输入并内化为本地的现代化，由此可以产生新的现代化动力，进而使现代化变得更为可持续。这样的效应往往是以前区域合作研究没有给予关注和重视的。

第二节　闽宁合作的多主体性和多层次性

为了揭示闽宁合作从开始到现在的演变和发展过程以及对现代化的具体影响，这里从多主体性和多层次性两个维度进行分析和讨论。这种多主体性和多层次性正是闽宁合作的活力所在，也是其演变和发展的关键原因。所谓多主体性，是指参与的主体不仅包括政府，还包括市场、社会。如果进一步细分的话，则涉及企业、社会组织、个体和家庭，自然还有政府。它们有的出于政治需要，有的出于社会需要，有的出于市场需要，对自己的参与有一定的理性认知和自觉，所以呈现多主体性。而多层次性体现在区域的多层次、社会的多层次、产业的多层次、文化的多层次等方面，不限于某个层次，而是扩展到经济、社会、生态和文化等方方面面，这说明闽宁合作有着多样的逻辑运行轨迹。此种多主体性和多层次性在一定程度上避免了由某一项合作不成功导致的整体合作不成功，意味着合作的韧性以及由此衍生的活力、可持续性和合作向广度、深度拓展，从而实现了从纯粹的扶贫协作、援助向合作的转变，以及从扶贫到共同发展的拓展。

闽宁合作始于1996年，当时的背景是国家先后出台了《国家八七扶贫攻坚计划》、《关于组织经济较发达地区与经济欠发达地区开展扶贫协作的报告》和《关于尽快解决农村贫困人口温饱问题的决定》。在这些文件中，国家为什么不命名为扶贫帮扶而是扶贫协作？我们认为，协作比帮扶更能体现出彼此之间是平等关系。"扶贫协作"透露的政策和文化含义是，帮扶者不应居高临下，受帮扶者不应是自我边缘化、自我矮化，更不应被动参与，而要主动参与。预期的政策目标是通过这样的协作关系，未来他们能真正具备相互协作的意识、能力和条件。也就是说，后者在与前者协作的过程中获得各方面能力的提升。

在 20 世纪 90 年代组织经济较发达地区与经济欠发达地区开展扶贫协作的时候，中央明确规定了对口帮扶关系：北京帮扶内蒙古；天津帮扶甘肃；上海帮扶云南；广东帮扶广西；江苏帮扶陕西；浙江帮扶四川；山东帮扶新疆；辽宁帮扶青海；福建帮扶宁夏；深圳、青岛、大连、宁波等四个计划单列市帮贵州。这标志着东西部扶贫协作制度的正式诞生。在这里我们看到，它们之间还是存在帮扶关系。那么，这样的协作和帮扶关系究竟只是政府之间的关系还是多层次和多主体之间的关系？中央之所以没有点出"政府"，是因为不只是政府参与，更需要其他主体的参与，包括社会组织（学校、医院、慈善机构等）、企业、个体工商户、个人和家庭以及省、市、县区、乡镇/街道乃至村庄和社区等；同时需要指出，由于参与主体是多样的，其协作内容和领域也是非常广泛的，从经济到社会、文化、治理、生态等各个方面和领域。2016 年中共中央办公厅、国务院办公厅印发的《关于进一步加强东西部扶贫协作工作的指导意见》进一步明确了东西部扶贫协作工作的内容，要求东西部省份围绕产业合作、劳务协作、人才支援、资金支持、社会参与五个方面制定具体的帮扶协作措施。其产生的影响也是广泛的、多方面的，甚至是整体性的。情况究竟是不是如此？我们从闽宁合作中就可以感受、认识和理解到这一点。

表 0-1 呈现了多个领域和多个主体，虽然不一定涵盖所有，但是涵盖了绝大部分重点领域和参与主体。从表 0-1 中可以看到，在协作关系中，党政及相关部门是主导和引领力量，扮演着关键角色。也就是说，它们构建和主导了闽宁协作关系，没有它们的参与，就不可能有这样的协作关系，更不可能有长期的协作关系，这是由中国的体制决定的。

表 0-1　多主体、多领域的协作关系

	党政及相关部门	社会组织和团体	企业	个体工商户、农场主	村庄和社区	个人与家庭
基础设施	√	√	√	—	—	—
公共服务	√	√	—	—	—	—
产业发展	√	—	√	√	√	√

续表

	党政及相关部门	社会组织和团体	企业	个体工商户、农场主	村庄和社区	个人与家庭
民生保障	√	√	√	√	√	√
文化交流	√	√	—	—	√	√
社会治理	√	√	—	√	√	√
生态保护	√	√	√	√	√	√

注：√表示参与，—表示不参与。

　　具体来说，闽宁合作的主导和引领力量之所以是福建与宁夏的党政及相关部门，是因为以下几个方面。首先，它们建立了定期的、常态化的协商协作机制。福建省委省政府与宁夏回族自治区党委和政府建立了协商协作机制，每年定期召开会议，与会者包括双方各级党政领导以及相应的一些企业家等，这样的协商会议在闽宁合作中发挥了重要作用，尤其是主导和引领后续的协作方向。自 1996 年福建和宁夏确定对口扶贫协作关系以来，福建省 30 多个县（市、区）、85 个乡镇、134 个村（社区）先后与宁夏 9 个贫困县（区）、105 个乡镇、129 个行政村点对点、一对一开展帮扶。① 其次，闽宁政府会在几乎所有领域中开展合作，出台了多项协作政策，其中有一些政策是伴随政府的财政投入的，但又有一些政策仅仅是鼓励性质的，没有相应的财政投入，因此它们也只是起到引导作用。再次，它们在许多方面发挥示范作用，因此往往要开展一些典型的协作，如闽宁镇建设。最后，党政及相关部门从政治、政策以及荣誉等方面鼓励、引导其他主体积极参与闽宁各方面的合作。比如，福建企业到宁夏投资办厂，福建省及其他各级政府会给予政策支持和财税补贴、优惠等，同样地，宁夏也会出台相应的优惠政策（如税收政策、土地政策、生态环保政策、能源保障、子女教育等）支持闽企、闽资以及紧缺人才到宁夏发展。闽宁两省区共建产业园区 10 个、扶贫车间 185 个，吸引 5700 多家福建企业在宁夏落户，带动宁夏贫困地区 10 多万人就业，组织宁夏贫困地区农村劳动力 8 万人在福建稳定就业，另有约 200 名干部、2000 多名专业人才从福建到

---

① 本书数据未注明来源的部分，由调研所得。

宁夏贫困山区支农、支医、支教。① 在福建省的大力帮扶下，宁夏建设形成 110 个闽宁协作示范村、78 个闽宁协作移民新村、320 个易地搬迁安置区。

从这里我们可以看到，企业是闽宁合作的主力军，其影响非常大、非常广泛，是宁夏特别看重的。早期的一大帮扶是帮助一批宁夏贫困农村的劳动力到福建的企业中就业。电视剧《山海情》中就有一批批青年被带到福建的一些企业就业，尽管有少数人因不适应现代企业工作节奏和环境而返回，但是大多数人还是能坚持下去，特别是一些青年在劳务输出中不仅学到了一些工业生产和管理技能，而且开阔了眼界，改变了观念，实现了人的现代化变迁，这对他们的后半生以及回到宁夏参与发展产生了关键性影响。福建企业不仅提供劳务输出的机会，而且在宁夏投资，遍布宁夏各个地方。我们在宁夏各地调查时都会碰到福建企业，它们从事鞋服制作销售、蔬菜种植、葡萄等水果种植以及葡萄酒酿造、食品加工、电子商务、房地产等领域，福建商会已经成为宁夏最重要的商会。可以说，在宁夏外来的企业中，福建企业是最多的，也是做得最好的，福建企业老板对宁夏有一种第二故乡的感觉。2020 年，闽宁仅仅在固原市就共同建设了 26 个示范村（巩固提升 19 个，新建 7 个），拨付资金 2389 万元，受益人口达到1.6 万人；扶持建设了 45 个扶贫车间（新建 35 个，续建 10 个），投入资金 1.32 亿元，受益人口达到 1656 人；闽宁协作项目共 132 个（涉及产业、培训、基础设施等），投入资金 2.45 亿元，受益人口达到 11.7 万人；闽宁协作招商引资项目 46 个，签订协议金额 77.39 亿元，到位资金 44.26 亿元。示范村建设大多体现在村容村貌、住宅更新、基础设施、公共场所建设等方面，而扶贫车间和招商引资主要属于产业类，在 132 个协作项目中也有部分属于产业，因此投入产业的资金是最多的，占闽宁合作 2020 年投入固原市总额的 97.9%。我们在固原市的一个郊区村庄看到，该村有一个很大的扶贫车间，经了解是福建一个老板投资的，村庄为扶贫车间提供厂房，政府补贴其水电费，到这个扶贫车间工作的都是该村村民，且都是女

① 陈润儿：《迈向共同富裕的光辉实践——习近平总书记倡导推动的闽宁扶贫协作模式的经验启示》，《求是》2021 年第 7 期，第 63~70 页。

性，她们随时来车间做工，获得计件工资。村民对此非常满意，特别是村里的妇女在扶贫车间工作，既能实现在村就业，离土不离村，又方便照顾家庭，这保留了她们的生活方式和村庄文化。同样，我们在 2021 年去宁夏调查时得知，银川市有 1600 余家闽籍企业，累计投资总额达 1700 多亿元；吴忠市有 200 余家闽籍企业，累计投资总额达 260 余亿元。由此可见，福建成为宁夏最大的招商引资来源地，福建的资本、技术和宁夏的资源、劳动力、市场以及福建市场，构成闽宁合作企业发展的重要条件。

中共中央办公厅、国务院办公厅印发的《关于进一步加强东西部扶贫协作工作的指导意见》提出"动员社会参与"。事实上，社会力量还是相对有限的。国家将扶贫划分为政府扶贫、行业扶贫、社会扶贫等，横向协作帮扶被归入社会扶贫，但横向协作帮扶中政府是主导，真正的社会力量或者主体实际上并不是很明显。从闽宁合作中可以看到，即使像派遣教师、医生等专业人士到宁夏帮助提升教育和医疗服务水平，甚至建立对口协作单位的长效机制，也都是由政府主导、规划和下达指标的，使用的都是财政资金。初步统计表明，自 1996 年以来，福建派遣了 2000 多名专业人才到宁夏贫困山区支农、支医、支教。① 他们是学校、医院和研究机构等派遣的，代表了社会力量，但是基本上还是一种政府行政行为，或者说是政府要求他们去做的，并给予财政支持，并不是这些组织主动发起的。此外，福建每年还提供一些培训帮扶，比如，对基层干部的培训基本上由学校、科研机构、企业等提供。至于政府购买民间社会组织的服务以及民间社会组织主动参与闽宁合作，目前还是比较少。这也跟闽宁合作更偏重于政府主导有一定的关系。在政府主导下，社会组织是被动的，参与的空间和机会是由政府规划与提供的。为了更好地彰显协作效果，政府往往会忽略社会组织的作用，因为在它们看来社会组织效用的显现是比较慢的。当然，从广义上讲，企业也应属于社会力量，如果这么理解，那么社会力量是很大的。一般来说，企业作为市场主体参与，虽然它们具有一些社会责任属性，但不能被纳入社会力量范畴。

----

① 陈润儿：《迈向共同富裕的光辉实践——习近平总书记倡导推动的闽宁扶贫协作模式的经验启示》，《求是》2021 年第 7 期，第 63~70 页。

不同主体有不同的层级，因此它们援助的对象也有不同的层级。一般是同级别对同级别，比如市级帮助同级别的市级，县级帮助县级，乡镇帮助乡镇，甚至村社对接。虽然这个层级主要指政府层级，但是在中国的体制中则转化为辖区，也就是不同层级的辖区帮助不同层级的辖区。当然，根据受助方的情况，也会有相应的调整，比如，经济条件差的会获得经济条件好的乃至级别高一些的单位的援助。内容也是有层次性的，可以分为：解困解难类，如解决贫困家庭孩子的读书问题、危房维修问题等；保基本类，如修路、修校舍，自来水设施、卫生院建设等；产业投资和发展类，这部分主要交给企业，但是正如上面所提及的，两边政府都会给予相应的政策支持和财政税收优惠等。

第三节　闽宁合作的时代转换与宁夏现代化建设的具体实践

闽宁合作的多主体性和多层次性是在不断转换和深化过程中形成的，并不是一开始就是这样的。这种转换一方面是闽宁合作深化必然会产生的，另一方面也是各自的现代化发展实践特别是宁夏现代化发展实践所需要的。最近十多年，闽宁合作的力度明显加大，领域明显拓展，从帮扶转向合作的趋势越来越明显。

还是从电视连续剧《山海情》说起，先是一批批农村贫困人口从固原山区来到闽宁村（刚开始还不叫这个名字），但是同样面对恶劣的生存环境，如何从土地中以及周围城镇寻找生计？福建派出研究菌菇的专家到闽宁村开展实验，成功后挨家挨户动员移民栽种，栽种后又要推销出去，乃至将菌菇卖到福建等。这个过程看起来还是福建帮扶闽宁村，同时把市场引入其中，供需对接，促成相互之间的经济交往和发展，将帮扶带向合作特别是经济合作和交换。虽然是电视连续剧，但是反映的是事实。我们在银川调研，到了一家福建人兴办的食品加工企业，老板给我们介绍了其20多年前只身到宁夏打拼、白手起家，而今是有名的企业老板的故事，这让人看到这样的转换和拓展：随着闽宁合作的展开，这位老板觉得这里应该会有更多机会等着他，于是跑到银川，从摆小摊到建立作坊再到创出品牌，最后发展成大公司。在这个过程中，他不仅赚到了钱，而且带动了宁夏的发展，尤其是创造了更多的就业机会，让更多的宁夏人在家门口实现就业。与此同时，老板及其家人乃至朋友逐渐从外来人口转变为银川居民，在银川买房子，扎根银川，自称是宁夏人，宁夏是他的第二故乡。

闽宁合作在经济上会优先关注宁夏农村的脱贫和发展，自然会鼓励福建企业到宁夏农村投资，事实上有越来越多的企业开始在县以下地区从事经济活动。上面列举的扶贫车间的例子就是典型。扶贫车间直接将工业文明带进宁夏乡村，让乡村居民就地能接触到它，反过来它又影响乡村居民的行为和观念，带动乡村现代化；同时，它们也将乡村与市场、城市紧密联系在一起，有一种正在走向融合的态势。我们也看到一些将农业产品和农村其他资源作为原材料的福建企业或公司到离农村很近的县城或者小城镇投资。我们在固原下属的一个县遇到了从深圳到那里投资的老板，他实际上是福建人，在深圳办企业，现在又到固原投资，自称为闽商。他的企业用蒿草来生产针灸和按摩的各种保健品，在那里的农村推广种植蒿草。种植蒿草不仅不需要很高的技术水平，而且产量还不错，一亩地的收入比种粮食高很多，因此吸引了不少村民种植蒿草。另外，闽商大量投资葡萄种植和葡萄酒生产，带动了贺兰山下的葡萄种植产业和葡萄酒产业的发展，其影响力之大，超出了经济效益，更重要的是，解决了当地人特别是许多农村居民的就业和增收问题。就近解决了就业问题，不仅使当地村民不需要外出到遥远的南方去打工，而且使当地农村的家庭结构不至于空心化、空巢化以及由此导致村庄衰败。宁夏完成脱贫攻坚任务后借助乡村振兴战略巩固脱贫攻坚成果，以带动乡村与城市融合发展。

所以，这里我们用新社会转型视角来解读闽宁合作以及宁夏的现代化建设过程。无论是闽宁合作开始的20世纪90年代及之前的80年代还是闽宁合作更加深化的当下，都属于宁夏现代化建设过程。这个过程的早期更多表现为社会转型，即从农村社会转向城市社会、从农业社会转向工业社会、从封闭转向开放，闽宁合作的嵌入进一步推动这种社会转型：使贫困的农村人口搬迁到城镇或者靠近城镇、交通比较发达的地方居住；把贫困的劳动力组织起来，向福建输出，进入工业社会和城市社会；招商引资发展城市工业；人对自然进行过度的开发，以更好地服务于经济发展；等等。这实际上是工业化初期的社会变迁路线，即在城乡二元、工农二元、内外二元和人与自然二元中从其中一元转变到另一元的变迁进路，就是我国社会学通常所理解的社会转型。但是最近十多年，现代化的变迁进路发生了明显的变化，原先的许多二元分割界限逐渐模糊，从线性进路转变为多元融合和重构的变迁进路，这就是新社会转型。

第四节　本书的结构

在新社会转型阶段，我们面临更大的发展课题，那就是当前在全国范围进行的乡村振兴、共同富裕以及高质量发展。无论是乡村振兴还是高质量发展，都指向共同富裕。因此，本书从闽宁合作入手，探讨宁夏农村从脱贫到振兴再到共同富裕的现代化过程以及未来可能的发展态势和路径。

本书分为四部分，共十五章，从共同富裕三定律展开论述。

前言简单介绍了研究的社会经济和历史背景以及理论依据，涉及区域合作、脱贫攻坚、共同富裕以及乡村振兴等理论议题。

第一部分为新社会转型的生态篇，讨论了共同富裕的"共存"逻辑，共两章，这部分集中讨论生态转型、生态振兴与乡村振兴的逻辑关系。发展与自然的关系从对立转向融合、互相支持。宁夏的生态是相当脆弱的，随着人口和发展需求的提高，生态承受着巨大的压力，但是无论是闽宁合作还是宁夏的现代化建设，都已经开始探索化解发展与生态矛盾的张力，进而转化为相互融合与共促的关系，体现在葡萄种植、盐池滩羊养殖、移民搬迁与生态保护等方面。我们看到，贺兰山一带成了世界上适合种植葡萄的地方之一，而葡萄种植反过来又较好地保护了贺兰山的生态，而且葡萄种植带动了葡萄酒酿造以及相关生态旅游，为宁夏构筑了一个有活力的产业带，促进宁夏经济发展和推动宁夏的现代化进程。在这个过程中，福建企业及政府发挥了重要的作用。宁夏的吊庄移民是扶贫脱困的典型案例，将许多贫困村民从生态环境恶劣的固原农村迁移到银川周围，减轻了固原的生态压力，同时开发了银川周围的荒地，使其变成绿洲，而固原在生态环境改善的同时利用良好的生态环境发展适宜的产业。盐池滩羊也有同样的情况。这里的关键在于人们生态观念的转变以及由此带来的生态文明行为。当然，这还是一个进行之中的变化，并没有完全一步到位，特别是工业化与生态保护之间的张力并不是短时间内就能化解的。所以，我们只能从转型中共存的视角来理解目前的变化。

第二部分为新社会转型的产业发展篇，探讨共同富裕的"共生"逻辑，共六章（从第三章到第八章）。这部分聚焦闽宁合作带动宁夏乡村产业发展的过程以及对宁夏现代化和共同富裕产生的作用，体现了区域合作的共生共赢逻辑。具体来说，这部分涉及产业扶贫、金融协作、人才合作、跨区域集体行动逻辑等多方面内容。在闽宁合作中，福建从单纯的外部支援到实现援助与获益并存，宁夏也从受援中获得了自主发展并给予回报的能力，改变了援助与受援的单向输送关系。我们在闽宁镇看到了一个女老板如何从闽宁合作中获得发展能力，兴办电商企业，带动那里的移民姐妹共同参与发展，从而一起走上现代化发展之路。同样也是在那里，一家来自福建泉州的服装生产企业在宁夏获得了福建难以具备的生产条件，如较低的土地使用费、低成本的劳动力以及相关的市场等。这部分通过各种案例讲述了闽宁合作带来的共富共生的精彩故事。

第三部分为新社会转型的社会融合篇，探讨共同富裕的"共融"逻辑，共有八章（从第九章到第十六章），研究内容涉及移民安家与致富、帮扶与内生能力建设、女性就业与发展、医疗与健康、教育发展等。这部分涉及区域融合、内外融合、健康与服务融合、教育与能力融合等社会融合问题，体现了共同富裕背景下不同区域、不同群体得到了同等的发展机遇。这是宁夏一直以来并且将继续达成的乡村现代化发展目标，也是共同富裕的本质体现。

第一部分

共同富裕的"共存"逻辑：新社会转型的生态篇

第一章

共同富裕与绿色转型：新时代西北地区乡村社会的生态建设与可持续发展

荀丽丽[*]

第一节　绿色转型与共同富裕：新时代乡村社会转型的生态维度

自然资源是高质量发展的物质基础、空间载体和能量来源。环境就是民生，良好的生态环境成为最大的公共产品。党的二十大报告明确指出："中国式现代化是全体人民共同富裕的现代化。共同富裕是中国特色社会主义的本质要求，也是一个长期的历史过程。"共同富裕具有内在于社会主义的本质规定性，是中国式现代化的本质要求和重要特征。扎实推进共同富裕需要结合经济社会发展的绿色转型，绿色转型是实现共同富裕的必由之路，二者相辅相成。

党的十八大以来，以习近平同志为核心的党中央把握发展阶段新变化，把逐步实现全体人民共同富裕摆在更加重要的位置，推动区域协调发展，采取有力措施保障和改善民生，打赢脱贫攻坚战，全面建成小康社

---

* 作者简介：荀丽丽，中国社会科学院社会学研究所副研究员。

会，为促进共同富裕创造了良好条件。美丽中国建设迈出重大步伐，人民群众的生态环境获得感、幸福感、安全感显著增强。2013～2021年，我国中部、西部地区生产总值年均增速分别为7.5%、7.7%，分别高于东部地区0.5个、0.7个百分点，我国区域协调发展呈现新格局。① 绿色转型和共同富裕协同共进最根本的体现在区域协调发展上。西北地区是生态脆弱区，也是能源开发密集区，是我国实现高质量发展的关键区域。以西北地区为典型，深入探讨如何保持自然资源要素保障政策与宏观政策协同发力，如何通过管理和制度创新推动经济社会发展绿色转型，成为重要的学术命题。

党的二十大报告强调，全面建设社会主义现代化国家，实现中华民族伟大复兴，最艰巨最繁重的任务在农村，最广泛最深厚的基础依然在农村。建设宜居宜业和美乡村，充分彰显了乡村建设规律，体现了生态、经济和社会的协调与融合，为协调工农城乡关系、全面推进乡村振兴指明了前进方向。西北地区乡村社会的绿色转型与共同富裕也成为深入分析中国式现代化推进模式的重要切入点。

第二节　绿色经济模式：新发展格局下西北乡村的发展转型

一　反思东西部协作：新发展格局下西北区域协调发展的困境

改革开放之初，中国式现代化是采取均衡发展模式还是非均衡发展模式曾引发争论。邓小平指出了"先富"和"共富"的"两个大局"："沿海地区要加快对外开放，使这个拥有两亿人口的广大地带较快地发展起来，从而带动内地更好地发展，这是一个事关大局的问题。内地要顾全这个大局。反过来，发展到一定的时候，又要求沿海拿出更多力量来帮助内

---

① 《新理念引领新发展　新时代开创新局面——党的十八大以来经济社会发展成就系列报告之一》，https://www.stats.gov.cn/xxgk/jd/sjjd2020/202209/t20220913_1888196.html，最后访问日期：2024年4月29日。

地发展，这也是一个大局。那时沿海也要服从这个大局。"① 在这一非均衡发展思想的指引下，先富是手段，共富是目标。沿海、内地和边区等构成了中国式现代化梯度发展的区域结构，沿海是"黄金海岸工业区"，内地是"大粮仓"，边区是"工业资源的宝地"。随着区域发展差距的拉大，1996 年中央政府建立了东部发达地区对西部不发达地区开展对口支援的制度安排。

2016 年，中共中央办公厅、国务院办公厅印发《关于进一步加强东西部扶贫协作工作的指导意见》，提出"东西部扶贫协作和对口支援，是推动区域协调发展、协同发展、共同发展的大战略，是加强区域合作、优化产业布局、拓展对内对外开放新空间的大布局，是打赢脱贫攻坚战、实现先富帮后富、最终实现共同富裕目标的大举措"。

东西部扶贫协作在过去二十多年的发展历程中形成了若干经典的合作模式，如资金支援、社会捐助、产业投资、干部交流、人员培训等。这些合作模式的核心制度基础是中央政府和对口省份地方政府的政治动员。从20 世纪 90 年代起，由输血式扶贫向造血式扶贫的转变，由单向的帮扶向双向协作的转变，都体现了东西部扶贫协作着眼于培育落后地区内生动力的政策理念。但是长期以来形成的"先富"带动"后富"的帮扶模式依然造成了一些亟待突破的制度瓶颈。比如，在资金支援方面，主要是政府投入的财政项目资金，其运作模式也是项目制运作的机制，在项目选择的灵活性和资金到位的及时性上存在相对的短板。脱贫攻坚任务圆满完成后，在新冠疫情和国内外复杂的经济背景之下，东部地区面临着新的发展转型的挑战，派往西部地区的交流干部也在合并调整。

西部地区和东部地区一样面临着日益显著的生态资源约束和能源约束。粮食安全和能源安全等命题在东西部协调发展中的重要性开始凸显。首先，20 世纪 80 年代以来，随着工业化、城镇化、信息化、农业现代化进程的推进，加之由气候变化等因素导致的自然地理格局的变动，我国的农业区划发生了显著变化。由于全球气候变暖，全国 ≥10℃ 积温带北移西

① 　邓小平：《邓小平文选》（第三卷），人民出版社，1993，第 277~278 页。

扩，北方地区增温明显，新增耕地集中于东北、华北、西北地区，而东南地区的优质水田面积则显著减少。[①] 我国的粮食主产区主要集中在北方地区，西北地区在维护国家粮食安全方面的意义越来越重要。粮食主产区因较为集中而在遭遇极端气候事件时脆弱性较强。在华北的普遍暴雨和西部地区的干旱叠加发生的时候，粮食安全的风险陡增，甚至在舆情方面出现了抢购风潮。在调研中我们发现，在东西部扶贫协作项目资金的支持下，一些高耗水的农业开发项目和高耗能的农产品加工项目在西北地区落地。水资源等生态资源长期受损会加剧我国整体农业发展的脆弱性，进而引发粮食安全问题。同时，西北地区是我国能源安全的中心区域。东部地区是能源消费区，经济活跃和繁荣的背后是能源约束的增强和产业转型的压力。浙江、福建等省份表现出较强的能源外部依赖性。在能源层面以西资东的格局下，一些高耗能的产业向西部地区转移，东西部地区在能源供给和消费上的匹配关系越来越难以协调。

东部地区的先发优势是在改革开放初期的外向型经济和西部地区源源不断的劳动力供给的基础上建立起来的。脱贫攻坚战略实施以来，一方面，西部贫困地区的基础设施建设得到极大改善，发展环境优化，劳动力就业机会增加，外流劳动力部分回流。与此同时，东部地区在产业转型的压力下劳动力成本持续增加，劳动密集型产业向西部地区转移。但东部地区的产业转型尚未完成，与之相匹配的高素质劳动力存在缺口。另一方面，西部地区农村劳动力的就业形态日益多元化和在地化，在家门口就业成为许多外出打工人的选择。在家门口就业的劳动力通常可以接受较低的用工价格，建在村口的扶贫车间成为许多农家妇女零工收入的重要来源。在东西部区域不同的发展阶段，对劳动力类型的不同需求存在劳动力供给的竞争和错位。以闽宁合作为例，曾经在宁夏向福建大量输出劳动力的组织过程中发挥重要作用的政府劳务站的功能大为弱化。在劳务协作中，政府直接的组织化功能已经逐渐丧失优势。

---

① 刘彦随、张紫雯、王介勇：《中国农业地域分异与现代农业区划方案》，《地理学报》2018 年第 2 期。

二　发展绿色经济：西北地区转型发展的内生动力

产业转移是指通过土地、劳动、资本、技术等要素的跨区域流动和重组形成新的发展格局，激发新的发展活力。近 10 年来，在劳动力和土地成本攀升的情况下，东部地区的劳动密集型产业逐渐向中西部地区转移。西部地区在承接产业转移过程不仅面临着优化营商环境的挑战，还面临着改善公共服务的挑战。在当下"碳排放"成为产业发展重要制约因素的背景下，东西部地区面临的能耗"双控"压力在增加。深入研究东西部地区产业协作互补发展的路径是进一步推动供给侧结构性改革的重要命题。以生态建设为抓手，探索绿色经济模式成为西北地区内生发展的必由之路。

培育西部地区转型发展内生动力的前提条件是充分落实西部地区在国土空间功能区划中的定位，生态优先，发展绿色经济。以宁夏为例，生态建设引导下的农业转型和农业多功能化为乡村振兴中的绿色经济提供了范本。

新中国成立后，宁夏南部的西海固地区一直是国家黄河流域水土保持的重点区域。早在 1954 年，黄河水利委员会即在固原（今彭阳县）茹河上游设立了水土保持试验站。1959 年，固原县委召开水土保持现场会，确定今后兴修水利、平整土地、植树造林、水土保持和积肥任务。1969 年，在"农业学大寨"的口号下，各社队组织劳力，大力兴修水平梯田。20 世纪 70 年代，农业发展政策突破了单一粗放的农业经营，强调农林牧协调发展；80 年代之后，强调以"改土治水"为中心、"山、水、林、田、路"的小流域综合治理以及农林牧副渔发展的全面规划。

这一时期，国家的生态建设主要依靠政治意识形态影响下的劳动动员，无论是水平梯田的修筑还是植树造林都主要依靠人力。集体化时期，在"治黄"和"农业学大寨"的口号下，人力修的水平梯田通常以失败告终。实行家庭联产承包责任制之后，水平梯田的修筑在"三西"农业建设项目和小流域治理项目的支持下进行，但依然以人力修筑为主。当地农民认为人力修筑水平梯田费时费力，效果不佳，坡地在雨水侵蚀后尚可种植，而人力修筑的梯田在雨水侵蚀后就无法利用了。在植树造林方面，绿化"大会战"是最常用的动员方式，由于技术水平有限，加之破坏严重，苗木的成活率低，当地流传着"头年种，二年拔，抱回家捣罐罐茶"的说法。

20世纪后半叶，在人口的高速增长之下，宁南黄土丘陵区的农民生计陷入了"垦荒—破坏植被—水土流失—产量降低—扩大垦荒"的恶性循环。尽管从80年代开始，西海固地区多次组织向黄河灌区的"吊庄"移民，以期缓解当地的人地矛盾，但这并未真正降低人口负载率。土地制度的产权改革亦无法将农民的劳动投入导向可持续的土地利用。粗放农业的单一种植制度加剧了地景的破碎。

进入21世纪，随着中央政府财力的日益增强，国家有能力在市场力量难以有效运作的公共事务领域发挥作用，比如通过西部大开发平衡区域发展，通过以退耕还林为主体的生态建设投入生态治理。21世纪以来，面对乡村公共投入的日渐废弛，中央政府成为乡村发展干预的主体，是西部乡村地景巨变的有力引导者。

一方面，退耕还林还草工程作为国家实施西部大开发战略的重点工程和重要载体，是我国迄今为止政策性最强、投资量最大、涉及面最广、工作程序最多、群众参与程度最高的一项生态建设工程。2000年以来，宁夏在全区21个县实施退耕还林还草工程，主要集中在中南部地区的9个贫困县（区）。宁夏的森林覆盖率由2000年的8.4%提高到2021年的16.9%，提高了8.5个百分点。其中，退耕林地为森林覆盖率贡献了近5个百分点。退耕还林还草工程坚持以小流域为治理单元，实施山水林田湖草沙综合治理。截至2020年底，累计完成治理水土流失面积2.33万平方公里。[①] 宁夏回族自治区固原市彭阳县探索并推广了适合黄土高原丘陵沟壑区的"88542"水平沟整地技术，形成了"山顶林草戴帽子、山腰梯田系带子、沟头库坝穿靴子"的立体治理模式，在凸显生态效益的同时，经济效益和社会效益也十分明显。

退耕还林还草是国家"以粮食换生态"，有效缓解了农民在吃粮和生

---

① 　王治啸、高红军：《宁夏退耕还林还草成果巩固问题探讨》，《林草政策研究》2023年第1期。

产上的困难。国家通过"以工代赈"的方法，缓解了农民的口粮压力，给农业生计的转型奠定了基础。退耕还林还草缓解了黄土高原丘陵沟壑区长期以来的人粮矛盾，有效地将农民的劳动投入引向农林牧结合的可持续的土地利用。

另一方面，机修梯田和地膜玉米技术的推广使美丽的梯田景观成为黄土高原丘陵沟壑区农业地景的主流。从 1986 年开始，彭阳县即引进地膜玉米栽培技术，覆膜种植可以有效地增温保墒，大幅度地提高产量。但是，坡地覆膜异常困难，加之农民对新的玉米品种缺乏认识，2000 年之前的地膜玉米技术推广一直处在示范阶段。2000 年之后，随着机修梯田的不断扩展，彭阳县的耕地 60% 实现了梯田化。有了水平梯田的支撑，机械化全膜双垄沟播、地膜玉米留岔越冬、一膜两季等旱作节水农业技术得到了有效推广。地膜玉米技术引进之初，习惯使用自留种的农民不信任新的玉米品种，出现了大量丢弃的现象。随着产量翻番的奇迹在乡间不断出现，农民逐渐接纳了这项新技术。地膜玉米技术的引入是革命性的，以前 400 亩地一年打不上 3000 斤粮食，现在亩均超过 1000 斤。农民的玉米主要变为饲用，因为卖粮并不赚钱，用玉米做饲料养牛才是经营之道。肉牛养殖成为农民家庭的主要收入来源。如果说生态的治理与维护是乡村公共事务中的一环，那么我们看到了国家力量的介入，特别是有效生态技术的引入所带来的积极效果。

我们还需要回到农民自身的主体性。在黄土高原腹地，土地的贫瘠与农民的贫困曾经不断相互循环强化。深度贫困区的农民也时常因其粗放的农耕生产方式而难以摆脱"惰民"的形象。我们在调查中发现，这些长期贫困者并非没有自主发展的主体性，相反，他们的主体性恰恰根植于贫瘠破碎地景中的生存奋斗。随着脱贫攻坚扶贫项目的大规模开展，国家进一步加大了对黄土高原丘陵沟壑区的乡村基础设施建设的投入力度，通路和通水令当地农民强化了在地的家园意识。进入 21 世纪以来，国家以"易地扶贫搬迁"或"生态移民"的方式将宁夏南部山区的农民大量迁往新开发的黄河灌区，并采取城镇化的方式安置移民。许多村庄已经完全消失，继之以生态修复的林草地。尽管农民生计转换面临着诸多困境，但是在城乡融合、乡村振兴的新时代，当地农民表现出较强的适应性、能动性和创造性。

三 绿色转型中东西部协作的主要方向

在东西部协作中单列出推动生态产业的项目资金，支持国土绿化、水源涵养、生态修复等生态经济发展项目。发展新能源经济是东西部地区同时面临的挑战，有效增加新能源供应量，是实施生态优先、绿色发展、城乡一体、产城融合高质量发展路子的有效途径。东部地区应利用自己的资金和技术优势成为新能源产业的先行研发者，在解决自身能源外部依赖问题的同时，带动西部地区发展新能源经济，探索跨区域的碳交易市场有效运作机制，高度重视西部地区作为农产品供给区在粮食安全战略中的作用，完善农产品加工、仓储和销售的产业链条。东部地区积极参与西部地区的农业转型进程，不仅是西部地区绿色农产品的主要消费市场，而且是农业技术开发、农产品深加工等领域的先行者和引导者。东西部协作中的人才协作不仅体现在干部交流、人员培训上，而且体现劳动力在流动中自发形成的观念更新的强大势能上。对口定点的人才培训固然重要，适应多元环境和不断更新的社会需求的人才队伍才是社会发展的根本动力。政府一方面要发挥东部地区在职业教育上的先进优势，强势带动西部地区的职业教育发展，对杰出的职业教育单位给予必要的政策扶持和政策奖励；另一方面要关注乡村本土人才在农业技术转化、产业转型中的带头作用，积极拓宽乡村振兴人才跨区交流学习的渠道。充分发挥科研院所、专家学者在服务乡村振兴和区域发展中的"二传手"作用，既是培育人才的智力资源，也是带动发展的组织资源。

第三节　以社会建设推动西北乡村的生态
建设和可持续发展

一 西北地区生态建设的成就与问题

良好的生态环境是最具有普惠性的公共产品和民生福祉。西部生态脆弱地区是新时代乡村振兴践行绿色发展模式的重点区域，也是中央政府生态建设投入的重点区域。以宁夏为例，我们可以看到西北地区生态建设取得的成就与问题。

宁夏承担着维护西北乃至全国生态安全的重要使命。党的十八大以来，宁夏以习近平生态文明思想为引领，深入贯彻习近平总书记视察宁夏时的重要讲话和重要指示批示精神，统筹山水林田湖草沙系统治理。依托三北防护林、退耕还林还草、天然林保护等重点生态工程，宁夏推进生态移民迁出区生态修复、防沙治沙综合示范区建设等工程建设，稳步推进大规模国土绿化、草原生态综合治理等，生态面貌不断改善。十年来，宁夏的森林覆盖率从 11.9% 提高至 16.9%；地级市环境空气质量优良天数比例连续 6 年保持在 80% 以上。[①] 宁夏是唯一全境属于黄河流域的省份，承担着建设黄河流域生态保护和高质量发展先行区的使命任务，黄河干流宁夏段水质连续 5 年保持 Ⅱ 类进 Ⅱ 类出，水质总体为优。

宁夏位于我国北方防沙带、黄土高原丘陵沟壑区和阴山-贺兰山防风固沙区的交会地带。贺兰山、六盘山、罗山既是宁夏重要的生态坐标，也是全国重要的生态安全屏障。2021 年，宁夏编制印发了《贺兰山、六盘山、罗山生态保护修复专项规划（2020—2025 年）》，分年度、分区域、分圈层谋划 7 大类 99 个工程项目，计划用 3~5 年，使"三山"及规划区域生态问题得到根本解决。"三山"生态保护修复工程实施以来，宁夏启动实施了 351 个项目，完成矿山修复和国土整治 51.48 万亩，营造林 300 万亩，治理荒漠土地 180 万亩，保护修复湿地 45.9 万亩，新增水土流失治理面积 1949 平方公里。[②] 在生态修复实践中，宁夏全面推进"生态修复"与特色产业一体化建设，在废弃矿产生态修复与低效土地整理项目中引入山前葡萄酒产业、生态文化旅游等新业态，在重塑"绿水青山"的同时实现了"绿水青山就是金山银山"的价值转化。

---

① 《这里是宁夏　处处好风光》，https://gxt.nx.gov.cn/xwzx/ztzl/xxqjs/202211/t20221118_3848957.html，最后访问日期：2024 年 4 月 29 日。

② 《宁夏"三山"生态保护修复绘就塞北绿美风景图——贺兰晴 六盘润 罗山翠》，《中国自然资源报》2023 年 10 月 27 日，第 2 版。

在取得生态建设重大成就的同时，我们在调研中发现，生态建设与生态修复依然存在一些亟待解决的难题。

第一，生态建设与生态修复的资金来源单一，运作失调。目前，我国生态建设与生态修复资金主要来自中央政府及地方政府申请的转移支付和项目投资。政府作为生态建设的单一投资主体存在以下弊端。首先，生态建设与生态修复的资金以项目制形式运作，各部门条线通常从自己的职责范围和利益出发，难以形成统筹协调的顶层设计和整体性规划，对生态系统的整体性缺乏完整系统的考虑。各部门的资金运作和补偿范围也存在信息壁垒，导致出现补偿资金交互重叠的现象。其次，政府投入的生态建设与生态修复标准普遍偏低，无法满足实际的生态修复需求。以造林为例，依赖政府投资的造林往往因资金困境而购买小种苗，导致成活率低，生态投资的效益下降。最后，政府包办生态建设的方式，不利于生态脆弱地区贫困群体主体性的发挥，不利于贫困群众转变生产生活方式、探索环境友好的绿色生计模式，无法解决"在保护中求发展、在发展中求保护"的问题。

第二，生态补偿体制不健全，生态服务提供者与受益者之间缺乏有效的利益联结机制。生态补偿是根据生态系统服务的价值、生态保护成本、发展机会成本，综合运用行政和市场手段，实现生态服务受益者付费、保护者得到合理补偿。我国的生态补偿在各地区的实践中采取以资金补偿为主、政策补偿和实物补偿为辅的方法。生态补偿通常与生态建设工程嵌套在一起，生态建设工程结束后，生态补偿资金也就停止了。政府几乎包干了所有的生态补偿支出，也就是说，政府承担了为生态服务付费的责任，生态服务的实际受益者与保护者之间完全脱节，不能解决生态保护的可持续性问题。区域之间的生态补偿缺乏规范性的制度设计，跨区域跨省的补偿方式难以形成有效方案。"受益者付费，保护者补偿"的责权一致的市场化生态补偿机制尚未形成。

第三，易地扶贫搬迁迁出区的土地利用和生态建设缺乏可持续激励机制。脱贫攻坚中易地扶贫搬迁政策取得了良好的生态效益、社会效益和经济效益。易地扶贫搬迁的迁出区通常是生态区位重要、自然条件恶劣的区域，农村移民的迁出缓解了人口与资源、环境的矛盾，促进了迁出区域的生态恢复、保护和建设，提高了生态系统的稳定性，遏制了迁出区生态恶化的趋势。因此，易地扶贫搬迁也被称为"生态移民"。移民搬迁后，原有的宅基地进行复垦，而原有的承包耕地和山林地通过土地流转实现规模化经营，发展经果林、特色农产品种植及特色畜禽水产养殖等项目。通过盘活"三块地"，搬迁户按照对"三块地"的应有权属关系分享收益，获得稳定收入来源。但是在实践中，易地扶贫搬迁迁出区的土地利用和土地收益存在以下问题。首先，搬迁户绝大多数搬迁到城镇集中居住，远离原有承包地，在土地流转之后他们通常对原有承包地的利用缺乏参与和监督。土地流转收益相对有限，生态移民的减贫效益并没有充分发挥出来。其次，生态迁出区的土地规模化经营通常依托龙头企业等新型农业经营主体，基于土地权属的租赁性质，难以保障其在土地经营中一定采取环境友好的土地利用方式。特别是在贵州喀斯特地貌区等具有特殊性的生态环境下，土地的规模经营面临着较大困境，难以实现预期的经济效益，扶贫效果的可持续性堪忧。再次，在移民迁出区承包地和山林地的可持续经营方面，政府面临着巨大的环境监管压力，往往因地域广大、山大沟深而难以保障有效监管。最后，移民迁出区的宅基地复垦虽然可以在指标上实现"土地增减挂钩"，但许多土石山区的房屋缺乏复垦条件，拆除房屋成本高昂，且易发生次生灾害和建筑垃圾二次污染，因此生态效益和社会效益偏低。

二 以社会建设促进生态建设与可持续发展

1. 引导社会力量参与生态建设和脱贫攻坚成果巩固

我国的生态建设与生态修复面临着巨大的资金缺口，政府作为单一投资主体的生态建设模式难以持续。地方政府应积极推广 PPP 模式，引导和鼓励社会力量参与生态建设，撬动社会资本，多渠道筹集资金，支持生态建设。民间环保组织也是生态建设的重要参与主体，特别是在实践层面能够更深入地推动区域生态系统的整体性规划，以及环境保护与社会经济发展的结合。地方政府应创新与民间环保组织的合作形式，加强引导，促进社会组织在建立绿色转型长效机制中发挥更积极的作用。

2. 通过优化制度供给完善生态补偿机制

省级地方政府要整合中央和地方生态保护资金，加大对重点生态功能区的投入力度；将生态补偿列入各级政府预算，切实履行补偿义务。改变只注重资金补偿的现状，加强制度供给，建立用水权、排污权、碳排放权交易制度，建立政府间生态补偿协议平台，推动区域间建立合理的资源利用和污染防治合作规范，在共享规范的基础上，搭建用水权、排污权、碳排放权等市场化交易平台；建立统一的绿色产品认证和标识体系，落实对绿色产品的财税金融支持和政府采购支持。

3. 运用适应性协作管理的方法推动以社区为基础的自然资源管理体制建设

通过易地扶贫搬迁的方式解决环境保护与农民脱贫问题具有工程量大、系统性强、社会风险高的特点。在生态移民迁出区，自然资源的可持续利用并没有形成良好的长效机制。搬迁农民在迁出区所拥有的自然资本尚未通过有效的利益分配方式获得可持续的扶贫效益。在生态修复区、生态移民迁出区探索以社区为基础的自然资源管理体制是实现生态产业化、产业生态化的有效途径。移民搬迁的方法在某种程度上弱化了了解当地社会文化环境和熟知本土生态知识的当地人对地方土地可持续利用的参与。从国际经验来看，以社区或社区内的团体合作来促进自然资源管理在全球范围内受到肯定。在非洲、拉美国家颇受欢迎的农民田间学校、农民研究团体等以社区为基础的治理实践能够充分尊重农民的主体性，鉴别出农民中的创新者以提升本土知识水平，许多行之有效的水土保持技术、病虫害防治技术、作物种植技术等绿色发展的经验取得了环境保护和农民增收的双赢。

综上，良好的生态环境作为最大的公共福祉，构成了共同富裕最重要的内在规定性。推进共同富裕与全面推进经济社会发展的绿色转型是一体两面、相辅相成的。2024 年 8 月，中共中央、国务院印发了《关于加快经济社会发展全面绿色转型的意见》（以下简称《意见》）。《意见》指出，"推动经济社会发展绿色化、低碳化是新时代党治国理政新理念新实践的重要标志，是实现高质量发展的关键环节，是解决我国资源环境生态问题的基础之策，是建设人与自然和谐共生现代化的内在要求"。在新时代的东西部协作中，绿色转型的协同共进构成了区域协调发展制度建设的一个重要突破点。一方面，应在资本投入、能源开发、产业布局、劳务协作等领域，不断完善绿色转型的配套政策体系，充分评估生态环境和自然资源面临的机遇与挑战，创新构建东西部协作共赢的绿色经济新动能；另一方面，生态脆弱的西北地区，特别是相对落后的西北乡村地区，应立足于生态文明体制建设，充分激发内生动力，以社会建设促进生态建设，真正走上以农民为主导的因地制宜的可持续发展之路。

第二章

宁夏生态振兴促进农民农村
共同富裕的实现路径

宋春玲[*]

从《中华人民共和国 2023 年国民经济和社会发展统计公报》中的数据来看，我国居住在乡村的人口为 47700 万人，占全国总人口的 33.8%。[①] 党的十九大提出了"乡村振兴战略"，以保障农民对美好生活的向往得以实现。通过发展生态循环农业、推进农业绿色发展，近年来农业的增产和农民的增收取得了很大成效，但是我国在乡村振兴建设中依然存在一些困难和问题，如农民生态意识薄弱、农村环境污染严重、自然资源过度使用等。只有加强对传统生态文化的继承和发扬，正确处理人与自然的关系，让生态文明理念永驻于心，明确生态环境行为规范，才能真正让绿水青山变成金山银山。

第一节　生态振兴与共同富裕之间的逻辑机理

一　理论基础

第一，生态经济理论。1962 年，美国生物学家蕾切尔·卡森第一次发

---

[*] 作者简介：宋春玲，宁夏社会科学院农村经济研究所（生态文明研究所）助理研究员。

[①] 国家统计局：《中华人民共和国 2023 年国民经济和社会发展统计公报》，https://www.gov.cn/lianbo/bumen/202402/content_6934935.htm，最后访问日期：2024 年 3 月 18 日。

表了生态经济理论，代表作是《寂静的春天》。这本书指出人类社会正面临严重的生态危机，引起了全世界对环境保护问题的关注。生态经济理论引入我国后，姜学民等认为要从生态经济系统的角度来分析问题，做到经济与环境的可持续发展。① 韦继辉、李彦龙认为生态环境也是一种生产力，它所能提供的生产要素数量和质量与生态经济效益成正比。②

第二，可持续发展理论。1987 年，世界环境与发展委员会发表了题为《我们共同的未来》的研究报告。该报告论述了环境发展存在的问题，包括人口、资源、能源、人类居住环境等方面，提出了"可持续发展"这一概念。可持续发展是一种既满足当代人的需要又不对后代人的需要构成威胁的发展方式。我国学者引入可持续发展理论并进行研究是从 20 世纪 80年代中期开始的。叶文虎认为，在一定的地域范围内，人类的需要在不断地得到满足，在不损害后代人需要的前提下，人类福祉最终是增加的。③吴季松认为，在合理利用资源、有效保护环境的前提下，发展社会经济，生态系统达到动态平衡，最终可以实现可持续的发展。④

第三，循环经济理论。1990 年，英国经济学家戴维·皮尔斯（D. Pearce）和凯利·特纳（K. Turner）正式提出了"循环经济"的概念，用循环经济这一新的经济发展模式来解决资源枯竭与环境污染问题。20 世纪90 年代末，我国学者开始逐渐研究循环经济理论；2000 年以后，研究循环经济理论的学者逐渐增多，并且更偏好利用数学模型研究经济循环利用的程度。马凯认为，循环经济是对资源的高效利用与循环利用，形成物质流动闭环，彻底改变传统的经济增长模式。⑤ 范跃进认为，循环经济是经济、社会、生态三个系统之间的理想组合，人类的生产活动参与其中，维护动

---

① 姜学民、时正新、王全新、王干梅：《我们对生态经济学研究对象几种不同认识的看法》，《农业经济问题》1984 年第 5 期，第 60～61 页。
② 韦继辉、李彦龙：《四种生产力理论与可持续发展》，《重庆交通学院学报》（社会科学版）2004 年第 2 期，第 15～18 页。
③ 叶文虎：《可持续发展的原理、方法和实践》，《今日科技》2001 年第 7 期，第 20～22 页。
④ 吴季松：《可持续利用的资源观》，《中国水利》1999 年第 11 期，第 14～15 页。
⑤ 马凯：《贯彻和落实科学发展观 大力推进循环经济发展》，《宏观经济管理》2004 年第 10期，第 4～9 页。

态平衡。①

第四，"绿水青山就是金山银山"理念。2005 年，时任浙江省委书记的习近平在浙江省湖州市安吉县考察时提出"绿水青山就是金山银山"理念。他在谈到经济发展与生态环境保护的关系时指出："我们既要绿水青山，也要金山银山。宁要绿水青山，不要金山银山，而且绿水青山就是金山银山。""绿水青山就是金山银山"理念辩证地论述了我国经济建设与生态文明建设之间的关系，既要推进经济发展向绿色化转变，又要将良好的生态环境转化成具体的价值，这一价值是同时包括经济价值与社会价值的。②"绿水青山就是金山银山"理念的具体表现形式就是产业生态化与生态产业化的协同发展。生态本身就是经济，保护生态，生态就会给予回馈。只要能够把生态环境优势转化为生态农业、生态工业、生态旅游业等生态经济的优势，那么绿水青山也就变成了金山银山。

二　逻辑机理

我们对"绿水青山就是金山银山"的认知过程是经济增长方式转变的过程，是发展理念不断进步的过程，也是人与自然关系不断调整、趋向和谐的过程。绿水青山可以带来金山银山，金山银山却买不到绿水青山。要牢固树立"绿水青山就是金山银山"理念，必须坚持生态效益和经济社会效益相统一，积极探索推广"绿水青山就是金山银山"的路径，加强生态保护补偿，因地制宜壮大"美丽经济"，把生态优势转化为发展优势，使绿水青山产生巨大效益，形成绿色生产方式和生活方式，促进人与自然和谐共生。③

在人类发展的任何时期，目标都是人类社会与经济的发展。在生态文明时期，只有人与自然和谐共生才能实现这一目标。因此，人与自然和谐

① 范跃进：《循环经济理论基础简论》，《山东理工大学学报》（社会科学版）2005 年第 2 期，第 10~17 页。
② 中共中央宣传部：《习近平新时代中国特色社会主义思想学习纲要》（2023 年版），学习出版社、人民出版社，2023，第 224~225 页。
③ 中共中央文献研究室编《习近平关于社会主义生态文明建设论述摘编》，中央文献出版社，2017，第 32 页。

发展是手段，是一切人类活动的总纲。我们将生态文明理念与乡村振兴的目标相契合，从而指引乡村振兴战略实施，促进农民农村共同富裕。乡村高质量发展的必然路径是实施乡村振兴战略，乡村生态振兴是乡村振兴的重要支撑和内在要求，为乡村振兴战略下农业生产方式的转型提供了启示和指引，而发展生态产业正是乡村生态振兴的重要抓手。在乡村全面振兴的要求与实践下，只有不断增强村民的生态意识，践行人与自然生态和谐观，才能实现经济绿色发展、乡村产业生态化和生态产业化融合发展，打造现代生态循环农业，推进农业可持续发展。

三 习近平生态文明思想在宁夏乡村振兴中的实践

1. 把"绿水青山就是金山银山"作为宁夏黄河流域生态保护和高质量发展先行区建设的价值理念

宁夏强调"绿水青山就是金山银山"，尽最大努力维持经济发展与生态环境之间的平衡，走生态优先、绿色发展的路子，形成包括绿色消费、绿色生产、绿色流通、绿色金融等在内的完整绿色经济体系。宁夏农业发展也一直秉持因地制宜、绿色发展的生态理念，注重农业科学、可持续、高质量发展，为宁夏构建现代化生态循环农业体系奠定了坚实基础。

"两山"理论辩证统一的三个发展阶段，展现了我国经济发展方式的变革历程，也体现了我国发展理念更加科学、趋于和谐。"绿水青山就是金山银山"理念的具体表现形式就是产业生态化与生态产业化的协同发展。我们要依托资源及生态优势，推动生态有机农业、低碳清洁工业、绿色服务业等产业生态转型，将生态优势转化为经济优势，实现经济效益、生态效益、社会效益"三丰收"。

随着工业化、现代化的发展，为了追求金山银山，人们严重破坏了绿水青山，人类社会遭到自然界的报复。因此，人类开始意识到绿水青山的重要性，注重保护和修复绿水青山。但金山银山并不能实现绿水青山，只能利用更多的金山银山缩短自然恢复绿水青山的时间，而有些已遭到破坏的绿水青山可能永远也恢复不了。

产业发展离不开生态环境，"绿水青山就是金山银山"这句话点明了社会经济发展的必然趋势，产业发展，生态先行。产业振兴一定要和绿水青山融合发展，良好的生态环境是产业振兴的基础，没有这一基础，乡村振兴势必会重蹈改革发展初期城市发展的"先污染再治理"的覆辙。

案例1：稻渔空间乡村生态观光园

位于贺兰县常信乡四十里店村的稻渔空间乡村生态观光园，主导产业是水稻种植和水产品养殖，占地面积2800亩，是一种稻渔水循环生态立体种养新技术、智能化低碳高效种养新模式。2017年5月，其被评为"宁夏休闲农业三星级企业"。2018年8月，其被评为"宁夏休闲农业四星级企业"。2018年10月，其被农业农村部评为"中国美丽休闲乡村"。① 2020年6月9日，习近平总书记考察贺兰县稻渔空间乡村生态观光园，了解了稻渔种养业融合发展的创新做法。

稻渔空间乡村生态观光园以现代农业建设为核心，以农事活动为基础，以农业生产经营为特色，把农业（渔业）和休闲旅游结合在一起。② 从种植、养殖、生产、流通、电商，到休闲农业、旅游、娱乐等，一二三产业在这里深度融合发展。稻渔空间乡村生态观光园创建了"陆基生态渔场"模式，采用了"设施工程化循环水养鱼+稻渔共作"技术，改变了过去靠经验、靠人工的做法，通过物联网、云计算、智慧平台监测数据，调整种养模式，利用手机、电脑远程操作农业生产活动，实现了农田的高效集约利用，节约水资源25%以上，节约劳动成本70%左右。

2. 把"坚持良好生态环境是最普惠的民生福祉"作为解决宁夏最大民生问题的基本准则

习近平同志在党的十九大报告中指出："中国特色社会主义进入新时

---

① 《乡村振兴看宁夏｜走进稻渔空间欣赏最美稻田画》，https://www.nxnews.net/yc/jrww/202208/t20220813_7667034.html，最后访问日期：2024年3月18日。
② 《乡村振兴看宁夏｜走进稻渔空间欣赏最美稻田画》，https://www.nxnews.net/yc/jrww/202208/t20220813_7667034.html，最后访问日期：2024年3月18日。

代，我国社会主要矛盾已经转化为人民日益增长的美好生活需要和不平衡不充分的发展之间的矛盾。"也就是说，人们期望拥有优质安全的水、空气、粮食等生态产品，以及良好的自然环境。改善生态环境不仅是重大政治问题，也是关系民生的重大社会问题。习近平总书记指出："良好的生态环境是最公平的公共产品，是最普惠的民生福祉。"① 换言之，美好生活诉求，从来不止于人均可支配收入的提高，还在于舒适安全的人居环境、普惠安全的生态产品。因此，把良好生态环境作为最普惠的民生福祉，就是要以高度的责任感和使命感，做好生态环境保护，为人民群众营造优美的生活环境，创造优质生活，为子孙后代留下蓝天、绿地、密林，以及干净的水和空气等自然财富。宁夏近五年来生态环境整体态势向好，每年全区优良天气比例均超过83%，在305天以上，PM2.5平均浓度逐年下降，由2018年的35微克/立方米下降至2022年的30微克/立方米；黄河干流宁夏段一直保持Ⅱ类进Ⅱ类出，入黄排水沟水质均在Ⅳ类及以上；森林面积逐年增加，由2018年的1138万亩增至2022年的1403万亩，森林覆盖率从14.6%提高至18%；农村环境逐年转好，畜禽粪污资源化利用率、秸秆利用率、化肥利用率、农药利用率等指标呈现上升趋势，农村人居环境综合整治行动改变了农村污水乱排、垃圾乱扔、秸秆乱烧的脏乱差状况，保持干净整洁的生活环境。风电、水电、太阳能发电等可再生能源发电量占比五年来逐年提高。宁夏党委和政府秉持生态惠民、生态利民、生态为民原则，不断满足人民日益增长的良好生态环境需要，人民群众的生态环境获得感、幸福感和安全感不断提高。

案例2：宁夏美丽城乡建设样板

民之所欲，我之所求。党的十八大以来，宁夏各地持之以恒，把解决突出生态环境问题作为民生优先领域，让良好生态环境成为人民群众美好生活的增长点。大武口将"绿水青山"和城市转型发展有机结合起来，打"山水牌"，吃"绿色饭"，走"生态路"，城市发展迎

---

① 习近平：《习近平著作选读》（第一卷），人民出版社，2023。

来由"黑"变"绿"的根本逆转，实现了由"煤城"到"美城"的深度嬗变，打造出森林公园、星海翠岭、华夏奇石山等景区，实现了贺兰山生态治理恢复和北武当生态旅游景区的"绿色蜕变"，探索出一条资源枯竭型城市高质量绿色转型发展的新路子。固原市以创建国家生态文明建设示范市为抓手，坚持生态惠民、生态利民、生态为民，结合打赢脱贫攻坚战和实施乡村振兴战略，把生态建设融入产业结构调整、美丽城乡建设中，推进产业生态化和生态产业化，发展现代纺织、特色农业、文化旅游、生态经济等重点产业，构建"1411"城镇发展格局，实施"百村示范、千村整治"工程，开展旅游环线绿化美化，推进城乡环境综合治理，探索推广乡村文明实践积分卡"兴盛模式"和幸福农家"123"工程，深入推进生态制度、生态环境、生态空间、生态经济、生态生活、生态文化六大体系建设，使区域生态环境显著好转，生态文化氛围日渐浓厚，生态经济日益繁荣。固原市泾源县作为宁夏南部重要的生态屏障和森林水源涵养地，坚持生态保护、生态治理、生态建设"三管齐下"，生态环境在宁夏名列前茅。2020年泾源县环境空气优良天数比例达到98%，泾河出境断面水质连续五年稳定在Ⅱ类标准，森林覆盖率等显著提升，人均收入明显增长，绿水青山与金山银山互促共进成效明显。银川市西夏区镇北堡镇扎实推进生态环境治理，全力打造生态宜居的特色小镇，通过实施美丽乡村建设及镇村卫生整治、改善农村人居环境等项目工程，实现了村民自来水入户率、村巷道路硬化率、网络通信覆盖率、镇区污水处理率、垃圾无害化处理率五个"百分之百"。

第二节　闽宁协作在宁夏的续写与经验启示

党的二十大报告提出要加快构建新发展格局，着力推动高质量发展。全面推进乡村振兴是其中非常重要的一环，要根据乡村的资源禀赋发展乡村特色产业，努力做到农村美、农业强、农民富。宁夏回族自治区第十三次党代会提出，在巩固拓展脱贫攻坚成果的基础上，以增加农民群众收入为目的，以加快农村发展为主攻方向，加快建设乡村全面振兴样板区，实现农业全面升级、农村全面进步、农民全面发展。为全面贯彻党的二十大精神，认真贯彻习近平总书记视察宁夏时的重要讲话和重要指示批示精神，全面落实宁夏回族自治区第十三次党代会的部署要求，需要扎实推进乡村全面振兴样板区重点工作。闽宁镇采取多种方式发展优势特色产业，总结推广特色村集体经济发展模式，激发农村集体经济发展新动能，形成了一些可复制、可推广、可借鉴的农民致富经验，为宁夏推进乡村全面振兴样板区建设贡献区域示范力量。

一　闽宁深度扶贫协作经历的发展阶段

闽宁协作是习近平总书记亲自倡导、亲自部署、亲自推动的大战略，承载着总书记的殷切希望。1996 年 5 月 31 日，国务院扶贫协作会议在北京召开，会议确定了福建省对口帮扶宁夏回族自治区。这一天对于福建与宁夏来说，具有跨时空的意义，闽宁扶贫协作从此拉开了序幕。志合者，不以山海为远。自闽宁对口扶贫协作确立后，福建省首先召开了第一次联席会议，确立了闽宁专项协作基金机制、市县结对帮扶机制、互派挂职干部相互培养和学习等长效协作机制，并规定每年召开　次联席会议讨论项目、基金、人才培养等具体事宜。二十多年的长期坚持使闽宁扶贫协作发生了根本性变化，合作项目已经由最初的以基础性建设为主转变为品牌共建、新兴科技产业、葡萄酒产业、文化旅游产业、新能源与能源技术产业等多个领域的深度合作，路子越走越宽、越走越远。

1996 年至今，闽宁扶贫协作工作已经进入第 28 个年头，闽江水与六盘山已结下了深厚的情谊。闽宁扶贫协作工作经历了四个发展阶段，闽宁扶贫协作真正成为东西部扶贫协作和对口支援的一个生动例子，走出了东西部扶贫协作的新路子，为全社会提供了脱贫攻坚的生动样本。

第一，输血式扶贫阶段（1996～1999 年）。这一阶段主要是福建省的单向帮扶，真金白银投入、真抓实干帮扶，资金主要用于解决西海固群众最迫切的民生问题。这一时期福建省政府帮助宁夏回族自治区大搞基础建设，修桥补路、兴水利、设电网、建水窖、造梯田，同时建立多所希望小学，建设教育扶贫工程、医疗扶贫工程等。这一时期集中力量打造样板村，让移民迁得出、稳得住、致得富。

第二，造血式扶贫阶段（2000~2014年）。在这一阶段，两省区政府领导意识到只有引入市场机制才能优化资源配置、提高运行效率、增强造血功能。政府领跑、企业接棒，以市场为纽带的产业扶贫在这一阶段开展得如火如荼。这一阶段闽宁扶贫协作由单向帮扶开始向互惠共赢、共同发展转变。单方面的资金输出已经不能满足这一时期宁夏的发展，随着宁夏人民脱贫需求的增加和市场机制的逐步引入，宁夏人民开始走出去，主动与福建省深入交流、谋求合作。在这一时期的合作中，虽然产业比较单一，以劳动力输出、原材料生产为主，合作基本处于产业链的前端，但是是宁夏人民主动脱贫跨出的关键一步，为闽宁两省区后续的合作打开了良好局面。为了增强宁夏人民主动脱贫的内生动力，福建帮助宁夏培训了大量的技术人才，并在教育、卫生等领域多有合作，打出多种政策组合拳，"闽宁模式"在这一阶段已初现雏形。

第三，精准式扶贫阶段（2015~2020年）。2015年11月，中央扶贫开发工作会议通过了《中共中央 国务院关于打赢脱贫攻坚战的决定》，对闽宁对口扶贫协作提出了新的要求。这一时期闽宁对口扶贫协作进入深度发展阶段。两地人民在这一时期双向交流、互相学习、深度互动。在这一时期，闽宁两省区已经做好了全面按时脱贫的准备，结对帮扶要求既优化又精准，探索出全面脱贫与乡村振兴的有效衔接方式，为开启第四个阶段做好了准备。

第四，区域深度合作阶段（2021年及以后）。这一阶段闽宁两省区将共同构建新发展格局，加快社会、经济、文化领域的融合发展。20多年的深厚友谊使闽宁两省区虽相隔千里却紧密联系，经济上互利共赢、人文上互通共融、感情上互动共鸣。闽宁深度合作被打造成一张亮丽的名片，是区域深度合作的特色品牌，是区域协调发展、协同发展、共同发展的良好平台。

二　续写闽宁扶贫协作新篇章

2021 年是实施"十四五"规划的开局之年。从 2021 年开始，闽宁扶贫协作进入新的发展阶段。闽宁扶贫协作坚持以习近平新时代中国特色社会主义思想为指导，全面贯彻党的十九届五中全会、中央农村工作会议精神和习近平总书记在全国脱贫攻坚总结表彰大会上、视察宁夏时的重要讲话精神，认真落实党中央、国务院决策部署，牢记嘱托、担当作为，书写新时代闽宁协作的新答卷。

第一，落实"四个不摘"要求，巩固完善结对关系。福建省安排县（市、区）与宁夏回族自治区脱贫县（区）开展巩固拓展脱贫攻坚成果和全面推进乡村振兴结对帮扶，鼓励其他市、县（区）开展结对协作。

第二，发挥市场主体作用，推动产业融合发展。按照优势互补、合作共赢的基本思路，继续共建闽宁产业园，引导福建企业到宁夏投资发展特色农业和加工服务业，推进枸杞、葡萄酒、奶产业、肉牛和滩羊、绿色食品、新兴材料、电子信息、清洁能源、文化旅游等领域产业合作，促进两省区互惠互融发展。

第三，继续深化劳务协作，创新就业协作模式。建立两省区就业培训协作机制，鼓励福建企业与宁夏职业培训机构、技工院校开展定向就业培训，精准对接宁夏劳动力就业需求与福建企业用工信息，实现互利双赢、共同发展。

第四，拓宽消费协作渠道，完善闽宁消费协作机制。搭建闽宁消费协作平台，互相为对方提供特色产品展示展销便利，共同拓宽特色产品销售渠道，共同打开产品销售市场，推动闽宁两省区特色产品展示展销活动常态化。

第五，继续加强人才交流，推进科技领域合作。继续开展互派干部挂职、专业人才交流，促进观念互通、思路互动、技术互学、作风互鉴。学习"数字福建"建设经验，深化闽宁两省区政府部门、科研机构、高等院校、科技型企业之间的合作，共同搭建创新平台，联合实施科技项目，在科技创新、成果转化、技术咨询、技术服务等方面建立长效协作机制，推动闽宁两省区科技合作和数字经济高质量发展。

第六，搭建多领域合作平台，推动高质量发展。依托福建投洽会、农博会等开放平台与宁夏建设黄河流域生态保护和高质量发展先行区、中阿博览会、中国（宁夏）国际葡萄酒文化旅游博览会等平台，为两省区合作提供更大空间、更多便利、更实举措，加快融入国家"双循环"发展格局，推动两省区经济互利共赢、人文互通共融、感情互动共鸣，实现高质量发展。

三　闽宁扶贫协作经验启示

闽宁两省区始终牢记习近平总书记的殷殷嘱托，依靠党的坚强领导，充分彰显我国国家制度和国家治理体系的优越性，以人民为中心，以消除贫困、促进共同富裕为目标，守望相助，不断推进全领域、广覆盖、多层次的协作，携手绘制乡村振兴新蓝图；坚持把推进扶贫开发作为重心，把产业协作扶贫作为关键，把改善生产生活条件作为基础，把激发内生动力作为根本，从单向扶贫到产业对接，从经济援助到社会事业多领域深度合作，带领人民走向共同富裕。

1. 坚持党的全面领导是战胜一切困难的法宝

消除贫困、改善民生、逐步实现共同富裕，是社会主义的本质要求，是我们党的重要使命，关键要靠党的坚强领导。党的十八大以来，以习近平同志为核心的党中央把脱贫攻坚摆在更加突出的位置，习近平总书记亲自谋划、亲自部署、亲自推动、亲自督战，推动建立中央统筹、省负总责、市县抓落实的工作机制，形成五级书记抓扶贫的工作体系，实现向贫困村选派第一书记和扶贫工作队全覆盖，以坚强的政治领导、思想领导、组织领导，全面完成了新时代脱贫攻坚目标任务，充分彰显了中国共产党坚强的领导力，向世界证明了中国共产党领导的优越性。现在我们开启了逐步实现全体人民共同富裕的新征程，必须毫不动摇地坚持和加强党的领导，不断增强党的政治领导力、思想引领力、群众组织力、社会号召力，为实现全体人民共同富裕目标提供根本保证。

2. 坚持产业带动是帮助贫困地区脱贫致富的重要抓手

坚持产业带动是闽宁扶贫协作的重要抓手，也是带动困难群众脱贫增收的主要领域。多年来，闽宁两省区在产业协作当中创造了很多新的机制和模式，闽宁扶贫车间和产业园区都是很好的载体。在闽宁产业协作当中有三项工作是政府的首要工作。一是引技术，强产业基地。通过引进福建的先进技术并在闽宁大专院校之间开展交流合作，把宁夏优势产业基地真正建强。二是育龙头，强产业链条。宁夏本地产业基础较弱、规模较小，缺乏龙头企业带动。福建对接国际市场，有先进的理念和现代化的优质企业。引进福建优质企业资源或标准，可以让宁夏本地的优势产品走向更大的市场，促进农民增收。三是创标准，强产业基础。宁夏从过去卖原料转向卖产品，再从卖产品转向卖标准。在此基础上，宁夏通过学习福建的先进理念、产业技术和团队经验，创立了自己的优势产业标准，让产业竞争力和自身应对风险的能力更强。

3. 坚持激发内生动力，增强群众脱贫信心

内生动力是脱贫攻坚最根本、最稳定、最强大的力量。习近平总书记指出，摆脱贫困的首要意义并不是物质上的脱贫，而在于摆脱意识和思路的贫困。[①] 部分贫困群众之所以贫困，是因为精神上存在一定的"等靠要"思想，要让他们彻底告别贫困，首先得激发他们的斗志，做好扶志工作。此外，贫困还与其受教育程度和技能知识有关，因此在扶志的同时还要扶智。闽宁两省区坚持把互派干部、人才交流作为重要举措，大力宣传福建人民"敢拼才会赢"的精神，大力弘扬宁夏人民"不到长城非好汉"的精神，推动人员互动、技术互学、观念互通、作风互鉴。坚持把扶贫与扶志、扶智结合起来，通过技能培训、生产奖补、劳务补助等方式，大力推广脱贫致富的典型经验，引导贫困群众变"要我脱贫"为"我要脱贫"，靠勤劳双手摆脱贫困、发展致富。坚持把教育作为拔穷根、管长远的民生工程，完善政策保就学，改善条件强基础，资源共享提素质。二十多年来，福建省先后派遣支教教师1200多人，帮助宁夏培训教师10000多人次，在宁夏贫困地区援（扩）建学校200多所。福建省通过"互联网+教育"联合开展教育培训，保障学生能上学上好学、劳动力学技术能就业，

---

① 习近平：《摆脱贫困》，福建人民出版社，1992。

实现了就学培训一人、成功脱贫一户、示范带动一方。

4. 坚持开拓创新,探索推动乡村全面振兴的有效途径

创新拓展协作领域,推动从单一帮扶向多领域协作提升。闽宁两省区抓住国家推进"一带一路"建设的契机,以中国(福建)自由贸易试验区和宁夏内陆开放型经济试验区为平台,充分利用中阿博览会、海交会、投洽会、海峡旅游博览会等有利条件,努力推进双向交流,互惠互利发展。闽宁两省区金融机构联合为扶贫龙头企业提供金融支持。开通直达航班,共推旅游精品线路,组织优秀文化节目交流巡演,支持福建企业到宁夏投资兴业等一系列合作项目的实施,见证了闽宁扶贫协作从以产业扶贫、劳务输出、干部选派等为主,向金融、经贸、旅游、人文等多领域拓展;从以单向输入为主,向互补性、双向性、联动性拓展。闽宁两省区既有经济上的互利共赢,又有人文上的互通共融,更有感情上的互动共鸣。

5. 坚持示范带动,探索集体经济发展新路径

闽宁镇是习近平总书记亲自提议建立、亲自命名、亲自推动的东西部扶贫协作示范点。经过二十多年的不懈奋斗,闽宁镇形成了特色种植、特色养殖、文化旅游、设施农业、商贸物流等一批特色优势产业。昔日的天上无飞鸟、地下不长草、十里无人烟、风吹沙粒跑的"干沙滩",变成了现在绿树成荫、良田万顷、经济繁荣、百姓富裕的"金沙滩"。在闽宁镇的示范带动下,闽宁两省区因村制宜、精准施策,围绕改善基础设施惠民生、发展主导产业促增收、建设扶贫车间带就业、壮大集体经济谋发展、加强基层组织建设夯基础,共同建设了110个闽宁示范村,涌现出原州区泉港村、西吉县涵江村、红寺堡区弘德村等一批先进典型,为下一步巩固拓展脱贫攻坚成果同乡村振兴有效衔接提供了有益参考、积累了丰富经验。在闽宁镇的示范带动下,现阶段宁夏党委政府抓住三个关键点持续发力。第一,在现有基础上继续做强闽宁产业园,或者是优势明显、能带动当地就业的闽宁扶贫车间。第二,建立产学研一体化的技术研发中心。宁夏党委政府和福建有关高校、科研院所合作,聚焦"四个一"产业建立了研发中心,目前从品种、基地到市场的全产业链效益较好。第三,建立两省区人才交流培训基地。这些年,两省区互派干部、技术人员等,福建的

先进发展理念、技术、观念等不断输入宁夏，发挥了重要作用。①

第三节　宁夏生态振兴建设过程中存在的主要问题

近年来，宁夏在推进乡村振兴工作中取得了明显的成效，1100 个贫困村、80.3 万贫困人口全部脱贫摘帽②，乡村产业有序发展，乡村面貌焕然一新，但宁夏在生态振兴建设过程中仍存在一些不足之处，主要表现在以下几个方面。

一　基础设施建设不够完善

近年来，宁夏非常重视乡村建设，基础设施已得到极大改善，但仍存在不足之处。通过大量走访调研，笔者总结出以下几点。第一，乡村道路设计起点低，不能适应目前飞速发展的生产生活需要。村庄农户之间村道没有实现硬化全覆盖，部分还存在断头路、沙土路现象，有些通往承包地、林场、经济林的沟壑、悬崖、渡槽地带未架设辅道及桥梁，小型机械车辆不能通行，需从沟底或绕道穿行，影响了农作物的收割、运载、销售。第二，水利、电力、居住环境等不尽如人意。新农村建设对村容村貌、人居环境缺乏系统性的规划，未预埋污水处理管道，未设计预留自来水、天然气、暖气、电信网络、动力电线通道，因此在实现"五通八有三达到"目标的过程中，需对原有道路设施"开膛破腹"、重复建设，这不仅妨碍了群众出行，而且造成了人力、物力、财力的浪费，农作物依然采用大水漫灌的方式。第三，部分乡村动力用电没有实现进村全覆盖，电信互联网信号不稳定，亟须增容扩量。

二　农村人居环境整治力度不足

近年来，各级党委政府加大对农村人居环境的整治力度，效果显著，但是在厕所、污水处理、垃圾分类等方面的整治力度仍需进一步加大，具

---

①　刘学武、陈雅妮、王仲梅：《脱贫攻坚精神的闽宁实践》，《调研世界》2022 年第 3 期。

②　《2023 年宁夏回族自治区政府工作报告》，《宁夏日报》2023 年 1 月 19 日，第 1 版。

体存在的问题如下。第一，部分村庄公共区域仍存在具有安全隐患的土坯房、影响村容村貌的残垣断壁和土堆等，生活垃圾、建筑垃圾和非正规垃圾仍然被随意堆放。第二，村庄规划有待完善。由于"多规合一"，实用性村庄规划质量不高。第三，对农村水污染仍需要进一步重视，农业污水处理设施建设发展不平衡，管护机制不健全，管网覆盖率和处理率不高。第四，农村厕所改造任务仍然艰巨。还有部分村庄存在因厕所改造与当地具体情况不符合而被村民弃用的问题。第五，对生活垃圾未做到无害化集中处理全覆盖，仍有随意倾倒、堆放现象。这不仅破坏了水源，对农作物造成污染，而且容易滋生饿殍蝇虫，极易传播传染病，给周围民众的健康卫生带来极大隐患。第六，饮水具有安全隐患。生活用水多来自附近水库或雨水积流，降雨后农药化肥残留大量涌入河流水源，导致水库质量下降，人畜饮水存在安全问题。

三　面源污染及地下水污染不容乐观

近年来，各级党委政府对水污染防治工作非常重视，黄河支流的水质有明显改善，水污染治理也取得了一定的成效。但是对于农村水污染仍需要进一步重视，通过调研我们发现以下问题。第一，农业面源污染问题比较普遍，农业污水处理设施建设发展不平衡，管护机制不健全，管网覆盖率和处理率不高，农膜、农药化肥、畜禽粪便污染问题依然存在。第二，对农村面源污染防治工作重视不够，民众意识淡薄，生活垃圾与污水仍然存在随意丢放的现象。第三，在农作物种植过程中，化肥与农药对水造成的污染也很严重，尤其是对地下水的污染，后果很容易被忽视。第四，农村畜禽养殖对水环境造成的污染也很严重，动物的粪便、宰杀废水直接排放后会严重污染地下水资源。第五，"谁污染谁治理"的环保政策并不适用于农村，农村污染的主体是农民，却很难让农民对环保进行投入，政府投入有限，导致农村水污染处理设施基本处于落后、简易、短缺的状态。①

---

① 王秀琴：《黄河流域固原地区生态优先绿色高质量发展新路径》，《宁夏农林科技》2021年第 1 期。

四　农业产业优化不足

产业兴旺是实施乡村振兴战略的出发点与落脚点，是解决问题的基础。走农业现代化道路就是走农业绿色发展之路。

(一) 农业产业生态化力度不够

农业产业生态化是农业产业现代化的根本保证，通过走访调研我们发现，宁夏农业产业生态化力度不够，具体表现为以下几个方面。第一，宁夏农业产业基本上局限在以传统种养为主的低端发展上，产业规模小、基础薄弱、管理粗放。绿色生态农产品以初级产品销售为主，不能实现优质优价。第二，农产品加工类占比较低，市场竞争力弱，销售渠道不够畅通，经济结构单一、产业链短、附加值低、产业布局分散，仍处于初级发展阶段。第三，现有林草生态效益凸显但经济效益差距大，优质生态经济产品少，品牌优势不足。现有奶产业、牛肉产业、滩羊产业等养殖产业规模化程度不高，养殖场地将成为制约发展的主要因素。第四，技术支撑与产业发展存在差距，农业产业发展缺乏技术指导，基层技术人员出现断层，在品种培育、栽培管理技术、病虫害防治等方面专业人员缺少，技术指导服务不到位。第五，新型经营主体作用发挥不够，对龙头企业、合作社、家庭农场等新型经营主体培育力度不够，产业带动不足，持续增收乏力，市场风险抵御能力弱。第六，"十四五"期间风电光伏等可再生能源将全面步入无补贴平价上网阶段，为保障农村居民收入不下降，绿色金融对可再生能源优存量、保增量、促发展的推动作用需进一步加强。

(二) 产业结构存在短板

产业结构存在短板会带来区域与产业的发展不平衡。调整优化农业产业结构，有利于促进农村一二三产业融合发展。宁夏乡村产业结构问题主要体现在如下方面。第一，农业产业机械化、人工智能化程度低，人工种植，未实现无人机飞播、施肥，未形成集生产、销售、餐饮和服务于一体的产业链条。第二，没有实现绿色环保种植，普遍使用化肥，减损了土地的肥力，有机肥、人畜粪肥推广使用不广泛。第三，花卉、枸杞、冷凉蔬菜等高附加值经济作物未形成生产规模，互补性不强，未培育起适合本地发展条件的经济作物类型和品牌。第四，随着城市化进程的加快，人口迅速向城市集聚，部分村庄农业生产萎缩，土地撂荒，未进行有效的开发利用，"一村一品""一县一业"的产业格局不显著。第五，"三权分置"改革尚未完成，农村产权市场冷落，生产要素还不能实现有效配置，没有构建起促进农村集体经济组织发展的机制，一二三产业融合发展势态并未完全形成。

（三）乡村生态旅游发展后劲不足

乡村生态旅游是乡村生态振兴最有力的抓手，能够卓有成效地给村民带来利益。近年来，宁夏大力发展乡村生态旅游，取得了一定成绩，但也存在一些不足和短板，主要表现在以下几个方面。第一，乡村旅游资源整合度不够，文化内涵挖掘不深，旅游产品特色不鲜明。宁夏是经济欠发达地区，乡村旅游业起步较晚，很多旅游产品的开发还处于初级阶段，每个景区都处于单打独斗的模式，没有形成资源整合的思想，造成了大量的浪费，资源优势也无法凸显。宁夏的农家乐旅游仅限于为旅游者提供食宿，同时卖剪纸、刺绣、野菜、清真牛羊肉等土特产品，知识结构、生活环境的共性决定了当地居民参与旅游的形式单一，所有农家乐的格局一模一样，规划建设也缺乏特色，导致游客滞留时间短、花费少，影响农家乐的持续发展。第二，宁夏乡村生态旅游缺乏精品。宁夏旅游资源相当丰富，但由于开发过程单一，旅游产品内容单调、层次较低，无法形成精品，无法打造清晰明确的旅游形象，带动效果不明显。乡村旅游资源挖掘得不够深入，由于旅游资金投入明显不足，宁夏对一些旅游产品的开发只限于资源本身，无法挖掘其更深层次的文化内涵，导致旅游项目出现同质化现象，缺少创意，同时民众参与性不强，无法形成强大的吸引力。第三，整体宣传营销机制不健全。停车场、旅游服务中心、旅游标识、智慧旅游系统、旅游产品的深度开发、游客休闲娱乐产品的开发等方面的建设处于初级阶段。第四，乡村旅游规划缺乏系统性。宁夏目前的乡村旅游规划项目多是各自为政，与其他相关规划缺少协调和衔接。很多规划既没有解读总体规划又过于抽象，表面看上去完整、高端，实际上让具体实施方很难理解，因此在执行时会随时改动，结果往往与政策相违背，在整改过程中造成浪费。

第四节　宁夏生态振兴促进农民农村共同富裕的实现路径

《关于做好 2023 年全面推进乡村振兴重点工作的意见》（以下简称《意见》）明确提出"推进农业绿色发展。加快农业投入品减量增效技术推广应用，推进水肥一体化，建立健全秸秆、农膜、农药包装废弃物、畜禽粪污等农业废弃物收集利用处理体系""引导大型农业企业发展农产品精深加工。引导农产品加工企业向产地下沉、向园区集中，在粮食和重要农产品主产区统筹布局建设农产品加工产业园""发展乡村餐饮购物、文化体育、旅游休闲、养老托幼、信息中介等生活服务""实施乡村休闲旅游精品工程，推动乡村民宿提质升级。深入实施'数商兴农'和'互联网+'农产品出村进城工程"。此外，《意见》还提出，深化农村土地制度、集体林权制度改革等，赋予农民更加充分的财产权益；扎实推进农村人居环境整治提升，持续加强乡村基础设施建设等，扎实推进宜居宜业和美乡村建设。

乡村振兴战略是新时代做好"三农"工作、实现共同富裕的有效抓手。乡村要振兴，生态必先行。宁夏根据农业农村发展实际，因地制宜地制定规划，使其具有实操性，最大限度地做到产业兴旺、生态宜居、乡风文明、治理有效、生活富裕。[①]

一　持续加强基础设施建设

基础设施的完善从根本上改变了贫困地区的生产条件和生活环境，应建好基础设施，确保长久管用。近年来，宁夏农村基础设施建设取得了很大成就，农村生产生活条件得到了大幅改善。不过，也有一些地方建设标准过低，缺乏科学规划，重复规划、重复建设的教训不少。这就要求基础

---

① 王志章、孙晗霖、张国栋：《生态移民的理论与实践创新：宁夏的经验》，《山东大学学报》（哲学社会科学版）2020 年第 4 期。

设施建设着眼长远，标准不能太低，更不能凑合，既要当前适用，也要以后管用，为乡村全面振兴打下良好的基础。按照"缺什么补什么"原则，应加快完善乡村水、电、路、气、通信等基础设施建设。在道路、交通等基础设施方面加大政策投入力度，由于城乡居民长期以来存在社会资源分配方面的不均衡，农村更加需要公共资源的优先配置，从而得到机会和利益补偿。

集中力量开展环境综合整治，共创美丽村庄，首先是确保村庄整洁。对非正规垃圾堆放点、积存死角垃圾、垃圾设备周边环境卫生、畜禽粪污及厕所粪污无害化处理等进行集中整治。创建垃圾分类示范村，对垃圾源头进行分类减量和资源化利用、市场化运营、无害化处理等。其次是做好绿化美化工作。对村部、学校、村道、农户房前屋后等空地进行美化绿化，可以结合实际种植经济苗木，既能美化环境又能增加村集体收入。再次是厕所改造要有效。全面开展摸排整改工作，按照宁夏回族自治区2021年关于三格式化粪池供应的通知要求施工改造，确保改一个、成一个、用一个，一年四季都能用。最后是提高农村污水处理能力。没有地下管网的村庄要加快建设污水处理站，解决农村污水乱泼乱倒问题。

二 促进农业废弃物综合利用

宁夏农业面源污染主要来自农业废弃物的污染，农业废弃物主要包括农药、化肥、农膜、禽畜粪便、秸秆等。农业面源污染不仅破坏农村生态环境，还会带来水污染、土壤污染、空气污染、食品安全等问题。宁夏的农业生产依然离不开对农药、化肥的依赖，但是农药、化肥的使用会带来水体污染与土壤污染，因此可以推广高效新型肥料，这有助于实现化肥的降量增效。同时，增加农田建设专项资金，用于研发新技术、新产品、新配方，以及土壤改良、节水灌溉、农田基础设施建设等。

秸秆是最广泛的农业废弃物。对于秸秆的综合利用，宁夏目前的做法是粉碎后还田处理、与玉米苜蓿等一起做饲料、与稻壳禽畜粪便等高温发酵做有机肥料、制作菌菇生长的基质，秸秆回收利用率为87.6%。秸秆还田是粗放型的回收利用方式，并且还田后容易出现病虫害、减产等弊端，因此应推广更高技术水平的农业废弃物资源化利用技术，进一步提高秸秆回收利用的经济效益，比如技术水平更高的饲料化技术与基质化技术。另外，秸秆、禽畜粪便还是制沼气能源的原材料，每吨秸秆所生产的沼气能源相当于 0.7 吨煤炭燃烧所产生的能量，相当于中等品质的煤，而且成本低，污染也要比燃烧煤炭小。所以宁夏可以先在某一地区推广秸秆的燃料化技术，生产出来的能源用于村民日常生活，试点成功后再普遍推广。

案例 3：山沟里的"牛粪银行"

兴隆镇位于宁夏回族自治区固原市西吉县城南部，是草畜产业大镇，肉牛年存栏量 5.2 万头、羊存栏量 6.5 万只、家禽存栏量 4.8 万羽，牛市年交易量达到 20 万头。[①] 该镇曾经牛粪多，无处放置、无法处理、污染环境成为农民的烦心事。近年来，兴隆镇通过"村集体经济组织+企业+养殖户"模式，成立"牛粪银行"，大力发展循环农业，烦心事迎刃而解，为全镇村级集体经济增收打造了样板。

兴隆镇川口村、小段村将村集体资金注入宁夏源龙现代农业服务有限公司，用于畜禽粪污腐熟处理，将畜牧业与种植业有效联系起来，形成"优质饲草种植—养殖业—粪污处理—有机肥还田—蔬菜、农作物种植—绿色农产品销售"的循环产业链发展经济模式，这被形象地称为"牛粪银行"。"牛粪银行"高效运转，年处理污粪和秸秆 6 万吨，达到秸秆过腹还田、肥沃土壤的效果，实现发展循环农业的愿景，有效防止了农牧业面源污染，改善了当地的生态环境。此外，"牛粪银行"还提供测土配肥服务，根据耕地地力和所种作物的不同调配出不同的肥料。

宁夏源龙现代农业服务有限公司每年生产腐熟肥 1 万余吨，实现经济收入 100 余万元，村集体经济组织每年可从企业收益中分红 8 万元。同时，粪污处理站在生产经营期间吸纳当地群众参与务工，年解决务工 300 人次，人均务工月收入达到 1500 元以上。"牛粪银行"的

---

① 《西吉"牛粪银行"唤醒农民环保意识》，http://nx.people.com.cn/n2/2021/0601/c192482-34746685.html，最后访问日期：2024 年 10 月 10 日。

推行，进一步增强了农户对粪污腐熟处理的认识，并让他们积极参与肉牛饲养产业发展，逐渐形成政府扶持、社会引导、农民参与的良好局面，有效带动全镇农户由粗放式饲养向集约化、现代化、科学化养殖方式转变。

三　研发与利用资源节约型农业技术

资源节约型农业技术主要是指对自然资源、社会资源节约集约利用的技术。对自然资源节约主要是指节水、节地、节时，对社会资源节约主要包括节约劳动力、节约资金、节约能耗等。宁夏目前最有效的资源节约型农业技术是高效节水技术，它大大提高了水资源的利用效率；彭阳县的旱作梯田，节约了土地资源；土地权改革与山林权改革会改变现有的农业生产方式，实现规模生产，从而实现对社会资源的节约利用。

四　发挥生态资源优势，发展乡村生态经济

宁夏注重发挥生态资源优势，发展乡村生态经济，推动乡村产业高质量发展，拓宽农民增收致富渠道，以实现共同富裕。

（一）努力打造农业全产业链

通过龙头企业带动，以信息技术产业为纽带，以创新发展为动力，推进一二三产业融合发展。打造集研发、种植、加工、营销、文化、生态于一体的现代农业全产业链，推动农业高质高效发展。尽可能地让农村居民参与乡村产业发展，他们既是乡村产业振兴的缔造者又是美好生活的享受者。

第一，聚焦宁夏"六特"产业，因地制宜地发展特色产业。对于葡萄酒、枸杞、冷凉蔬菜等特色种植产业，要发挥品牌带动优势、优化种植园区、发展新食品产业；对于现有奶产业、牛肉产业、滩羊产业等特色养殖产业，要实行规模化生产，"出村入园"集中养殖。加快发展风力发电和太阳能发电，扩展风力发电机下与太阳能板下的种植养殖空间，一地多用，探索新型特色产业发展模式。

第二，聚焦宁夏"六优"产业，在乡村实施现代服务业扩容计划，推

动供应链优质化。以需求侧为牵引，宁夏将突出文化旅游、现代物流、现代金融、健康养老、电子商务、会展博览"六优"产业，增容扩量生产性服务业，提质升级生活性服务业，培育壮大新兴服务业，着力提高服务有效供给能力。

第三，将互联网嵌入农业产业链中。互联网已经深入农村的各个环节，如农村物联网、农村电子商务、智慧农业、农民直播带货等。首先要完善信息化服务平台。利用大数据、云计算等先进技术促进产业间的资源优化利用、先进技术的信息对接，提高企业内部的管理效率，促进业务流程更加流畅。其次要整合数据形成数据链。要将农业产业链中各个环节的企业信息、政府管理信息、服务信息、需求信息等优化整合，用数据链贯通供需通道，实现资源的动态配置、产能的精准匹配。[1] 最后是培训农村居民直播带货。越来越多的农民开始直播带货。销售绿色天然的农产品，既有利于产品品牌的推广，又能促进乡村旅游。

（二）探索资源改革，解锁生态密码

2022 年，宁夏回族自治区第十三次党代会提出"打造改革开放热土"的任务目标。扎实推进用水权、土地权、排污权、山林权、用能权、碳排放权改革，让生产要素、生态产品的价值得到充分彰显，涉及农村生态振兴的改革主要包括用水权、土地权和山林权三项。

第一，探索用水权改革。宁夏为建设黄河流域生态保护和高质量发展先行区，践行中央治水思路，强化水资源在经济社会发展中的刚性约束作用，提升用水效率，2021 年发布《宁夏"十四五"用水权管控指标方案》，修订《宁夏回族自治区取水许可和水资源费征收管理实施办法》，印发相关配套制度文件，完善用水权省级、县级平台交易，推动水资源向"水资产"转变。2022 年，宁夏回族自治区第十三次党代会深入以黄河保护治理为核心，部署"六权"改革，持续深入推进用水权改革，健全完善水权水市场，推进水治理体系和治理能力现代化。

2022 年 8 月，宁夏全区用水权确权灌溉面积 1042.8 万亩，确权水量

---

① 　刘朋虎、赖瑞联、陈华、翁伯琦：《基于生态强省视域的农业绿色振兴与高质量发展对策思考》，《农业科技管理》2021 年第 1 期。

41.6 亿立方米。建立工业企业用水台账 3953 家，工业用水确权总量 4.8 亿立方米。[①] 宁夏在全国率先探索创新用水权确权理论方案。全区从上到下总动员，凝聚工作合力，形成了"总量管控、定额分配、适宜单元、管理到户"的新模式，建成了确权交易监管平台和数据库。

宁夏农业将实施深度节水控水，提高生活用水节水器具普及率，在调动全社会节水积极性的同时大力推进再生水综合利用。利用再生水配额制度，将再生水用于农业灌溉、生态补水；利用分类水价和超定额累进加价机制，合理定价，精准补贴，推进农业水价改革；利用水联网，提高"互联网+城乡供水"监测能力；利用数字治水新技术，优化资源配置，提高治水成效。

第二，探索土地权改革。宁夏面积小、闲置土地多、利用方式粗、亩均效益低，生态、农业、城镇争空间、抢地盘问题较为突出，亟须通过深化土地权改革，创新土地政策、盘活土地资源、彰显土地价值。2021 年，宁夏全面展开了土地权改革，并率先探索规划"留白"、分割转让、承诺制等多项创新改革，多力合一共推土地资源"盘活增值"。宁夏已完成全区农村宅基地摸底调查，建立了农村宅基地基础数据库。

土地指标交易是国家为实现资源和资金在城乡之间、区域之间双向流动、平等交换和优化配置而实施的一项重要政策。闲地、荒地、废地多，既是宁夏土地空间开发的重要问题，也是未来发展的潜在资源。这次土地权改革致力于用足、用活、用好国家政策，把劣势变为优势、资源变为资本。全面摸清生态移民迁出区、工矿废弃地、国有荒地、闲置宅基地等规模布局；实施高标准农田建设、土地整治、宅基地复垦等项目，整理闲地、废地、荒地，形成可以纳入国家统筹交易的耕地和建设用地指标；争取国家支持，开展土地指标跨省交易，同时完善区内土地指标交易平台，实现资源资金互补，推动山川共济、协同发展。

第三，探索山林权改革。宁夏山林权改革是建设黄河流域生态保护和高质量发展先行区的一大有力抓手，既要植绿增绿，提高森林覆盖率，有

[①]   裴云云：《宁夏用水权确权工作完成》，《宁夏日报》2022 年 8 月 23 日，第 1 版。

效改善生态环境，又要使林业增效、农民增收，做大做强林业产业体系。山林权改革能够有效地促进经济与环境的协调发展，真正变绿水青山为金山银山。截至 2022 年 2 月，全区国有林地确权面积 321.6 万亩，集体林地确权面积 665.4 万亩，依申请颁发林权类不动产证 160 本；林权抵押面积 18.3 万亩，林权抵押贷款余额 20.2 亿元；集体林地经营权流转面积 15.74 万亩，培育新型绿化经营主体 2981 家，经营利用林地面积 149.8 万亩。同时，宁夏印发《全面推行林长制工作方案》《自治区级林长制会议度》《林长制信息通报制度》《自治区级林长制督办制度（试行）》等 7 项配套制度，将林长制纳入年度效能考核，目前已完成 2021 年度全区 5 市 22 个县（市、区）的考核。[1]

利用"互联网+"建立林长制智慧管理系统，覆盖宁夏全部林草资源。利用"智慧林长"移动端 App，集信息查询、业务办理、日常巡林、现场督查、外业调查于一体，实现林长网格化管理、事件闭环化处置、责任明确化落实等智慧管理。[2] 宁夏的森林资源并不丰富，因此林业产业要靠特色化发展。在发展林业金融、拓宽投资渠道的基础上，因地制宜、因林制宜，无论是经果林、苗木花卉的培育，还是林副产品的采集加工、森林旅游、森林康养产业等，都要在产业选择上突出特色，依托当地资源禀赋，充分利用资源，最大限度地延伸产业链。积极发展林下经济。中药材、食用菌、野菜、林下养殖等属于当下较为成功的林下经济形式，充分利用了森林资源，提高了森林附加值。以基地的形式成片种植或养殖，能更为有效地增加林农收入。积极探索碳金融、碳交易、碳测量、碳规划等新兴行业。为了应对未来在气候、能源方面的挑战，完成"碳达峰、碳中和"的任务，宁夏正在积极探索进入碳市场。

（三）强化龙头产业的示范带动作用

乡村要振兴，产业要先行；产业要振兴，离不开龙头企业的示范带动

---

① 《宁夏以山林权改革推进林长制落实》，http://lyj.zj.gov.cn/art/2022/4/11/art_1277827_ 59029310.html，最后访问日期：2024 年 10 月 10 日。

② 《宁夏以山林权改革推进林长制落实》，http://lyj.zj.gov.cn/art/2022/4/11/art_1277827_ 59029310.html，最后访问日期：2024 年 10 月 10 日。

作用。从种植养殖到加工制造，从电子商务到高新技术，产业带动贯穿在乡村振兴的整个过程之中。首先，要积极培育龙头企业，"龙头企业+"的产业发展模式成功带动了宁夏本土企业发展。宁夏本土企业一般规模较小，缺乏竞争力。随着外地企业的进入，在先进理念的引领与优质企业的带动下，本土企业纷纷转变思路，让宁夏本地的优势产品走向更大的市场，促进农民增收。其次，要鼓励科技型企业的发展，通过引进先进技术并与大专院校之间开展交流合作，把宁夏优势产业基地真正建强。对有科技研发的企业给予减税等政策支持，并将其推广出去。再次，要善于利用大数据、云计算等先进技术促进产业间的资源优化利用、先进技术的信息对接。要整合数据形成数据链，要将产业链中各个环节的企业信息、政府管理信息、服务信息、需求信息等优化整合，用数据链贯通供需通道，实现资源的动态配置、产能的精准匹配。最后，要创标准，强产业基础。从过去卖原料转向卖产品，再从卖产品转向卖标准。在此基础上，通过学习先进理念、产业技术和团队经验，建立宁夏的优势产业标准，让宁夏产业有更强竞争力，应对风险的能力更强。

案例4：大变样的闽宁镇

　　闽宁镇与宁夏回族自治区首府银川市的直线距离仅有50公里，110国道贯穿其中，交通较为方便。1996年，宁夏回族自治区与福建省建立了对口扶贫协作机制，从此闽宁镇作为一个窗口、一张名片见证了东西部扶贫协作的艰辛与成就。二十多年来，闽宁两省区从单向的帮扶转变为双向的相互协作，走出了一条互利共赢的成功之路。闽宁两省区不断拓宽交流、深化合作，不仅摸索出能示范、可复制的"闽宁模式"，而且将"闽宁模式"推广到全国范围，让"闽宁模式"成为全国脱贫攻坚的成功实践案例，让全国人民的目光再次聚焦宁夏。

　　闽宁两省区始终牢记习近平总书记嘱托，始终把闽宁对口扶贫协作作为心头大事、手中要务、肩上重任，一届接着一届抓、一任接着一任干。闽宁两省区通过"福建技术+宁夏转化""福建市场+宁夏产品""福建企业+宁夏资源"等形式，推动闽宁对口扶贫协作从单向扶贫解困到经济合作、产业对接、商贸往来互利共赢，从单一经济援助到教育文化、医疗卫生、人文科技多领域全面合作，使东部与西部、沿海与内陆、发达地区与欠发达地区之间携手脱贫、携手致富、携手发展的路子越走越宽，实现了帮扶由"输血式扶贫"到"造血式扶贫"的重要转变。闽宁对口扶贫协作伊始，习近平同志就鼓励福建企业到宁夏等中西部地区投资兴业，达到"东西合作，优势互补，长期合作，共同发展"的目的。闽宁两省区产业协作从菌草起步，注重发挥企业主体带动作用、政府服务保障作用、典型示范引领作用，帮助贫困群众选准产业、选对路子、选好项目，全力做好政策支持、技术供应、品种改良、市场营销等服务工作，带动了贫困地区现代农业和新型工业的发展，探索出"龙头企业＋专业合作社＋生产基地＋贫困群众"模式等经验做法，把"小菌菇""小葡萄""小菜心"发展成大产业，以特色产业助力脱贫攻坚。目前，闽宁两省区共建产业园区 10个、扶贫车间 209 个，脱贫家庭 80%以上的收入来自产业。[①]

（四）以特色小镇为抓手发展乡村生态旅游业

深入学习贯彻习近平总书记在宁夏考察时的重要讲话精神，全力推进文旅深度融合，在艺术创作与旅游市场融合、公共文化服务与旅游服务融合及打造特色小镇等方面持续发力。

第一，特色小镇与乡村生态旅游同时打造，共建共享。引导旅游扶贫，鼓励旅游企业服务农民就业增收，促进城乡旅游互动和城乡一体化发展，旅游成果由全体人民共同享有。着力发展演艺娱乐、时尚旅游、文化会展等旅游业态，建设集旅游、休闲、娱乐、餐饮、购物、展示于一体的时尚文化旅游小镇；发展农业观光、农果采摘、农事体验等休闲农业小镇；依据各乡镇资源基础积极谋划特色小镇项目，把建设美丽乡村与打造特色旅游区域相结合。

第二，以特色小镇为抓手促进乡村三产融合。这需要政府引导、科学

---

① 《闽宁协作开启新征程——山海携手 闽宁情深》，https://www.yinchuan.gov.cn/xwzx/mrdt/202105/t20210531_2866064.html，最后访问日期：2024 年 10 月 10 日。

规划、规范管理。科学规划是龙头，产业支撑是根本，农民增收是动力，从建设到管理都体现了政府的主导作用。可以选择最有潜力的乡镇、村和景点，率先发展，以点带面，打造亮点。借助蔬菜公园、农业公园、渔业公园，打造集循环农业、创意农业、农事体验于一体的产业链条，利用"旅游+""生态+"等模式，打造乡村旅游特色小镇，树立一批示范点和特色品牌。充分挖掘和整合西夏文化、蒙元文化、边塞军事文化、黄河文化、知青文化、创意文化、回乡风情、民间传说等文化资源，加大文化元素的植入力度，建设一批文化小镇，实现文化与旅游有机结合。加大旅游特色商品推销力度，实现文化资源转变为旅游商品，振兴乡村旅游。①

第三，以建设特色小镇为契机谋划一批彰显特色的重大乡村旅游项目。丰富文化旅游节庆活动，挖掘非遗产品的潜力，丰富各个景点与场地的文化内涵，在特色小镇内举办乡村文化旅游节、农业嘉年华、插秧节、羊肉节、西瓜节、农民丰收节、民间社火、花灯节、航空体育科普节等旅游节庆活动，以活动吸引人气。同时，在小镇中推广各种特色小吃及农副产品，将旅游活动与乡村休闲、文化体育、竞技赛事、特色小吃等有机结合，承办全国、西北、全区知名文化交流和体育赛事，提升宁夏乡村旅游的知名度和影响力。认真筹划"红色文化""绿色文化""民俗文化""遗址文化"相融合的重大旅游开发项目，建设一批多元融合的特色小镇，如"滩羊小镇""盐湖康旅小镇"等。以推进建设黄河流域生态保护和高质量发展先行区为目标，讲好"黄河故事"，把黄河文化贯穿于文化和旅游发展的全过程，打造一批沿黄特色小镇，以稻渔空间为示范，打造生态田园观光、民俗风情互动、产业科普认知、农耕文化体验区，全面融合发展第一、第二、第三产业。此外，沿黄特色小镇还可以开发"夜间经济"，打造夜景、夜演、夜宴、夜购、夜娱、夜游等新业态。

第四，增强生态旅游保障能力。保障旅游供给要素，全面提升来宁游客幸福感。优化提升"吃、住、行、游、购、娱"旅游传统要素，保障游客旅游过程顺利进行。以小镇为范畴，在小镇内将农家乐、餐饮业向特色

---

①　王璐、吴忠军：《桂林旅游产业生态化转型：内涵、困境与思路——以生态文明为视角》，《社会科学家》2020 年第 10 期。

化、健康化、绿色化转型，鼓励开发推出富有吸引力和民族特色的美食品牌，打造一批特色美食街、星级农家乐，引导游客形成绿色健康不浪费的饮食习惯。提升星级宾馆住宿档次，创建一批星级酒店，提升乡村民宿服务质量，发展特色民宿产业。打通各大景区之间的循环路，尽快实现内畅外联、快进畅游的交通格局。

案例5：文化与生态融合发展的乡村旅游

毛沟村位于宁夏回族自治区固原市西吉县将台堡镇西部，丹凤山环绕整个村落，距将台镇镇政府所在地5公里，东邻葫芦河东岸明台村，南界明荣村，西与甘岔村隔山相望，北隔丹凤山与明星村相望。西吉县将台堡红军寨是由宁夏将台堡文化旅游有限公司投资建设的红色体验基地，距离红军长征胜利结束会师地将台堡红军长征会师纪念碑仅2.5公里。毛沟村是全国第二批"国家乡村旅游重点村"，将台堡红军寨是毛沟村目前重点打造的旅游综合体。

根据《旅游资源分类、调查与评价标准》，我们对毛沟村的红色旅游资源进行了归纳整理。毛沟村的旅游资源共5大类、10亚类、12种基本类型，除丹凤山属于自然风光之外，其余类型全部集中在红军寨旅游区内。

毛沟村的红色旅游产品包括红色文化体验、重走长征路体验、研学教育、文化书院、红色文化饮食、红色窑洞住宿、红军会师故事演艺、拓展训练等，形式多样，趣味性、参与性较强。这些乡村红色旅游特色项目不仅传承了当地的红色文化，还对乡土风情进行了整合，借助将台堡红军会师纪念馆，承接后续的"吃、住、行、游、购、娱"等各类旅游活动。毛沟村的乡村旅游在主要依托红色旅游资源的同时，培育观光农业、休闲农业等诸多现代农业新业态，这可以有效改变农村发展单纯依靠第一产业的局面，促进农村经济结构调整，也能带动农民增收致富。发展乡村红色旅游，可以大力弘扬爱国主义精神，传承红色基因，弘扬优良传统，引领农民走一条农文旅融合发展之路。

五　倡导绿色生活方式

推动生活方式绿色化是推动人与自然和谐发展、实现生态文明建设的重要途径。倡导绿色生活方式,不仅需要人们在衣食住行等方面自觉做出绿色选择,而且需要在改变消费理念、推动全民行动、完善保障措施等方面协调推进。利用世界环境日、地球日、森林日、水日、湿地日、低碳日等节日,集中组织开展环保主题宣传活动,大力传播绿色发展理念,切实增强公民的生态文明意识。[①] 倡导绿色生活和休闲模式,推动人们在衣食住行游等领域加快向勤俭节约、绿色低碳、文明健康的方式转变,逐步培育生活方式绿色化的习惯。加强组织领导和工作指导,加大工作推进力度,协调和引导社会力量积极参与,形成有序推进生活方式绿色化的工作机制。

---

① 刘士清:《山东省滨州市生态环境保护与高质量发展的思考与路径研究》,《世界环境》2022年第1期。

第二部分

共同富裕的"共生"逻辑：新社会转型的产业发展篇

第三章

东西部协作与共同富裕：政府、市场与乡村社会的互构

——以闽宁协作为例

张建雷　田　雄[*]

共同富裕是社会主义的本质要求。对于疆域辽阔、人口数量庞大、区域差异显著的中国来说，以推动经济增长为中心，满足不同区域、不同阶层民众的物质需求和精神需求，进而实现共同富裕的奋斗目标，具有长期性、艰巨性和复杂性。本章在回顾东西部协作制度变迁的基础上，以具有典型示范意义的闽宁协作为例，聚焦两地政府的协作实践，揭示了在政府产业政策运作中形成的"有为政府、有效市场、有机社会"的发展机制和发展形态，探讨了其对形成西部地区经济社会发展新格局、推进共同富裕目标实现的重要意义。

第一节　东西部协作与共同富裕

东西部协作是我国特色的扶贫模式，是东西部优势互补、缩小差距、逐步实现共同富裕的重要途径。自新中国成立至 20 世纪 70 年代，中央政

---

*　作者简介：张建雷，陕西师范大学社会学系副教授；田雄，陕西师范大学社会学系副教授。

府在"全国一盘棋"思想的指导下，依靠计划经济体制对各种资源进行全国性调配，在各级国家机关的协调下采取城市支援农村、沿海支持内地对口支援措施。在此期间，省际较大范围的协作与支援工作开始展开，这主要体现为上海、天津等东部沿海发达地区对陕西、新疆、内蒙古等西部落后地区和边疆省区的援助。①

1979 年 4 月，在北京召开的全国边防工作会议上，中央政府第一次明确提出了东部经济发达的省份对口援助经济欠发达的少数民族地区的政策，这标志着对口支援政策在国家层面的正式提出。中央政府引导沿海先发地区向边境地区和少数民族地区进行转移支付，以实现地区间的共同发展，其中北京支援内蒙古、河北支援贵州、江苏支援广西和新疆、天津支援甘肃、上海支援云南和宁夏，全国支援西藏。1984 年，党的十二届三中全会通过《中共中央关于经济体制改革的决定》，提出"经济比较发达地区和比较不发达的地区，沿海、内地和边疆，城市和农村，以及各行业各企业之间，都要打破封锁，打开门户，按照扬长避短、形式多样、互利互惠、共同发展的原则……促进经济结构和地区布局的合理化，加速我国现代化建设的进程。"1988 年，邓小平同志正式提出："沿海地区要加快对外开放，使这个拥有两亿人口的广大地带较快地先发展起来，从而带动内地更好地发展，这是一个事关大局的问题。内地要顾全这个大局。反过来，发展到一定的时候，又要求沿海地区拿出更多力量来帮助内地发展，这也是个大局，那时沿海地区也要服从这个大局。"② 1994 年，国务院颁布实施《国家八七扶贫攻坚计划》，初步提出"北京、天津、上海等大城市，广东、江苏、浙江、山东、辽宁、福建等沿海较为发达的省，都要对口帮助西部的一两个贫困省、区发展经济"。1996 年，国务院办公厅转发国务院扶贫开发领导小组《关于组织经济较发达地区与经济欠发达地区开展扶贫协作的报告》，明确提出了扶贫协作要求和任务，确定了对口帮扶关系：北京帮扶内蒙古；天津帮扶甘肃；上海帮扶云南；广东帮扶广西；江苏帮扶陕西；浙江帮扶四川；山东帮扶新疆；辽宁帮扶青海；福建帮扶宁夏；深圳、青岛、大连、宁波四

---

① 钟开斌：《对口支援起源、形成及其演化》，《甘肃行政学院学报》2013 年第 4 期。
② 邓小平：《邓小平文选》（第三卷），人民出版社，1993，第 277~278 页。

个计划单列市帮扶贵州。20 多年来，在中央政府统一领导，东西部地方政府、企业及社会力量的密切组织和协作下，多层次、多形式、全方位的东西部扶贫协作和对口支援格局已经形成。

党的十八大以来，中央将实现全体人民共同富裕摆在更加重要的位置，着力推动区域协调发展，打赢脱贫攻坚战，全面建成小康社会。2016 年 7 月 20 日，习近平总书记在银川主持召开东西部扶贫协作座谈会，对我国东西部扶贫协作实践进行了全面总结。他指出："东西部扶贫协作和对口支援，是推动区域协调发展、协同发展、共同发展的大战略，是加强区域合作、优化产业布局、拓展对内对外开放新空间的大布局，是实现先富帮后富、最终实现共同富裕目标的大举措。"[1] 东西部扶贫协作进入新阶段，东西部地区之间的协作机制、结对关系、帮扶措施、协作方式等得以全面优化，东西部扶贫协作不断取得新成效。2016 年 12 月 7 日，中共中央、国务院在《关于进一步加强东西部扶贫协作工作的指导意见》中进一步明确了东西部扶贫协作的工作内容，要求东西部省份在开展产业合作、组织劳务协作、加强人才支援、加大资金支持、动员社会参与五个方面制定和采取具体的帮扶措施。

以我国东西部扶贫协作的典范——闽宁协作为例，自 1996 年福建和宁夏确定对口扶贫协作帮扶关系以来，福建省 30 多个县（市、区）、85 个乡镇、134 个村（社区）先后与宁夏回族自治区 9 个贫困县（区）、105 个乡镇、129 个行政村点对点、一对一展开帮扶。福建省各级政府和社会各界累计投入援宁资金 30 多亿元，闽宁两省区共建产业园区 10 个、扶贫车间 185 个，吸引 5700 多家福建企业在宁夏落户，带动宁夏贫困地区劳动力就业 10 万多人，组织宁夏贫困地区农村劳动力在福建稳定就业 8 万人，另有约 200 名干部、2000 多名专业人才从福建到宁夏贫困山区支农、支医、支教。[2] 在福建的大力帮扶下，宁夏建设形成 110 个闽宁协作示范村、78 个

---

[1] 《习近平在东西部扶贫协作座谈会上强调 认清形势聚焦精准深化帮扶确保实效 切实做好新形势下东西部扶贫协作工作》，http://www.xinhuanet.com/politics/2016 - 07/21/c _ 1119259129.htm，最后访问日期：2024 年 10 月 22 日。

[2] 陈润儿：《迈向共同富裕的光辉实践——习近平总书记倡导推动的闽宁扶贫协作模式的经验启示》，《求是》2021 年第 7 期。

闽宁协作移民新村、320 个易地搬迁安置区，累计接收西海固地区易地搬迁移民 100 多万人。西海固地区经济总量增长了 20 多倍，财政收入增长了近 70 倍，农村居民收入增长了 12.4 倍。[①]

闽宁协作并不是单一的输血式扶贫，而是涉及经济合作、产业对接、商贸融合和干部培养等多种经济互利共赢机制。在闽宁协作中，除了福建各级政府的资金援助，更为重要的是由此带动的闽籍企业的大量投资。例如，银川市 1600 余家闽籍企业累计投资总额达 1700 多亿元，吴忠市 200 余家闽籍企业累计投资总额达 260 余亿元。[②] 闽宁协作取得如此显著成效的关键在于，通过将福建产业优势和宁夏本地劳动力、自然资源优势相结合，形成"福建技术+宁夏转化""福建市场+宁夏产品""福建企业+宁夏资源"的模式，不断激发宁夏贫困地区的内生发展动力，以产业发展解决贫困、劳动力就业和农民增收问题，进而实现优势互补、经济互惠和发展互利。在此意义上，中央及闽宁两地政策制度是闽宁协作的政治保障，产业协作则是闽宁协作的经济基础。经过多年的扎实推进，闽宁协作形成了"有为政府+有效市场+有机社会"的发展新形态。因此，深入分析作为东西部协作典范的闽宁协作实践机制对探索中国特色的区域协调发展和社会主义共同富裕道路有着重要的启示意义。

第二节　治理体系与有为政府：东西部协作的政治基础

东西部协作是我国社会主义制度优势和政治优势的重要体现，中央和东西部地方政府扮演了"有为政府"的角色，发挥着至关重要的作用。其中，中央政府的政治权威和统一领导是基本前提。一般而言，跨越数千公里、互不相邻的地方政府之间难以形成持续交往的动力机制。即使两者之间有一定的合作潜力和合作基础，若没有更高层级权威的制度化引导和推

[①] 陈润儿：《迈向共同富裕的光辉实践——习近平总书记倡导推动的闽宁扶贫协作模式的经验启示》，《求是》2021 年第 7 期。

[②] 2021 年 10 月 11 日上午吴忠市政府访谈资料。

动，地方政府之间的交流和合作机制也难以持续。① 邓小平同志在"两个大局"构想中明确指出，"这一切，如果没有中央的权威，就办不到。各顾各，相互打架，相互拆台，统一不起来。谁能统一？中央！中央就是党中央、国务院"。② 从中国国家治理规模、治理内容和治理对象的实际看，实现共同富裕是一项艰巨、复杂、长期的系统工程，涉及方方面面，需要统揽全局、科学施策、埋头苦干、坚持不懈，这样才能取得成效，这就必须坚持党的集中统一领导。

东西部扶贫协作的特点就在于，中央政府为两个远距离的地方政府设置了一种定向交往机制，以保证两地政府之间开展持续的、日常化的交往③，这也奠定了地方政府间多方面合作的制度基础。东西部扶贫协作关系的建立主要依托中央的绝对主导地位，中央通过结对关系的建立和调整、协作内容的明确以及监督考核等各项具体制度的设计和实施，持续维系东西部扶贫协作关系的稳定。④ 中央掌握了绝对的集中统一领导权，通过顶层制度设计和监督执行对省级帮扶协作关系及效果进行考核。但同时，由于中国幅员辽阔，各地区基础条件千差万别，受信息成本和行政成本约束，中央也对地方进行了放权，让各省市分工支援，充分发挥地方的自主性和创造性，因地制宜进行科学援助。在此意义上，东西部扶贫协作制度既体现了由中央主导的纵向的压力型体制，也体现了纵向关系支配下的横向合作关系。

根据《东西部扶贫协作考核办法（试行）》，中央根据各地资源禀赋、城市能力、产业基础、发展水平确定对口单位的匹配，尤其是基于现有的合作基础因势利导，着重将两地所需与所能有机结合起来，提出方向性原则，同时给予省级政府广泛的自主操作空间。东西部省区再将中央的总体任务逐级向下分解落实，推动地级市、县、镇和村以及各级不同部门共同

---

① 张远新：《中国共产党对共同富裕的百年追求》，《人民论坛》2021 年第 32 期。
② 邓小平：《邓小平文选》（第三卷），人民出版社，1993，第 278 页。
③ 李瑞昌：《地方政府间"对口关系"的保障机制》，《学海》2017 年第 4 期。
④ 2017 年 8 月，国务院扶贫开发领导小组印发《东西部扶贫协作考核办法（试行）》，确定了考核内容、评价体系和考核结果的应用途径，使该项工作由"软约束"转变为"硬约束"，显著提升了该项制度的规范化水平。

参与其中。例如，在 1996 年闽宁协作关系确立初期，两地政府便基于"优势互补、互惠互利、长期协作、共同发展"的指导方针，探索建立党政主导、市县结对、部门合作、企业参与、社会帮扶机制。当然，由于地方社会的复杂性，仅有地方政府的组织动员和统筹协调还不够，各地还需要在社会层面形成共识。一方有难、八方支援是中华民族的优良传统，各地区政府通过宣传工作逐渐将这种硬性的政治任务转化为守望相助的道德义务，已在当地民众之间孕育出一种共生文化和命运共同体意识，努力保证政策能获得支持并长期持续地发挥作用。①其中，鉴于企业投资建设、产业转移和技术改革具有诸多的不确定性和风险，单独靠企业自身难以充分应对。东西部两地的地方政府通常会给予一定的资金、人才、土地等政策支持，不断优化企业的投资环境。②由此，借助中央和地方政府扮演着的"有为政府"角色，中央和地方政府之间、地方和地方之间、政府和市场之间统一协调形成了政府主导、企业和社会共同参与的大协作格局。

第三节　比较优势与有效市场：东西部协作下的产业发展

在经济发展中，有效市场与有为政府缺一不可。③1997 年，习近平总书记（时任福建省委副书记）到西海固地区调研时提出引入市场机制，动员更多企业到宁夏，结成一些联合体、共同体。他指出，新形势下东西部扶贫协作和对口支援要注意由"输血式"向"造血式"转变，以产业带动群众脱贫致富，细化落实中央出台的一系列关于企业参与脱贫攻坚的政策，激发企业到贫困地区投资的内生动力，使企业愿意来、留得住。④在

---

① 侯景新、于子冉：《对口合作的形成机制与实践启示》，《区域经济评论》2021 年第 2 期。

② 林毅夫：《中国经验：经济发展和转型中有效市场与有为政府缺一不可》，《行政管理改革》2017 年第 10 期。

③ 林毅夫、张军、王勇、寇宗林主编《产业政策：总结、反思与展望》，北京大学出版社，2018，第 8 页。

④ 李建华：《进一步提高闽宁对口扶贫协作水平——学习贯彻东西部扶贫协作座谈会精神》，《学习时报》2016 年 8 月 25 日，第 A1 版。

闽宁协作中，福建各级政府通过为宁夏对口帮扶地区提供大量产业奖补资金鼓励福建的企业在宁夏投资建厂。例如，宁夏银川富贵兰服装厂为福建客商于 2013 年投资 3000 万元建设的，2021 年 10 月有工人 180 名。该企业由宁夏与福建对口帮扶联席会议招商引入，除享受土地和税收优惠之外，厂房占用土地以 14 万元/亩的价格从政府处购置，税收享受"三免三减半"政策，2013 年以来累计享受东西部扶持资金 200 万～300 万元（技改资金补贴和稳工资金补贴）。2019 年，富贵兰服装厂在闽宁镇设立分厂，租赁了政府所有的一家厂房，前四年免收租金。① 此外，闽宁两地政府还通过共建产业园、搭建企业合作平台、实施产业开发项目等多种政策举措，引导福建企业到宁夏投资发展，探索出一条企业合作、产业扶贫、项目带动的"造血式"对口帮扶的新路子。

　　显然，除了其他地区地方政府招商引资中常规性提供的土地、税收优惠，依托闽宁协作的企业还享受到更多的两地政府财政资金补贴，这鲜明地体现了政府产业政策运作的逻辑。从新古典经济学的立场来看，地方政府过多的资金扶持扭曲了市场中的资源配置方式，因而企业的投资是低效率的，将随着政府产业政策的退出而失败。但是，在地方政府普遍将产业政策作为推动经济发展手段的现实下，问题的实质并不在于政府产业补贴资金的多寡，而在于企业在市场风险中的生存能力。这不仅取决于企业家的个人经营能力，还取决于企业家能否根据市场中要素禀赋的比较优势选择技术和产业，以不断降低生产成本，最大限度地获得资本利润。② 在市场能够有效地进行资源配置的机制下，理性的企业家会自觉地遵循这一比较优势原则并投资生产。福建企业家及（企业家型）地方政府在宁夏投资建厂主要是基于当地独特的自然资源禀赋条件以及较低的土地和人工成本。以富贵兰服装厂为例，该厂兴建于福建省晋江市，是以服装生产为主的劳动密集型企业。2000 年以来，该厂在福建办厂的优势逐渐丧失，土地和人工成本越来越高，尤其是招工越来越难。2013 年，富贵兰服装厂经闽

---

① 2021 年 10 月 10 日上午富贵兰服装厂访谈资料。
② 林毅夫：《产业政策与我国经济的发展：新结构经济学的视角》，《复旦学报》（社会科学版）2017 年第 2 期。

宁对口扶贫协作会议引入，在银川市永宁县重新投资建厂。企业负责人许总说："到宁夏来，我看中的是后期发展，是看中了这里的劳动力才过来的。现在在福建开工厂都招不到人了，在老家越来越没优势了，现在这边一件衣服 10 块钱的人工工资，在老家根本招不到人。一个朋友还在老家办厂，前一年还有 600 多个工人，今年只剩下 60 多个了，我这边是有优势的。"①

　　因此，政府的产业政策运作并不意味着对市场化要素禀赋配置原则的违背。在现阶段，东部沿海地区发展劳动密集型产业已经和资源禀赋的比较优势相背离，劳动密集型产业在东部沿海地区已经逐渐成为退出型产业。②劳动密集型产业从东部沿海地区向中国内地以及其他劳动力成本更低的国家和地区转移是当前及今后一段时间内我国经济发展的基本趋势。富贵兰服装厂的老板在将企业迁出福建时，考虑的最重要的因素是最大限度地降低人工成本以维系其市场竞争优势。两地政府所提供的产业扶持资金（如稳工资金）的作用主要在于，帮助企业尽快适应宁夏当地的劳动力就业状况。相较于福建，宁夏远离市场，资本相对稀缺，农村劳动力价格相对更低，但同时留守在农村的劳动力（如尚未外出或无法外出务工妇女）受传统的家庭和村庄规范影响较大，亦缺乏相应的职业技能以及工厂工作纪律的训练。因此，闽籍企业在宁投资生产，既面临着招募、培训本地女工尽快投入生产的问题，又面临着本地女工走出家庭适应工厂生产体制的问题。在富贵兰服装厂投入生产的早期阶段，企业负责人经常需要处理工人因家中或村庄中有事而不顾工厂生产制度随意上下班的问题，这导致工厂的生产效率极为低下，也使企业主不得不花费较多精力用于生产秩序的维护以及工人劳动观念的转变上。而地方政府除产业发展资金扶持之外，在闽宁协作的政治保障机制下，还调动了诸多行政资源帮助企业尽快提升生产效率。为更好地满足富贵兰服装厂的劳动力需求，该厂所在的闽宁镇政府将镇中心小学对面的一处旧厂房和废旧学校教室租赁给该厂作为幼儿课后娱乐学习的场所，以稳定工厂的劳动力队伍，给予企业较大的空

①　2021 年 10 月 10 日上午富贵兰服装厂访谈资料。
②　张公嵬、梁琦：《产业转移与资源的空间配置效应研究》，《产业经济评论》2010 年第 3 期。

间以不断提高劳动力素质。

市场要素禀赋的比较优势是企业生存能力的核心，无论是企业家还是地方政府都不能违背市场规律办事。虽然短期内政府的产业政策扶持能够消弭市场要素禀赋的差异，但从长期来看，企业的发展最终仍取决于其市场能力。这一点对于企业家来说，亦是十分明确的。政府的产业政策扶持只能在短期内帮助其解决影响企业生产的外部环境问题，在政府的产业政策扶持结束之后，企业要想生存下去就必须具备较强的竞争能力和较大的优势。宁夏各级地方政府亦追求产业政策的长期经济回报和社会效益。通过为企业提供产业政策扶持吸引资本投资，能够在短期内解决当地资本稀缺问题，不断提高当地农村劳动力的劳动素质，拓宽农村居民收入增长的渠道，增加政府的税收收入。因此，从整体上看，东西部协作的经济利益联结的核心在于，东西部两地政府根据市场要素禀赋的比较优势，合理运用产业政策带动东部地区企业到西部地区投资。多年来，福建各级有关部门充分发挥商会、协会组织的桥梁纽带作用，引导和鼓励更多企业及个人到宁夏投资。截至 2020 年底，已有 5600 多家闽籍企业、8 万名闽商在宁夏投资兴业。[①] 有为政府引导企业发展壮大，企业进行"组织再造"，以提升市场经营能力和经济利益为核心目标，从整体上构成有效市场，而有效市场会淘汰、激励、催生或联结不同生存能力的企业，最终持续推动西部地区经济社会发展，实现多方合作共赢。

第四节　富民经济与有机社会：西部地区经济社会发展新格局

在中央的顶层制度设计和东西部地方政府产业政策的推动下，西部地区承接东部沿海地区劳动密集型产业转移，经济社会发展呈现新格局。劳动密集型产业在西部地区发展的一个重要经济结果即形成了富民经济的新形态，农民家庭的经济收入水平、社会交往方式、家庭成员关系和思想价

---

① 《跨越山海的交响——闽宁对口扶贫协作谱新篇》，http://fujian. gov. cn/xwdt/fjyw/202105/t20210530_5603954. htm，最后访问日期：2024 年 3 月 19 日。

值观念发生了深刻变化。这也是我国东西部协作格局下推动共同富裕的重要表现之一，既包括物质生活富裕，又包括精神生活富裕。课题组在调研中发现，长期以来，宁夏地区农村贫困的主要表现在于农民家庭收入水平低下，这与当地农业经济滞后以及工业经济欠发展有关。1996年闽宁协作以来，在两地政府的组织下，共有5万多名宁夏农村劳动力被转移到福建务工，这虽然有利于宁夏农民家庭收入水平的提高，但是不利于宁夏本地经济的发展。并且，由于宁夏地区少数民族人口较多，赴福建务工也面临着较高的社会适应成本以及家庭问题。他们往往结婚后便很少外出，妇女在家带孩子、做家务，男人则在周边务工。因此，劳动密集型产业的引入给宁夏农村大量无法外出务工的劳动力（如结婚后在家带孩子的妇女）带来了大量充分就业的机会，使他们在照顾家庭及务农的同时，还有充分的务工就业机会。

当前，宁夏受闽宁协作产业园及闽籍企业辐射地区的农民家庭通常能够获得三份收入：务工、农业种植和牛羊养殖。女工一般在当地的服装厂或类似的劳动密集型企业务工，月收入为2000~3000元；男工一般在矿山、建筑工地务工或从事运输业，月收入为4000~5000元；老人则在家从事农业种植、牛羊养殖或照顾年幼的孙辈。农业种植以玉米为主，亩收入为800~1000元，户均10亩左右，收入为8000~10000元。牛每头纯收入为3000~4000元，羊每只纯收入为150~200元。宁夏回族自治区吴忠市的农村共有肉牛养殖户2.7万户，户均养牛3头左右，年收入为12000元左右；滩羊养殖户3.9万户，户均养羊40只左右，年收入为6000元左右。两代五口之家，每年的家庭年收入可达10万元左右，这足以保证其彻底摆脱贫困状态，维持小康生活水平，并能持续支撑其家庭城市化的发展。固原市原州区头营镇福马社区（因福州马尾区出资援建而得名）共148户514人，约有1/3的农户已在县城或市里购买了商品房。①

在宁夏地区，当前地方工业经济发展所形成的以农民家庭"三元"经济结构（务工、农业种植和牛羊养殖）为核心的富民经济格局，也是改革

———————

① 2021年10月11~13日吴忠市、固原市农户访谈资料。

开放以来具有中国特色的地方政府主导的工业化发展模式的产物。在 20 世纪 80 年代初的长三角地区，地方政府主导兴办乡镇企业开启了我国地方工业化的热潮，农民开始"洗脚上岸"进入乡镇企业务工，但同时农民也并未放弃农业经营，而是在传统的粮食作物种植的基础上，开始发展家庭副业经营。地方工业经济的发展带来了农村经济的繁荣，形成了农工相辅、城乡协作的富民经济格局①，这也是该地区农村经济发展水平和农民家庭收入水平远高于全国其他地区的根本原因。而经济产业不仅具有经济意义，还具有重要的社会意义。地方性工业经济发展的一个重要的社会学意义是，农民家庭通过务工和务农相结合的方式实现家庭收入的最大化，并不影响其生活的完整性，其不用面对由外出务工导致的夫妻两地分割、代际照护乏力等问题。在家庭之外，原本单家独户的农民走进企业、走进车间，成为工人。身份转变的背后还意味着其社会交往和互动方式的转变。在企业规章制度的约束下，工人个体的技能培训学习、工厂内部的劳动协作和日常交往对个体的语言沟通、眼界视野和价值观念产生了巨大影响。银川市永宁镇闽宁禾美电商公司负责人说："以前厂里的女工只要有别人来参观，她们就跑离车间，说是怕羞。刚开始她们没有一个人会电脑，连普通话都不会说。两年多来，（她们）现在说普通话基本都没问题，有些表达我都没想到，说得很有道理，在网络平台直播时也能表达自如。她们在公司上班后，精神面貌和思想观念变化很大。现在（她们）更加关心孩子的教育成长，让他们参加课业辅导班和兴趣辅导班。"② 由此可见，符合地方实际的产业经济发展对农民个体、家庭和乡村社区等不同层次主体产生了多重积极影响，这对于真正实现以农民、村民为主体，以人为本的发展理念，推进西部地区农村现代化和共同富裕无疑有着极为重要的意义。③

在劳动密集型产业发展基础上所形成的这种农民家庭多元经济模式对于宁夏地区农村精准脱贫攻坚任务的完成发挥了巨大作用。因此，在闽宁

---

① 费孝通：《中国的城乡发展道路》，上海人民出版社，2016。

② 2021 年 10 月 9 日下午闽宁禾美电商公司车间访谈资料。

③ 王春光：《迈向共同富裕——农业农村现代化实践行动和路径的社会学思考》，《社会学研究》2021 年第 2 期。

协作中，两地政府在引入劳动密集型工业企业的同时，也发挥宁夏当地的自然资源禀赋优势，吸引了诸多大型龙头农业企业的投资，以进一步促进当地农户农业经营水平的提升以及农业经营收入的增长。2019 年 8 月，福建融侨集团通过闽宁协作联席会议被引入宁夏，在宁夏回族自治区固原市原州区营头镇投资建设了融侨肉牛生态产业园，总投资计划为 10 亿元，旨在打造集饲草种植、肉牛养殖、屠宰加工、冷链物流、牛肉销售于一体的肉牛全产业链项目。肉牛产业园占地总面积 1.2 万亩，现已建成 1200 亩的肉牛育肥场，养殖肉牛 1 万头，饲草基地种植青贮玉米 1 万亩，300 亩的屠宰加工场年屠宰加工肉牛 10 万头。肉牛产业园的建设不仅带动了当地300 多名农村劳动力稳定就业，还通过对肉牛的精准分割和精深加工，提高了当地肉牛的品质和品牌效应，从而不断提高肉牛销售的附加值。此外，肉牛产业园的年屠宰加工规模远远超过其自养规模，屠宰加工量不足，主要向当地的肉牛养殖户购买。为此，肉牛产业园与当地 6 个肉牛养殖示范乡镇、30 个示范村、23 家规模养殖场、183 家合作社、2.15 万养殖户在肉牛品种供应、技术服务、肉牛销售等关键环节确立稳定合作关系，形成"龙头企业+养殖示范村+合作社+养殖户"利益联结机制。① 肉牛产业链的完善极大地提高了当地肉牛养殖户的生产经营能力，稳定了肉牛销售的市场价格，从而提高了当地肉牛养殖户的收入水平。

从宁夏的劳动力和自然资源禀赋的比较优势出发选择产业是福建和宁夏两地协作推行产业政策的主要经济依据，也是顺应产业发展规律的合理决策。虽然在产业类型上，服装制造、农产品加工等劳动密集型产业并不属于创新型或领先型产业，而是东部沿海地区的退出型产业，但由于这些劳动密集型产业发挥了西部地区的要素禀赋优势，从东部沿海地区向西部地区转移，不仅有利于保持国内企业的竞争力，而且将带动形成西部地区经济增长和社会发展新格局，促进西部地区劳动力回流和乡村振兴，形成产业多元、分工明确、富有活力的有机社会。这将为西部地区在人均收入水平、工业经济发展水平和城市化水平等领域全面追赶东部沿海地区提供

_____

① 2021 年 10 月 13 日下午固原市融侨肉牛生态产业园访谈资料。

有利契机，进而奠定我国东西部区域经济协调发展、共同富裕社会建设的基础。

第五节 有为、有效、有机：地方政府的产业政策及风险防范

根据新结构经济学的观点，产业政策成功的前提在于发挥要素禀赋的比较优势，失败的风险则主要是政府的产业选择违背了要素禀赋的比较优势。政府违背要素禀赋比较优势的行为受多种因素影响。例如，由于内外部市场信息交流不充分，面对错综复杂、变化多端的市场环境，有限理性的政府决策部门往往很难鉴别市场的要素禀赋信息。而且在政府系统中，政府的决策行为往往并非遵从经济最优的原则，还包括为追求地方财政收入增长的经济利益取向、为解决就业问题的社会利益取向、为确保民众安定有序的政治利益取向等。对于作出具体决策的官员来说，更多情况下还有出于谋求政绩及政治晋升的冲动。这通常会导致地方政府产业选择的盲目性，使地方政府偏向于投资一些更能体现先进技术水平和经济增长水平的"高大上"的产业项目。蔡昉等指出，2008年金融危机后，我国东部沿海地区的劳动密集型产业呈现向中西部地区转移的趋势，中西部工业产出增长明显加快。但是，中西部地区工业经济的加速发展主要来自政府重化工产业发展导向的倾斜政策和直接投资，这并不符合中西部地区资源禀赋的比较优势。①

在东西部协作过程中，鉴于劳动密集型企业以及农产品加工企业多处于产业价值链的底端，存在明显的产品附加值低、同质性较强、竞争优势不明显等问题，近年来地方政府开始引进和扶持一些大型的资本和技术密集型产业，建设生物医药、高端装备制造、新材料、新能源等一批"建链延链补链强链"产业项目。但是问题在于，西部地区往往并不具有长期支撑这些高端产业项目发展的资金、技术和人才储备，亦未形成相关的配套

---

① 蔡昉、王美艳、曲玥：《中国工业重新配置与劳动力流动趋势》，《中国工业经济》2009年第8期。

产业和配套服务，并且这些资本和技术密集的高端产业所需要的劳动力较少，往往很难与西部地区的经济社会结构产生实质性关联，从而难以与低收入阶层建立利益联结机制，形成持久带动效应。因而，这些高端产业项目的发展依赖于政府的大量政策资金扶持——这也是吸引这些企业投资的重要因素，但又由于难以形成比较优势，企业的发展很容易形成对政府补贴的路径依赖。

基于如上分析，除了少数资金、人才、教育和物流等资源比较集聚的大城市（如重庆、成都、西安、兰州、银川等直辖市或省会城市），西部地区其他地方政府必须克制自己谋求"高大上"产业发展的冲动。虽然东西部协作为地方政府运用产业政策推动西部地区经济发展提供了新的平台，但由此推动的西部地区经济增长主要是政府发挥该地区要素禀赋比较优势的结果。在当前及今后的一段时间内，东部沿海地区劳动密集型产业向中西部地区转移仍将是我国经济发展的基本趋势。这就要求西部地区的地方政府必须根据高质量发展要求，把握国家构建以国内大循环为主体、国内国际双循环相互促进的新发展格局的战略机遇期，根据市场导向下本地区的要素禀赋优势，合理运用产业政策，引导、扶持符合本地区比较优势的劳动密集型产业、特色农产品加工业等产业项目的发展，大力发展多种形式的富民经济产业，推动产业发展与农民家庭经济、地方社会发展的深度融合。

为发展符合地方实际、面向未来发展趋势的产业，地方政府的产业行为动机也应该紧紧围绕"打造有为政府、建设有效市场、培育有机社会"的基本动机，在促进经济增长的基础上，充分提高产业发展的社会效益和政治效益。1996~2021年东西部协作的历史经验已证明：大量东部地区的劳动密集型产业在西部地区投资建厂经营，不仅直接带动了西部地区农村劳动力就业，提高了贫困农户的家庭经济收入水平，而且激发了西部地区经济发展的内生动力，培育了西部地区的产业发展生态，进而形成了西部地区的内生发展能力。西部地区地方产业的发展也将不断吸引本地外出务工劳动力回流，从而为本地区城乡经济的繁荣奠定重要的人力资源基础。因此，在中央顶层制度设计下，在当前中央委托地方、地方横向竞争、东西部协作的国家治理体系下，西部地区的地方政府必须逐渐改变长期以来通过对东部沿海地区进行劳务输出实现农村经济发展的观念。一方面，应把握我国劳动密集型产业从东部沿海地区向中西部地区转移的契机，打造本地产业发展新格局；另一方面，在本地产业格局已经初步形成并日趋完善的背景下，应将注意力重点转向本地劳动力市场的培育和服务上，以进一步维持本地区的竞争优势。

第四章
东西协作背景下产业扶贫效应

——基于"闽宁模式"的思考*

徐　霞　张倩华**

东西协作产业扶贫的"闽宁模式"深度激发了宁夏贫困地区产业发展的内生动力，大力助推宁夏产业转型与升级，实现福建、宁夏双方共建共享发展。研究发现，通过发挥多元乘数效应、资源配置效应、可持续发展效应三类产业扶贫效应，"闽宁模式"从三个维度促使宁夏产业体系由"被动输血"转向"自主造血"，实现经济效益、社会效益、生态效益协同增长，全面激发产业发展的内生动力。未来需要进一步解决产业过剩、企业难扎根、产品附加值低等问题，不断探索完善"闽宁模式"的做法，为西部地区通过东西协作的方式巩固脱贫攻坚成果和推进乡村振兴提供有益经验。

第一节　问题的提出

长期以来，我国东西部发展呈现不平衡态势，贫困地区与贫困人口高度集中于西部，成为制约我国实现共同富裕美好愿景的关键瓶颈。改革开

---

*　除特殊说明之外，本章数据由 2023 宁夏国情调研中永宁县闽宁镇政府提供。

**　作者简介：徐霞，中南民族大学管理学院讲师；张倩华，中国社会科学院大学社会与民族学院硕士研究生。

放以来，党中央、国务院高度重视西部贫困地区发展和贫困人口脱贫致富问题，鼓励东部经济较发达省（区）市对西部欠发达地区或部门提供经济援助和技术人才援助，依据邓小平关于共同富裕的理论制定了一项重大战略决策和扶贫政策——东西协作。1995 年 9 月，党的十四届五中全会通过的《中共中央关于制定国民经济和社会发展"九五"计划和 2010 年远景目标的建议》明确建议沿海发达地区对口帮扶西部的 10 个省区，开展东西协作。1996 年，党中央、国务院印发《关于组织经济较发达地区与经济欠发达地区开展扶贫协作的报告》，东西协作正式启动。

经过二十多年的发展，东西协作成为中国扶贫开发进程中最具中国特色的国家贫困治理制度。在这一过程中，产业扶贫兼具脱贫和促发展的双重功能，成为东西协作中开发式扶贫的重要方式。它对助力贫困家庭就业增收、确保贫困地区稳步脱贫起到重要作用。2020 年底，我国脱贫攻坚战取得了全面胜利，如期完成了消除绝对贫困的艰巨任务，实现了现行标准下的农村贫困人口全部脱贫，区域性整体贫困得到解决。自此，我国进入巩固拓展脱贫攻坚成果同乡村振兴有效衔接阶段。产业发展成为巩固拓展脱贫成果、助力乡村振兴的关键。产业扶贫相关政策也将继续发挥重要作用。

中国乡村中传统的乡村工业与乡村紧密结合，共同组成了一套原生的复杂经济体系。作为植根于乡土社会的"经济生态系统"，乡村产业不断适应各时期、各区域的具体条件以谋求发展。[1] 扶贫产业尤其是大量非农产业进入乡村场域极大地丰富了乡村业态，也给当地社会、家庭经营模式等带来了转型机会。一方面，研究东西协作背景下的产业扶贫政策对总结中国贫困治理的经验、防止脱贫地区规模性返贫的发生、优化调整后续产业扶贫政策、全面实现乡村振兴和强国梦具有非常重要的意义；另一方面，许多研究认为，在城乡转型过程中，政策与资本引导下新的产业模式不仅会带来新的经营主体，还会带来新的社会主体。[2] 因此，产业扶贫研

---

[1] 徐宗阳、焦长权：《茶与城镇化：新时期乡村经济生态的案例研究》，《学海》2016 年第 4 期。

[2] 焦长权：《从"过密化"到"资本化"："新农业"与"新农民"——以湖北省恩施市烟叶种植农户为例的讨论》，《中国乡村研究》2018 年第 1 期。

究有助于学者对乡村产业及社会转型形成更深入的理解。

目前，关于产业扶贫的研究涵盖了从内涵、模式、机理、成效、困境到产业振兴转型的全过程。其中，关于产业扶贫成效的研究受到众多学者关注。一部分学者认为，产业扶贫能调动农民产业化经营的积极性①，实现民族地区贫困农户生计模式向特色农业生产转移②，增加贫困农户可支配收入和劳动供给③，提高贫困家庭的人均消费支出水平④，降低贫困程度和贫困脆弱性⑤，推动当地的工业化和城市化发展，大幅改善基础设施，为当地增加就业机会⑥。也有学者指出，不同类型的产业增长在促进农村贫困减少的效应上存在一定差异。⑦ 其中，扶贫产业的劳动力密集程度对减贫效应产生了重要影响⑧。另一部分学者认为，政策执行过程中出现的"政策性负担"⑨、目标偏离和俘获效应⑩、责任连带关系增加企业运营成本⑪、乡村产业同质化发展倾向⑫、重经济建设轻社会建设、重自上而下的传输轻扶贫对象的具体参与等问题⑬，降低了产业扶贫的总体效应，甚至

---

① 胡晗、司亚飞、王立剑：《产业扶贫政策对贫困户生计策略和收入的影响——来自陕西省的经验证据》，《中国农村经济》2018 年第 1 期。

② 刘卫柏、于晓媛、袁鹏举：《产业扶贫对民族地区贫困农户生计策略和收入水平的影响》，《经济地理》2019 年第 11 期。

③ 张国建、佟孟华、李慧、陈飞：《扶贫改革试验区的经济增长效应及政策有效性评估》，《中国工业经济》2019 年第 8 期。

④ 尹志超、郭沛瑶：《精准扶贫政策效果评估——家庭消费视角下的实证研究》，《管理世界》2021 年第 4 期。

⑤ 汪三贵：《中国扶贫绩效与精准扶贫》，《政治经济学评论》2020 年第 1 期。

⑥ 王春光：《中国农村贫困问题的设置与反贫实践的延续性》，《社会发展研究》2020 年第 3 期。

⑦ 李小云、于乐荣、齐顾波：《2000~2008 年中国经济增长对贫困减少的作用：一个全国和分区域的实证分析》，《中国农村经济》2010 年第 4 期。

⑧ 汪三贵、胡联：《产业劳动密集度、产业发展与减贫效应研究》，《财贸研究》2014 年第 3 期。

⑨ 狄金华：《政策性负担、信息督查与逆向软预算约束——对项目运作中地方政府组织行为的一个解释》，《社会学研究》2015 年第 6 期。

⑩ 胡联、汪三贵：《我国建档立卡面临精英俘获的挑战吗？》，《管理世界》2017 年第 1 期。

⑪ 李冬慧、乔陆印：《从产业扶贫到产业兴旺：贫困地区产业发展困境与创新趋向》，《求实》2019 年第 6 期。

⑫ 郑风田、程郁：《从农业产业化到农业产业区：竞争型农业产业化发展的可行性分析》，《管理世界》2005 年第 7 期。

⑬ 王春光：《反贫困与社会治理专题研究》，《中共福建省委党校学报》2015 年第 3 期。

会产生拉大贫富差距、加速村庄原子化溃败、农民对身边党政工作和形象不认可等后果[1]。而且，产业扶贫项目对贫困群体的覆盖率仅为 1/6[2]，很难全面覆盖深度贫困的小农户[3]，尤其是对于农村贫困人口中因残疾或大病等原因失去了劳动能力的人群而言，边际效益几乎为零[4]，也未能充分发挥自身的能动性，持续增收能力有限[5]，难以形成贫困户的真正造血能力[6]。

上述研究显示，学者在产业扶贫效应上尚未达成一致。原因在于，不同地区在产业扶贫政策的实践过程中会因地制宜采用不同的具体措施和行动路径，自然会产生异质性的政策效应。此外，即使是相同的政策措施，也会因不同地区的经济环境、产业基础、风土人情、资源禀赋不同而产生差异化的政策效果。因此，选取产业扶贫典型案例，从政策背后的深层次经济原理角度进行挖掘和剖析政策效应，总结普遍性成功经验，不仅对产业扶贫理论研究具有重要意义，而且对未来我国进一步缓解相对贫困、推进乡村振兴、实现共同富裕的实践具有战略意义。

2018 年，闽宁模式作为东西部扶贫协作下短时期内实现脱贫和从根本上实现产业结构调整的典范，被列入《中共中央 国务院关于打赢脱贫攻坚战三年行动的指导意见》，在全国进行推广。然而，闽宁模式作为东西协作背景下的产业扶贫的典型成功经验，现有研究对其关注尚且不足，缺乏对其产业扶贫政策效应的系统评估，尤其是缺乏对政策背后的长期经济效应的挖掘与辨析。为此，本章选取东西协作产业扶贫的闽宁模式作为案例研究对象，系统梳理闽宁模式下的产业扶贫实践历程及其产业发展的成

---

① 孙兆霞：《脱嵌的产业扶贫——以贵州为案例》，《中共福建省委党校学报》2015 年第 3 期。
② 李小云、张雪梅、唐丽霞：《我国中央财政扶贫资金的瞄准分析》，《中国农业大学学报》（社会科学版）2005 年第 3 期。
③ 叶敬忠、贺聪志：《基于小农户生产的扶贫实践与理论探索——以"巢状市场小农扶贫试验"为例》，《中国社会科学》2019 年第 2 期。
④ 张秀兰、徐月宾、方黎明：《中国农村减贫政策的反思和建议》，上海远东出版社，2005，第 235 页。
⑤ 刘明月、汪三贵：《产业扶贫与产业兴旺的有机衔接：逻辑关系、面临困境及实现路径》，《西北师大学报》（社会科学版）2020 年第 4 期。
⑥ 胡伟斌、黄祖辉、朋文欢：《产业精准扶贫的作用机理、现实困境及破解路径》，《江淮论坛》2018 年第 5 期。

效，并重点剖析闽宁模式下的产业扶贫政策的长效激励效应，总结闽宁模式下的产业扶贫实践经验，为我国更好地巩固脱贫攻坚成果和推进乡村振兴提供有益参考。

第二节 闽宁模式的产业扶贫实践历程

1996年，闽宁两省区在福州召开第一次联席会议，签订对口帮扶协议。本着"宁夏所需，福建所能"及既雪中送炭又互惠双赢的原则，两省区坚持高层推动，建立了"联席推进、结对帮扶、产业带动、互学互助、社会参与"的扶贫协作机制。通过实施市县结对帮扶、部门协作、互派挂职干部，开展项目带动和产业帮扶，福建的人才、资金、科技、经验、市场要素等"血细胞"源源不断地植入宁夏经济结构的"肌体"，并在市场活动中相互融合。

闽宁模式下，宁夏地区的产业发展从菌草养殖、"4+1+1"模式起步，通过共建产业园区、搭建合作平台、组织务工就业等方式，带动形成了一套具有地方特色和可持续发展能力的现代化农业工业体系，再通过金融扶持、创业培训等一系列措施提高当地群众的就业创业能力，经历了由"输血式"产业帮扶到"造血式"互融协作的过程，从根本上激发宁夏产业发展的内生动力，助推了宁夏产业转型与升级，也实现了闽宁两省区共建共享发展。

一 产业扶贫"输血"阶段

福建对宁夏的扶贫始于易地移民搬迁，由于迁入地都是未经开发的沙荒地、盐碱地、戈壁滩，初期的产业扶贫多以福建为主导，以解决贫困群众的温饱为重点，以人才、技术、资金等发展要素的输入为主要途径。

以闽宁模式示范村闽宁镇为例，这一阶段福建省投入大量人力、物力、财力，着力推进作为闽宁对口扶贫协作的第一个产业项目——菌草养殖。该项目周期短、投资小、经济效益高、技术易掌握，契合宁夏移民村早期产业基础差、移民素质低、技术水平和自然条件有限等现实条件。为此，福建充分发挥自身的资金、技术优势，以移民最为熟悉的农业为突破口，无偿提供菌草技术，建立菌草技术示范基地，培训技术骨干和菇农，并且签订包销协议，分组为产品跑销路、找市场，共带动 1.75 万户群众参与菌草生产，兴建菇棚 1.75 万个，每户年均增收 5000 余元，高峰期甚至创下连续出菇 60 吨空运上海、产值 40 余万元的记录。[①]

在产业扶贫"输血"阶段，福建通过大规模单向输入资金、人才、技术，逐步奠定了宁夏的产业发展基础：一是建设引水工程、完善基础设施，规划建设 2 万眼水窖和 16 所希望小学；二是通过干部互派、对口支教、劳务输出解决部分贫困问题；三是菌草养殖、"一户四牛一棚一电站"的"4+1+1"等早期产业扶贫模式中的企业通过无偿培训、股份合作等方式参与乡村治理，充分发挥了市场与公益相互促进的作用，有利于形成从产业"输血"到产业"造血"的长效机制。[②]

二　产业扶贫"造血"阶段

变"输血"为"造血"是闽宁模式产业扶贫的重要发展思路。长期"输血"会衍生出"等、靠、要"的懒惰思想，不利于巩固脱贫攻坚成果、实现共同富裕。闽宁模式正是在"输血"的基础上，将市场作为产业扶贫的主线，从早期的输入资金、技术、人员，到引进福建企业来宁夏投资办厂、开展合作，把先进的发展理念和好项目带到宁夏，再到大力发展本地特色产业，走特色化发展路径。通过"三步走"策略，闽宁模式实现了产业扶贫从单方面"输血"到形成一套完整的"造血"体系再到"造血"能力不断增强的过渡。

以闽宁镇为例，在闽宁协作支撑下，闽宁镇以项目为抓手，以产业为龙头，累计使用东西协作资金 4.04 亿元，安排实施项目 87 个，引进闽籍企业 37 家，基本形成了以葡萄种植、肉牛养殖、劳务输出和第三产业为主

---

① 《宁夏科技干部讲述:〈山海情〉"凌教授"的菌草故事》，https://www.sohu.com/a/450473268_120207613，最后访问日期：2024 年 12 月 6 日。

② 吕鹏、刘学:《企业项目制与生产型治理的实践——基于两家企业扶贫案例的调研》，《中国社会科学》2021 年第 10 期。

的多元产业发展格局。温棚产业方面，建成原隆、福宁、园艺及玉海村等设施温棚园区 8 个、设施温棚 840 栋。养殖业方面，建成晓鸣农牧、犇旺、闽楠、壹泰等规模化养殖基地 10 个，全镇肉牛存栏达到 2.6 万头，羊存栏 11.8 万只，晓鸣农牧成功登陆创业板。葡萄酒产业方面，酿酒葡萄种植面积达到 8 万亩（占全市 38%），建成共享、立兰、中粮、贺兰神等大小酒庄 13 家，葡萄酒年产量 2.6 万吨，综合产值 57 亿元（占全市的 22%）。光伏产业方面，先后引进江苏振发、盛景光伏、中科嘉业、中光光伏、国开新能源 5 家光伏龙头企业落户，累计装机容量超过 155 兆瓦，西北首个"绿电小镇"启动建设。

在"造血"体系中，闽宁两省区产业互动持续加深，宁夏产业发展的内生动力不断增强。一是产业格局从早期的单一农业产业走向多元化、特色化；二是产业发展逐步实现自力更生，本土产业涌现；三是老百姓生产生活条件不断改善，他们学会通过自己的双手提高收入水平、勤劳致富，成为增产增收的主力军。

第三节　闽宁模式的产业扶贫效应

现如今，闽宁模式的产业扶贫已经完成了从"输血"到"造血"的转变，宁夏全域也实现了全面脱贫，起初只有 8000 多人的闽宁村已变为 6.6 万人安居乐业的闽宁镇，农民人均可支配收入从建镇初期（1997 年）的 500 元增长到 2022 年的 16775 元。那么，闽宁模式是如何发挥减贫作用的？其产业扶贫政策到底产生了哪些长效激励效应？这是后文要回答的问题。

一　多元乘数效应

在闽宁两省区的协作下，闽宁镇累计使用东西协作资金 4.04 亿元，安排实施项目 87 个，引进闽籍企业 37 家，对当地生产销售、居民就业、收入消费、税收投资带来了不同程度的乘数效应。而且这些不同的乘数效应之间形成了循环式互增路径，成为助力宁夏产业发展的内核动力。

起初，产业扶贫通过项目实施、企业引进快速"做大蛋糕"、提升地区产能，发挥着不可估量的产出乘数效应。经过二十多年的发展，闽宁镇从原来的一贫如洗到现在跻身国家首批农业产业强镇，培育形成了特色养殖、特色种植、文化旅游、光伏发电、商贸物流五大支柱产业，规上企业5家，2021年产业总值达到7.8亿元。尤其是近年来数字经济赋能当地特色产业，进一步催生了当地产能的快速攀升。2022年，闽宁镇引入凯盛浩丰智慧农业有限公司，采用先进的智能温室设施、温室控制系统、温室基质栽培技术、温室全程机械化技术，进行番茄种植和育苗生产，实现了产量翻5~6番。

随着当地产量产值的快速增加，各类技能水平的长期工和临时工的用工需求激增，催生当地劳动力市场快速发展。近几年，镇上形成了10家大小不同的专业化劳务公司，取代了过去村里的"大喇叭招工"模式。本地劳动力市场的快速发展与成熟，吸引了大量农民返乡就业，逐渐打破了打工家庭在空间上分离的"半城市化"的劳动力流动模式[1]；还帮助村里留守妇女实现家门口灵活就业，使家庭生计模式从原来的男主人外出务工挣钱养家的"单一支柱型"，向男主人返乡长期就业和女主人家门口灵活就业相结合的"双元支撑型"转变。一方面，这一转变使农民家庭工资收入倍增，外出务工生活支出缩减，本地消费支出增加，消费带来生产需求的增加，从而激励企业进一步扩能增产；另一方面，返乡就业和本地灵活就业相互补充，为企业扩能增产提供人力保障，从而形成"产出乘数效应—就业乘数效应—收入乘数效应—消费乘数效应—产出乘数效应"的正向反馈闭环传导路径。

此外，当地产量产值的增加势必会增加政府税收。政府税收取之于民，用之于民。2016年以来，闽宁镇用于支持扶贫产业发展、技改、稳工、增岗等补贴资金年均达500万元以上，政府基础项目投资总额达到26.15亿元。一方面，政府通过投资建设学校、医院、公园等基础设施，优化居民生活环境，进一步吸引本地人返乡就业，留住青年人就地务工创

---

① 付伟：《城镇化进程中的乡村产业与家庭经营——以S市域调研为例》，《社会发展研究》2018年第1期。

业，为企业顺利扩能增产提供必要的人力保障；另一方面，政府通过投资建设道路、灌溉工程、电力工程、网络设施、扶贫车间等，优化企业营商环境，以进一步引进优质外来企业，同时切实保障落地企业顺利生产经营，推动当地产业进一步增产增收，形成"产出乘数效应—税收乘数效应—投资乘数效应—产出乘数效应"的正向反馈闭环传导路径。

二 资源配置效应

闽宁模式通过国家干预与市场调节这两只"有形之手"与"无形之手"，在政策性和市场性的东西协作下，将宁夏贫困落后地区的土地、廉价劳动力与自然资源和福建的先进理念、资金技术与市场相结合，提高了产业、人力资源和自然资源在全国的配置效率，进一步激发了产业发展的内生动力。

宁夏地区受黄河灌溉，水土光热条件良好，自然环境开发少，拥有丰富的生物资源和洁净的农业环境，素有"塞上江南"之称，是中国重要的商品粮生产基地、黄金奶源基地。但是受限于散户生产、产量低、加工少等原因，宁夏农产品一直面临质高价低的窘境。福建位于东南沿海地区，区位优势好、政策环境好、经济基础好，不仅是全国最早实行对外开放的省份之一，还是自古以来的民营经济强省，历来都有敢拼会赢、先行先试的传统和善观时变、主动求新的企业家。从空间维度上看，福建和宁夏相隔甚远，如果不在顶层设计上对两省区的经济活动做出制度性、关联性安排，那么二者可能各自独立发展。①

闽宁对口帮扶通过政府的"有形之手"，结成闽宁帮扶对子，在有效市场基础上制订减贫方案，促进"有效市场"和"有为政府"协同发力，长期稳定地发挥积极作用。

一方面，"有为政府"通过构建激励机制，鼓励闽籍企业及社会各界参与对口帮扶，在给宁夏带来技术、资金、管理经验和广阔市场等宝贵的发展要素的同时，承接了东部地区转移出来的产能，既有利于加快中西部

① 周颖刚、陈煌：《闽宁对口帮扶的经济理论创新》，《中国经济问题》2022年第5期。

地区的工业化、城镇化进程，又有助于推动东部经济转型升级，优化全国产业分工，提高资源配置效率，实现闽宁互利共赢。闽宁对口帮扶以来，福建累计援助资金达到 19.2 亿元；先后选派援宁干部 12 批 206 名，支教支医支农工作队员、专家院士、西部计划志愿者 3800 多名；累计采购宁夏 9 个脱贫县和永宁县农特产品 31.51 亿元（截至 2021 年）；累计输送福建企业 5600 多家。

另一方面，闽宁对口帮扶在"有为政府"的引导下，将福建在资金、技术、管理方面的比较优势和宁夏在劳动力、土地资源等方面的比较优势有机结合，通过"福建技术+宁夏转化""福建市场+宁夏产品""福建企业+宁夏资源"等形式分工协作、互惠互利，促进资源在两地之间合理配置。比如，2023 年闽宁两地政府牵头在厦门组织了一场大型"宁品出塞"产品推介活动。111 家宁夏农业企业集中展示展销葡萄酒、枸杞、牛奶、肉牛、滩羊、冷凉蔬菜等宁夏名优特色农产品和精深加工制品，有效推动宁夏"六特"产业等名优特色农产品进一步走向福建和全国大市场。最终，活动促成合作协议 29 项，签约金额达到 10.8 亿元①，既发挥了宁夏产品的优势，又发挥了厦门的市场优势，切实做到"宁夏所需，福建所能"。

三　可持续发展效应

闽宁模式的产业扶贫多措并举，在落地生根的过程中，对当地的生产、分配、代际能力和生态环境产生了一系列可持续发展效应，成为助力宁夏产业发展从"输血式"向"造血式"成功转型的重要原因。

在持续推进过程中，闽宁协作逐步形成了"环境+人才+资金"三位一体的闽宁创业格局，激发了宁夏本地村民的创业致富热情，推动了当地生产可持续发展。首先，从创业环境来看，二十多年间，福建省先后援建公路 385 千米，打井窖 1.5 万眼，修建了一大批水利水保、农村电网、道路、广播电视等基础设施，援建妇幼保健院、医护培训中心等卫生项目 323 个，从根本上改变了当地的生活生产环境，为当地村民生产创业奠定了硬件基

---

① 《"了品出塞　山海相遇"2023 年宁夏精品中国行活动在厦门启幕》，《宁夏日报》2023 年 10 月 27 日，第 1 版。

础。此外，随着外来优质企业不断落户宁夏，企业先进的管理理念和专业技术的本地溢出，为村民返乡创业提供了良好的契机。其次，从创业主体来看，随着宁夏生产生活环境的改善，越来越多的宁夏本地年轻人选择回到家乡，在优质的外来企业长期务工。他们一方面通过"干中学"吸收外来企业的先进经营和管理理念，另一方面通过积极参加企业免费提供的培训提升专业技能，成为未来本地创业者的后备军。最后，从创业资金来看，宁夏和福建政府对在闽宁镇的创业者提供了无息贷、低息贷等金融政策与各类专项财政资金支持，积极帮助本地企业落地生根。

此外，土地整理、流转和规模经营等"资本下乡"模式，极大地改变了农民的生产生活方式，同时也在悄然改变村庄的治理结构①，逐步形成了相对有序的多元主体利益联结机制。当地民众可以通过土地租金收入、劳动性收入、经营性收入和转移性收入等各种形式共享闽宁镇产业发展红利，切实保障收入分配的可持续发展。以整体移民的闽宁镇为例，每个迁入闽宁镇的移民都分有耕地 0.6 亩。早期，由于这部分土地相对零散、开发难度大，大部分家庭持有土地证，但不清楚土地的具体位置，也无法集中耕种。之后，在闽宁协作帮扶下，一批外来企业落户闽宁镇，通过土地流转将村民零散闲置的土地整合开发，并按每年每亩 580 元的租金向村民支付土地使用费。企业落地后，规模化的生产经营活动为当地村民创造了不同技能水平的长期工作岗位和零工岗位，为大量村民提供了稳定的劳动性收入。镇上的宁夏德龙酒业有限公司，年工资发放约 3600 万元，人均 3万元/年，带动人均年收入增长 2500 元以上。近年来，本地一批热衷钻研、敢想敢干、善于沟通、组织能力强的"80 后"青年人，凭借自身能力和掌握的信息资源，通过创办小型酒厂、开设第三方劳务公司等获得经营性收入，分享本地更多产业发展的红利。另外，部分贫困村民还能通过政府转移支付共享当地产业发展红利。闽宁镇的建档立卡户和困难家庭不仅每人每年能获得 3800 元低保金，还能根据家庭劳动力实现在闽稳定就业的时长享受政府转移支付的专项补贴。

①　焦长权、周飞舟：《"资本下乡"与村庄的再造》，《中国社会科学》2016 年第 1 期。

随着东西协作产业扶贫成效的日益显现，贫困地区呈现回汉融合、女性就业、家庭增收、全民快手的美好图景，打破了贫困文化陷阱①，也深刻改变了村民的生育与教育观念，形成一种能调动中国农村内在发展积极性的新型社会文化主体性②，成为代际能力可持续发展的关键。以闽宁镇最大的生态移民村——原隆村为例，首先，该村汉族占67%，回族占33%，呈现明显的回汉杂居性。这种回汉杂居模式，依托客观的物理距离，在回汉两族村民之间建立起邻里关系、生产关系，通过日常的串门、拉家常、礼尚往来等，加速了两族人民在思想上的融合。其次，村里的扶贫车间给众多回族妇女带来了全新的就业机会，不仅帮助她们就业增收，提升了她们的家庭地位，而且增强了她们的自我意识，改变了她们的生育和教育观念。调研过程中，禾美车间的女工海燕说道："我再也不用重复我母亲的生活了，我的孩子也是。我现在可以自由地决定给孩子报什么样的课外班，买什么东西。"最后，随着互联网的普及，村庄中形成了一种全民快手的社会氛围。通过快手等平台，村民能够了解到来自其他地方的不同文化和生活方式，甚至与其他地区的人进行交流和互动。这种跨地域的交流促进了文化的交融和理解，拓宽了村民的视野，也逐渐在村民心中埋下了一颗"鼓励孩子到外面的世界去看看"的种子。随着村民生育与教育观念的转变，下一代村民的文化水平发生了跨越式提升。村里"80后"的一代、二代移民文化水平大多为小学甚至文盲。但是到2023年，全村有26名"90后"和"00后"高考生达到了二本分数线，其中不乏南京大学、中国矿业大学等知名高校。

闽宁模式的产业扶贫在推动宁夏地区经济发展的同时，也实现了从"戈壁"到"绿洲"的生态环境可持续发展。早期，政府与移民"复绿""造绿"双管齐下，改善迁出迁入两地的生态环境。南部山区迁出地以黄土丘陵为主，气候干旱、不适宜耕作放牧，长期以来广种薄收的粗放

---

① 李小云、徐进、于乐荣：《中国减贫四十年：基于历史与社会学的尝试性解释》，《社会学研究》2018年第6期。

② 王春光：《中国社会发展中的社会文化主体性——以40年农村发展和减贫为例》，《中国社会科学》2019年第11期。

生产加剧了生态的脆弱性。移民后，迁出地的生态得到停耕修养的宝贵空间，通过全面开展生态修复，森林覆盖率已接近30%，成功"复绿"。移民迁入闽宁戈壁滩后，闽宁镇政府积极开展新驻地的水渠工程、生态治理，3年时间建设防风固沙林、护渠路、护田林网共600亩。移民自身也发挥出"不怕苦、不怕干"的奋斗精神，在戈壁滩上平整田块、改良土壤、培肥地力。在政府和移民的共同努力下，移民地区土地逐渐从荒地变成良田。之后，得益于优质气候条件，闽宁镇的葡萄酒产业发展迅速。以葡萄酒为代表的特色产业完成了产业发展与生态环保的"双赢"实践。种植酿酒葡萄的贺兰山东麓冲积扇泥沙碎石多，土壤表面多孔，下层紧密松软，气候干燥，昼夜温差大，不适宜种植粮食作物。葡萄酒产业发展前，这些土地大部分是空置的"干沙滩"。由于耕作难度大，只靠移民零散开垦很难改变生态样貌，地方政府也无法承担过重的财政开支。葡萄酒产业引入后，"干沙滩"由酒庄打包承包、规模性开发。酿酒葡萄种植将万亩荒地变为绿洲，酒庄的绿化、防护林建设大幅提高了产区的森林覆盖率，葡萄的"浅沟种植"更减少了水土流失。一片片的葡萄园成为贺兰山东麓亮丽的风景线和人造的生态屏障，既建设了品牌产区，又改善了生态环境。

第四节　问题与思考

闽宁模式的产业扶贫，通过激发多元乘数效应、资源配置效应、可持续发展效应，推动宁夏地区产业体系多元化、特色化、自主化发展，实现了经济效益、社会效益、生态效益的协同增长，全方位激发了宁夏产业发展的内生动力。然而，政策执行落地过程仍存在许多不容忽视的问题。

第一，多重政策优惠叠加，谨防区域产业过剩。在闽宁两省区持续深度协作下，闽宁镇的招商引资政策十分优厚，投资企业不仅可以享受投资奖励、投产奖励、"三免三减半"税收优惠、运输补贴、吸纳就业、引进人才补贴等各类优惠政策，而且能得到宁夏和福建两地政府的双边支持。在闽宁两省区多重政策的扶持下，闽宁镇作为一个镇区面积12.5平方公里的镇级行政区，在短时间内集聚了 6.6 万常住人口，引进外来企业 38 家，涵盖了农业、工业、服务业等各个领域。2022 年 9 月，闽宁两省区再次共同谋划，投资 15 亿元规划 1439.4 亩新建一个闽宁产业园，可容纳企业 20 余家，预计解决就业 3500 人。[①] 然而，实际上闽宁镇目前已经存在一定程度的产业饱和问题，其中最突出的一点是区内多家企业反映存在不同程度的招工困难问题，主要表现为低技能劳动力流动性大、稳定性差，高技能劳动力匮乏，青年人才引进难、留住难。据当地劳动局工作人员介绍，近几年政府每年都带队去贵州、甘肃等地引进劳动力近 5000 人。因此，闽宁镇未来产业发展需谨防产业过剩，跳出过去二十多年持续高密度引进的模式，尝试依托新建设的闽宁产业园，畅通跨区域交通和物流网络，打造以闽宁镇为中心，北至银川市、石嘴山市，西至阿拉善盟，东至鄂尔多斯市，南至吴忠市、青铜峡市的跨区域合作发展示范区，以突破现有发展模式瓶颈。

第二，内外双重因素影响，企业扎根本地不深。政策吸引力成为外来企业落地闽宁镇的重要原因，不少企业直言"这边政策太好了"。正因如此，闽宁镇的外来企业普遍存在政策依赖度高、扎根本地不深的问题。一旦政府补贴力度减小，就很可能出现企业回迁、异地设厂等情况。以晓鸣农牧为例，这是一家蛋鸡养殖企业，2011 年 7 月在永宁镇成立，2021 年 4 月在深交所上市。但是，目前企业负责人表示，由于蛋鸡养殖产业不属于宁夏政府 2022 年实施的"六新六特六优"[②] 产业范畴，相比于同类的奶牛、肉牛、滩羊养殖企业，晓鸣农牧获得的政策补贴少得多。因此，该企业开始在山东等其他地方设置养殖基地。此外，除了政策外力的影响，外来资本与乡土社会的互动关系也成为影响"资本下乡"成效及外来企业能否扎根本地的关键。通常情况下，"资本下乡"的这种"外来性"导致资本对

---

①　数据由 2023 宁夏国情调研中闽宁镇政府、宁夏闽宁产业园发展有限公司提供。

②　"六新"指新型材料、清洁能源、装备制造、数字信息、现代化工、轻工纺织六个重点产业；"六特"指葡萄酒、枸杞、牛奶、肉牛、滩羊、冷凉蔬菜六个特色农业产业；"六优"指文化旅游、现代物流、现代金融、健康养老、电子商务、会展博览六个重点产业。

乡土社会并不信任，为了内部经营的成功，他们更倾向于依靠"自己人"。①以富贵兰服装厂为例，这是一家闽商企业，2019 年落地闽宁镇，长期以管理人员外地引入、普通工人就近招聘的模式进行生产经营。这种经营模式也加剧了外来企业管理者的管理理念和制度安排与当地民风民俗和固有生活方式之间的内在冲突。一方面，闽商自古就有敢想敢干、爱拼会赢、乐业敬业等精神，在他们看来，当地工人普遍劳动积极性不高。厂长直言："这边各类节假日多，一遇上家里老人祭祀，都要请一个星期的假。"另一方面，当地村民则表示，不愿在当地企业长期务工的重要原因之一是，企业管理严格，请假不方便、不自由，难以兼顾家庭和工作。另外，政策在为闽籍企业提供大量利好的同时，也不可避免地扰乱了市场的正常运作，尤其是打压了市场原有的优势企业，令其为闽商让步。以银川银欧服装有限公司为例，这是一家成立于 2013 年的校服生产企业，作为浙江人的陈老板就对区政府要求部分公办中学优先把订单派给闽籍企业一事颇有微词。他认为，如果公平竞争，那么福建老板绝对比不过他们在这里这么多年的积淀与经验。因此，在长期的政策扶植下，一旦政府对闽商的政策倾斜减少，闽籍企业就会面临难以适应自由市场竞争的风险。同时，原有的优势企业也存在出走的可能，不利于打造良好的产业生态。

第三，产品初加工价值低，品牌效益有待深挖。宁夏全域以葡萄酒、枸杞、牛奶、肉牛、滩羊、冷凉蔬菜六大特色农业产业为主导，总产值占全区农业的 80% 以上。作为种植养殖业，"六特"产业虽然为全国消费者提供了高品质的特色农产品，但是产品主要以不加工、初加工的形式进行销售，产业链短，价值链低，产品同质性强，缺乏品牌建设，总体效益不高，受市场波动影响大。以肉牛产业为例，首先，宁夏肉牛企业多出售活体肉牛，进入外销地后才进行宰杀、牛排等后续加工。一头宁夏肉牛养两年出栏，由于品质较高，一般整体售价高于市场平均牛肉价格，可达 6000元左右，但利润只有 1000~2000 元。而制成牛排成品销售后，利润可上涨一倍。其次，肉牛受牛肉市场价格波动、饲料等农业生产资料价格波动影

① 徐宗阳：《资本下乡的社会基础——基于华北地区一个公司型农场的经验研究》，《社会学研究》2016 年第 5 期。

响大，抗风险能力差。2023 年，由于牛肉市场价格持续低迷、饲料价格走高，吴忠市红寺堡区近一半肉牛厂面临倒闭危机。最后，作为宁夏回族自治区的重点产业之一，宁夏肉牛养殖覆盖海原、固原、六盘山区等多个地区，但是各个肉牛企业没有形成合力，缺乏龙头企业与标志性品牌。吴忠市红寺堡区弘德村拥有一家集体所有、村民入股、第三方经营的肉牛养殖场。由于近年活牛出售行情不好，村委会曾试图延长本村的肉牛产业链，计划从活牛外销转变为牛排加工品外销。但是经过市场调研后，村委会最终搁置了这一项目。村支书表示："东部发达城市的消费者对于高端的牛肉制品非常认品牌，我们一个陌生的宁夏牌子去了很难快速受到消费者认可。一旦滞销，本地人又不倾向于购买加工品，反而两边不搭好。"因此，宁夏特色农业的产业发展需要在品牌打造与产业链延长上寻找破局之法。

第五章

共富与融合：跨地区集体行动的
制度逻辑与县域实践

——以闽宁协作背景下宁夏三县为例

田　雄[*]

　　没有中国农村的现代化，就没有中国的现代化。同样，没有中国少数民族的现代化，也就谈不上中国的现代化。[①] 2022 年 7 月，习近平在新疆考察时强调，要铸牢中华民族共同体意识，促进各民族交往交流交融；要推动各族群众逐步实现在空间、文化、经济、社会、心理等方面的全方位嵌入，促进各民族像石榴籽一样紧紧抱在一起。[②] 党的二十大报告进一步指出，实现共同富裕是中国式现代化的重要特征之一。在人口规模巨大、区域差异性大、发展不平衡、民族众多的现实背景下，实现共同富裕和中国式现代化目标任务艰巨繁重。我国低收入群体仍然主要是农民，发展的最短板主要在农村，因此，推进共同富裕需要重点瞄准农民、农民工等低

　　* 　作者简介：田雄，陕西师范大学社会学系副教授。
　　① 　费孝通：《中华民族多元一体的格局》，生活·读书·新知三联书店，2021，第 529 页。
　　② 　《习近平在新疆考察时强调 完整准确贯彻新时代党的治疆方略 建设团结和谐繁荣富裕文明进步安居乐业生态良好的美好新疆》，《人民日报》2022 年 7 月 16 日，第 1 版。

收入群体和农村地区。① 农村地区虽然已经彻底消除了绝对贫困，但受新冠疫情等内外部因素影响，仍有大量低收入人口，这也必然是实现共同富裕最难啃的硬骨头。②

新疆、西藏、宁夏、广西和内蒙古五个民族自治区全部位于中西部地区，受经济、文化和社会等多因素影响，民族地区市场经济发展水平偏低，公共服务基础设施不够完备，经济产业融合发展进程较慢，与东部地区发展差距较大。质言之，以少数民族聚居的广大农村地区是缩小区域发展差距、实现共同富裕的难中之难、重中之重。1949 年以来，国家在不同时期、以不同方式推进西部地区发展，加快更高层次、更大范围和更多领域的互通融合。多年来，"对口支援、结对帮扶、东西协作"成为主要的制度安排，有力推动了西部地区经济社会全面发展，逐步迈向共同富裕。在东西部扶贫协作和对口支援中，福建、宁夏两地自 1996 年正式结对以来（以下简称"闽宁协作"），跨越数千里，连续二十多年持续推进，已成为东西协作的典范。本章以闽宁协作为案例，以组织社会学为视角分析宁夏县域的共富与融合实践，旨在探讨东西部协作的动力机制与运行机制，进而对超大规模国家如何推进治理体系和提升治理能力的实践进行解释。

第一节　文献回顾与问题提出

周雪光从组织社会学视角指出，国家治理规模和治理负荷之间有着因果关系，规模越大，负荷越重。③ 一般而言，国家规模越大，国家内部所有行动者、要素、关系、规则和制度安排之间的交互就会越复杂，规模治理的难度也会随之呈几何级数式的增加。中国单一体制同超大规模的国家空间耦合导致"规模压力"和"治理负荷"。中央政府承担着来自全国四

---

① 黄祖辉、叶海键、胡伟斌：《推进共同富裕：重点、难题与破解》，《中国人口科学》2021 年第 6 期。

② 李实、陈基平、滕阳川：《共同富裕路上的乡村振兴：问题、挑战与建议》，《兰州大学学报》（社会科学版）2021 年第 3 期。

③ 周雪光：《国家治理规模及其负荷成本的思考》，《吉林大学社会科学学报》2013 年第 1 期。

面八方的问题压力、维护社会稳定和地区平衡及促进经济发展的多重使命。① 中国人口数量多、疆域广、民族数量多所形成的规模，以及内部的差异性、多样性的事实决定了国家治理的复杂性，这迫使中央必须主导地方与其共同应对治理负荷沉重的现实挑战。

一　推动民族地区发展与东西部协作的必要性

各民族之间的相互关系取决于每个民族的生产力、分工和内部交往的发展程度。② 因此，有学者指出，少数民族美好生活的实现是人民共同富裕的重要组成部分，民族地区的发展是解决发展不平衡不充分问题的重点之一，巩固共同繁荣、共同发展的和谐民族关系是中华民族伟大复兴的重要条件。③ 中国西部地区地域辽阔，民族地区占绝大部分，自然资源丰富，战略位置重要，构成了中华民族的重要组成部分；但人口稀少，生态环境脆弱，产业基础薄弱，市场经济不发达，民族融合和共同富裕面临现实挑战。"大国内部存在着非均衡性，国家治理面临着复杂性，需要通过各种制度举措来缩小区域差距。"④ 费孝通曾对东西部地区共同发展提出了明确的方向和建议："对发达地区，国家要给政策，对少数民族地区，国家不仅要给政策，而且要给切实的帮助。国家支持的目的就是要帮助少数民族站起来，走自己发展的路……才能使我们的国家真正成为一个各民族共同繁荣的大家庭。"⑤ 尽管民族地区发展对实现共同富裕、构建中华民族共同体有着重要且深远的意义，但与东部地区相比，民族地区的经济、社会发展质量仍然存在一定的差距，已成为实施乡村振兴战略、推动西部地区农村农业现代化的短板。市场经济力量在自东向西、由外而内进入民族地区的过程中，与少数民族传统生产方式衔接出现了一些问题，而市场体系的

① 周光辉、王宏伟：《对口支援：大国治理的中国经验》，安徽人民出版社，2023，第11页。
② 中国社会科学院民族学与人类学研究所民族理论室编《马克思主义经典作家民族问题文选·马克思恩格斯卷》（上册），社会科学文献出版社，2016，第110页。
③ 麻国庆：《民族研究的新时代与铸牢中华民族共同体意识》，《中央民族大学学报》（哲学社会科学版）2017年第6期。
④ 周光辉、王宏伟：《对口支援：大国治理的中国经验》，安徽人民出版社，2023，第11页。
⑤ 费孝通：《中华民族多元一体的格局》，生活·读书·新知三联书店，2021，第528页。

建立并不能自觉弥合区域、城乡和社会阶层差距。为此，习近平总书记在中共中央政治局第九次集体学习时强调，铸牢中华民族共同体意识，就是要引导各族人民牢固树立休戚与共、荣辱与共、生死与共、命运与共的共同体理念。① 新中国成立以来，国家不断出台推动民族地区发展的一系列制度。

二　东西部协作的制度构建与变迁

新中国刚成立，中国共产党就开始着手解决区域差距问题，研究者围绕国家关于平衡东西部地区发展的关系进行了细致梳理。杨先明等较早地从合作地区的能力结构角度来分析东西部地区的合作成效，并提出了三个阶段分别有三种区域经济合作模式。② 相关研究不仅指出了东西部合作关系，而且注意到政府竞争关系。张天悦对我国 70 多年对口政策进行梳理后认为，该政策兼顾政治稳定、民族团结、边疆巩固和区域协调发展，经历了从对口支援到对口帮扶再到对口合作的演化与发展，是对区域发展路径的一种创新。其演进机制体现为既有纵向的政治动员与统筹部署，也有横向的基于优势互补的资源配置和人文交流，在铸牢中华民族共同体意识的同时，不仅确保了社会主义公共产品的供给，还凸显出独具中国特色的制度优势与活力。③ 谢治菊和李华则从产业的视角分析东西部协作，强调经济产业是实现共同富裕的基本路径。④ 此外，谢治菊和彭智邦从消费扶贫视角论述了东西部协作关系，他们进一步指出，完善消费帮扶链条、重塑考核评估导向、优化利益联结关系是预防消费帮扶中政府与市场"双重失灵"的关键。⑤ 王禹澔系统梳理了对口支援的发展历程。他挖掘了对口支援机制的理论内涵，指出对口支援作为中国特色的治理机制，对巩固拓展

①　《习近平在中共中央政治局第九次集体学习时强调 铸牢中华民族共同体意识 推进新时代党的民族工作高质量发展》，《人民日报》2023 年 10 月 29 日，第 1 版。
②　杨先明等：《能力结构与东西部区域经济合作》，中国社会科学出版社，2007，第 2~9 页。
③　张天悦：《从支援到合作：中国式跨区域协同发展的演进》，《经济学家》2021 年第 11 期。
④　谢治菊、李华：《东西部产业协作：类型·逻辑·未来》，《吉首大学学报》（社会科学版）2023 年第 2 期。
⑤　谢治菊、彭智邦：《嵌入式有为与适应性有效：东西部消费协作中的政府与市场》，《中州学刊》2022 年第 11 期。

脱贫攻坚成果同乡村振兴有效衔接、推进国家治理创新乃至发展中国家解决不均衡发展带来的问题具有重要的意义。① 但仍将东西部之间的关系认定为"东强西弱，单向帮扶"，这并不符合东西资源互补的事实。周光辉、王宏伟同样以对口支援制度为例，从大国治理的经验出发，阐述了其运作机制、基本功能，并以典型案例做了阐释。② 梁琴以"结对治理"概念分析东西部协作，其表面上是帮扶方与被帮扶方两方分工协作关系，实则是三方委托代理关系，是权威主导下的非均衡主体间定向合作过程，结合了合作治理、协同治理、整体性治理与网络治理等各类治理范式的优势特点，发挥了中国制度凝聚社会分散资源实现国家统一协调发展的效能，是中央实现社会公平的结构化治理模式。③ 王小林、谢妮芸未局限于对政府单一主体的分析。他们认为，东西部协作制度在财政体制和人才交流、技术转移机制的形成中不断演进，从最初的政府主导演化为脱贫攻坚期的强政府、强市场和强社会治理结构，形成了中央政府与地方政府间的责任制和激励约束机制、东西部地方政府间的援助协作机制、政府与市场主体间的政企协作机制、地方政府与社会间的社会动员机制。④ 这一论述建立了对东西协作中的中央和地方政府、企业、社会等各个主体之间的关系框架，更加完整和丰富。赵晖、谭书先的研究颇具反思性，他们认为对口支援推动了受援省各项事业的发展，但支援效果在不同的对口关系中存在较大差异，受援省与支援省之间的差距在不同的对口关系中也有一定的区别，仅依靠对口支援很难弥补区域均衡发展的不足。为此，需要提高受援省政府的自我治理能力。此外，区域均衡发展还有赖于中央政府更为科学的治理策略。⑤

① 王禹潇：《中国特色对口支援机制：成就、经验与价值》，《管理世界》2022年第6期。
② 周光辉、王宏伟：《对口支援：大国治理的中国经验》，安徽人民出版社，2023，第133~348页。
③ 梁琴：《论中国特色的结对治理：以东西部协作为例》，《广州大学学报》（社会科学版）2023年第2期。
④ 王小林、谢妮芸：《东西部协作和对口支援：从贫困治理走向共同富裕》，《探索与争鸣》2022年第3期。
⑤ 赵晖、谭书先：《对口支援与区域均衡：政策、效果及解释——基于8对支援关系1996—2017年数据的考察》，《治理研究》2020年第1期。

随着东西部协作制度演变和阶段性重点任务安排，县域脱贫攻坚、乡村振兴作为西部地区农业农村现代化的重点和难点，已成为东西部协作研究的重要领域。邹璠、周力以脱贫攻坚时期的结对帮扶为例，从均衡视角分析了东西部协作与县域经济高质量发展。虽然东西部协作显著缩小了协作双方的全要素生产率差距、县域间技术创新、人力资本差距，以及县域发展差距，但资源与环境约束后，东西部协作的效果不再显著，产业转移中的潜在污染排放对以绿色可持续为导向的县域均衡发展产生了阻碍。① 这一研究透过积极肯定的"成绩"，指出其中存在的问题。廖成中等基于"空间—市场—价值"的经济地理逻辑，提出构建乡村振兴东西部协作"区域协调—市场分工—共富目标"整合框架，揭示东西部协作赋能乡村振兴的理论机理。② 他们指出，要将协作治理重心下沉至县域空间，以拓展县际东西部协作治理效应促进乡村振兴。翟坤周也指出，县域空间是脱贫攻坚时期东西部对口协作帮扶的重要场域，是乡村振兴和城乡融合阶段东西部协作的对接平台。新发展阶段要以县域空间为基本载体、以县际协作为关键纽带，构建"央-地"纵向协同治理下的东西部横向"政府-市场-社会"协作治理机制。③ 由此可知，县域是中央和地方以及地方之间纵横交错治理体系中的核心治理单元，处于弱势的县域乡村人口是东西部地区从对口支援到协作的目标群体。

三　东西协作中的具体省域及闽宁协作关系研究

自东西部对口支援、对口帮扶、对口协作以来，先后有东部9省市和西部12省（区）结对，研究者选择具体案例展开分析。张晓颖、王小林以上海为例分析了东部地区的协作策略。④ 上海探索出"三链联动"产业

---

① 邹璠、周力：《均衡视角下东西部协作与县域经济高质量发展——以脱贫攻坚时期结对帮扶为例》，《南京农业大学学报》（社会科学版）2023年第6期。
② 廖成中、毛磊、翟坤周：《共同富裕导向下东西部协作赋能乡村振兴：机理、模式与策略》，《改革》2022年第10期。
③ 翟坤周：《共同富裕导向下乡村振兴的东西部协作机制重构——基于四个典型县域协作治理模式的实践考察》，《求实》2022年第5期。
④ 张晓颖、王小林：《东西扶贫协作：贫困治理的上海模式和经验》，《甘肃社会科学》2021年第1期。

扶贫、职教联盟扶贫、平台驱动消费扶贫、组团式帮扶公共服务扶贫等模式，以及资源整合型社会动员机制，注重增强内生动力与发挥上海优势相结合、共性需求与当地特色相结合、政府主导与社会参与相结合，充分利用市场机制，从最初的单项援助逐步迈向双向合作共赢的道路。相对而言，以东部某一省市为个案研究较少，这一研究具有典型性。吴春宝、陈柄轩以青海省为受援方进行探讨。① 他们从条件启动、多元联动、机制互动三个方面阐释青海贫困治理中东西部协作的运行逻辑，进而提出新时代优化东西部协作机制的可行路径。相对于东西协作中某一方的研究，李博、张家阳以协同治理理论对苏陕协作各主体合作过程进行分析，发现其遵循"国家-地方-社会"的实践逻辑。② 中央政府、东西部地区各级政府和民营企业及其他社会力量在不同层级、不同领域发挥各自的作用。

闽宁协作作为东西部协作中的典范，多次受到中央肯定，也受到学界较多的关注。盛晓薇、马文保认为，"闽宁模式"在实践中形成了以顶层设计为主导的长效帮扶机制、以产业扶贫为核心的综合扶贫方式、物质扶贫与精神扶贫并重的扶贫思维、以脱贫富民与生态保护互融的扶贫道路为主要内容的扶贫经验，孕育出以实干精神、创业精神、协作精神为主体的闽宁精神。③ 这些经验和精神有助于我国接续推进相对贫困的长效治理和乡村振兴战略。史婵、王小林引入制度性集体行动分析框架对各阶段东西部协作的困境与机制演进展开论述。④ 他们基于闽宁联席会议纪要与调研事实，总结出达成发展共识、互学互助、产业协作、人才交流与社会动员五个行动路径，并对如何助力形成益贫性经济增长、包容性社会发展和多维度扶贫开发的可持续减贫格局进行分析。

上述研究为本研究提供了重要启发，主要体现在以下方面。一是突出

---

① 吴春宝、陈柄轩：《"山海共富"：青海贫困治理中东西部协作的运行逻辑与路径优化》，《青海社会科学》2023 年第 2 期。

② 李博、张家阳：《国家-地方-社会：共同富裕目标下的区域发展新格局探析——以苏陕协作为例》，《南京农业大学学报》（社会科学版）2023 年第 6 期。

③ 盛晓薇、马文保：《"闽宁模式"：东西部扶贫协作对口支援的实践样本》，《人民论坛·学术前沿》2021 年第 4 期。

④ 史婵、王小林：《迈向共同富裕的东西部协作机制演进与行动路径——以 1996 年至 2022 年间闽宁协作为例》，《西北大学学报》（哲学社会科学版）2024 年第 1 期。

制度变迁角度。从新中国成立以来东西部对口支援、帮扶或协作关系梳理及当前乡村振兴战略实施任务推进情况来看，每个时期东西部地区之间的关系都会不同。二是突出治理结构及组织结构。研究者在强调中央顶层制度设计时，还讨论了中央和东西部之间的关系，其实质也是中央纵向支配下的地方之间的横向关系。地方上不同省（区）、市的支援、协作和帮扶关系再深入到更下一级的跨区域政府关系，例如，结对治理和层级对应关系。三是指出县域单元的重要性。东西部地区的发展及中国整体现代化进程的重点和难点都在农村，这也是东西部协作的重要对象，而西部地区县域恰恰是检验东西部协作成效的主要载体。不过，仍有两点需要做进一步补充。其一，已有研究虽然强调县域是东西协作的重点，但多以理论导向研究为主，县域实践的案例研究较少。从东西协作的实际情况来看，区域、城乡和民族发展的重点工作任务都将集中在县域，但已有的成果较少关注东西协作中县域层面的互动过程。将闽宁协作的制度政策实践过程及多重成效置于县域单位中考察，除因为县域是承载和落地之外，还因为县域是一个复杂的场域，受双重力量影响，即本区域自上而下的力量和来自福建外地的各类力量。其二，制度性集体行动框架的自洽性问题。尽管史婵等已用该框架对闽宁协作关系做了深入分析，但该框架的本意是行动者意识到收益超过付出成本才会进行自愿行动，这与中国自上而下的政治势能和责任要求并非完全一致。集体行动者是政府，但在东西部协作中，地方政府、私营部门、非政府组织、企业家及个人等多个主体共同参与并形成了复杂紧密的协作网络。集体行动的主体发生变化，生成要素和协作主体也发生变化，呈现因制度牵引而形成的诱发性、基础性特征。显然，制度性集体行动的分析框架及内涵已不适用于现有的闽宁协作实践。

基于上述研究，本章提出的问题是：闽宁协作中的县际协作如何展开？在县域中两地政府、企业和不同民族群众等多元主体融合共生关系的形成机制是什么？制度性集体行动的分析框架有何不足？本章将结合银川市永宁县、吴忠市盐池县和固原市西吉县案例来回答上述问题，这有助于理解民族地区在实现共同富裕目标进程中如何实现渐进式融合，对于新时代中华民族的多元一体格局的形成及巩固，以及选择调和区域、民族、城乡关系对促进中国式现代化进程的具体方法具有重要意义。

第二节　中央与地方统分结合：区域融合 与协作机制的建构

根据已有的东西部对口支援、帮扶和协作制度变迁研究，本节有必要简要回顾闽宁协作关系演变的历史和制度背景，从中把握东西部地区之间关系形成的背景，即中央主导推动的动机和目的，东西部地区如何跨越地理空间建立援助关系，再由政府单一主体的结对到企业、社会组织的广泛参与，形成了政策制度设置更为科学、利益联结更为牢固、互动关系网络更加密集的协作格局。

一　东西部对口支援从倡议到制度化

20 世纪 70 年代末到 80 年代，中央通过召开一系列会议自上而下推动东西部对口支援，主要聚焦西部少数民族地区。其间，1979 年 4 月，中共中央在全国边防工作会议上强调，将加强边境地区和少数民族地区的建设，增加资金和物资的投入，并组织内地省市对口支援边境地区和少数民族地区。中央政府第一次明确提出了东部经济发达省份对口经济欠发达的少数民族地区的政策，这标志着对口支援政策在国家层面的正式提出。一方面，中央财政连续三年每年拨款 4 亿元，单独编制边疆地区发展规划，这在我国历史上是第一次；另一方面，东部发达地区对口支援边境地区和少数民族地区，在财政体制上形成了支援边境地区和少数民族地区的垂直转移支付与横向转移支付。同年 7 月 31 日，中共中央批转了乌兰夫在大会上的报告。实际上，对口支援是在邓小平共同富裕实现路径的指引下由中央提出的，其主要目的就是增强民族团结、巩固边防、加强少数民族地区的经济文化建设。[①] 中央和地方之间、地方和地方之间的纵向横向的制度性关系首先在财政体制上形成。

---

① 王小林、谢妮芸：《东西部协作和对口支援：从贫困治理走向共同富裕》，《探索与争鸣》2022 年第 3 期。

自 1984 年 10 月 1 日起施行的《中华人民共和国民族区域自治法》首次以国家基本法律的形式，明确规定了上级国家机关组织和支持对口支援的法律原则，为对口支援政策提供了重要的法律支持和制度保障，标志着对口支援制度建设进入了国家基本法律层面，并成为我国民族区域自治法律制度的重要内容。① 但边境地区和少数民族地区人才与技术的短缺更加突出，仅靠财政援助解决不了发展问题。1986 年 4 月，《中华人民共和国国民经济和社会发展第七个五年计划》获得批准，其中提出，"进一步组织发达地区和城市对老、少、边、穷地区的对口支援工作。对口支援不光是资金、物资支援，还包括人才、技术、信息、管理、劳动、产品支援等"。这标志着对口支援已经向更加广阔的领域拓展。1988 年 9 月，邓小平同志正式提出"两个大局"思想，加快了东西部支援工作进程。②

二　东西部结对关系的确立与责任明晰化

1991 年 4 月，《中华人民共和国国民经济和社会发展十年规划和第八个五年计划纲要》提出，"经济比较发达的地区，要采取多种形式帮助经济较不发达的地区，加快它们经济的发展，逐步实现共同繁荣和富裕"。同年 12 月，国家民委在全国部分省、自治区、直辖市对口支援工作座谈会指出，应按照"支援为主，互补互济，积极合作，共同繁荣"的原则进行经济发达地区与民族地区的对口支援。1992 年，国家计委牵头组织协调对口支援工作。1994 年，国务院颁布实施《国家八七扶贫攻坚计划》，初步提出"北京、天津、上海等大城市，广东、江苏、浙江、山东、辽宁、福建等沿海较为发达的省，都要对口帮助西部一两个贫困省、区发展经济"。东部与西部不同省份之间的对口帮扶关系逐步得到确立，形成了东西部对口支援基本格局。③ 1995 年 9 月，党的十四届五中全会讨论了国民经济和社会发展第九个五年计划（1996～2000 年）和 2010 年远景目标的问题，

---

① 钟开斌：《对口支援：起源、形成及其演化》，《甘肃行政学院学报》2013 年第 4 期。
② 邓小平：《邓小平选集》（第三卷），人民出版社，1993，第 277～278 页。
③ 北京支援内蒙古，天津支援甘肃，上海支援云南、宁夏、新疆，山东、辽宁、沈阳、湖北、武汉支援青海，江苏支援广西、新疆，广东、河北支援贵州。全国以四川、上海、浙江、天津为主支援西藏。

其中强调"逐步缩小地区发展差距和解决好社会分配不公，最终实现共同富裕，是保持社会稳定的重要条件，是体现社会主义本质的重要方面"。这标志着东西部扶贫协作制度的正式诞生。1996 年 5 月，国务院在京召开扶贫协作会议，部署经济较发达的 9 个省（市）和 4 个计划单列市分别帮扶经济欠发达的 10 个省（区），加快扶贫攻坚进度。这是实现"国家八七扶贫攻坚计划"的重要战略性措施之一。经国务院批准确定：福建省帮扶宁夏回族自治区。① 同年 9 月，中央扶贫开发工作会议决定，在全国开展东西部扶贫协作。这是中央按照邓小平关于共同富裕的伟大构想，根据我国经济社会发展的客观需要所做出的一项重要决策。至此，中国初步形成了东西部扶贫协作和对口支援制度。同年 11 月 5~6 日，宁夏、福建第一次对口扶贫协作联席会议在福州市举行并签订了协作协议，这标志着两省区正式建立了对口帮扶关系。

2016 年 7 月，习近平主持召开东西部扶贫协作座谈会时强调，东西部对口支援和扶贫协作，是推动区域协调发展、协同发展、共同发展的大战略，是加强区域合作、优化产业布局、拓展对内对外开放新空间的大布局，是实现先富帮后富、最终实现共同富裕目标的大举措，必须认清形势、聚焦精准、深化帮扶、确保实效，切实提高工作水平，全面打赢脱贫攻坚战。2021 年 4 月，习近平总书记要求，东西部协作要适应形势任务变化，转变协作思维，从过去的扶贫援助转向协作发展，更好服从"两个大局"的长远战略部署。②

三 顶层制度设置下的集体行动分析框架

对口支援和扶贫协作的制度重叠，通过统筹东西部关系、东部发达地区参与的关系及援助和扶贫，使政策制度集约高效一体。东西部对口支援和扶贫协作制度既是我国治理贫困的有力举措，又是区域协调协同发展、

---

① 北京帮扶内蒙古，天津帮扶甘肃，上海帮扶云南，广东帮扶广西，江苏帮扶陕西，浙江帮扶四川，山东帮扶新疆，辽宁帮扶青海，福建帮扶宁夏，深圳、青岛、大连、宁波 4 个计划单列市帮扶贵州。

② 《习近平对深化东西部协作和定点帮扶工作作出重要指示》，《人民日报》2021 年 4 月 9 日，第 1 版。

逐步实现共同富裕的大战略，从两个制度提出的目的及实践发展来看，对口支援制度可被视为东西部扶贫协作的制度基础。① 从中央在不同时期出台不同的对口支援、扶贫协作制度来看，中央充分发挥集中统一的领导作用，即以"统一、分类"的工作方法在东西部地区之间建立协作关系，将"均衡发展、共同富裕"的总体目标通过对口支援、结对帮扶"分包"给东部省份，明确了东部省份必须"承包"支援、帮扶的任务，努力改变地区之间发展的不平衡，缩小区域贫富差距。中央"统一、分类"和上下"分包、承包"的"有统有分、统分结合"的关系，既强化了中央集中统一的主导性、权威性，又赋予地方因地制宜的自主性和灵活性，为统筹"两个大局"，东部支持西部、先富带动后富，持续推进协作关系，实现共同富裕做好了顶层制度设计。

前文提到有学者借助制度性集体行动的框架来分析闽宁协作问题。② Feiock 整合集体行动、交易成本和制度发展等理论，提出了针对组织、机构和区域的集体行动框架——制度性集体行动（Institutional Collective Action，ICA）。③ 该框架认为，机会参与者需要自己评估在参与过程中由解决共同问题导致的成本和收益，如果收益超过成本，自愿区域治理就能实现。而实现机制的选择往往会根据地方政府的合作需求，在不同领域构建不同类型的合作网络结构，运用府际议、联席会等具体机制实现协作性区域治理。此处可见，制度性集体行动与盛晓薇、马文保提出的"顶层制度主导下的参与"有异曲同工之处。④ 但基于东西部地区之间的关系，从对口支援、帮扶到协作的制度演变中可以看出，在市场机制并不完善的情况下，跨区域的不同主体的行动并非出于自愿，主要是国家制度安排后被动达成集体行动，参与者并非完全自主决定，成本-收益评估也是一种事后

---

① 王小林、谢妮芸：《东西部协作和对口支援：从贫困治理走向共同富裕》，《探索与争鸣》2022 年第 3 期。

② 史婵、王小林：《迈向共同富裕的东西部协作机制演进与行动路径——以 1996 年至 2022 年间闽宁协作为例》，《西北大学学报》（哲学社会科学版）2024 年第 1 期。

③ Richard C. Feiock，"The Institutional Collective Action Framework," *The Policy Studies Journal* 41（2013）：397-425.

④ 盛晓薇、马文保：《"闽宁模式"：东西部扶贫协作对口支援的实践样本》，《人民论坛·学术前沿》2021 年第 4 期。

行为。因此，制度性集体行动分析框架受行动主体所面临的客观环境的动态变化的影响，即在国家进行制度安排后，东西部地区的市场机制和社会力量首先参与其中，再基于比较优势和资源互补达成协作。

第三节　省际结对与县级落实：跨地区
集体行动的可操作化

在中央制度安排下，东西部结对关系由"插花"结对关系转变为顺序结对关系，即省级对省级、市级对市级、县级对县级，使结对关系呈现"东西对称、上下对齐"的常规组织运行秩序，促进了结对主体间的规则协同。① 之所以如此，是因为地方对中央负责，下级对上级负责，上下级职能部门设置同构，地方之间高度一致。因而，在超大规模的国家治理中，即使异质性强、治理内容复杂，纵向横向的国家治理组织体系也能够完全耦合，这降低了组织运转成本并提高了运作效率。为此，闽宁两地统一部署、统一安排、统一推进，能够确保在省级层面制度化、规范化、可持续性推进协作关系。在中国五级政府组织中，市级具有特殊性（相对于省和县两级）。在中央自上而下的政策实施中，市级往往扮演着"二传手"角色。因此，"省直管县"是一种非完全的"委托-代理"关系。② 而宁夏面积较小，仅有 6.64 万平方公里，人口 728 万，下辖 5 个地级市、22 个县区，又因县一级的特殊性和重要性，在闽宁横向集体行动达成的协作关系中，宁夏回族自治区内"省际结对，县级落实"的实践模式更为显著。如图 5-1 所示，从省级到村级结对，县一级承担了项目在基层落地的责任。

一　省际结对的统一协调：闽宁联席会议与工作计划

西部地区长期经济落后、物质匮乏，东西区域差距、城乡差距和社会

---

① 梁琴：《论中国特色的结对治理：以东西部协作为例》，《广州大学学报》（社会科学版）2023 年第 2 期。
② 田雄、李永乐：《国家垂直治理体系中省市县关系的反思与改革——基于非完整性"委托-代理"视角》，《中州学刊》2020 年第 2 期。

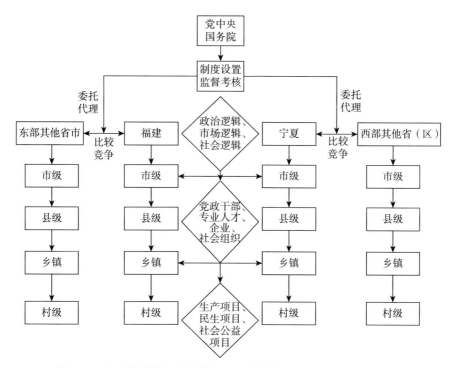

图 5-1 东西部协作中"中央领导、地方协作和县级落实"的运作

阶层差距滋生了社会矛盾，不同区域、不同民族之间的差距进而又威胁到社会的安定有序和党的执政基础。针对这一现实挑战，东西部从对口支援到扶贫协作，也是从由强扶弱的资源单向输入阶段转向强弱联合、资源双向互补阶段。宁夏集民族、乡村、农业和西部等因素于一体，实现共同富裕目标任重道远。因自然地理条件差、经济社会发展缓慢，地处国家确定的"十四个连片贫困"六盘山区域深处的西海固地区更为贫困。1996 年，在东西协作结对帮扶关系确立后，福建立即成立对口帮扶宁夏领导小组。同年召开闽宁对口扶贫协作第一次联席会议，福建提出"闽宁对口扶贫协作是一项政治任务，我们要坚决完成"。会议确立 12 项协议、17 个合作项目。同年率先建立"联席推动、结对帮扶、产业带动、互学互助、社会参与"五种协作机制，奠定了闽宁扶贫协作的制度基础。福建将完成中央自上而下推进的实现共同富裕目标任务上升到"政治任务"高度，主要通过以下两方面建立工作机制并付诸实施。

一方面，五年协作规划确立了阶段性发展目标。在省际协作关系建立和工作任务推进过程中，省级层面"有统有分、统分结合"的工作方法已经形成。例如，2017年7月，《"十三五"闽宁扶贫协作规划》发布，闽宁两省区进一步在产业、人才、教育、医疗、科技等多领域深入协作，助推宁夏实施脱贫富民战略，打赢脱贫攻坚战。2021年5月，在闽宁协作第二十五次联席会议上，两省区签订了《"十四五"东西部协作框架协议》，将加强产业合作、资源互补、劳务对接、人才交流，深化教育、医疗等公共服务领域的协作，推动闽宁协作由政府主导向发挥市场主体作用转变、由单向援助向双向互动转变、由扶贫协作向全面合作转变。签订协作框架协议的做法将中央的原则性和宏观性要求转化为阶段性任务目标，使协作关系及其效果更为明确、可控。

另一方面，年度联席会议制度持续推进协作进程。闽宁两地在落实协作框架协议时，以年度联席会议形式具体推进。联席会议在两地轮流召开，以平等、互利、共赢的原则持续推进相关工作，这为两地密切沟通、推进任务和总结反思形成了制度化、规范化的操作途径。2016年，中央在《关于进一步加强东西部扶贫协作工作的指导意见》中，将省际高层互访、联席会议和相互考察作为一项考核内容，因而闽宁协作中出席会议和两地互访的领导级别被提高至省委书记。2022年9月，闽宁协作第二十六次联席会议召开，两地再次围绕不断加强产业合作、资源互补、劳务对接、人才交流，广泛动员全社会参与，推动闽宁协作扎实推进。年度联席会议对"五年规划"任务的及时跟踪推进起到了监督作用。

二　县际结对的具体落实推进：干部下沉与项目运作

早在1996年9月召开的中央扶贫开发工作会议上，时任中共中央总书记江泽民就在讲话中强调，"县是扶贫攻坚的基本指挥单位"①，要把帮扶任务落实到县（区）。2016年实施东西部"携手奔小康行动"后，中央要求东西部省市结对关系下沉到县，促进东部经济发达县对西部贫困县的结

---

① 江泽民：《江泽民文选》（第一卷），人民出版社，2006，第558页。

对帮扶。在县域内，进一步建立东西部学校、医院、企业、社会组织、乡镇、村社之间的结对帮扶，使结对关系网络化，真正形成全方位动员、全社会广泛参与的精准扶贫大格局。① 在中央集中统一部署下，将实现共同富裕目标任务"分包"给东部省份，闽宁两地根据实际情况，以县域为单位筛选项目、选派干部、分配资源。由此，从中央到省级、从跨区域的两省区协作到宁夏县域呈现"纵横交错、统分结合"的协作关系。从理论层面和具体举措来看，省际结对、县级落实使协作目标任务更为聚焦、精准，再借助干部人才来落实推进各个具体项目，更为高效。

以县域为单元的资源输入。闽宁两地在协作框架下，由福建省某一个地级市或该市几个县帮扶宁夏回族自治区一个县，在省市委托下，明确了县际的协作关系和结对县的责任，做到了统分结合，增强了县域的自主性和灵活性。例如，自 1997 年开始，福建省莆田市与宁夏回族自治区西吉县确立了结对帮扶关系，厦门市湖里区、同安区、集美区与中卫市海原县，漳州市漳浦县、泉州市石狮市和吴忠市同心县等地建立对口帮扶关系。自 2021 年 4 月 23 日起，福建省有 10 个县（市、区）与宁夏回族自治区 9 个县（区）及闽宁镇开展结对帮扶工作。福州市马尾区、闽侯县、福清市分别帮扶固原市原州区、隆德县、西吉县；厦门市海沧区、集美区、湖里区分别帮扶固原市泾源县、彭阳县和银川市闽宁镇；漳州市漳浦县帮扶中卫市海原县；泉州市石狮市、惠安县分别帮扶吴忠市盐池县、红寺堡区；莆田市城厢区帮扶吴忠市同心县。福建以县为单位进行援助并不断进行动态调整，一般以两年为周期，累计 39 个县（市、区）参与援宁工作，整合了福建的资源，拓展了向宁夏县域辐射的范围。在县级以下，实现乡镇结对 101 对、村村结对 211 对、村企结对 109 对、社会组织与村结对 83 对、学校结对 75 对、医院结对 29 对②，进一步通过结对关系使协作任务更加明晰。

---

① 梁琴：《论中国特色的结对治理：以东西部协作为例》，《广州大学学报》（社会科学版）2023 年第 2 期。

② 孟芊：《从东西部协作"闽宁经验"典范中汲取智慧和力量》，《习近平经济思想研究》2022 年第 7 期。

干部人才对口支援和学习。在两地干部交流过程中，福建大量的结构多元化的援宁干部带来了新理念、新技术，以全程参与、亲身推动的方式尽可能确保协作协议能够真正落地。闽宁两地以县为单元互派干部的方式，既让干部在新的环境中得到锻炼，又有利于各类项目的跟进落实。1996～2021年，福清市、闽侯县、马尾区、鼓楼区、福州市、连江县、晋安区、洛江区、石狮市先后帮扶盐池县。福建省各县（市、区）先后选派12批次21名副处级、科级优秀年轻干部到盐池县挂职；盐池县先后选派20名副处级、科级干部到闽相关县（市、区）挂职。这种持续接力的方式为宁夏输送了人才，也为福建本地培养了干部。盐池县并非完全依赖于原来的外来干部，而是着眼于长远，选派干部到福建去学习，将干部人才资源转化为能长期推动宁夏县域发展的重要内生力量。

筛选产业项目并将其作为协作载体。研究者指出，项目制旨在通过国家财政的专项转移支付等手段，突破以单位制为代表的原有科层体制的束缚，遏制市场体制所造成的分化效应，加大民生工程和公共服务的有效投入力度。[1] 项目制不仅是上下级政府关系研究的切入点，而且是东西部协作机制的具体呈现。闽宁两省区以项目开发的方式，将把资金直接发给贫困户转变为集中发展当地的特色优势项目。一般由县级政府负责，自下而上报送实际需要的项目，再经过两地协商筛选，确保既为基层实际所需，又能推进实施。例如，1996～2019年，莆田市在西吉县累计投入各类资金3.15亿元，实施加工制造、社会民生等项目324个，建设闽宁示范村15个、扶贫车间46个，扶持了一批种植、养殖专业合作社，援建了西吉工业园区、将台马铃薯批发市场信息中心，引进了宁夏泽艾堂等一批企业。[2] 2020年，西吉县237个贫困村已全部脱贫出列，建档立卡贫困人口由2014年的15.5万人到全部稳定实现脱贫，贫困发生率由34.4%降到0。[3] 经济产业项目和学校、医院等社会民生项目满足民众的多方面需求，使各类项

① 渠敬东：《项目制：一种新的国家治理体制》，《中国社会科学》2012年第5期。
② 王建宏、张文攀、高建进：《六盘山下听海音——福建省帮扶宁夏固原带来深刻变化》，《光明日报》2020年11月10日，第5版。
③ 《西吉：凝心聚力谱新篇》，https://www.nxnews.net/cj/tptt/202104/t20210426_7120158.html，最后访问日期：2024年9月1日。

目的带动性和惠农性更强。

三　县际协作的经济社会发展成效

在中央集中统一领导下，东西部地区省际长期紧密协作关系的建立和运作，全面促进了两地经济、社会和人文的交流融合。由于 2016 年中央加大了对东西部地区的考核力度，东西部地区有协作，东部和西部内部各省市之间也有比较竞争，而在各个省内部又逐级产生了市、县比较竞争单元。闽宁两地着眼于省域内资源整合，以县为单位结对、以政府干部为智力支持和技术支撑、以企业经济和社会项目为载体形成的多层"统分结合"机制在顶层和宏观上为东西部协作促进共同富裕和民族团结奠定了制度基础。从 1996 年到 2022 年，宁夏 GDP 总量从 193.62 亿元[①]增长到 5069.57 亿元[②]。而宁夏经济社会的全面发展又惠及更多的社会个体，进一步促进了民众交流和民族融合。截至 2023 年底，福建累计投入援宁帮扶资金 54.82 亿元，其中财政拨付资金 49.34 亿元、社会帮扶资金 5.48 亿元。福建以两年为轮换周期，选派援宁挂职干部，已累计派出 12 批 206 名，更有 3800 多名工作队员、专家院士、医生、教师和科技人员接力帮扶，宁夏也先后选派 21 批 362 名干部到福建挂职锻炼。其中，福建对口支援宁夏 9 个县区，每个县区至少有 50 名福建专业技术人员在各行各业服务，为当地发展提供了技术支撑。福建在宁夏共有闽籍企业（商户）6695 家，安置当地劳动力 10 多万人，超过 15 万名闽籍人员在宁夏从业生活，同时带动大量的社会组织参与民生事业发展，形成了福建各界广泛参与支援宁夏的格局。党的十八大以来，宁夏贫困人口减少 93.7 万人，贫困发生率从 2012 年的 22.9%下降到 0，9 个脱贫县（区）农民人均可支配收入从 2012 年的 4856 元增长到 2022 年的 16775 元。2008 年、2013 年和 2014 年，闽宁模式

---

①　宁夏回族自治区统计局：《宁夏统计年鉴 2001》，中国统计出版社，2001，第 37 页。

②　宁夏回族自治区统计局、国家统计局宁夏调查总队：《宁夏回族自治区 2022 年国民经济和社会发展统计公报》，https://tj.nx.gov.cn/tjsj_htr/tjgb_htr/202304/t20230426_4046882.html，最后访问日期：2024 年 12 月 6 日。

三次受到中央的肯定①，相对于东西部协作中的其他省（市、区）结对关系，其工作力度更大、工作实绩更为显著。

第四节　联结与互惠：闽宁协作中县际协作项目的类别与功能

在闽宁协作中，政府以提升治理质量、增加民生福祉、巩固执政根基为主要目标，企业以获取更多的经济收益为主要目的，农村低收入民众则以获得经济收入、满足家庭生计和过好日子为主要目的。跨地区集体行动的形成需要不同行动主体之间建立互动关系，经济产业发展、民众经济收入增加和生活条件改善，取决于利益联结机制，而利益联结机制在于一个个具体的经济产业项目。不过，宁夏县域经济产业项目从选择、培育到产生效益需要一个过程，其作用相对有限，还有其他社会公益类项目的实施，给予农村民众教育、医疗和其他救助，使不同类型的产业关联和项目实施在闽宁协作中形成了功能互补。

一　以提高民众物质生活水平为主要目的的经济产业项目

生产经销类企业主要面向市场，通过销售产品获得经济收益。宁夏本土企业在起步成长阶段缺乏一定的资金、技术和市场，一般立足于农业产业，经济社会效益偏低，需借助福建力量推动本地农村一二三产业融合。从 2019 年开始运营的闽宁禾美电商帮扶车间，因厦门市开元国有投资集团有限公司引荐了厦门中达电商园等多个知名电商企业，学习了更先进、更适应东南沿海市场的电商运营经验及获得了更多的电商销售资源。同时，厦门的企业还帮助该企业进一步规范人员管理、作业标准，加强分拣和包装环节的提升改造，升级车间厂区各项硬件设施，开拓"电商+培训""电商+农业""电商+旅游"等一系列模式，通过"以工代训、订单培训"方式，在车间开办"巧媳妇创业超市"，培育出原隆村"巧媳妇"直播带货

---

① 张辉：《山海情更长，打造闽宁协作"升级版"》，《福建日报》2023 年 8 月 22 日，第 1 版。

团队，最高日订单创造出 2000 单的新纪录。如此，闽宁禾美电商帮扶车间将原材料生成、加工、销售和消费各环节打通，不断延伸产业链、拓宽就业渠道、增加就业岗位，让更多的原西海固山区移民能够实现就业顾家两不误，现已吸纳公司驻地原隆村 80 余名移民在车间稳定就业。车间每年发放工资 200 余万元，每人每月收入为 2400～3500 元，直接带动百余户脱贫，间接带动周边 300 余户脱贫，被授予宁夏回族自治区就业扶贫、脱贫攻坚及农村创新创业等示范基地。[①] 吴忠市盐池县实施滩羊产业融合发展示范园项目，由福建省石狮市提供支持。福建援宁工作一改以往基层撒网式扶持，通过实施闽宁产业园滩羊可视化生态牧场、滩羊产业融合发展等项目，集中精力和资金向国有龙头企业倾斜。该示范园构建集养殖、种植、科研、加工、销售、物流等于一体的现代农业产业融合体系，采取"滩羊协会+合作社+农户"的方式，将分散的农户纳入产业链当中，推进滩羊养殖可持续化、生态化和规模化发展。[②] 全县饲养量稳定在 320 万只，羊肉产量 2.8 万吨，滩羊全产业链产值达到 66 亿元[③]，取得了良好的经济效益和社会效益。

二　以满足民众生活需求为主要目的的社会福利项目

社会福利项目不同于直接给民众带来就业和收入的经济产业项目，其着眼于民众多元化的现实需求，可以采取较为完整的援助方式。比如，对原来生活居住条件差的农村居民进行整体性易地搬迁，并做好其他配套服务，有利于增强移民在安置点的生活适应能力。福建 39 个县（市、区）结对帮扶宁夏贫困地区，共同建成一大批生态移民乡镇和乡村振兴示范村。原州区头营镇福马社区因福建省福州市马尾区出资援建而得名，系 2018 年建成的"十三五"县内移民搬迁就近安置点之一，主要安置交通不便、饮水困难、生产生活条件差的头营镇东部山区的坪乐、张崖、杨河、

---

① 闽宁禾美电商帮扶车间负责人访谈资料，2021 年 10 月 9 日。
② 宁夏盐池滩羊产业发展集团总经理访谈资料，2021 年 10 月 11 日。
③ 《高质量推进先行区建设｜宁夏盐池县：特色"活起来"经济"火起来"》，http://nx. people. com. cn/n2/2021/0826/c192493-34885317. html，最后访问日期：2024 年 10 月 10 日。

冯洼 4 个村的移民，共 148 户 514 人。在新建的福马社区，村民沿路相向而居，房屋统一规划建设，整个社区街道整齐而美观。住房、饮水问题解决后，为解决农民的收入问题，政府引导发展养牛产业，由留守的村民饲养，牛棚由马尾区资助建设，政府每头牛补贴 3000 元。福马社区还有一个以校服加工为主的就业帮扶车间，为移民提供就业岗位 40 个，家庭妇女在接送孩子上学、做饭、喂牛的同时，自主安排时间来车间工作，计件取酬，月工资一般为 2500 元左右。① 2023 年，盐池县在实施闽宁示范村巩固提升项目中，在北塘闽宁示范村新建日光温室 8 座 4000 平方米，新建蓄水池 300 立方米，配套喷灌等设施 1 套；在范记圈自然村建设蓄水池 3 万立方米，建设滩羊养殖圈棚 1 处 14 道 2240 平方米，实施开展 5 个庄点人居环境整治，硬化自然村道路 394 平方米；在马儿庄闽宁示范村新建 442.56 平方米特色产品销售中心并配套室内外水、电等基础设施，购置高效节水灌溉玉米产业设备 3 台，硬化马儿庄村生态旅游湖泊入口场地 3750 平方米，完成村庄绿化树围 3000 米，完成村庄人居环境整治。②

诸如此类的项目从民众现实的多样化需求出发，以授人以渔的赋能方式提升农民生活生产水平，尤其是采取整体搬迁方式，保持原有村落的社会关系，有利于村民熟人社会支持网络继续发挥作用。之后，建立社区工厂和温室大棚等生产设施，解决了农民就业和收入困难，进一步为村民安居乐业解除了后顾之忧。在扶持发展以农户家庭为单位的经济产业基础上，宁夏进一步发挥示范效应，继续推动整体搬迁工程，将传统的熟人社会、产业发展、入学就医等问题进行综合处理，为移民尽快适应和长久安居做好全方位准备。

三　以满足民众教育医疗需求为主要目的的社会民生项目

通过促进经济产业发展提供就业岗位，进一步提高民众经济收入水平只是实现共同富裕的方式之一。为防止本身抗风险能力较弱的农村民众因

---

① 固原市原州区福马社区村民访谈资料，2021 年 10 月 13 日。
② 盐池县乡村振兴局：《关于呈报〈盐池县 2022 年闽宁协作工作总结〉的报告》（盐乡振发〔2023〕2 号）。

病致贫或返贫，同时也为了提高他们的脱贫致富能力，福建常态化选拔的支援干部除了党政干部，还有大量的教育、医疗、农业生产、社会公益等不同领域的专业型人才。闽宁两地学校结对帮扶 75 对、医院结对帮扶 29 对。在受援的永宁、盐池和西吉等 9 个县区中，每个县区至少有 50 名福建专业技术人员在各行各业服务，为当地发展提供技术和智力支撑。与以往不同，此次帮扶机制更加完善、帮扶效果更为突出。一是给予支援专家实职以发挥更大作用。2022 年 6 月，福建派出 5 支医疗帮扶团队进驻宁夏 5 家重点帮扶县区人民医院开展工作。5 名医疗帮扶团队队长均在当地医院任职院长或常务副院长，其他 22 名成员根据工作经历、专业特长到帮扶科室担任负责人，以有效提升医院的整体管理水平。二是选派医疗小组形成团队力量。福建精准选派一个团队，通过医疗人才开展"组团式"帮扶，旨在带强 1~2 个专业科室。三是注重本地人才培养，赋予内生发展动力。福建专业技术人员来到宁夏后，除了技术本身应用，还发挥着技术扩散的传帮带作用，以达到人才培养的效果，增强内生发展动力，培养一支能长期留在本土的医疗人才队伍，最大限度地发挥"组团"的效应。固原地区的群众原本需要远赴银川市、西安市治病，现在可以就近就医，极大地缓解了经济负担。

为全面提升学校教育水平，发挥"教育扶智扶贫"作用，厦门市思明区持续推进 16 所学校与永宁县闽宁镇 16 所学校开展结对帮扶工作，从学校管理、课堂教学改革、教师专业能力提升、教学教育科研和学校特色建设等方面进行全方位对接，全覆盖对闽宁镇的师资进行培训，提升中小学（幼儿园）课堂教学水平和教师培养质量。在盐池县，2019 年，闽宁协作投入帮扶资金 29.9 万元救助 78 名贫困学生，投入盐池县第一幼儿园基础设施建设资金 10 万元。2020 年，投入花马池镇北塘新村闽宁幼儿园校园建设资金 65 万元，全县公立幼儿园改善教学条件项目资金 100 万元。引进福建籍医疗、教育、农业等方面专业技术人员 24 名；完成县、乡、村三级干部能力提升培训 2 期；举办医疗、教育、人才培训班 2 期。2021 年，闽宁两地继续做好干部能力培训和专业人才培训工作。闽籍援助人才直接进入医疗、教育、企业和农技机构内部，参与完善宁夏县域医院、学校管理体制机制，有利于加强医疗、教育人才队伍建设，更好地提升教育质量和医疗水平，完善了单纯以经济产业促进低收入民众经济收入增长的主要手段，服务于宁夏全面发展和长远发展。

总体上，这三类项目功能互补、相互促进，县域第一、第二、第三产业结构不断优化。永宁县 2000 年第一、第二、第三产业占 GDP 的比重分别为 32.43%、39.24%、28.33%[①]，2022 年则变为 17.0%、27.4%、55.6%[②]；盐池县 2000 年第一、第二、第三产业占 GDP 的比重分别为 9.9%、76.2%、13.9%[③]，2022 年则变为 7.8%、66.5%、25.7%[④]；西吉县 2000 年第一、第二、第三产业占 GDP 的比重分别为 35.60%、27.19%、37.21%[⑤]，2022 年则变为 26.7%、14.3%、59.0%。在促进县域非农经济发展的基础上，闽宁两地党委政府和党员干部、企业和企业家及其他社会组织以各类项目为载体，形成了资源共享、优势互补、广泛参与、各司其职、紧密协作的格局。如表 5-1 所示，永宁、盐池和西吉三县的 GDP 总量、地方一般公共预算收入、农村人均可支配收入等主要经济指标实现了快速增长。[⑥] 在县域第一、第二、第三产业融合和人口非农就业的基础上，经济发展水平和城镇化率提高，又进一步推动了全区的经济社会发展。从 1996 年到 2022 年，宁夏人口从 521.2 万增长到 728 万；城镇化率由 26.02% 上升到 66.04%，高于全国平均水平。[⑦]

[①] 宁夏回族自治区统计局：《宁夏统计年鉴 2001》，中国统计出版社，2001，第 279 页。

[②] 永宁县统计局：《永宁县 2022 年国民经济和社会发展统计公报》，http://nxyn. gov. cn/zwgk/ssyn/tjgb/202305/t20230531_4128792. html，最后访问日期：2024 年 11 月 25 日。

[③] 宁夏回族自治区统计局：《宁夏统计年鉴 2001》，中国统计出版社，2001，第 308 页。

[④] 盐池县统计局：《盐池县 2022 年国民经济和社会发展统计公报》，http://www. yanchi. gov. cn/xxgk/zfxxgkml/tjxx/tjgb/202304/P020230418332895604010. pdf，最后访问日期：2024 年 11 月 25 日。

[⑤] 宁夏回族自治区统计局：《宁夏统计年鉴 2001》，中国统计出版社，2001，第 315 页。

[⑥] 鉴于闽宁两地协作关系及协作项目落地后发挥经济效益的滞后性，笔者以 2000 年和 2022 年数据进行对比。

[⑦] 宁夏回族自治区统计局、国家统计局宁夏调查总队：《宁夏回族自治区 2022 年国民经济和社会发展统计公报》，https://tj. nx. gov. cn/tjsj_htr/tjgb_htr/202304/t20230426_4046882. html，最后访问日期：2024 年 2 月 29 日。

表 5-1　闽宁协作背景下宁夏永宁县、盐池县、西吉县主要指标变化

县域名称	GDP 总量（亿元）		地方一般公共预算收入（亿元）		农村人均可支配收入（元）		城镇化率（%）	
	2000 年	2022 年	2000 年	2022 年	2000 年	2022 年	2000 年	2022 年
永宁县	10.88	136.24	0.43	19.86	2542.58	18886	37.24	66.15
盐池县	10.13	196.48	0.25	7.83	1135.61	16593	30.44	56.85
西吉县	3.85	86.1	0.11	1.96	901.61	13924	8.8	31.42

资料来源：各县 2000 年数据参见《宁夏统计年鉴 2001》，其中，各县城镇化率根据非乡村人口占 2000 年末人口总数比例计算得出。2022 年统计数据参见《永宁县 2022 年国民经济和社会发展统计公报》《盐池县 2022 年国民经济和社会发展统计公报》《西吉县 2022 年国民经济和社会发展统计公报》。

第五节　资源共享和利益驱动：县际协作中多主体参与动力

1996 年东西部扶贫协作制度的建立，标志着针对边境地区和少数民族地区的经济支援开始向西部地区更大范围的经济协作转变。2016 年，东西部扶贫协作座谈会在银川召开。为响应党中央脱贫攻坚号召，会议提出更加明确的"互学互助"和协同攻坚"共享发展"的新发展理念。2021 年，全国东西部协作和中央单位定点帮扶工作推进会在宁夏银川召开，会议提出"共同发力乡村振兴战略实施，为今后实现'共同富裕'的伟大奋斗目标奠定坚实基础"。中央集中统一领导下的中央和地方、省和县等多层"统分结合"，有力推动了东西部扶贫协作，既有政治政策推动，也有经济利益和社会责任驱动。随着东西部扶贫协作的长期深入推进，市场机制与国家制度相伴而生，发挥着越来越重要的作用，带动了更多不同类型的企业等市场主体在西部民族地区投资生产，教师、医生、农业科学家等不同领域的专业人才及非营利性社会组织也逐步参与并发挥着重要作用。由此，东部支持西部、先富带动后富、东部援助西部、两地政府以实现共同富裕为核心目标的公共利益格局已经形成。政府担负政治责任，按照党政科层组织规则运行；企业以追求经济利益为目标，按照市场分配资源发展各类经济产业；社会组织以追求社会利益为目标，组织动员其他社会力

量。如图 5-2 所示，在不同利益的驱动下，多元主体发挥着不同的作用，共同深度参与闽宁协作。按照东西部扶贫协作阶段、参与主体不同，各自的行动动力和运作机制也不同，基于基本的职能差异和分工共同构成了东西部扶贫协作的网络结构。以下仅从政府、企业和农民三个主体角度进行阐释。

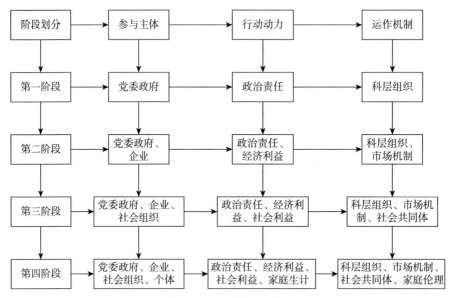

图 5-2　不同时期东西部扶贫协作的参与主体、行动动力及运作机制

一　地方政府：顶层制度约束下的政治责任履行

地方政府的基本职责是公平公正地分配公共资源、提供公共产品、维护公共利益。按照制度性集体行动分析框架的解释，地方政府会根据成本和收益，本着自愿平等原则再自主决定。该理论源于奥尔森集体行动的逻辑，但也是根据组织规模大小，参加者根据个人可能预期的获益和付出成本比较后选择是否参加。从中国经验看，尽管中央的总体目标是推进区域均衡发展、实现共同富裕、提升治理质量、夯实执政根基，要求"全国一盘棋"，但地方政府是否完全自愿？为缩小区域、城乡和阶层之间的差距，中央需要集中统一领导，以自上而下的政治制度安排，动员东部地区党政利益通过公共财政资金、政府政策，先行投入西部地区，助推欠发达地区

做好硬件基础设施和社会民生事业等工作。此外，在东西部从对口支援到协作关系确立期间，除了中央自上而下进行目标导向和结果引导，东西部地区互动过程的监督机制更为重要。2016 年之前，中央更多是倡议，并未有明确的考核制度。1996~2015 年，东部共向中西部 10 省份提供扶贫协作财政资金 132.7 亿元[①]，东部每省每年平均仅支援 0.66 亿元左右，而且以资金支持为主。2016 年东西部扶贫协作座谈会召开后，中共中央办公厅、国务院办公厅印发《关于进一步加强东西部扶贫协作工作的指导意见》。2017 年 8 月，国务院扶贫开发领导小组印发《东西部扶贫协作考核办法（试行）》，东西部扶贫协作任务由"软约束"变为"硬约束"。在 2015~2020 年的脱贫攻坚行动中，东部 9 省市共向扶贫协作地区投入财政援助资金和社会帮扶资金 1005 亿多元[②]，是东西部扶贫协作座谈会召开和考核制度出台前的 33 倍之多。从不同时期东部援助西部地区的力度看，中央是制度设计者和主导者，除在东西部地区之间建立支援、帮扶和协作关系之外，考核制度还使东部地区各省（市）之间、西部地区各省（区）之间产生了对比和竞争，再以各省为单元，分别在其内部逐级产生新的考核绩效比较和竞争。各级政府在自上而下落实协作任务时，基本行动动力来自"为人民服务、忠诚于党"的政治责任，按照科层组织运作机制将任务分解、整合和协调。

在闽宁两地协作中，最初是福建组织动员党员干部、整合财政资金等资源，之后移民搬迁、兴修水利、铺设道路及资助失学儿童、设立非营利性协作项目为进一步挖掘宁夏本地土地、特产、劳动力等优势资源，制定和完善相应的企业参与援助的公共政策，引导和动员国家力量之外的企业等主体后续参与投资做好了准备。由此，国家以协调跨地区的公共利益为目标导向，通过党政干部、专业技术人员和公共财政资金等人力物力的前期投入，为后期两地政府在出台土地优惠、税收减免、劳务培训等公共政

---

①　林晖、彭源：《山海携手共谋小康——全国东西扶贫协作成就综述》，https://www.gov.cn/xinwen/2016-07/19/content_5092854.htm，最后访问日期：2024 年 3 月 1 日。

②　中华人民共和国国务院新闻办公室：《人类减贫的中国实践》，https://www.gov.cn/zhengce/2021-04/06/content_5597952.htm，最后访问日期：2024 年 3 月 1 日。

策，引导更多的企业来宁投资生产做好准备。显然，制度性集体行动分析框架并不完全适用于闽宁协作，东部地区参与的被动性以及企业相对于政府参与的滞后性便是事实。

二　企业动力：以追求经济利益为主的社会行为

市场主体是否会在西部地区自觉发挥资源配置的作用？东部沿海发达地区的企业和其他优势资源并非主动投资到西部欠发达地区乃至深度贫困地区。尤其是企业，其行动动力以经济利益为主，投入到能够产生经济利益的行业和区域是最优选择。一般而言，闽宁两地政府可支配的干部人才、财政资金等公共资源，按照中央政治任务要求，可以按照跨区域政府之间的协作规则落实，但企业项目投资和企业家个人、社会组织并非按照上下级政府"命令—服从"的模式和同级政府之间的协商统一原则操作。企业在投资项目时，往往按照利益最大化原则和市场原则进行产业选择与投资，有产业领域、同行业、地域等多种要素比较。因此，企业有其自主性和能动性，对公共领域政府投资和政府功能发挥着重要的补充作用。例如，如何让民众有长期稳定和多样化的经济收入，需要企业发挥其行业选择、组织资源、岗位供给、收入分配的作用。因此，发达地区企业是否选择在欠发达地区投资经营，往往有长期的考虑，从地理位置、税收政策优惠、劳动力雇用、地方政府产业配套等多方面进行成本与收益分析，然后按照成本与收益分析结果做出决定。按照 2021 年闽宁两地协作协议，其力争在"十四五"期间使在宁夏投资的企业达到 1 万家，生产经营广泛覆盖食品、制衣、制药等多个领域。2022 年，闽宁协作第二十六次联席会议提出"坚持'资源共享、优势互补，市场互动、共促发展'原则""深化拓展'福建企业+宁夏资源''福建总部+宁夏基地''福建市场+宁夏产品''宁夏市场+福建产品''宁夏企业+福建资源'等模式"，进一步将企业的主体地位、市场的基础作用和产业的带动作用融为一体。质言之，在宁夏投资的闽籍企业并非完全按照政府意愿主动投资，而是结合政府的政策优惠、生产经营成本等多方面进行经济理性选择。

永宁县富贵兰制衣企业原在福建省晋江市经营设厂，主要从事外贸行业，生产优势并不显著。2013 年，闽宁两地在银川召开第十七次联席会议时，企业负责人和福建省领导一起来宁考察。在福建给予企业的技术改革资金补贴、购买机器设备补贴达到 200 万元，宁夏给予土地租金前三年免除、用工补贴等优惠政策激励下，2019 年，该企业在闽宁镇正式落户。此前，富贵兰制衣企业负责人曾前往乌干达、肯尼亚等地考察，经过社会安全、劳动力素养、物流、劳动力成本等方面的综合比较，以及出于闽宁两地政府政策优惠的考虑，最终选择在宁夏投资。① 作为市场主体，分布在宁夏不同行业的闽籍企业基于资源禀赋、劳动力成本、政府补贴等综合因素深入考虑，最终做出理性抉择。由上可见，企业以追逐经济利益为主要目标，深度参与闽宁协作机制。区别于中央和地方政府的宏观性、政策性的主导作用，企业发展和经济产业在共同富裕中发挥着长期性、基础性的主体作用，辐射和组织带动更多的普通民众参与。在政府政策和市场机制的作用下，以及地缘、业缘和血缘关系的影响下，在长期的生产投资经营中，有少数企业发展到"以商引商"等组团式、规模化的模式。比如，葡萄酒领域的产业链和产业集群，宁夏福建企业家协会等社会组织，以及由政府、企业和社会组织共同建立的公益组织，最终形成了集经济利益、社会公益和个人价值于一体的多主体、多领域的格局，超越了原有单一的经济利益目标，追求更为丰富的社会建设目标，以多种方式在经济发展和社会服务中惠及宁夏民众。

三　农民动力：以满足家庭生计需求的生活理性

农民参与动力主要源于维持家庭生计，遵循的是赡老扶幼的家庭伦理。在政府提供政策支持、企业提供就业岗位等经济生产活动中，农民是重要的参与者和最终的受益主体。农民主体性自觉以及对美好生活的追求，成为乡村建设的动力机制和最根本的目标追求②，同样也是闽宁协作中各类项目实施的主体。激发农民的主体性需要从为农民赋利、向农村赋

---

① 宁夏永宁县富贵兰制衣企业负责人访谈资料，2021 年 10 月 11 日。

② 王春光：《乡村建设与全面小康社会的实践逻辑》，《中国社会科学》2020 年第 10 期。

权、给农民赋能三个方面开展系统而扎实的工作。① 提高宁夏农村地区民众尤其是少数民族民众的经济收益，促进民族团结和社会稳定，是闽宁两地发展多种经济产业的重要目的。福建在宁夏投资的生产加工企业中，有建立在城市的工厂，也有安置在村里的社区工厂，还有建立在工业园区的加工企业。农村民众参与不同企业的不同生产环节，以劳动付出获得经济收益，从而满足家庭生计和生产发展需要，这种赋能、赋利的方式是检验闽宁协作中"造血式"援助成效的主要途径。例如，永宁县麦尔乐食品股份有限公司有700多名员工，他们主要来自西海固地区。公司负责人说："来企业工作后，有些已成长为公司的班组长。部分员工之间相互爱慕，成家立业，结婚生子，在公司附近买房的已有一二十户。年轻夫妻进城后在企业上班，老人帮忙带孩子。"② 一家人因为稳定就业、代际分工，以"接力式"的方式进城团聚，安稳生活。2021年，盐池县与石狮市建立狮城宁好电商网批（西部）运营基地，旨在服务福建、宁夏两地的特色产品销售。石狮市派遣电商人才20余人来盐池县开展顾问指导、电商培训等。盐池县选派5批160余次电商人才赴福建学习。二期园区建设完成可以容纳电商企业100家，直接提供创业、就业岗位1000个，间接带动电商上下游产业1.5万人就业。

扎根在乡村社会内部的社区工厂为农民提供了就业岗位，将村民吸纳聚集在一起，满足其现实的经济利益和社会情感需求，多开设在永宁、盐池等县。民族地区农村妇女在产业扶贫中的行动逻辑可以理解为统一于面向现实的"生活理性"。她们在产业扶贫参与中的"生活理性"具体指向家庭的实现和再生产、社会关系的实现和再生产及生活意义的实现和再生产。③ 例如，富贵兰制衣企业员工增加到180名，以回族女性为主，年龄主要集中在20~40岁。经过多年生产，除了企业员工有稳定的经济收入，

<hr/>

① 黄家亮：《赋利赋权赋能：农民参与乡村建设的动力再造》，《江苏社会科学》2023年第2期。
② 麦尔乐食品公司负责人访谈资料，2021年10月10日。
③ 刘继文、良警宇：《生活理性：民族特色产业扶贫中农村妇女的行动逻辑——基于贵州省册亨县"锦绣计划"项目的经验考察》，《中国农村观察》2021年第2期。

其他方面也发生了较大的变化。[①] 一是时间观念和纪律意识增强。最初上下班不能严格遵守时间规定，如今从早上七点半到中午十二点，下午一点半到六点半，每周工作六天。二是女性员工的家庭地位逐步上升。女性员工有了稳定的经济收益，能基本满足家庭的生计开支，与男性外出就业赚钱形成了互补，共同提高了家庭收入水平。同时，其自身也具有了独立性。三是女性员工之间更加注重竞争。集体化的生产车间为不同村落、不同民族的女性员工提供了公共生产和交往的空间，在衣着打扮和工作收益方面有了比较，在计件工资和多劳多得原则下，形成了积极的竞争关系。四是增强了积极融入的信心。文化程度较低的年轻妇女原本"怕见陌生人，不敢说话"，在企业工作学习后，她们在网络直播中也能大方、流利地推介产品，个人价值在实际工作中得以彰显。少数民族群体在参与经济活动的过程中，更加自信和积极地融入家庭和社会。

对于很多兼业型农民来说，社区工厂既有土地耕种，又有牛羊养殖，还能就近就业。相对于以往工作机会匮乏、农业经济收入低的现实，社区工厂为农民增加了新的收入渠道，成为农民新的经济利益联结点和社会关系联结点。在基层干部宣传引导、企业辐射带动、村民之间相互竞争所营造的氛围中，留守村民基于家庭生计压力、现实的经济收益和社会交往情感获得，主动参与工厂劳动。这种便捷的集体性生产方式又为走出家门的以回族、汉族为主的民众提供了公共空间，增加了互动交流的机会，增强了民众之间的情感沟通和社会融合。总体上，闽宁两地政府在努力实现增加民众经济收入的现实目标进程中得到了民众的认可。跨地区的地方政府、各级干部、企业、农民和两地专业人才等不同主体之间的良好互动，进一步夯实了闽宁两地协作、多元主体参与、实现共同富裕目标的社会基础。

第六节　共富中融合：闽宁协作的社会效应与启示

针对区域发展不均衡严重制约中国整体现代化进程的重大现实问题，

---

① 宁夏永宁县富贵兰制衣企业负责人访谈内容，2021 年 10 月 11 日。

本章以宁夏三市三县为例，在实地考察闽宁协作的实践机制及成效后发现，制度性集体行动分析框架存在一定的不足，需要结合具体情境。行动者并非完全自愿地参与或者进行投入与产出比较进而做出行动选择。此外，以省（市、县、镇、村）为治理单元的行动者不仅有跨区域的集体行动，还有同级横向的比较竞争。在中央顶层制度设计和约束下，省际协作形成了以县际协作为主的实践逻辑。在县域基层治理单元中，通过培育经济产业项目、双向输送干部人才、社会公益项目补充等多样化、差异化和综合化方式有序推进东西部扶贫协作，努力实现从农户到区域再到国家的共同富裕目标，促进民族团结和巩固铸牢中华民族共同体意识思想基础，对超大规模国家治理提供了重要的实践价值和经验启示。

第一，强有力的中央和约束性制度推动了跨区域的协作融合。在疆域辽阔、区域发展不均衡的现实背景下，提升超大规模国家的治理质量必须依赖强有力集中统一领导的中央。在经济发展落后、市场机制不健全的情况下，生产要素不会自觉流入短期内难以产生剩余价值的区域。拥有优势资源的社会阶层也难以普遍性关注欠发达民族地区农村的低收入阶层，因此需要依赖中央主导的国家制度的介入，先于市场和社会促进跨区域的生产要素流动和重新配置。在中央集中统一领导的政治制度下，针对西部地区与东部地区因存在较大的差距而产生的各种矛盾，中央以"统分结合、分类推进"的方式逐步建立和完善东西部协作关系，确保"全国一盘棋"。在此基础上，地方政府发挥自主性、能动性，采取逐级"委托-代理"方式实现资源互补、优势互补。中央根据具体实际和西部地区现实需求制定和落实协作协议，进而为市场和社会力量配置资源提供制度基础。闽宁协作实践证明，制度性集体行动分析框架认为各行动主体出于自愿的前提假设存在不足。

第二，经济产业发展是经济利益融合的前提。东西部地区由最初的"对口援助、结对帮扶"关系逐步深化为"资源共享、优势互补"的协作关系。闽宁两地政府在中央的要求下，以中观的公共政策引导和激励更多的市场企业主体参与，企业通过产业发展提供就业岗位，吸纳劳动力，以稳定、灵活的组织形式、生产方式满足宁夏本地不同民族群众的家庭生计需求。在具体的产业链延伸和融合发展中，不同民族群众参与其中，通过劳动换取经济报酬，家庭成员的物质生活条件得到了改善。不同民族群众和闽宁两地企业之间也形成了相互依存、互惠互利的关系。政府增加税收，企业获得经济利益，群众获得就业机会，三者形成的经济利益融合和利益共享格局，确保协作关系的长期深入推进。

第三，共生共存共在空间促进了个体文化心理融合。民族融合源于普通民众个体日常生产生活中情感、利益与价值的交流互通。在西部市场机制不健全、经济社会文化比较落后的条件下，首先需要中央和地方政府的政策激励、市场机制的完善和经济产业的发展，如此才能给普通民众带来更多的受益机会。受传统观念、民族信仰、知识文化等因素的影响，宁夏地区的少数民族妇女曾经难以走出家门、走进工厂企业。如今，历经闽宁协作的多年深入推进，企业通过集体生产生活组织凝聚不同区域、不同民族的群众，从而形成"情利共融"的日常生活场景，使他们有了更多的民族文化融合的机会，对每个个体的心理和行为选择有着潜移默化的影响。不同民族的群众在县域具体的生产项目实施、产业融合和企业生产经销环节中，在直观的日常生产生活中，经济收入稳定、生活条件改善、子女入学便捷、医疗救治及时等具体微观的事件，进一步形成共同参与、相互依赖和互惠互利的心理认同模式。

第四，正式和非正式制度巩固了中华民族共同体的基础。在推进宁夏县域一二三产业融合发展过程中，各类集中搬迁安居工程、生产项目和工厂企业为不同民族的群众既提供了经济收入渠道，又通过集体组织协作形式提供了集体生产空间与社会交往空间。在日常生产生活中形成经济利益关联的同时，除了"黄河水清，共产党亲""武夷山与贺兰山山山相连，闽江水与黄河水水水相融""塞上八闽情，共筑小康梦"等文字信息的传播，在经济发展中，少数民族群众的生活信仰在日常经济的、情感的现实生活中逐步变得理性化和世俗化，依靠勤劳付出获得经济收益。这是中央和地方、企业、社会组织、不同民族群众等不同主体共同参与的结果。不同民族的群众逐步提高了对党和国家的认同程度，进一步增强了中华民族多元一体格局的向心力和凝聚力。

当然，"多元不是强调分离，多元只是表述现象，其核心是强调多元中的有机联系体，是有机联系中的多元，是一种共生中的多元，而不是分离中的多元"。① 可以说，"多元一体"是超大规模国家建构和发展及治理的复杂性中的一种内在挑战。如何让多元更好地融为一体，一体更好地兼容多元？这是中国治理面临的重大现实。中央以"统分结合"，省际结对、县级落实，既有东西协作又有东部和西部内部竞争的方式实现共同富裕，使宁夏乃至西部其他地区取得了显著的发展成效。从普通民众个体受益到中华民族团结统一，呈现的是一种利益融合、文化融合、民族融合的渐进式全面融合，为继续统筹区域、城乡、阶层和民族融合发展奠定了坚实的基础。闽宁协作和县域实践为东西部扶贫协作注入了活力，也指明了新的努力方向。

第一，闽宁协作是资源共享与优势互补。闽宁协作初期，福建提供了大量的资金、技术、人才和其他资源，但在后期，宁夏本地的优势资源得到了充分重视和挖掘，福建企业也在协作中获得收益。因此，东西协作并非单向援助，以培育和增强宁夏内生发展动力为初期目标，互利共生是调动东部地区积极性的动力所在。第二，普通民众必须在产业发展中获益。在闽宁两地推动下，不同领域的企业根据市场导向选择不同的经济产业，但需要提高企业的市场竞争力，拓展延伸产业链，促进产业融合，提高产业的附加效益，让低收入群体获得切实的利益，这是实现共同富裕的基本手段。第三，追求共同富裕需要运用综合手段。提高农村民众的经济收入水平是最紧迫也是最现实的问题，但他们还需要技术、教育和医疗条件的改善。因此，应继续选拔党员干部、教师、医生以及公益人士，共同加强宁夏基础设施建设，提高学校的教育水平，改善医院的条件。以政策制度、市场机制和社会力量的参与，满足农村民众的多样化需求。第四，不同民族现实利益的获得和中华民族多元一体格局的巩固互为因果。坚持不同区域、民族和阶层的共同富裕和团结融合，是"两个大局"背景下闽宁协作的核心目标。通过制度设置推动区域协作、经济利益、社会文化和民族融合，更好地巩固民族团结和统一格局，又将动员整合更多资源夯实中华民族共同体的政治价值基础。

---

① 麻国庆：《民族研究的新时代与铸牢中华民族共同体意识》，《中央民族大学学报》（哲学社会科学版）2017 年第 6 期。

第六章
财政与金融助推闽宁协作的路径和机制

张树沁　胡晓昀　向静林[*]

　　1996 年 5 月，国家做出东西部扶贫协作的重大决策，确定 9 个东部省市和 4 个计划单列市与西部 10 个省区开展扶贫协作。同年 10 月，中央扶贫开发工作会议进一步做出部署，东西部扶贫协作正式启动。闽宁协作是东西部扶贫协作的一个典型生动的案例。

　　闽宁协作之所以能够持续发展，最重要的是因为财政工具的有效使用。27 年来，福建累计投入援宁帮扶资金 54.82 亿元，其中财政拨付资金 49.34 亿元、社会帮扶资金 5.48 亿元，在助力宁夏贫困地区经济发展、社会进步、民生改善等方面发挥了重要作用。[①] 宁夏回族自治区也通过本地财政的创新支持手段，拓展和巩固了闽宁协作的成果。与此同时，财政支持也成为激活本地金融发展的强心剂，进而形成财政与金融助推闽宁协作的路径和机制。

　　本章以闽宁协作中财政与金融工具的运用为切入点，一方面探讨和总

　　*　作者简介：张树沁，中央财经大学社会与心理学院副教授、硕士生导师；胡晓昀，中国社会科学院大学社会与民族学院硕士研究生；向静林，中国社会科学院社会学研究所副研究员。
　　①　张辉：《山海情更长，打造闽宁协作"升级版"》，《福建日报》2023 年 8 月 22 日，第 1 版。

结闽宁协作过程中运用财政与金融工具的实践经验，另一方面分析财政与金融工具在当前区域协作和地区发展中的作用。

第一节　财政与金融在地区发展中的重要作用

财政与金融作为助推地区产业发展的有效手段，已经在金融学、财政学、社会学等学科中得到了大量的关注，特别是通过财政与金融手段逐渐协调区域间的发展并实现共同富裕成为研究的重点①，一系列研究强调财政与金融有效的边界条件。

财政作为国家治理的基础和重要支柱②，至少呈现双目标活动的特性：一是考虑经济原则，符合可持续目标；二是考虑政治原则，满足民众的需求。③ 近些年，财政支持社会目标的实现常常通过项目制的方式满足民众的公共需求，提升政府的回应能力④，财政中的税收部分会直接影响不同阶层二次分配后的收益情况⑤，财政专项资金在提升居民的人力资本水平⑥和助力农业人口市民化⑦等领域发挥了重要作用。不过，上述作用在不同地区的效果可能会有所不同。例如，有研究者发现，国家级贫困县的财政依赖对农民收入水平的影响，在中部地区呈显著负相关关系，而在西部地区呈显著正相关关系，也即政府财政依赖程度越高，在中部地区对农民收入的抑制作用越强，在西部地区对农民收入的抑制作用越弱⑧。上述现象的成因可能和不同地区的发展阶段及财政在其中扮演的角色有关。与此同时，有研究者强调，在经济转型的过程中，中国的经济增长来自一种包容

① 马理、黎妮、马欣怡：《破解胡焕庸线魔咒实现共同富裕》，《财政研究》2018 年第 9 期。
② 吕炜、靳继东：《从财政视角看中国式现代化道路》，《中国社会科学》2022 年第 11 期。
③ 付敏杰：《国家治理与财政分权的政治原则》，《社会发展研究》2020 年第 4 期。
④ 焦长权：《从分税制到项目制：制度演进和组织机制》，《社会》2019 年第 6 期。
⑤ 张楠、刘蓉、卢盛峰：《间接税亲贫性与代内归宿——穷人从减税中获益了吗?》，《金融研究》2019 年第 6 期。
⑥ 范子英、高跃光：《财政扶贫资金管理、支出激励与人力资本提升》，《财政研究》2019 年第 3 期。
⑦ 王春光：《财政政策如何助力农业转移人口市民化》，《人民论坛》2016 年第 28 期。
⑧ 郗曼、付文林、范燕丽：《财政依赖与地区减贫增收——基于国家级贫困县面板数据的实证研究》，《财政研究》2021 年第 7 期。

性财政体制。在该体制下，部分指向自主财力建设的非规范性财政行为能够得到财政体制的包容，从而留出地方政府面对不确定性经济转型的斡旋空间。[①] 因此，财政体制的创新，特别是围绕满足民众需求的社会目标形成的一系列财政资源的整合，是考察财政手段效果的关键。

金融支持对于农户的发展至关重要，金融包容水平更高的地区，农民的增收也更加明显。[②] 受限于网点布局结构、银行的风险规避偏好和信用缺失等问题，金融排斥现象在中国农村地区普遍存在[③]。同时，这一金融排斥也有明显的区域差异，相对于东部地区的农户，中西部地区农户受到更加严重的金融排斥。[④] 随着金融市场化程度的加深，农户从正规金融获得信贷支持的可能性在不断下降[⑤]，那些更需要贷款的农户同样在非正规金融活动中也难以获得信贷支持。[⑥] 因此，试图依靠金融的市场逻辑形成对农村地区的信贷支持较为困难。一些研究者强调，民众自发或在帮扶下形成的互助资金活动也能作为一种金融补充[⑦]，但此类互助资金合作社的运作也需要依赖于匹配的社会基础。[⑧] 在一些区域产业转型和升级的关键时期，金融信贷资源反而成为扼制农户规模经营的问题。[⑨]

自改革开放以来，财政与金融的关系也在发生变化。在改革开放之

---

① 吕炜、工伟同：《中国的包容性财政体制——基于非规范性收入的考察》，《中国社会科学》2021 年第 3 期。

② 辛立秋、朱晨曦、谢禹、苑莹：《金融包容对农民增收的影响研究——以黑龙江省为例》，《财政研究》2017 年第 12 期。

③ 董晓林、徐虹：《我国农村金融排斥影响因素的实证分析——基于县域金融机构网点分布的视角》，《金融研究》2012 年第 9 期。

④ 王修华、傅勇、贺小金、谭开通：《中国农户受金融排斥状况研究——基于我国 8 省 29 县 1547 户农户的调研数据》，《金融研究》2013 年第 7 期。

⑤ 汪昌云、钟腾、郑华懋：《金融市场化提高了农户信贷获得吗？——基于农户调查的实证研究》，《经济研究》2014 年第 10 期。

⑥ 徐丽鹤、袁燕：《财富分层、社会资本与农户民间借贷的可得性》，《金融研究》2017 年第 2 期。

⑦ 殷浩栋、王瑜、汪三贵：《贫困村互助资金与农户正规金融、非正规金融：替代还是互补？》，《金融研究》2018 年第 5 期。

⑧ 程士强：《制度移植何以失败？——以陆村小额信贷组织移植"格莱珉"模式为例》，《社会学研究》2018 年第 4 期。

⑨ 路晓蒙、吴雨：《转入土地、农户农业信贷需求与信贷约束——基于中国家庭金融调查（CHFS）数据的分析》，《金融研究》2021 年第 5 期。

前，中国的金融行业几乎不存在，或者说，当时的金融机构在扮演部分财政的角色。有学者将改革开放后财政与金融关系的演进分为两个阶段：1978~1994 年为"行政干预"阶段，1994 年至今为"市场化合作"阶段。[①] 在第一个阶段，行政干预的目标是逐步实现财政与金融的分离，构建成熟的金融体系。在第二个阶段，成熟且相对独立的金融体系逐渐形成，特别是以 2008 年中国农业银行股份制改革的完成为标志，主要国有商业银行均实现了股份制转型，充分吸纳了金融市场的一般规则，并在此基础上形成金融创新，由此构成了财政与金融协调的一系列新模式，通过减免小微贷款利息收入增值税就是财政金融政策协同的一种有益尝试。[②]

闽宁协作中财政与金融发挥的作用，与已有研究中的主要结论存在共性，但同时也有其特殊性。首先，闽宁协作中的财政与金融活动涉及三个行动主体，即中央政府、宁夏回族自治区政府和福建省政府，讨论必须围绕三个行动主体各自的特色展开；其次，自 20 世纪 90 年代以来，宁夏回族自治区进行的吊庄移民就是得益于彼时财政和金融的撬动作用，因此具有很强的由财政金融促发的模式特征；最后，该模式是发达地区和欠发达地区合作发展的一种协调模式，对当前扎实推动共同富裕具有启发作用。

第二节　闽宁协作中财政与金融扮演的角色

2020 年 6 月 8 日下午，习近平总书记来到宁夏回族自治区吴忠市红寺堡区红寺堡镇生态移民村——弘德村考察脱贫攻坚工作。在村里，习近平总书记考察扶贫车间时说道："不是搬过来盖几间漂亮房子就行了。乡亲们搬出来后，要稳得住、能致富，才能扎下根。"[③] 稳得住、能致富并扎下根，需要财政与金融在其中发挥重要作用。

①　刘长喜：《从"行政干预"到"市场化合作"：国家治理的财政-金融关系视角》，《社会发展研究》2020 年第 4 期。

②　刘冲、刘莉亚：《财政金融政策的协同效应——基于小微贷款利息收入增值税减免的研究》，《中国社会科学》2022 年第 9 期。

③　《"一个少数民族也不能少"——记习近平总书记在宁夏考察脱贫攻坚奔小康》，《人民日报》2020 年 6 月 12 日，第 1 版。

在闽宁协作的不同阶段中，财政与金融扮演的角色有所不同，可概括为三个阶段：第一阶段为从 20 世纪 90 年代到 2013 年脱贫攻坚前，体现为"财政先行，金融跟进"，聚焦吊庄移民的安置与发展问题；第二阶段为 2013~2020 年，体现为"财政保障，金融探索"，聚焦为贫困户和农村金融赋权与发展能力培育问题；第三阶段为 2020 年至今，体现为"财政激励，金融激活"，聚焦通过财政与金融协同的新机制带动乡镇产业发展。

一　稳得住：财政先行，金融跟进

1997 年，闽宁对口扶贫协作第二次联席会议决定，福建省连续三年每年从财政中拿出 1500 万元，用于双方议定的扶贫协作项目，共同建设"闽宁村"。闽宁村不仅是福建与宁夏扶贫协作的典型案例，也是自 20 世纪 80 年代以来宁夏回族自治区开展的吊庄移民的典型案例。以闽宁村的建设为节点，闽宁协作和宁夏回族自治区内的移民活动紧密联系在一起。

在早期移民阶段，吊庄移民更多通过财政手段实现移民搬迁。比如，宁夏于 2004 年发布的《宁夏回族自治区人民政府关于进一步做好县外移民吊庄扶贫开发工作的实施意见》强调，吊庄移民的基本方针确立为"政府主导、社会参与、自力更生、开发式扶贫的道路"，并提出"从 2005 年起，自治区每年用于移民吊庄建设的扶贫资金增加到 2500 万元"的计划，全力支持移民吊庄数量较多的市县。

除了吊庄移民，宁夏还有扶贫扬黄灌溉工程（1995~2010 年）、易地扶贫搬迁试点工程（2001~2007 年）、中部干旱带县内生态移民工程（2008~2010 年）、"十二五"中南部地区生态移民工程（2011~2015 年）、"十三五"易地扶贫搬迁工程（2016~2020 年）等建设项目。截至 2020 年，国家和宁夏回族自治区政府累计财政投入 249.73 亿元，在 2010 年之前也已经投入 74.23 亿元用于移民搬迁工作。[1]

在这一阶段，金融通常发挥辅助作用。其主要特点是，由金融机构通过特定项目的方式，结合当前农户的特点来设计基于农户存量资本的、可

---

[1]　宁夏乡村振兴局：《宁夏移民扶贫搬迁总体情况（2020 年 10 月）》，http://www.nxjlxk.com/zdgcxmzl/jjlyzdgcxm/202112/t20211202_473070.html，最后访问日期：2024 年 3 月 7 日。

行的金融组织模式。比如，1996年发起的盐池县小额贷款模式，就是建立在小组联保和村组例会等村民社会关系之上的。1999年成立了盐池县小额信贷服务中心后，其运作模式逐步演化为五户联保、1月1次村组例会的贷款模式，1000元起步，逐轮增加500元，年息为12%，半年一次性还清本金和利息。该模式仍旧建立在农户存量资本的基础上，通过充分调动社会力量的方式实现对贷款的授信。

在初期探索的金融创新基础上，宁夏一些贫困县也尝试在组织模式上进一步拓展创新。比如，2006年盐池县成立的村级互助资金社在五户联保的基础上，实现政府配股，互助社严格实行"2242"的管理运行模式，利息的20%滚入本金，20%作为公益金，40%是运行成本，20%作为风险准备金。同时，一些贫困县也尝试创新特色金融产品，最大限度地降低意外风险。比如试行小额保险，为了避免出现借款农户因不可抗拒的因素而无法还款的情况等。

2009年初，第一家获得金融业经营牌照的公益性小额信贷机构——宁夏惠民小额信贷有限公司获批并完成注册。该公司由政府、企业和盐池县妇女发展协会三方共同参股，主营业务是向贫困户发放小额贷款，特别是向贫困村的妇女发放小额贷款，积极帮助农村妇女实现创业增收。随着金融扶贫力度的加大，盐池县的金融扶贫模式逐渐形成了为解决民生问题，向农户提供产业发展货款和产业发展的保险，建立信用撬动的运行模式。

总体而言，在这一阶段，财政发挥了主要的引领作用，着力通过财政的手段解决移民安置问题，先实现移民在搬迁地"稳得住"。而受限于信用数据的缺失，金融机构只能通过创新存量信息的利用来实现有限授信，体现为金融跟进财政目标的实现的关系形态。

二　能致富：财政保障，金融探索

2015年11月23日，中共中央政治局召开会议，审议通过《关于打赢脱贫攻坚战的决定》，标志着扶贫活动进入新阶段。2020年11月16日，宁夏回族自治区宣布所有贫困县退出贫困序列。在这一阶段，中央财政累计安排补助地方专项扶贫资金5305亿元，为全国特别是欠发达地区的脱贫工作提供了持续性的财政保障。2013～2020 年，中央财政累计向宁夏投入财政扶贫资金 272.56 亿元，年均增幅 41%（2017 年增幅为 177%）。①

与先前的财政投入相比，这一阶段的财政投入有以下特点。一是投入的资金量足，增幅大。以宁夏移民搬迁为例。1995～2010 年，财政累计投入资金 74.23 亿元；2010～2020 年，财政投入资金 175.5 亿元，相较于前 15 年，财政投入增幅达到 136%。② 二是投入的方向聚焦当地发展中的关键问题。例如，中央财政通过脱贫攻坚补短板补助资金安排 16.06 亿元，支持宁夏等 6 省区 104 个县在 2020 年底前彻底解决苦咸水问题③，显著地消除了不同地区因自然资源禀赋差异而形成的基础设施差异，这也成为地区发展内生动力的关键。三是财政投入聚焦探索长效机制的设立。在脱贫攻坚过程中，各级政府和社会各界一方面追求脱贫量的提升，另一方面也在密集讨论如何实现实质意义上的脱贫。相当一部分地区在脱贫攻坚过程中已经形成了本地发展的内生动力，并将其转化为地区发展的长效机制。

在这一背景下，金融工具成为探索长效机制的主要途径之一，并以建立金融发展的长效机制为目标。在具体做法上，有以下特点。

第一，通过"政府+金融机构+村级互助社"的方式扩大村级信用的适用范围。2012 年，宁夏一些区县开始推行"千村信贷互助资金"工程，加入互助社的贫困农户可在互助资金借款额度的基础上获得各机构发放的放大至 5 倍的贷款额度，并享受优惠利率。同时，政府机构发挥财政资金的杠杆作用，引导其他社会资金设立贷款风险补偿金，减少了银行、保险公司等金融机构面临的风险损失。

第二，通过扶贫保险等金融手段巩固地区脱贫攻坚相关产业的发展成果，降低贫困户产业发展的脆弱性。2016 年，宁夏回族自治区扶贫办和宁

---

① 中华人民共和国财政部宁夏监管局：《坚决扛起政治责任 全力支持打赢脱贫攻坚战》，https://nx.mof.gov.cn/dcyi/202101/t20210119_3646432.htm，最后访问日期：2024 年 9 月 4 日。

② 宁夏乡村振兴局：《宁夏移民扶贫搬迁总体情况（2020 年 10 月）》，http://www.nxjlxk.com/zdgcxmzl/jjlyzdgcxm/202112/W020211202531602510587.pdf，最后访问日期：2024 年 9 月 4 日。

③ 张曦文：《中央财政全力以赴支持打赢脱贫攻坚战》，《中国财经报》2020 年 12 月 28 日，第 1 版。

夏保监局联合制定《宁夏精准扶贫"脱贫保"工作实施方案（试行）》，提出向建档立卡贫困户提供保险服务。保险公司针对建档立卡贫困户自身的特点，量身打造出扶贫小额保险"2+X"扶贫保在全区积极推广，保险品种由建档立卡贫困户自主选择，县财政对贫困农户的保费进行补贴。该保险除常见的大病补充医疗保险、家庭意外伤害保险等防止贫困户因病返贫的保险种类之外，还有优势特色产业保险和扶贫小额信贷意外保险，着力减少贫困群众农业产业风险和贫困群众贷款风险。

第三，通过建立贫困户和农户的信用体系解决农村信用数据缺失的金融发展问题。宁夏各地区开始探索并建设农村地区的信用体系。比如，2015年一些地区建立了建档立卡贫困户评级授信系统和乡、村、组、户信用评定系统，县委、县政府与金融机构携手合作，根据贫困户的基本情况、家庭资产、信用情况、精神文明等因素，将所有农户的信用水平由低到高进行信用评级，按照评级情况为贫困户量身打造了"631"（诚信度占60%，资产状况占30%，基本情况占10%）评级授信的信贷产品，农户一次授信，3年内随用随取，不用时不产生利息。

因此，在这一阶段，财政手段的作用主要在于提供了覆盖面更广的资金支持，成为金融手段创新的重要空间。金融活动也不再仅关注存量资本的重组，而是通过扩张信用、金融兜底、信用记录等方式，让更多的农户获得可以正常进入金融体系的信用信息，提升更多主体"能致富"的金融能力。

三　扎下根：财政激励，金融激活

2021年，财政部等六部门联合印发《中央财政衔接推进乡村振兴补助资金管理办法》，强调为支持巩固拓展脱贫攻坚成果同乡村振兴有效衔接，原中央财政专项扶贫资金调整优化为中央财政衔接推进乡村振兴补助资金。该文件的出台标志着财政工具和金融工具的关系进入新阶段。

从文件中可以看出，中央财政衔接推进乡村振兴补助资金有以下特点。首先，该衔接资金定位于产业发展，要求资金的使用必须体现出对欠发达地区特色优势产业的支持，并逐年提高资金占比。其次，该衔接资金有着更为严格的使用用途限定。文件专门强调，衔接资金不得用于与巩固拓展脱贫攻坚成果和推进欠发达地区乡村振兴无关的支出，包括单位基本支出、交通工具及通信设备、修建楼堂馆所、各种奖金津贴和福利补助、偿还债务和垫资等。对于宁夏来说，闽宁协作的资金有着更大的使用空间，在一定程度上形成了财政内部的包容空间。最后，该衔接资金的定位是"过渡期"。过渡期结束后，该资金是否会延续，对于地方政府来说是存疑的。因此，当务之急是利用好衔接资金，以提高自身的"造血"能力。

在这一背景下，不能继续依靠财政来实现引领和保障的功能，更多是将财政转化为一种产业发展的激励措施，而应提高本地金融机构扎根服务于本地的金融激活产业的能力。一些研究强调，县域银行业的竞争促进了农户绝对收入增长，缩小了农户相对收入差距。[①] 但是，如何让银行业围绕当前利润率较低的县域产业展开竞争是需要首先处理的问题。

在宁夏金融活动的实践中，三类实践经验有助于金融扎根县域产业发展。一是遵循近年来金融机构服务于小微企业和农村的国家要求，形成金融机构内生的经营动力。比如，宁夏某地农村商业银行的支行等级评定及绩效考核办法规定，经营指标共计 100 分，贷款业务占 25 分，贷款业务中涉农贷款新增额占比达到 15 分，并单列了某笔涉农专项贷款的考核分数 2 分。二是完善针对民营企业、小微企业和涉农贷款的尽职免责条例，使基层行会贷、敢贷此类贷款，从而积累贷款经验。以某县农村商业银行发布的《民营和小微企业授信尽职免责管理办法（修订）》为例，该条例详细规定了调查环节、审查审批环节、合同签订环节、贷款发放环节和贷后管理环节的步骤，当相关人员按照步骤完成一笔贷款但出现不良时，可实行尽职免责。三是以当地金融工作局为工作枢纽，整合本地金融机构服务与本地产业发展目标。以一份宁夏回族自治区金融工作局的《年度效能目标任务及考核细则》为例，其中对商业银行的考核中，普惠小微贷款分值占比为 11%，涉农贷款占比为 10%，支持重点项目及"六新六特六优"产业贷款的分值占比为 23%，三项分值占比接近 50%。这对本地商业银行小微

---

① 王修华、赵亚雄：《县域银行业竞争与农户共同富裕——绝对收入和相对收入的双重视角》，《经济研究》2023 年第 9 期。

涉农和支持本地富民产业的发展提供了有效的引导。

在从脱贫攻坚转向全面推进乡村振兴的过程中，财政所扮演的角色将逐渐从地区发展的引领者、脱贫攻坚的保障者转化为部分产业活动的激励者。本地金融机构是否能够扎根于地区发展，也是一个地区民众是否能够在良好的金融环境下扎根于本地发展的关键因素。

第三节　财政与金融助推闽宁协作的机制

一　财政与金融合力撬动特色产业发展

在乡村特色产业特别是农业的发展中，由本地农户创业形成的草根企业普遍遇到启动资金不足的问题，进而带来生产资质缺乏的问题。初级农产品附加值不足，极大地影响实际利润。在这个过程中，以政府为信息枢纽，财政与金融资源如果能够有效对接乡村的创业者，那么在培育引导、思路创新和扩大发展的全阶段将发挥重要支持作用。作为外部条件的一种，财政与金融贷款能够推动本地企业飞速发展，对产业的带动作用明显。

财政与金融合力撬动特色产业发展的过程包括三个方面。首先，政府推广特色种植结构调整，财政发挥配合作用。当地政府引导返乡创业的生产者，介绍有关财政支持和金融服务的优惠政策，并制定产业调整策略，组织农业生产者开通气会，及时传达政策信息，配套财政资源，给予针对性补贴，从而帮助农户规模化种植优良品种。其次，企业以产促销、以销促产，财政发挥主要经济支持作用，金融服务配合起到一定作用。当地政府鼓励初步实现规模化种植的农户创办家庭农场并注册商标，为销售环节奠定基础。将初加工、营养价值有限、散售的农作物打造成深加工、附加值较高、以统一品牌销售的农产品，需使家庭农场取得生产资质。对此，财政提供数百万资金支持，建设符合标准的包装车间，实现了乡村振兴成果的放大，带动当地人收入水平的提高。最后，政府的支持难以面面俱到，经营者必须结合自身实际情况应对创业过程中的种种困难，制定策略并自主支付一些必要款项，宽松金融政策和银行贷款条件的作用凸显。在政府的协调下，在土地及土地附着物不能作抵押物、厂房亦未建设完成的情况下，针对创新创业的贴息贷款以及信用贷款对处于创业早期的返乡者起到关键作用。

> 我们在农村信用社贷得多，贷的是 100 万元纯信用的，利率是3.55%。我们的贷款也是领导给我们协调，因为我们是创业。妇女创业贷是三年，我们已经享受完了，它是免息的。但是我们（现在）这个贷款是"随心贷"，我收到的时候，我就把它拿出来，我卖出去，钱进来了，我就赶紧把它还进去了，这种比较自由。相对来说，我们H 区的政策就特别好，只要你肯吃苦。（WHD，20231027）

除了农户在政府的帮助下筹措钱款，南部贫困山区移民还可以获得闽宁协作的项目资金。以 H 区电商关联产业为例，随着财政资金支持的项目落地，电商服务站有了立身之本。闽宁协作的财政资金援建了价值 600 多万元的车间（300 平方米钢结构厂房）和设备（包含道路硬化的配套项目的落地），电商服务站仅需一年一付 3 万元租金，使用年限 10 年。据负责人介绍，使用加工设备之后家庭农场的生产效率得到极大提高，还款能力也随之提高，电商服务站获得贷款的额度亦逐步提高。从早期"产品卖出去了就还贷"到现在稳定经营，电商服务站步入正轨，以特色产业的产地为大本营延长产业链，以互联网社交平台为起点为其电商企业争取充足的原料和广阔的市场，形成了资金的良性循环。

> 其实我自己也就是努力干，政策特别好。如果我们有什么困难、需求，不管是哪个部门，都会帮忙解决的。其实我感觉跟国家的发展有关联，跟当地的领导也有关联，加上我们自己创业，日子是越来越好。（WHD，20231027）

福建省财政援宁资金为宁夏贫困山区移民致富提供了要素保障，当地政府久久为功，使电商创业劳模的带动作用凸显。电商服务站助力农民增收、推动产业发展。注册了品牌后，电商服务站对周边村庄的枸杞、黄花菜、食用玫瑰进行包装，农产品的附加值得到明显提升。由于农场农产品商业体系涵盖种植、收购、加工、包装和销售等，每年用工达3000人次以上，用工支出20余万元，且用工对象多为本村脱贫户，带动了本村和周边村庄村民就业。此外，网络销售带动了本地物流产业的发展，随着新生产基地的建成投产，销售量将翻一番。

以财政赋能、农户创业、贷款便利为前提条件，农产品电商的创新模式得以落地，政府支持资产建设的效用得到放大。农户和国家发展的方向与利益相向而行，财政金融的撬动作用才能凸显，才能使特色产业的发展成为移民开发区的亮丽名片。

二　政府金融机构协同缓解资金压力

在金融和经济相互融合的背景下，以银行业为主体的金融结构对经济的发展往往是一把"双刃剑"。它在提高资金配置效率和储蓄投资水平，从而促进经济增长的同时，也蕴藏着内在的不稳定性，为经济社会生活带来风险。因此，政府金融工作的主要目标往往是在防控金融风险的同时推动当地发展，通过调控金融实现对经济的宏观调控。与沿海发达省份相比，西部内陆地区的金融工作开展更具有发展导向。中国人民银行和中国银监会等国家机关在中央层面进行宏观调控，工作组和银行等基层金融主体密切合作落实有关机制，为风险较高的小微企业和涉农企业提供了降低贷款利息、调整还款期限等帮助，实现了金融目标的转化，形成了耐心资本。

为将政府和金融目标相结合，在机构设置上，金融管理单位需要获得直接监管、考核金融机构的权力，对其进行金融效能评价，适当提高免责和减责比例。与此同时，政府部门还可以将机构和企业组织起来，形成长效沟通机制，协调利益相关方。从基础设施建设层面来看，建立"融信通"等金融信息平台展示贷款产品，兼具介绍性和功能性，有助于农户和企业线上办理有关业务，提高金融服务的便捷性，刺激有效信贷需求的出现。

在目标融合的过程中，金融机构往往掌握具体财产信息。为提高贷款的可获得性，针对信用贷款和担保贷款两种类型，政府赋予农户和企业的信贷主要通过两种方式被银行承认。

第一种方式是建立评级授信系统。村民授信机制方法创新，改变了原有的银行评级授信标准。上文提到的"631"评级授信模式就是一个典型例子。

> 创新"631"评级授信系统，建立建档立卡贫困户评级授信系统，改变原有的银行评级授信标准，将建档立卡贫困户的诚信度占比提高到60%，家庭收入占30%，年龄、学历、婚姻、健康等基本情况占10%。根据评级结果确定授信额度，解决贫困群众无人担保、无物抵押难题。（W市金融工作局，20231027）

第二种方式是担保增信。有关单位指导融资担保机构，对小微企业较多、贷款需求较大的产业主体，扩大撬动授信贷款规模。以风险较高的重大项目和特色产业牛奶产业为例，"不抽贷、不断贷"对有关企业的长期稳定发展十分关键。实践中已建立起政府引导、银行支持、担保增信的"政府+银行+担保公司"三方联动服务机制，采取"奶产业+产业融合+小微企业"等基金组合模式提高授信额度。

> 有效发挥奶产业基金放大作用，市级奶产业基金担保贷款余额2.49亿元，720户，放大了4倍。挖掘蒙牛乳业有限公司月结算奶款1.3亿元的动产资源，推动W市农商行利用中征平台，以蒙牛乳业有限公司为核心企业，为该公司的5家上游养殖供应企业办理应收账款融资12笔，累计1.22亿元。（W市金融工作局，20231027）

以W市金融工作局为例，该地区主要通过创新信用评级机制的方式保障还款能力较弱的群众"会贷"，通过担保增信的方式保障风险较大的产业和规模较小的企业"能贷"。制度方面，政府探索《"白名单"企业实施管理办法（试行）》，11家企业入选"白名单"企业库，开辟绿色服务通道。① 然而，政府和金融机构的利益难以完全保持一致，在转贷、续贷的过程中银行对新增贷款可能更加谨慎（如奶产业相关贷款的审批权从县市上收到自治区的分行），对资金的监控更加严格。随着金融环境发生变化，各类金融主体越来越注意到普惠金融和欠发达地区建设投资。负责指导各类贷款和具体贴息的政府部门持续扩大对金融工具的使用范围，在经济社会多主体博弈的过程中，探索更多机制，为人民打造更加幸福的美好生活提供保障。

三　政府引资银行放贷转变移民观念

财政与金融措施的有效实施，离不开个体农户的内生发展动力。当前部分地方政府的建设、引资发展有关产业的思路，政策指导下贷款模式的健全，以及个别借贷项目主动降低申请门槛，体现出外部力量对当地移民的"企业家精神"培育更为关注。这不仅在物质上丰富了农民的生活，而且在观念上推动了思想解放，展现了乡村振兴的重要意义。

由于宁夏对西海固贫穷落后地区进行了政策性、分阶段、多批次的移民，与生态移民阶段的移民落户配套政策相配合，目前在推进乡村振兴层面，财政资源对产业支持的力度较大，金融服务对农业和其他产业的全方位促进作用凸显。在不同职业和社会经济状况的使用者之间，金融服务的作用形成了一定的分化。

以 Y 乡为例，该地区位于毛乌素沙漠和黄河的交界处，由宁夏南部山区移民安置村构成，是一个临近银川市的纯移民乡。目前 12 个行政村中有11 个行政村是移民安置村，最早的 Y 村村民也是早期从内蒙古搬迁而来的。1989 年，宁夏实行吊庄移民，从海原县自主搬迁的山区群众形成了 6个移民村，现被当地人称为"老移民村"。"十二五"时期，从 2012 年开始，Y 乡承担宁夏中南部生态移民一万多人，2022 年生态移民增幅为12%，整村整组搬迁构成"新移民村"。2015 年 Y 乡滨河家园 5 个村最晚完成搬迁，2016 年乡政府开始招商引资。虽然当地自然条件基本接近新

---

① 　W 市金融工作局：《金融支持 W 市牛奶产业发展情况调研报告》。

疆，且沿黄河水源，交通便捷区位优势显著，但由山区搬到平原的移民，需要经过一段时间才能习惯新的生活和生产方式。在此期间，外来企业不可避免地成为当地经济发展的主要承担者。

在 2012 年生态移民政策规定下，"一人一头奶牛"，但是农户没有能力去养，所以就由企业托管、村民分红。还有"一人一亩水浇地"的政策，也都是由村集体流转给企业开发。党支部领办合作社的逻辑类似，也是一种"托管-分红"形式，包含传统肉牛和肉羊产业，村民可以通过小额信贷贷款入股，政府全部贴息，可贷 5 万元或 10 万元。村民购买肉牛入股，村集体负责管理，在这种金融合作模式下，每人每年可以分红 3000 元。（B 村，20231028）

据负责人介绍，有关移民政策导致当时农村土地的产权在乡政府，2012 年流转了一部分给企业，为了使初步形成的产业得到发展，村集体与农户继续签订协议，直至 2018 年才将土地逐步确权给农户。其间，本村人已经大量参与外来企业的具体工作，他们学习了有关技能，同时也认识到自己对本地产业还没有掌握主动权。村民就业主要以外出务工为主，稳定就业者在自治区外就业、自治区内就业、本乡就业的比例约为 4∶4∶1。比起到外省从事建筑和其他技能型强、危险程度高的工作，家门口的温棚产业的发展，让农民看到了就近就地就业的优势，因此取得产业发展的主动权，进而提高收入水平，激发了本村村民进行自主创业。

2018 年是刚起步，自己有销路才行，村民就是没销路。我认为棚不应该租出去，蜜瓜基地的老板把活包出去肯定赚钱，但是给村民 130~150 元，以前是 80 元，技术工也是他们自己带来的。（HXL，20231029）

我还是希望规模性的，老百姓来种大棚，我们不是受不了苦，最重要的是没有能力……最早我们连苗子都不知道咋摘，我从 2020 年返乡以来一直在学的。（B 村劳务经纪人 a，20231029）

　　当地政府有意通过政策影响经济手段，扶持集体经济发展，鼓励当地人掌握产业发展的主动权。温棚出租是 Y 乡各村集体经济的主要组成部分。政府出资建设基础设施，部分温棚由企业自建，农户入股 22 个花卉种植温棚和 13 个蔬菜大棚产业。一栋大棚的建设成本为 2 万元，一共 70 万元。乡政府往往通过宁夏驻福建办事处对接，以扶贫资金加闽宁协作资金建设部分温棚，并出台"棚租打包补贴"政策，节约企业经营成本并激发村民的参与热情。

　　政府鼓励农户承包外地企业正在运营的温棚，农户和企业签订协议，支付温棚总造价 6% 的租金，政府将"返租打包"的棚租补贴发放给农户。该补贴存在梯度，如果是脱贫户和低收入群体打包管理温棚，衔接推进乡村振兴补助资金的财政补贴就能达到总价的一半。在实践中，企业不需要"收取"农户棚租，农户可以将得到的 9000 元补贴就内部分成给老板 3000 元，因此温棚的使用价值远低于造价，间接减轻了企业的棚租压力。目前符合补贴要求的 23 个农户已经承包了蔬菜棚。花卉产业同理，村民有技术，企业就主要负责苗子和销售。如果企业自行雇用工人，就无法享受政府的棚租打包补贴政策，目前使用"返租打包"模式的企业占 20% 左右。

　　出台政策目的是让村民学会农业技术和管理技能，不仅获得土地流转费的被动收入，还要掌握政府招商而来的企业所输出的技术。

　　　Y 乡在 2022 年推进建设集体经济合作社，这是 12 个村的"联合公司"。随着土地流转协议用地时间缩短，现在是一年一签，村集体掌握主动权……在不破坏营商环境的前提下，村里的合作社正在逐步替代外来公司。（Y 乡，20231028）

　　在金融推进乡村振兴层面，不同主体对金融资源的使用方式有所不同。调研发现，吊庄移民村和生态移民村更倾向于由村支书出面互相借款，而不是借银行的贷款，这样就不用还利息。与此相反，对于个体工商户来说，在整村授信的情况下找银行贷款比较方便，因为用得"更顺手"。

金融机构进行借贷活动能减少出借人还款需求的突发性和随机性，所以创业者未来"还会为了发展"动用金融款（HJP，20231028）。同理，劳务经纪人从公司企业经营效率的角度更倾向于找银行贷款，因为"要借肯定能借到"，方便周转使用，即使每个季度多还 1900 元利息，他们也愿意这样做，并且为了信用良好"赔钱也得找钱还上"（B 村劳务经纪人 a，20231029）。一名同时为个体工商户和劳务经纪人的受访者，在中国建设银行和黄河银行各贷款 20 万元，没有向亲戚朋友借钱，因为"人情欠不起"（B 村劳务经纪人 b，20231029）。此外，作为金融创新的一种方式，就政府贴息创业贷的"妇女创业贷"而言，当地妇女认为通过借贷方式为家庭创造收入，有助于提高自身的家庭地位，形成"妇女贷款，男的创业"的局面（WT，20231028）。因此，随着 2023 年 9 月贷款条件由"三户联保"放宽到无担保信用贷款，贷款额度提升，大部分符合条件的妇女更为主动地申请该贷款。

便利且稳定的金融下乡，在一定程度上减少了个人性的利益交换，动摇了人情社会的根基。但只有新事物和旧事物相遇，企业家精神和传统观念的某个部分结合，才能形成被人们接受的行动逻辑。此外，在政策推动产业发展、配合多样化金融工具打组合拳的发展时期，共同富裕再次展现了它先富带后富的本质特点。具体而言，脱贫户大多还没有进入企业家精神培养的阶段，政府需以任务手段，通过各种宣传方法，动员鼓励脱贫户使用贴息贷款。而部分非脱贫户（以劳务经纪人和创业者为主）已经能够熟练地使用各种商业贷款和涉农贷款，拥有维护自身信用的意识。他们承担经营风险，努力提高效率，具备了一定的企业家精神。然而，当前 Y 乡仍处在发展阶段，观念变迁的影响巨大，对于农民生活场所刚刚安定、土地确权不超过五年的移民来说，环境带来的技术落后是影响发展的根本症结，导致本地人创业业态的多样性不足，就近、就地务工者大多受雇于外地老板并从事技术含量较低的体力劳动。园区的剩余土地受到限制，河滩地、草地、林地等的回收成本比较高，当地人企业家精神如何"落地"仍面临挑战。

在政府引导、市场主导、金融机构配合的发展进程中，移民村村民的观念已经发生变迁，政策好、产业优、资产丰，拉动当地经济社会发展的内生动力得到激发，财政金融作为外部条件之一，起到引领方向和激发行动主体内生动力的作用。

四 政府企业机制创新稳定组织联结

长期以来，政府在区域发展的各个层面都扮演着规划者的角色，财政的实施主体是政府，金融机构亦受政府的监督和引导。在闽宁协作的实践中，已经出现了由国企主导的运营平台，作为由政府主导合作模式向企业间合作模式过渡的一种中间方案，它为政企之间的互动与合作开辟了更为广阔的空间。"建设指挥部+企业""管委会+公司"的运营模式是乡村振兴背景下，重大项目落地并设置中长期规划的有益探索。

作为闽宁协作的样板，政府的良性互动关系形成稳定建设动能。产业园所在的 Y 县 M 镇的结对帮扶机制，是宁夏和福建对接最为稳定的组织形式。宁夏 M 产业园发展有限公司（以下简称"M 产业园"）由厦门市 H 区、S 区和银川市 Y 县采取合作共建的形式共同开发建设，以厦门两个最发达的区对接一个镇，可见 Y 县受重视程度之高、福建资源供给之稳定。

> 产业园总规划面积 1439.40 亩，总投资 15 亿元。其中，园区基础设施建设项目总投资 2.9 亿元，自治区支持 2 亿元，2023 年和 2024 年各支持 1 亿元。目前，自治区 2023 年专项资金已到位。自 2023 年 3 月以来，园区集中开工建设基础设施、通用厂房一期、商业配套一期重点项目 3 个，总投资 3.6 亿元，年度计划投资 1.8 亿元，现已完成年度投资 1.5 亿元……园区建成后，预计可实现年产值 25 亿元，年税收 1 亿元，解决就业 3500 人。（M 产业园，20231024）

两地政策、三方合资，国企化运行，激发发展潜力。M 产业园作为园区运营平台，成立于 2022 年 6 月。该平台公司由三家国有企业共同出资设立：厦门市 S 区国有控股公司（该企业为区财政局全资拥有并实际控制，由四家区属国有企业整合而成）、H 区开发建设公司（同样由区财政局全资拥有并实际控制），以及 Y 县城投公司。根据三方签署的《M 产业园项目合作框架协议》，该平台公司的股权结构按照 4∶4∶2 的比例分配，即厦门市 S 区国有控股公司和 H 区开发建设公司各持有 40% 的股份，Y 县城投公司持有 20% 的股份。三家公司共同投入 1 亿元作为注册资本金。平台公司采取市场化运作方式，全面负责园区的整体规划与建设、招商引资、项目落地及运营管理等工作，并参与商业配套设施及通用厂房等二级开发项目。目前，M 产业园已实到注册资本金 5250 万元，其中 H 区、S 区各到位资金 2500 万元。作为政府推进、国企合资的园区运营平台公司，M 产业园的优势是可以不完全为了短期利益而行动。售价就是成本，不以营利为目标。以培育建设和长期计划的态度，结合当地情况进行市场化运营。

在两地充分沟通和合作的基础上，M 产业园定位清晰，主要聚焦初级工业过渡，承接南方落后产能转移。

M 镇是通过吊庄移民政策发展起来的，起初没有任何工业基础，但和宁夏大部分地区一样，它有很多工业用地。和厦门等沿海发达地区相比，政府少有机会货比三家、甄别入选，有效控制产能和产值的能力有限，效益较低、创造税收较少。所以，虽然宁夏的土地资源丰富，但是政府没有能力建设。M 产业园公司现在用地比较灵活，在整体规划中切出来 1/4 用。（M 产业园，20231024）

国资平台公司的"管家"身份，使招商引资工作对接便利。

建立"两地三方"联动招商机制，大力开展"厦门闽宁协作产业对接""百团万人游宁夏"等招商活动，组建多个招商顾问团、招商小分队跨省招商 20 余次，举办、参加专题招商推介活动 40 余场，成功招引落地企业 10 家，在谈重点意向项目 21 个，计划投资 3.4 亿元。[①]

---

① 永宁县人民政府办公室：《永宁县聚合力 抢进度 赶工期 全力推动闽宁产业园建设》，https://www.yinchuan.gov.cn/xwzx/zwyw/202308/t20230828_4239053.html，最后访问日期：2024 年 3 月 7 日。

平台合作公司不仅实现了两地资金、产业的合作，还带来了政策治理思路的创新。根据《M 产业园招商引资优惠实施办法（修订）》和《关于促进 M 产业园产业发展的若干措施》，为增强园区竞争力，M 产业园采取"卖厂房"而非宁夏当地比较常见的"租厂房"模式。

> M 产业园二期的一栋楼一平方米原价为 2400 元，政策优惠到 1900 元左右，企业可以购买 1600 多平方米并长期使用。现在政策从传统的"地价返还"模式，转为根据投产运营情况给予 10%、15% 的优惠。（M 产业园经理，20231024）

M 产业园希望通过这一方式吸引真正有实力的企业进驻，减少投机行为，维护市场环境，大力发展实体经济，达到政策预期效果。Y 县和厦门市组织银川市 5 家商业银行向园区企业集中授信超 50 亿元，同时创新推出厂房按揭贷款、福建地银行授信共用、扶持政策兑现、一站式代办等服务，营造成本低、办事快、服务好的营商环境。因此，本地企业愿意在 M 产业园投产，做农产品延伸加工项目。政策优惠比东部口岸更大，吸引"东厂西进"的企业投产扩张选择了西北，如轻工行业的工业用纸企业、预制菜企业等。在农产品区位优势和 M 产业园工业区优惠政策的有力支持下，银川从陕甘宁地区脱颖而出。

在建设阶段，M 产业园及其配套基础设施（如市政道路由宁夏财政出资建设）是两地财政的产物，体现了稳定的组织联结合作可以集中力量办大事。在招商引资阶段，M 产业园设定的厂房自有资产化思路，有益于引导金融进入企业的实际运营中，以经济理性的手段促使还贷责任转化为稳定经营的动力。在未来长期运营过程中，财政打好了物质基础，金融配套服务将在政策的科学引导下按照市场规律发挥更大作用。

第四节　财政与金融助推闽宁协作的挑战

当前闽宁两地财政来往频繁，金融方面的直接合作较少。政府和金融的协同多为当地政府独自进行，只有为数不多的案例（如 M 产业园的案例）初步展现了两地金融创新的合作。这充分说明，围绕不同的产业类型和行业技术，财政与金融手段的支持机制具有基本的财政驱动投资主体、投资驱动金融服务、财政金融驱动创新的规律特点，以及不同组织类型带来的约束条件。调研发现，创新合作机制、创建联结稳定且灵活的现代化发展模式还要面对以下挑战。

一　基层工作：干部发钱易发展难

在闽宁协作推进乡村振兴的过程中，如何用"钱"的具体工作落在了村干部的肩上，如将财政资金直接发在"人头"上，可能造成群众"等、靠、要"的问题。有的研究也强调，无条件的公共转移支付会削弱内生动力在降低相对贫困发生概率中的作用[①]，也即农户丧失了源于自身的脱贫动力。一些干部以财政资源投入为主落成有关项目，实现项目进村，形成了村庄发展的基础，部分干部则将直接入户发放现金作为帮扶的主要形式。曾经的宁夏南部山区驻村第一书记发现其他驻村干部直接入户发了 200 元，还在群里发了照片，为此第一书记专门开大会把这个钱收回。

> 这一次农户来一下给了，下一次来你就必须得给啊，你不给你就是坏人。（WYM，20231026）

在贫困落后地区的农村，"什么时候该发钱"是一个关键问题。政府在财政投入过程中应当关注财政发放的社会基础，发挥财政资金对一地区民众价值观念的引导作用，真正激发出民众谋发展的内生动力，把钱用到产业发展上。

二　财政投入：移民依赖兜底制度

财政投入过渡性不明显，导致移民消极依赖财政兜底制度。现阶段，

---

①　解垩、李敏：《内生动力与相对贫困治理——兼论公共转移支付的作用》，《财政研究》2022 年第 12 期。

财政给予脱贫群众和政策性弱势群体较多的转移性支付收益，还未形成稳定且良性运转的财政投入模式，这可能会造成政策"养懒汉"现象的出现。一些移民村村民甘愿当"脱贫户"，没钱了出去打零工拿日结现金，平时等低保资金到账。比如，一些地区通过蔬菜温棚实现产业带动脱贫，但由于蔬菜温棚的承包费较高，家里需要养活的非适龄劳动力成员较多，一家一年经营两个温棚的收益和低保标准差不多，一些退出脱贫户的农户后悔自己选择产业脱贫。

> 他认为（搞产业）天天要到温棚里起早贪黑，（不搞产业）是睡在家里你给我发钱的。（Y县乡村振兴服务中心，20231023）

财政资金不仅需要执行高效且相对充足，还应规划好类别和用途，加大产业补贴力度。通常而言，"脱贫不脱政策"能够显著减少脱贫农户的返贫风险，但也必须在缓解农户外部约束、改变农户内生偏好等条件下才能实现。[①] 因此，在兜底财政政策的设计上，政府应仔细研判补贴标准，理顺民政和农业农村方面的进入退出关系，对接信息平台；引导农户运用当前的财政投入转化为发展的能力，实现可持续发展。

三 银行授信：农户信用风险较高

在一些地区，过度放贷问题较为突出。农户以旧有观念运作银行贷款，规则和信用意识不足，导致自身的信贷风险较高。以M镇为例，农户过度授信现象突出，据初步估算全镇总共授信10亿元，按照当地镇常住人口计算，人均授信达15万元以上，和产业各方面的客观情况不匹配。当地银行网点负责人表示，有贷款的农户经常在当地三家银行之间试探、周旋，争取时间差一借一还。

> 打个比方，我们三家都在贷款，我（银行A）是最先到期的，你

---

① 贾男、王赫：《脱贫农户返贫风险防范政策研究》，《经济研究》2022年第10期。

（银行 B）是紧跟一个月就到期，它（银行 C）也是隔着一个月。我这 10 万元进去，他一下还进去贷不出来，你这两边就全部放下了，也许他就是试探一下，看我们这能不能贷出来，贷不出来，他这些银行贷款就都不敢还，他也没有钱去还，这 10 万元他都是问别人借的。你要让他还贷款，现在贷 30 万元，你说现在全（让他）还掉，没人能还得起……这样的情况占百分之百。（M 镇银行 A 行长，20231024）

在农村信用环境尚未建立而政策宽松、鼓励性强的时候，"以贷养贷"现象容易出现，上文提到的这种贷款周转的情况高发。因此，政府一方面需要财政与金融有更好的协同作用，赋予村民更多的信贷数据，另一方面需要加强对基层金融从业人员的技能培训，特别是培育擅于从非财会信息中捕捉农户真实经营活动的金融从业人才。[1] 只有探索和建立风险化解机制，金融助农之路才能行稳致远。

四　资源导向：产业融合程度较浅

闽宁协作进入乡村振兴阶段以来，政府推广企业进行"消费帮扶"的力度不减，但两地产业融合程度不高，导致产业能力转化仍处于相对初步阶段。宁夏回族自治区第十三次党代会提出，要大力发展葡萄酒、枸杞、牛奶、肉牛、滩羊、冷凉蔬菜"六特"产业，加强发展新型材料、清洁能源、装备制造、数字信息、现代化工、轻工纺织"六新"产业。在实际生产经营活动中，宁夏的涉农企业发展自己的特色产业，它们往往是本村人一手兴办的企业，福建的纺织等曾经"三来一补"企业亦只在基本用工层面使用本地工人，招商引资的其他外地涉农企业亦是如此。工业尤其是数字化程度较高的有关产业并不是福建产业结构中外向输出的产业，目前产业转移仍以装备制造、服装、轻工业为主。调研发现，来自福建的财政资金在宁夏部分地区较少用于建厂投资，县区一层招商时也发现企业往往是"要么不来，要么就抱团"（W 市政府，20231027）。宁夏当地的物流成本

---

① 户雅琦、张树沁：《金融信号的社会嵌入特征与空间重组机制——以银行贷前调查活动为例》，《中国社会科学院大学学报》2023 年第 1 期。

较高，且年轻人更偏向于服务业，造成工业企业"用工荒"，对企业的经营成本也构成挑战。因此，如何通过数字化转型解决上述问题仍需要深入探索。

> "六特"产业和福建关联不大，"六新"可能也不太大。这个层面没有明显地向福建倾斜，和东部其他省份差不多。现在单纯是福建在帮助我们，参与它们生产经营的还没有，还没到"授人以渔"的阶段。（自治区 F 部委，20231026）

即使合作样板已经树立，如何深度融入产业链仍是未解决的问题。已有研究表明，财政资金用于生产发展支出，有利于地区经济增长且不影响已有的脱贫成果。[①] 因此，两地财政与金融的投入应该更多地转化为两地产业的充分协调，而不应仅为支持单向的劳务输出，维持用工合作关系。只有探索发挥两地特色，才能形成优势互补的产业共同体。

第五节　财政与金融助推闽宁协作的发展展望

从无到有的移民区，结合政治经济社会特征，呈现移民区支持同财政与金融相匹配的特点：在不同的移民政策阶段，财政与金融手段单独发挥作用。对于政策移民，闽宁协作下财政手段的运用始终具有基础性，金融作为补充，后者的作用在移民稳定之后的发展阶段逐渐放大。金融支持存在三个阶段，从早期移民在农信社贷款到脱贫攻坚时期的金融扶贫再到乡村振兴推出特色融资产品，不仅授信额度得到提高，而且金融的普惠性逐步得到展现。

一　巩固闽宁协作已有成果

闽宁协作已经取得了显著的成果，为达到可持续发展的目标，需要不

---

① 仇童伟、何青：《优化脱贫地区财政投入与支出的策略选择研究》，《财政研究》2023 年第 5 期。

断夯实基础、稳中求进。巩固已有成果，需要形成更加稳定、高效的工作机制。

其一，持续加强两地政府之间的沟通和协调，建立长期、稳定的合作机制。双方通过定期会晤、互访、座谈等形式，就协作事宜进行深入交流，共同商讨解决方案。

其二，不断健全协作机制，包括项目对接、资金管理、人员交流等方面。双方可以共同制订协作计划，明确各自的责任和任务，确保协作工作的有序推进。

二 保持政策的持续连贯

政策的持续连贯是闽宁协作得以顺利开展的重要保障。保持政策的稳定性和连续性，避免因政策调整而对闽宁协作造成不利影响。

在制定政策时，两地政府作为闽宁协作的主要规划者，需要充分考虑自身的实际情况和发展需求，形成可持续性强的高质量发展协作战略，确保政策的针对性和实效性。

在执行政策时，要加强对政策执行情况的监督和评估，及时发现问题并加以解决。此外，还需要加强政策宣传和培训，提高各级干部和群众对政策的认知和理解水平，为政策的连贯顺利实施营造良好的社会环境。

三 拓展闽宁协作的深度和广度

深化闽宁协作的创新领域，发挥比较优势。闽宁两地需探索新的合作领域，福建继续发挥其资金、技术、人才等方面的优势，为宁夏提供更多的支持和帮助；宁夏则可以发挥其土地、劳动力、特色资源等方面的优势，为福建提供更多的市场和机遇。同时，两地还可以加强在"六新六特六优"产业及新能源、新材料、生物医药等新兴领域的合作，共同推动产业升级和转型发展。

拓展闽宁协作的空间布局，促进多维立体发展。这包括加强在城市之间的合作，推动城市群的发展；加强在产业之间的合作，推动产业链的延长和发展；加强在区域之间的合作，推动区域协同发展。同时，闽宁两地还需要加强在文化、教育、旅游等领域的合作，推动两地人民之间的交流和互动。

闽宁协作不仅要在经济领域展开合作，还要在文化、教育、科技等更多领域进行交流和合作；不断拓展闽宁协作的深度和广度，推动两地全方位的合作与发展。在文化领域，可以开展文化交流活动，促进两地文化的相互了解和认同。在教育领域，可以开展学校结对、教师交流等活动，提高教育水平。在科技领域，可以加强科研合作，推动科技创新和成果转化。

巩固闽宁协作已有成果、保持政策的持续连贯、拓展闽宁协作的深度和广度是下一步发展的重点环节。只有不断加强合作、深化交流，才能实现闽宁两地的共同发展和繁荣。在这个过程中，财政与金融作为经济社会发展的两大支柱，承担着资源配置、收入分配和宏观调控三大职能，二者协同是经济高质量发展的内在要求。

第七章
宁夏实施共同富裕战略的影响因素

李保平[*]

共同富裕是人类最为美好的理想，也是人类不懈的追求。受原始社会集体记忆的影响，在人类的历史上，人们曾经把遥远的古代视为人人平等的黄金时期。在宗教文化中，天国也是一个人人富裕的美好世界。因此，在人类早期阶段，人们往往沉浸于通过复古或皈依宗教实现共同富裕。当"往后看"和沉迷于宗教无法解决人类所面临的社会问题时，人们开始关注现实社会，试图按照人人平等、共同富裕的理念建造人间天堂。因此，中西方历史上出现了"世外桃源""天国"或"乌托邦"的社会实践。由于这些理念与实践不符合人类社会发展规律，所有的探索均以失败告终。马克思在汲取前人研究成果的基础上，第一次提出人类走向共同富裕的道路，即建立在社会化大生产基础上的、无产阶级领导的共产主义社会，是人类迈向共同富裕的不二法门，从而为追求共同富裕指明了科学的方向。新中国的成立特别是社会主义改造的完成，为我国推进共同富裕扫清了制度障碍。早在 20 世纪 50 年代，毛泽东就提出了共同富裕问题。在《关于农业合作化问题》一文中，他重点关注农民发展问题，明确提出广大农民要实现共同富裕。[①] 改革开放后，邓小平多次提出"先富带后富""消除两极分

* 作者简介：李保平，宁夏社会科学院社会学法学研究所研究员。
① 毛泽东：《关于农业合作化问题》，《陕西政报》1955 年第 10 期，第 2~12 页。

化"，最后达到"共同富裕"的发展理念，并且非常有预见性地指出，共同富裕将来总有一天要成为中心课题。邓小平提出的共同富裕已经超越了农民阶层的共同富裕，成为全社会共同奋斗的事业。社会主义不是少数人富起来、大多数人穷，而是社会各阶层的共同富裕。对于贫富差距过分拉大的危害，邓小平有清醒的认识。他指出，"如果搞两极分化，情况就不同了，民族矛盾、区域间矛盾、阶级矛盾都会发展，相应地中央和地方的矛盾也会发展，就可能出乱子"。① 邓小平的这些讲话，对我们今天正确认识、推进共同富裕仍然有着非常重要的意义。经过改革开放四十多年的发展，我国经济社会取得了长足进步，实现了从站起来、富起来到强起来的历史飞跃，全面建成小康社会，开启了全面建设社会主义现代化国家新征程。当然，在看到成绩的同时，我们也要清醒认识到，经过四十多年的快速发展，我们积累了许多亟待解决的问题，发展不平衡不充分问题仍然突出，特别是区域发展差距、城乡差距、收入分配差距不断拉大，给社会稳定发展带来巨大的压力。因此，在完成脱贫攻坚任务、全面建成小康社会的背景下，以习近平同志为核心的党中央立足社会主义本质要求，审时度势，提出要高度重视共同富裕问题，将共同富裕作为当前和今后一个时期工作的重点。党的十九届五中全会明确提出，要扎实推动共同富裕，到2035年共同富裕取得更为明显的实质性进展，为新时代迈向共同富裕吹响了号角。在宁夏回族自治区第十三次党代会（以下简称"自治区第十三次党代会"）上，梁言顺代表中国共产党宁夏回族自治区第十二届委员会向大会作了《坚持以习近平新时代中国特色社会主义思想为指导 奋力谱写全面建设社会主义现代化美丽新宁夏壮丽篇章》的报告，明确提出实施共同富裕战略。这不仅体现了新一届党委贯彻党的十九届五中全会精神和习近平总书记重要指示批示精神的理论自觉、行动自觉，还意味着宁夏推进人民富裕事业将迈出坚实步伐。

① 邓小平：《邓小平文选》（第三卷），人民出版社，1993，第364页。

第一节　学术史研究的宏观回顾

共同富裕作为人类社会的美好理想，引起了许多有识之士的关注，形成了关于共同富裕的理论与学说。但从共同富裕的学术史角度来看，这种研究具有明显的阶段性特征。

一　共同富裕在人类早期只见于传说和宗教

人类早期历史是共同富裕思想的滥觞，但受制于经济社会发展的条件，共同富裕的思想只能以神话传说或宗教的形式体现出来。中国古代有尊古的传统，"三代"以上被描绘为理想的社会，寄托了人们对美好生活的向往。西方早期的神话传说也有类似的描写，虽然古希腊神话写得更多的是男女爱情，但这种浪漫的生活需要一定的物质基础来保障，间接反映了一种差别化的共同富裕理念。在宗教中，关于共同富裕的描写更加具体，无论是基督教、伊斯兰教还是佛教等，都把对"天国"美好的描述作为增强宗教感染力的重要内容，以此来吸引信众。美好的"天国"世界实际上也是人类对共同富裕的一种憧憬。

二　阶级社会的共同富裕研究

进入阶级社会后，人类对共同富裕的研究进入新的发展阶段。与早期人类对共同富裕的向往不同，这个时期人类对共同富裕的研究逐渐摆脱宗教神话的影响，进入理性自觉的新阶段。在阶级社会，共同富裕不仅是一种理念，还是一个现实的话题。但共同富裕的实现是要有一些前提条件的。首先是人的平等思想。人的平等是共同富裕的思想认识前提，但在阶级社会，由于人类社会事实上的不平等，许多学者对平等的研究有较大的局限性。在一些学者看来，所谓平等，只能是抽象的公平正义或理性的平等。虽然柏拉图在法律篇中也提出统治者必须同时与贫穷和富裕的现象做斗争，但这是从社会的现实稳定性来说的，并不能以此说明古希腊时期人类就已经有了平等观念。实际上，真正提出人人平等理念的是资产阶级启蒙思想家。出于反封建和发展资本主义的需要，他们祭起人人平等思想的大旗，并把平等思想法律化。资产阶级思想家虽然提出了人人平等的思想，但由于资本主义固有的内在矛盾性，人人平等只是体现在法律文本上，现实生活中的贫富差距在不断扩大。针对资本主义制度的弊端，马克思提出了实现人人平等社会的路径，并通过科学社会主义将其理论化、体系化。其次，实现共同富裕还必须要解决的一个问题是责任问题。社会出现贫困问题到底是谁的责任？虽然柏拉图提出统治者有责任解决贫困问题，但这种思想并没有成为一种主流观念。长期以来，人民对待贫困问题，奉行的是一种道德主义理念，把贫困看成是个人问题，并与懒惰等道德瑕疵联系起来，从而使贫困问题迟迟得不到政府的重视。近代以来，工业化的发展使社会积累了大量财富，为贫困问题的解决创造了条件。随着工人阶级的反抗和不断斗争，统治者不得不认真对待贫困阶层的诉求，进而把解决贫困问题纳入政府职责。明确政府对贫困问题的责任，为贫困问题的解决创造了非常有利的条件。

三　中国特色社会主义是实现共同富裕的制度保障

虽然人类进入现代社会后开始确立了政府对解决贫困问题的责任，但现实的路径选择并不容易。自由主义理论奉行市场经济，反对政府干预，认为只有如此，才能实现人类社会的共同富裕。但随着经济危机的爆发和凯恩斯主义的盛行，"守夜人"式的政府已经不适应发展的需要，国家对经济生活的干预不断加深，实现了国家对经济的持续调控。与此同时，以苏联为代表的一些社会主义国家则奉行计划经济理念，它们试图通过国家对经济社会生活的全面控制消除贫富差距，实现共同富裕。随着"冷战"的结束，这种单一经济体制的弊端日益突出，它不但没有能够推动共同富裕，反而造成了普遍贫困。改革开放以来，我们又走出来一条新的解决贫富分化、实现共同富裕的道路，即中国特色社会主义。这条道路有以下特点：一是既不走资本主义的邪路，也不走传统社会主义的老路，而是另辟蹊径，在市场与计划之间寻找最佳平衡点和平衡域；二是在分配中实行让一部分人先富起来，先富带后富，最终实现共同富裕的战略，实现共同富裕由量变到质变的飞跃；三是充分调动政府和群众的积极性，通过国家实施大规模的扶贫工程，激发群众致富动能，最终实现共同富裕；四是重视社会建设，充分利用法律、政策、制度，实现社会福利的均等化、普惠化，重视教育、医疗等民生领域的现实问题，实现物质贫困和精神贫困一并解决；五是注重利用税收、社会政策等手段调节社会发展中的贫富不均现象，为生活困难群体提供基本的生活保障。

第二节　宁夏实施共同富裕战略的历史
意义与实践价值

我国幅员辽阔，各地经济社会发展差距大，在推进共同富裕的道路上，没有统一的模式可供遵循。正如中共中央、国务院发布《关于支持浙江高质量发展建设共同富裕示范区的意见》所指出的，各地区推动共同富裕的基础和条件不尽相同，自然方法路径也各有千秋。宁夏面积小，发展基础薄弱，短板弱项较多，但也有自身的优势和特色。以宁夏为例探索推进共同富裕的实践特色和路径选择，形成可复制的政策、路径，有利于进一步丰富共同富裕的思想内涵，有利于探索化解新时代民族地区社会主要矛盾的有效途径，有利于为民族地区推进共同富裕提供省（区）域范例，有利于打造新时代全面展示中国特色社会主义制度优越性的重要窗口，不仅对宁夏推进共同富裕具有指导意义，而且对民族地区乃至全国推进共同富裕也有十分重要的理论和实践价值。

从地图上看，宁夏地处国家几何中心，是内地连接新疆、青海等边疆少数民族地区的必经之地，具有非常重要的战略价值，历来都是兵家必争之地。在历史的长河中，各民族在这里繁衍交融，形成了独特的产业结构和文化传统，是一个相对独立的治理单元。党项族曾在这里建立西夏国；中华民国时期，正式设立宁夏省；虽然新中国成立后曾短暂取消省级建制，但不久又恢复成立省级行政单位——宁夏回族自治区。上述事实充分说明，宁夏是一个相对特殊的地理人文存在，有着自己独特的历史文化传统，在我国历史版图中具有重要价值。

　　宁夏面积小，人口较少，经济发展总体体量对整个国家的影响较小，是适宜探索创新的理想场域。宁夏面积为 6.64 万平方公里，在我国省级建制中，仅比海南省、台湾省大，人口 720 多万，相当于人口大省中一个地级市的人口总量，下辖 5 个地级市、22 个市县区（不包括宁东管委会）。共同富裕是中国式现代化的重要特征，如何实现共同富裕，对于中国这样一个超大型国家来说，其复杂性远超预期。从国家战略层面来看，推进共同富裕以省域为单元，从中共中央、国务院发布的《关于支持浙江高质量发展建设共同富裕示范区的意见》以及自治区第十三次党代会提出的推进共同富裕战略也可以看出来。同时，浙江共同富裕示范区的建设也说明，中央对实施共同富裕战略也是非常谨慎的，试图通过典型示范、稳扎稳打推进共同富裕战略的实施，避免运动式推进、一哄而上。浙江作为共同富裕示范区，其优点是基础好。将宁夏作为共同富裕示范区，其优点更加突出。一是宁夏发展的中位数特征。在全国 31 个省、自治区、直辖市（不含港澳台）中，宁夏的发展中位数特征非常鲜明，推动宁夏共同富裕示范区建设，可以起到以点带面的作用。二是宁夏面积虽小，却是省级建制，能够较为全面地发现问题，是省域探索的理想场所。三是改革成本较低。任何改革都要付出成本，大省改革一旦失败，便影响大、损失大。宁夏人口少，经济总量小，即使改革失败，影响也有限。

　　宁夏近年来发展迅速，具备实施共同富裕战略的基础条件。党的十八大以来，宁夏经济社会发展取得重大进步。2020 年，宁夏整体摆脱贫困，走向新的发展阶段。2023 年，宁夏地区生产总值增速为 6.6%，位于全国第一方阵，地方一般公共预算收入首次突破 500 亿元，达到 502.26 亿元，城镇居民人均可支配收入增长 5.5%，农村居民人均可支配收入增长8.2%，全年规模以上工业增加值同比增长 12.4%，十年来首次实现两位数增长，高于全国 7.8 个百分点，位于全国第二。① 宁夏回族自治区党委高度重视共同富裕工作，在第十三次党代会报告中明确把实施共同富裕战略作为重要任务全力推动。这些成绩的取得，为推进共同富裕打下了坚实

---

① 宁夏回族自治区统计局：《全区两会统计服务手册 2024》，第 16~57 页。

基础。

宁夏是民族地区，是践行习近平总书记"一个都不能少"的理想实践地，对探索民族地区实现共同富裕具有标杆意义。在实现中华民族伟大复兴的征途上，一个民族都不能少，这是我们党对国家的庄严承诺。我国是一个超大型国家，内部发展不平衡，东西之间、城乡之间、收入之间发展差距较大，民族地区是我国推进共同富裕的重点和难点。宁夏作为民族地区，推动共同富裕的经验可以为其他民族地区所吸纳借鉴，为推动民族地区实现共同富裕探索切实可行的路径。

第三节　宁夏实施共同富裕战略的影响因素分析

从世界历史看，尽管人类追求共同富裕的步伐一直没有停止，但令人遗憾的是，贫困仍然是世界面临的重大难题，国家间的发展差距进一步拉大，撒哈拉以南的非洲是世界上最为贫困的地区。一些国家在发展的某一个阶段取得了不错的成绩，迈入中等发展阶段，但由于政治、经济、社会、文化等多方面的原因，长期陷入"停滞"，掉进中等收入陷阱。有些国家，如亚洲的菲律宾和一些拉美国家，甚至出现"返贫"等退化现象。即使在一国内部，由于区位、民族、文化、自然禀赋等多种原因，地区间发展不平衡也依然存在，并不断加剧，发展中国家如此，发达国家也存在类似现象。上述现象告诉我们，贫困问题产生的原因是复杂的，单向度地认识贫困问题并试图一劳永逸地找到解决贫困问题的方法，可能无助于贫困问题的解决，反而会增加解决贫困问题的难度。宁夏实施共同富裕战略，打造人民生活福地，核心问题可能不是对贫困表面现象的梳理和单纯经济层面的分析，而是必须立足宁夏区情，找到贫困问题产生的复杂根源，并致力于解决这些问题。富裕与贫困犹如一枚硬币的两面，准确把握作为共同富裕一体两面的贫困问题形成的原因，是实施共同富裕战略的认识前提。

一　宁夏的区位及优劣势分析

在决定一个地区经济社会发展的因素中，地理位置因素占据非常重要的地位，大到一个国家，小到一个乡村社区，无不如此。美国崛起的因素很多，但地理位置优势经常被人们提及。乡村振兴中一个村庄的位置优势，往往会转化为发展优势。自近代以来，随着海洋经济时代的到来，国家发展的中心事实上已经从内陆转移到沿海。内陆地区除保留一定的政治中心地位之外，在国家的经济版图中地位明显下降，国外如此，我们国家也如此。自治区第十三次党代会报告对宁夏的区位优势进行了分析，指出交通相对便利、气候条件独特、资源能源丰富、产业特色鲜明、民族关系和谐是宁夏的最大优势。但同时也应看到，宁夏虽居于国家中心腹地，但不沿边、不靠海的区位，也对自身发展造成很大隐忧，与沿海地区相比短板明显。内陆开放试验区建设从某种意义上说要比沿海更为复杂、难度更大。事实上，从近代以来，宁夏就成为远离资本主义和工业中心的区域，这种与沿海发达地区发展的时间差，时至今日，仍然影响宁夏的发展。同时，宁夏内部发展受制于生态环境，也存在显著的不平衡。北部得黄河灌溉之利，发展基础好，是宁夏的政治经济中心地区；中部干旱带年降水量不足 200 毫米，脆弱的生态使发展受限；南部山区是宁夏的后花园，自然环境好，但受制于交通基础设施等条件限制，发展不足，是宁夏贫困人口最为密集的地区，西海固贫困地区就位于此处。所以，从区位因素看宁夏，既要从全国范围看宁夏的区位特点，又要从区内北部灌区、中部干旱带、南部山区的区位禀赋进行分析，这是我们认识和解决宁夏贫困问题的物理空间。只有客观精准地看到宁夏区位的优势与劣势，才能有的放矢，找到补短板、强弱项的办法。

二　宁夏实施共同富裕战略的社会因素分析

社会因素主要体现为人口资源、教育资源、医疗资源和社会保障等，它们是影响宁夏经济社会发展的重要变量，但其自身也在不断发展变化。正确认识上述变量对共同富裕的影响，对我们做好共同富裕工作意义重大。作为全国面积小的省份之一，小不但是宁夏的特色，也曾被认为是宁夏的一大优势。人少好办事，船小好掉头。如果从资源分配的角度来看，确实人少意味着人均占有公共资源数量的增加。但从经济发展的角度来看，宁夏人口少越来越显示出发展的劣势，特别是在消费成为拉动经济发展的主力军的今天，宁夏人口少的弊端越发明显。第七次全国人口普查数据显示，宁夏的人口总量为720多万，体量相当于人口大省的一个地级市。现代经济发展的一个新趋势是物流随着人流转，有人口的聚集和城镇化，才能产生消费，进而推进经济发展。人口结构往往成为判断一个地区发展潜力的重要指标。近十年来，宁夏人口年均增长1.35%，虽然高于全国水平，但仍然低于代际传承所需要的2.1%的出生率，这说明宁夏人口总体上仍然呈现下降趋势。另外，宁夏人口向中心城区集中的态势较为明显，银川市成为吸纳人口最多的城市，其次为设区市中的区。从年龄结构来看，宁夏人口老龄化也在不断增长，甚至有的县区（如隆德县）已经进入深度老龄化阶段。作为一个省级行政区，人口规模不足、结构不优已经成为影响宁夏发展的重要因素。教育资源与人口规模成正相关关系，人口规模大，才有可能产生对教育资源的需求，进而培养出较多的人才。受制于人口基数，宁夏教育资源特别是优质教育资源不足，人才培养水平不高，现有人才外流情况严重，成为制约宁夏创新发展的瓶颈。医疗资源和社会保障是为人的生存提供基本保护的社会措施，一般而言，医疗资源越丰富，社会保障水平越高，越有利于吸引人才。但我们也应看到，医疗资源和社会保障的程度与经济发展水平有着密切的关系，它们既是经济发展的结果，也是推进经济发展的动力和保障机制。保障不足，不利于经济发展；保障过度，也会对经济发展产生消极影响。宁夏经济发展的水平，决定了其不管是医疗资源还是社会保障都存在与人民群众对美好生活的向往不相一致的地方。如何在经济发展与社会保障之间找到恰当的平衡点，在发展经济的同时，着力提升宁夏的医疗资源和社会保障水平，是推进宁夏经济社会高质量发展的重要条件。

三　宁夏实施共同富裕战略的文化因素分析

文化因素主要包括思想观念、文化传统、宗教文化、现代文化的引领及现代技术的广泛推广应用等。它们不但是新生活的动力源，也是社会流动的催化剂，许多阶层之间的流动主要借助于文化教育的媒介。我国是一个传统的农业大国，建立了与农业文明相适应的思想观念和文化传统。虽然自治区第十三次党代会报告指出，宁夏正处于工业化中期提升、信息化起飞提速、城镇化集约提质、农业现代化增效提档、治理现代化扩域提能的新发展阶段，但传统农耕文化的影响持久且深远。加之宁夏是一个民族地区，民族文化特别是宗教文化在不同程度上影响人们的思想观念和行为方式。在改革开放的背景下，导致贫困的根本问题往往不是经济政治层面的，而是文化观念层面的。在脱贫攻坚和乡村振兴中表现出的群众内生动力不足、"等、靠、要"思想等，与传统文化有着密切的关系。现代化既是一种完全不同于传统社会的发展方式，体现为新科技的大量使用，也是一种基于现代生产方式的新的思想观念和行为方式。主体性、能动性、创造性等，正是现代化对个体提出的新要求。现代化不仅意味着丰衣足食，而且意味着人的现代化。在这方面，宁夏与东部发达地区有较为明显的区别。

四　宁夏实施共同富裕战略的政治（法治）因素分析

政治因素主要体现为制度供给和政策支持，体现为法治建设成果。从中外历史看，不同的发展模式直接影响经济绩效，而发展模式的选择主要是由政治因素决定的。原始社会、奴隶社会、封建社会、资本主义社会、社会主义社会，实际上都体现为一种政治制度，它们对经济发展的促进或阻碍作用成为人们判断其是否具有历史正当性的基础。资本主义制度之所以具有正当性，是因为资本主义所创造的财富比过去任何时期都要多、都要大，而资本主义社会创造财富的密码在于找到了资源配置最优的市场经济。但世界历史的发展证明，资本主义制度并不是推动发展最好的制度，它无法克服自身的局限性；只有社会主义，才能有效克服资本主义的弊端，实现人类社会的共同富裕和解放。当然，从国际共产主义运动的历史看，社会主义建设也经历了艰辛的探索，既有成功的经验，也有失败的教训。改革开放以来，我们党经过不懈探索，终于找到了中国特色社会主义道路，从而为迈向共同富裕奠定了制度基础。当基本的制度确定下来后，以法治为代表的软环境就成为影响发展的主要因素。法治国家建设的目标是要不断推进国家治理体系和治理能力现代化，实际上就是要营造有利于促进经济发展的法治化营商环境。现代社会竞争的场域已经从 GDP 向法治 GDP 转化，谁能够营造有利于经济发展的软环境，谁就能在未来竞争中占得先机。自治区第十三次党代会报告提出要实施依法治区战略，实际上就是看到了法治在未来竞争中的核心引领作用和对经济社会发展的综合提升作用。宁夏法治建设的成绩有目共睹，但也存在短板弱项，立法质效不高，行政执法存在"最后一公里"问题，司法公正有待提升，法治社会建设任重道远，特别是劳动保护、劳动安全、社会保障领域还不能完全满足人民群众的需要，对宁夏实施共同富裕战略带来挑战。

第四节　宁夏实施共同富裕战略的影响因素
——基于人力资本的分析

　　虽然上述因素对宁夏经济社会发展产生了重要的影响，但它们不是一个自足的体系，任何一种因素都无法解决宁夏迈向共同富裕的全部问题。区域劣势固然影响发展，但具有区域优势未必一定发展得好。人口因素、教育水平、医疗资源、社会保障虽然有助于经济社会发展，但作为社会发展成果的上述因素也并非就会自然演化成社会发展本身。在全球化、信息化背景下，文化因素对社会发展的影响力持续增加，但把贫困问题单纯看作一个文化问题则失之偏颇。政治因素虽然重要，但也无法解释所有国家和地区的发展现实，世界上大多数国家选择的都是资本主义道路，但真正发展好的并不多。

　　托尔斯泰有一句名言，幸福的家庭总是相似的，不幸的家庭各有各的不幸。就贫困问题而言，贫困的结果总是相似的，贫困的原因则各有不同。我们发现，凡是发达国家和地区，或者一国内发展较好地区、富裕社区，都有一个共同的现象，那就是人力资本相对发达。从世界范围看，发展较好的资本主义国家，人力资本普遍比较发达。第二次世界大战后，日本、德国能够快速崛起，依靠的正是强大的人力资本。人力资本的多寡、强弱，深刻影响了一个民族、一个国家的发展水平。习近平总书记在谈到解决贫困问题时说，我们既要解决物质贫困问题，也要解决精神贫困问题①，而精神贫困大多与人力资本开发的强弱、多寡有关。所以，解决贫困问题不仅要解决贫困本身，还要关注人力资本水平的提升，这样才能有效解决制约共同富裕的瓶颈问题。人力资本是西方经济学概念，也称非物质资本，与物质资本相对，是体现在劳动者身上的资本。第一个将人力视为资本的经济学家是亚当·斯密。1960年，美国经济学家舒尔茨系统阐述了人力资本理论，但早期的人力资本理论关注的重点在教育，忽略了其他面向。我们认为，人力资本表现为蕴含在人身上的包括各种生产知识、劳动与管理技能以及健康素质、品德、观念等在内的综合体，并不单纯等同于教育水平，而是一个与信仰、诚信、创新、沟通、关系、技能、禀赋、法治、现代性密切联系的概念，与社会资本概念有较大的相似性。正是立足于人力资本的视角，我们并没有过多关注经济如何高质量发展以及经济发展对共同富裕的意义，而是更加关注高质量发展背后真正的推力。与一般把高质量发展作为推进共同富裕的研究成果相比，这种探讨原因背后根源的研究思路，具有更为深刻的考量和较高的学术理论水平，对宁夏推进共同富裕战略实施更具指导性和有效性。所以，在实施共同富裕战略过程中，我们既要重视经济高质量发展，又要高度关注人力资本的开发利用，实现从人力资本小省（区）到人力资本强省（区）的转变。只有找到是什么支撑了高质量发展，才真正有可能抓住发展的机遇，实现共同富裕的愿景。

一 宁夏人力资本优劣势分析

1. 优势分析

宁夏人口较少，但教育水平不低。从"七普"数据看，全国每10万人中拥有大学文化程度的由2010年的0.89万人增长到1.55万人，拥有高中文化程度的由1.4万人增长到1.5万人，拥有初中文化程度的由3.88万人减少到3.45万人，拥有小学文化程度的由2.68万人减少到2.48万人，

---

① 《习近平总书记关于打赢脱贫攻坚战重要论述综述》，《人民日报》2021年2月24日，第1版。

文盲率由 4.08% 下降为 2.67%。① 宁夏每 10 万人中拥有大学文化程度的由 2010 年的 0.92 万人增至 1.73 万人，高于全国平均水平；拥有高中文化程度的由 1.24 万人增至 1.34 万人；拥有初中文化程度的由 3.37 万人减少为 2.97 万人；拥有小学文化程度的由 2.98 万人减少为 2.61 万人。15 岁及以上人口的平均受教育年限也由 8.82 年提高至 9.81 年，增加 0.99 年。金凤区最长，为 12.21 年；泾源县最短，为 7.26 年。文盲率由 6.22% 下降为 4.04%，高于全国平均水平 1.37 个百分点。② 受教育程度提高及文盲率下降，显示出宁夏人口文化素质的逐渐提升。

宁夏人口年龄结构与全国相比，也具备一定的优势。根据宁夏"七普"数据，宁夏 60 岁及以上人口为 97.41 万人，占 13.53%，较"六普"增加了 37.05 万人，比重上升了 3.95 个百分点；65 岁及以上老龄人口由 40.39 万人增加到 69.28 万人，比重由 6.41% 上升到 9.62%，上升 3.21 个百分点。③ 判定老龄化的国际标准为：60 岁及以上人口≥10%，或 65 岁及以上人口≥7%，表明该地区进入老龄化；60 岁及以上人口≥20%，或 65 岁及以上人口≥14%，表明该地区进入深度老龄化。"七普"数据表明，按照国际标准，宁夏自 2009 年进入老龄化社会以来，人口老龄化速度进一步加快，但与全国相比，宁夏处于老龄化初期阶段。全国 0~14 岁、15~64 岁、65 岁及以上人口所占比重分别为 17.95%、68.55%、13.50%，少年抚养比为 26.19%，老年抚养比为 19.69%，人口总抚养比为 45.88%。宁夏分年龄段人口所占比重分别为 20.38%、70.00%、9.62%，少年抚养比为 29.11%，老年抚养比为 13.74%，人口总抚养比为 42.86%。④ 一般把

① 国务院第七次全国人口普查领导小组办公室编《中国人口普查年鉴 2020》，https://www.stats.gov.cn/sj/pcsj/rkpc/7rp/zk/indexch.htm，最后访问日期：2024 年 3 月 21 日。

② 宁夏回族自治区统计局、国家统计局宁夏调查总队编《宁夏统计年鉴 2021》，https://nxda-ta.com.cn/files_nx_pub/html/tjnj/2021/indexfiles/indexch.htm？1=1，最后访问日期：2024 年 3 月 21 日。

③ 宁夏回族自治区统计局、国家统计局宁夏调查总队编《宁夏统计年鉴 2021》，https://nxda-ta.com.cn/files_nx_pub/html/tjnj/2021/indexfiles/indexch.htm？1=1，最后访问日期：2024 年 3 月 21 日。

④ 宁夏回族自治区统计局、国家统计局宁夏调查总队编《宁夏统计年鉴 2021》，https://nxda-ta.com.cn/files_nx_pub/html/tjnj/2021/indexfiles/indexch.htm？1=1，最后访问日期：2024 年 3 月 21 日。

人口总抚养比低于50%的阶段称为人口红利期，宁夏相比于全国仍然处于人口抚养比较低阶段，人口相对优势明显。

2. 劣势分析

一是宁夏人口总量小，消费总量不高，人口聚集效益差。与此相对应的是人才素质不高、数量偏少、结构不优，不能完全满足宁夏经济社会发展的需要。可以说，总量不足是宁夏人力资本的最大短板。二是老龄化、少子化仍然是宁夏未来人口的基本走向。从中长期发展看，人口老龄化趋势也影响着宁夏人口发展的走向，宁夏人口数量增长仍然是一个逐渐下行的过程。生育政策虽然可以在一定程度上缓解人口结构压力，但不可能改变人口发展趋势，人口发展趋势更多是受生育观念的影响，而生育观念又与经济社会发展密切相关，受多重因素的影响。三是宁夏人口向区域中心城市以及市（市辖区）转移态势明显，并会进一步加快转移速度。随着市场经济发展和城镇化的推进，人口流动逐步加快，宁夏区域内人口不均衡现象将进一步加剧，区域中心城市的人口聚集效应将会更加显现，银川市吸纳人口将在现有基础上持续增加。四是在人户分离情况下，人口向区域中心城市和市辖区转移，将进一步加大劳动力人口配置的非均衡性，形成区内人口"输入-输出"格局，人口输出地区将会面临较大的经济发展、社会保障压力。五是宁夏长期属于人口流出省区。高素质人才外流趋势还没有根本改变，在外地求学的大学生返回宁夏的不多，青壮年劳动力远赴外省区打工，优质人口资源流出与低素质人口资源流入的局面在短期内不可能得到有效的解决，这成为影响宁夏人力资本的一大劣势。

二　推动宁夏人力资本发展的思考

第一，转变把人才等同于学历、荣誉的观念，注重人才培养和综合素质提升。人力资源是一个综合性的指标概念，既有人口的总量要求，也有对人口素质的期待。从人力资源发展的历史看，教育在提升人力资源质量方面发挥了重要的作用，以至于许多人一提起人力资源，马上就想到教育资源。虽然教育在提升人力资源素质方面发挥了重要作用，但人力资源除知识素质要求之外，还需要具备创新、参与、沟通、诚信、法治等多方面素质要求，单纯依靠教育，可以成为教育资源大国，但不能成为人力资源强国。苏联包括俄罗斯的基础教育、高等教育非常发达，接受高等教育的人数占比在世界上都非常靠前，但俄罗斯绝对不是一个人力资源强国的事实就充分说明人力资源与教育资源不可相互替代。宁夏人口基数小，客观上限制了宁夏人力资源的发展。利用宁夏的产业优势、发展优势、环境优势吸引更多青年人来宁夏干事创业，不但可以有效改善宁夏的人口结构，而且可以增加宁夏的人口总量。当前宁夏在招才引才中较为重视学历学位，引进人才以博士为主，但从这几年的实际效果看，作用并不明显，反而由于政策的不周延性，许多真正的人才离开宁夏。造成这种状况的原因是多方面的，有发展的迫切愿望，也有对政绩的追求，但把人力资源等同于教育资源特别是学历学位是其中的重要认识误区。从长远看，虽然宁夏迫切需要高端人才，但高端人才的聚集需要强大的产业和经济支撑。目前宁夏还不具备大规模聚才的条件，引进的人才大多进入政府或事业单位，发挥作用有限，也有违引才的初衷。当务之急是在人口扩容上想办法，通过政策支持，争取把在自治区内接受高等教育的大学生留在宁夏干事创业，吸引宁夏籍外地大学生回归。扩大人口规模不但可以促进经济发展，而且可以优化人口结构，为人力资源水平提升做好人口基数储备。同时，引才和用才要衔接配合，不能重引才、轻用才，政策制定要平衡好引进人才与现有人才的利益关切。在引才的基础上，立足调动现有人才的积极性，最大限度地发挥他们的聪明才智，是提升宁夏人力资源水平的有效举措。

第二，大力发展职业技术教育，培养技能型人才，实现教育与产业的有效衔接和高效互动。如前所述，人力资源不是一个单纯的学历教育概念，而是一个复合型的人才素质的要求。就人才结构而言，我们既需要大量的创新型人才，也需要大量的高技能人才，两者不可偏废。职业教育是培养高技能人才的重要渠道，职业教育水平的高低，对高技能人才的培养至关重要。改革开放特别是党的十八大以来，宁夏职业教育发展较为迅速，已经初步形成中等职业教育、高等专科职业教育和高等本科职业教育的梯次配置，接受职业教育的学生越来越多，为各条战线输送了大量的技能型人才。但同时我们也看到，受制于观念和职业教育水平，宁夏的职业教育还不能完全满足经济社会发展的需要。首先，社会对职业教育还存在偏见。许多家长不愿意让自己的孩子接受职业教育，视职业教育为畏途，这种社会氛围对发展职业教育造成负面影响，使接受职业教育的学生素质普遍不高，高素质技能人才较为稀缺。其次，职业教育机构基础设施建设较为滞后，还停留在传统职业教育阶段。不能适应工业化、信息化时代的需要，导致学生无法在学校接触最先进的技术和工业流程，影响学生的质量。再次，教师素质不能适应现代职业教育的要求。宁夏大量的职业教育学校是从基础教育学校转化而来的，即使是专门的技术院校，也还是按照普通学校对教师的要求进行招聘，技能型教师少，特别是缺少大师级高技能师资，严重影响学校的教学质量。最后，职业教育院校与市场主体互动程度不高，不能培养适销对路的技能人才。人们经常认为普通高等教育培养机制市场化程度不高，培养的人才与市场需求有距离。实际上，宁夏的职业教育也存在类似的情况。由于专业设置的稳定性和市场需求的变动性之间存在内在的张力，职业教育从专业设置到人才培养，一直滞后于社会需要。宁夏是民族地区，经济社会发展较为落后，市场对技能型人才的需求比创新型人才更为迫切。适应市场需要，立足为企业培养人才的理念，在专业设置、学校建设、师资培养等方面深化供给侧结构性改革，主动适应宁夏实际，是推动宁夏职业教育发展、提升人力资源素质的重要保障。

第三，大力加强法治社会建设，提升公民的法治素养，增强公民的法治意识与诚信观念，着力营造法治化营商环境，为高质量发展创造条件。党的二十大报告指出，法治社会是构筑法治国家的基础。法治社会建设主要体现为公民的法治素养、法治意识和诚信观念的培养与涵化，是市场经济得以顺畅运行的微观基础。没有法治化的个体，就不可能产生法治政府、法治国家，所以，公民个体的法治化程度直接决定着法治国家建设的质量。同时，市场经济也是法治经济，只有每个人都成为社会主义法治的忠实崇尚者、自觉遵守者、坚定捍卫者，才能为社会主义市场经济提供坚实的人力资本基础，推动社会主义市场经济行稳致远。

第四，实现传统文化的创造性转化和创新性发展，实现社会价值正向转化和激励。我国是传统文化大国，传统文化影响深远。传统文化中既有体现中华民族精神谱系的精华，也有反映特定时代文化特点、与时代发展不协调的所谓"糟粕"，因此，对传统文化进行创造性转化和创新性发展，是实现传统文化价值的必由之路。就推进宁夏文化建设而言，我们认为，实现传统文化的创造性转化和创新性发展集中体现在以下几个方面。首先是对建立在小农经济基础上的传统文化的改造与创新。挖掘传统文化中的现代价值，使之适应并服务于新时代社会主义现代化建设的需要。其次是民族文化的现代化问题。民族文化体现了宁夏文化的多样性，是宁夏文化的重要组成部分。正确处理好国家文化与地域文化、地域文化与民族文化、民族文化与宗教文化之间的关系，推进民族文化的现代化，是宁夏文化建设承担的一项重要使命。最后是宗教文化的传承与发展问题。宁夏作为民族地区，宗教文化的影响力较大，是影响民族地区经济社会发展的重要因素，推进我国宗教中国化是实现宗教文化正向功能的重要途径。

第五，坚持尽力而为、量力而行的社会保障原则，形成劳动致富、勤劳致富的社会氛围，激发内生动力，避免陷入福利陷阱。随着改革开放的不断推进，我国建立了覆盖城乡的社会保障制度体系，实现了老有所养、病有所医、住有所居。我国是一个人口大国，大有大的优势，也有大的困难。党的二十大报告阐述了中国式现代化的科学内涵，明确提出人口规模巨大是中国式现代化的重要特征。这个基本国情决定了我国的社会保障只能是尽力而为、量力而行，任何超越发展阶段和发展实际的做法，实践中不但有害无益，而且也不具有可持续性。借鉴西方发达国家实施高福利带来的一系列问题，走出高福利负担的陷阱，保持社会活力，形成勤劳致富的观念和社会环境，对宁夏推进社会主义现代化建设意义重大。

第六，鼓励创新，崇尚科学，增强现代性，关注人的现代化。现代化不仅仅体现为物的现代化，实际上，人的现代化才是现代化的最终目标。李培林认为，在现代化新征程中，我国必须走出七个"陷阱"，其中就有走出缺失人的现代化陷阱。[①] 人们一般在谈到现代化时，较多关注的是物

---

① 李培林：《社会学视角下的中国现代化新征程》，《社会学研究》2021 年第 2 期。

的现代化或制度的现代化，对人的现代化关注不够。实际上，人的现代化是现代化的最终目标，是物的现代化水平和制度现代化运行质效的决定性力量。只有实现了人的现代化，物的现代化才会有坚实的推进力量，制度的现代化才能得到有效实施，国家治理体系和治理能力现代化才会有广泛的社会基础。

第七，积极开展人才对外合作交流，充分利用闽宁协作平台。宁夏地处国家内陆，处于我国地理几何原点。这种不沿边、不靠海的地理特点虽然具有一定的优势，但也存在较大的劣势，较为封闭的环境不利于人才的快速成长。只有加快人才走出去的步伐，加速向国内发达地区和国外派出优秀人才，扩大人才交流的范围，才能在较短时间内解决人才缺乏、人才结构不优的问题。当前最为可行的办法是，充分利用闽宁协作平台，深化合作内容，发挥福建省的人才优势，加快两省区人才交流互动步伐率，为宁夏培养各方面人才，推动宁夏人才高质量发展。

第八章
红寺堡区创建易地搬迁移民致富[*]

李　霞　李晓明　宋春玲^{**}

易地搬迁是解决"一方水土养活不了一方人"问题、实现贫困群众脱贫致富的根本途径，也是全面打赢脱贫攻坚战的重要措施。在彪炳史册的脱贫攻坚战中，仅"十三五"期间，全国易地扶贫搬迁总人口就接近1000万，解决了吃住行和就医、就业、就学等问题。创建全国易地搬迁移民致富提升示范区是时代重任、政治责任，是巩固拓展脱贫攻坚成果的重要基础，也是宁夏回族自治区党委和政府实施共同富裕战略的重要部署。宁夏是我国较早有计划、有组织大规模实施易地扶贫搬迁的省份，也是全国脱贫攻坚重点地区。多年来，宁夏移民搬迁工作得到了党中央的亲切关怀和大力支持，习近平总书记高度重视宁夏移民搬迁工作。1997年，在担任福建省委副书记、福建省对口帮扶宁夏领导小组组长时，他亲自策划和推动了闽宁村移民吊庄开发建设，当年的闽宁村现在已发展为有6万多人口的闽宁镇，从"干沙滩"变成了今日的"金沙滩"。2016年7月，习近平总书记在闽宁镇原隆移民村考察时指出："移民搬迁是脱贫攻坚的一种有效

---

* 除特殊说明之外，本章数据来自宁夏扶贫办提供的资料。

** 作者简介：李霞，宁夏社会科学院农村经济研究所（生态文明研究所）研究员；李晓明，宁夏社会科学院农村经济研究所（生态文明研究所）助理研究员；宋春玲，宁夏社会科学院农村经济研究所（生态文明研究所）助理研究员。

方式。要总结推广典型经验，把移民搬迁脱贫工作做好。"① 2020 年 6 月 8 日，习近平总书记在宁夏回族自治区吴忠市红寺堡区弘德村考察脱贫攻坚工作时指出："要完善移民搬迁扶持政策，重点解决产业、就业、社会融入三件事情，确保搬迁群众搬得出、稳得住、能致富。"② 习近平总书记的深情嘱托和殷切期望，既是对宁夏移民搬迁工作的肯定和鼓励，又为今后工作指明了方向，提供了根本遵循和实践动力。宁夏回族自治区党委、政府认真贯彻落实习近平总书记重要讲话重要指示精神，进一步强化易地搬迁后续扶持，决定实施百万移民致富提升行动，并提出把红寺堡区建成全国易地搬迁移民致富提升示范区，建成集工作研究、经验交流、成果展示、宣传教育于一体的示范基地。

第一节　易地搬迁移民致富研究综述

易地搬迁是一项涉及经济、社会、资源、环境等多方面的系统工程。"十五"时期易地扶贫搬迁试点工程实施以来，政府将生活在缺乏生存条件地区的贫困人口搬迁安置到其他地区，并通过改善安置区的生产生活条件、调整经济结构和拓宽增收渠道，帮助搬迁人口逐步实现脱贫致富。宁夏易地搬迁实践开始早、持续时间长，红寺堡区是全国最大的易地生态移民安置区，把红寺堡区建成全国易地搬迁移民致富提升示范区，对进一步强化易地搬迁后续扶持，确保搬迁群众"搬得出、稳得住、能致富"具有重要理论和实践意义。

国内对于易地扶贫搬迁的研究，始于 20 世纪 90 年代，学者主要从以下几方面开展研究。一是对生态移民概念、存在问题及绩效评价的研

---

① 《闽宁镇新事》，https://www.nxnews.net/zt/24n/ljztgefj/ljztgefjyw/202406/t20240625_9467111.html，最后访问日期：2024 年 12 月 5 日。

② 《大力实施百万移民致富提升行动巩固拓展脱贫攻坚成果全面推进乡村振兴》，http://nx.people.com.cn/n2/2021/0428/c192465_34699620.html，最后访问日期：2024 年 10 月 27 日。

究，主要停留在生态移民概念[①]、生态移民目的[②③]和安置方式[④]，生态移民的必要性[⑤]和可行性[⑥]，以及生态移民存在的问题[⑦⑧]及绩效评价[⑨⑩]的研究阶段。二是对生态移民后续发展问题的研究。21世纪初，随着移民进程的历史延续，学者从可持续的视角出发，提出了生态移民的后续发展问题，并且从一般层面的研究逐步细化到案例层面的研究。比如，李宁从移民的组织管理、移民投资以及经济、社会、生态效益角度分析了宁夏回族自治区吊庄移民开发中存在的问题，总结了移民开发的经验教训并提出了相应的对策建议[⑪]；刘英、闫慧珍从西部农村地区扶贫的角度论述了生态移民面临的可持续发展的挑战[⑫]；史俊宏基于PSR模型，构建了生态移民安置区可持续发展指标体系[⑬]；周华坤等研究了三江源地区生态移民的困境，并有针对性地提出了生态移民可持续发展的一些策略[⑭]。总之，针对各地区的实际情况，易地搬迁农户可持续发展问题的案例研究在我国十分活跃。三是对易地扶贫搬迁的理论和发展演变、影响因素、效果评价、政

① 徐江、欧阳自远、程鸿德、林庆华：《论环境移民》，《中国人口·资源与环境》1996年第1期。

② 东日布：《生态移民扶贫的实践与启示》，《中国贫困地区》2000年第10期。

③ 潘晓成：《三峡工程库区生态移民政策绩效分析及建议》，《农业经济问题》2006年第6期。

④ 白南生、卢迈：《中国农村扶贫开发移民：方法和经验》，《管理世界》2000年第3期。

⑤ 秦玉才、杨旭东、童章舜：《试论正确处理退耕还林工程中的两大关系》，《林业经济》2001年第12期。

⑥ 侯东民：《草原人口生态压力持续增长态势与解决方法——经济诱导式生态移民工程的可行性分析》，《中国人口科学》2002年第4期。

⑦ 刘学敏：《西北地区生态移民的效果与问题探讨》，《中国农村经济》2002年第4期。

⑧ 程红梅：《宁夏红寺堡土地利用系统移民效益评估研究》，硕士学位论文，新疆师范大学，2006，第10~12页。

⑨ 洪燕：《生态移民项目的评估研究——以苏尼特右旗都呼木生态移民村为例》，硕士学位论文，中央民族大学，2006，第22~29页。

⑩ 东梅：《生态移民与农民收入——基于宁夏红寺堡移民开发区的实证分析》，《中国农村经济》2006年第3期。

⑪ 李宁主编《宁夏吊庄移民》，民族出版社，2003。

⑫ 刘英、闫慧珍：《生态移民——西部农村地区扶贫的可持续发展之路》，《北方经济》2006年第11期。

⑬ 史俊宏：《基于PSR模型的生态移民安置区可持续发展指标体系构建及评估方法研究》，《西北人口》2010年第4期。

⑭ 周华坤、赵新全、张超远、邢小方、朱宝文、杜发春：《三江源区生态移民的困境与可持续发展策略》，《中国人口·资源与环境》2010年第S1期。

策制定和执行、配套措施等方面的研究，但这类研究总体上呈现数量较少、分类不明确、理论和实证研究较少、实践报道较多等特点①。

国外对人口迁移的研究可以追溯到18世纪七八十年代，研究者从不同视角分析了人口迁移的原因。亚当·斯密在《国富论》一书中首次提出"劳动分工"的概念②，随后出现了拉文斯坦的人口迁移规律、唐纳德·博格的"推-拉"理论、费景汉和拉尼斯的农业劳动力转移模型、托达罗的预期收入模型以及舒尔茨从人力资本角度对移民的研究等理论或学说。到了近现代，研究者把人口迁移与其他多种因素（如环境、贫困、社会发展等）关联起来，人口迁移领域的研究延伸到生态移民、易地扶贫搬迁的可持续发展视角。

共同富裕是社会主义的本质要求，是中国式现代化的重要特征。宁夏如期完成了脱贫攻坚任务，易地扶贫搬迁全面进入了以做好后续扶持工作为重点的新阶段，移民致富提升已然成为新时代农业农村工作的奋斗目标。③当前，在乡村振兴战略背景下，让搬迁群众"搬得出、稳得住、能致富"，真正融入新的生活环境，需要不断完善移民搬迁扶持政策，重点解决产业、就业和社会融入问题。宁夏全面实施移民致富提升行动，创建全国易地搬迁移民致富提升示范区，是对移民后续扶持工作做出的长远性、制度性安排，既符合移民搬迁规律的内在要求，又可为农业高质高效、乡村宜居宜业、农民富裕富足提供有力支撑，最终为实现共同富裕奠定坚实基础。

第二节　宁夏易地扶贫搬迁总体情况

一　持续 37 年，组织实施了 6 次大规模易地扶贫搬迁

20世纪80年代初，西海固地区的贫困问题引起了党中央、国务院的

---

① 赵双、李万莉：《我国易地扶贫搬迁的困境与对策：一个文献综述》，《社会保障研究》2018年第2期。
② 亚当·斯密：《国富论》，郭大力、王亚南译，商务印书馆，2014。
③ 韩立雄：《共同富裕背景下宁夏"移民致富提升行动"的对策建议》，《农业经济》2023年第10期。

高度关注。1982年12月，中央决定实施"三西"农业建设，开了我国有计划、有组织、大规模扶贫开发的先河，拉开了西海固地区扶贫开发的序幕。"三西"扶贫以来，宁夏先后实施了吊庄移民、扶贫扬黄灌溉工程移民、易地扶贫搬迁试点移民、中部干旱带县内生态移民、"十二五"中南部地区生态移民、"十三五"易地扶贫搬迁移民6次大规模易地扶贫搬迁，从中南部地区（包括原州区、西吉县、隆德县、泾源县、彭阳县、海原县、同心县、盐池县8个国家扶贫开发工作重点县，以及沙坡头区、中宁县的山区）搬迁到引黄扬黄灌区、县内有条件引水灌溉的地方，累计搬迁123万人[①]，累计开发土地198万亩，占全区耕地的10%。

1. 吊庄移民（1983~2000年）

为了完成"三西"农业建设"三年停止破坏，五年解决温饱，十至二十年解决问题"的目标，宁夏回族自治区党委、政府提出了"有水走水路，无水走旱路，水旱路都不通另找出路"的思路。1983年7月，宁夏作出"以川济山、山川共济"的吊庄移民决策，将中南部山区部分贫困群众，跨县区搬迁到银川市兴庆区、西夏区、永宁县，石嘴山市大武口区，中卫市沙坡头区等引黄灌区进行开发性生产，移民管理实行以迁出县为主，迁出、迁入县"两地共管"的模式。吊庄移民开了宁夏扶贫移民搬迁的先河。自1999年起，移民移交属地管理。截至2000年底，宁夏共投资1.04亿元，建设各类吊庄移民基地23处（县外吊庄12处、县外插户吊庄5处、县内吊庄6处），开发土地56万亩，安置移民19.8万人，其中县外12.78万人、县内7.02万人。

2. 扶贫扬黄灌溉工程移民（1995~2010年）

为贯彻落实《国家八七扶贫攻坚计划》，宁夏在实施"双百"（100个贫困乡镇、100万贫困人口）扶贫攻坚行动中提出了"兴水治旱"的工作思路，决定通过建设大中型水利工程，扬黄河之水，在黄河两岸广阔平坦的干旱荒原开发百万亩灌区，用以搬迁安置中南部地区贫困人口。1995年12月，国家批准启动实施宁夏扶贫扬黄灌溉工程。水利、电力等骨干工程

① 姜璐：《123万移民搬出大山活出精彩》，http://nx.people.com.cn/nz/2021/0427/c192482_34698153.html，最后访问日期：2024年12月2日。

及社会公共配套设施由国家投资建设，土地开发实行以工代赈，国家给予移民建房补助，移民管理模式实行迁入县"属地管理"。截至2010年底，共投资36.69亿元，建成县级移民区——红寺堡区，开发土地80万亩，向红寺堡扬水灌区和固海扩灌扬水灌区安置移民30.8万人，其中县外18.8万人、县内12万人。

3. 易地扶贫搬迁试点移民（2001～2007年）

自2001年起，国家发展改革委在宁夏、内蒙古、云南、贵州四省区开展易地扶贫搬迁试点项目，该项目也是退耕还林还草、生态环境保护建设的配套工程。宁夏按照"人随水走，水随人流"的思路，决定将居住在中南部地区偏远分散、生态失衡、干旱缺水的贫困人口，整村搬迁到红寺堡灌区、盐环定扬黄灌区、彭阳县长城塬灌区、中卫市南山台灌区、南部山区库井灌区、平罗县自流灌区以及宁夏农垦国营农场安置。搬迁群众迁出后，土地由县级政府统一调整，纳入退耕还林计划，统一造林、统一管护，搬迁群众享受退耕还林政策。截至2007年底，共投资8.6亿元，开发土地10.76万亩，建设安置区31个，安置14.72万人，其中县外14万人、县内0.72万人。

4. 中部干旱带县内生态移民（2008～2010年）

针对宁夏中部干旱带县区长期干旱缺水、就地扶贫效果差的现状，自2008年起，宁夏实施了中部干旱带县内生态移民，突出高效节水灌溉和高效设施农业配套，以县内农业移民为主、劳务移民为补充，搬迁安置盐池县、同心县、海原县、原州区、西吉县、沙坡头区6个县区的山区群众。截至2010年底，共投资27.9亿元，开发土地27.7万亩，建设移民安置区43个，安置移民15.36万人，其中县外2.80万人、县内12.56万人。

5. "十二五"中南部地区生态移民（2011～2015年）

"十二五"初期，宁夏全区还有100万贫困人口，其中35万居住在生存条件很差的地方。宁夏按照"山上的问题山下解决，山里的问题山外解决，面上的问题点线解决"的工作思路，决定对这部分贫困群众实行整村搬迁，通过生态移民、劳务移民等方式异地安置就业。截至2015年底，共投资126.2亿元，开发土地22.7万亩，建设移民安置区161个，安置移民

34.5 万人，其中县外 21.2 万人（生态移民 16.5 万人，劳务移民 4.7 万人）、县内 13.3 万人（生态移民 10 万人，劳务移民 3.3 万人）。

6. "十三五" 易地扶贫搬迁移民（2016~2020 年）

按照新时期国家易地扶贫搬迁工作要求，实行"中央统筹、省负总责、市县抓落实"的管理体制，推行任务、资金、权力、责任"四到县"工作机制，宁夏对中南部地区建档立卡贫困人口实施易地扶贫搬迁。截至 2018 年底，共投资 49.3 亿元，开发土地 0.6 万亩，安置移民 8.09 万人，其中县外 1.73 万人（生态移民 0.6 万人，劳务移民 1.13 万人）、县内 6.36 万人（生态移民 2.24 万人、劳务移民 4.12 万人）。

二 宁夏易地扶贫搬迁移民取得的显著成效

宁夏中南部地区自然条件恶劣、生态环境脆弱，曾被联合国确定为"最不适宜人类生存的地区之一"。"三西"扶贫开发以来，宁夏回族自治区党委、政府坚持把移民搬迁作为重大民生工程，举全区之力、汇各方之智，持续奋斗，让 123 万贫困群众挪出了穷窝、换掉了穷业、改变了穷貌、拔掉了穷根，彻底阻断了贫困代际传递，实现了"搬得出、稳得住、能致富"的目标，成为宁夏扶贫史上的创举、移民史上的壮举、发展史上的盛举。

1. 摘掉了贫困帽子

易地扶贫搬迁是脱贫攻坚的一种有效方式，走出大山的贫困群众收入一年比一年高、日子一年比一年好。按照不同时期的扶贫标准，37 年来，宁夏全区累计减贫 350 万人，占全区总人口的一半。截至 2019 年底，贫困人口从 2011 年的 101.5 万人减少到 1.88 万人，贫困发生率由 25.5% 下降到 0.47%，2020 年实现了贫困县全部摘帽、贫困人口全部脱贫的历史性目标。中南部 9 个贫困县（区）人均可支配收入从 1983 年的 126 元增长到 2019 年的 10415 元。闽宁镇的贫困发生率下降到 0.19%，人均可支配收入达到 13970 元，比搬迁之初的 500 元增长了近 27 倍。

2. 改善了生产生活条件

搬迁群众过去生活在山大沟深、干旱少雨、土地贫瘠的不适宜生存的地方，现在搬迁到近水、沿路、靠城的地方，出行难、上学难、就医难、吃水难、住房难等问题全部得到解决。搬迁前，他们从事传统农业，经营粗放、靠天吃饭，如今发展现代农业，精耕细作、集约生产，机械化、信息化、智能化程度明显提高，年年都有好收成；搬迁前，做饭上山砍柴烧，一年洗不了一次澡，如今通上了自来水，用上了煤气灶，装上了太阳能热水器；搬迁前，山高坡陡，出行基本靠走，如今公路平坦，出门就坐公交。正如移民群众所说，这些翻天覆地的变化放在过去想都不敢想。

3. 提升了致富能力

一是着力发展种养业。截至 2020 年底，宁夏为移民群众建成温棚和养殖圈棚 6.1 万座，发展枸杞、酿酒葡萄、黄花菜等特色产业 88.7 万亩，养殖牛羊 216.3 万头（只），带动搬迁群众户均增收 1400 元。二是着力发展劳务产业。通过有组织地实施劳务务工，25.9 万人外出务工，年人均收入 2 万元以上。三是着力建设扶贫车间。通过实施扶贫项目，建成扶贫车间 198 个，吸纳就业 1 万多人，年人均收入 1.8 万元。在扶贫车间就近务工的妇女，挣钱顾家两不误，月均收入在 2000 元以上。四是着力鼓励自主创业。石嘴山市大武口区新民社区建设了容纳 400 个摊位的创业市场，一批搬迁群众从事运输、餐饮、商贸等多种经营，许多搬迁群众当上了"小老板"，搬迁群众的收入 65% 以上来自工资性收入。①

4. 改善了生态环境

实施搬迁以来，通过自然恢复、人工修复、土地荒漠化治理、小流域综合治理等措施，共完成迁出区生态恢复 880 万亩，其中耕地和宅基地整治 380 万亩，复垦复绿 4.9 万亩。固原市的森林覆盖率由原来的 4.2% 提高到 28.4%，20 年降水量均值比常年提高了 10.4%。全国最大的扶贫移民区——红寺堡区，累计退耕还林 25.9 万亩、森林抚育 11 万亩、治理沙化土地 117 万亩、保存林地 124 万亩、封山育林 35 万亩，森林覆盖率由 5% 提高到 10.36%，改善了生态环境，实现了脱贫致富与生态建设的"双赢"。

---

① 《宁夏强化易地扶贫搬迁后续扶持助 123 万群众"稳得住"》，https://www.gov.cn/xin-wen/2020-10/26/content_5554743.htm，最后访问日期：2024 年 11 月 27 日。

5. 转变了群众的思想观念

搬迁群众从环境艰苦、经济落后、信息闭塞的深山大沟，搬迁到自然条件、生产环境较好的地区，生产生活方式发生了改变，就学、医疗条件不断改善，逐步过上了温饱、小康的生活，实现了发展观念、生产方式、人文理念、乡风民俗的嵌入融合，安于贫困的思想少了，自力更生的意识强了，搬迁群众对党的领导、摆脱贫困、全面实现小康社会的信心更加坚定。

第三节　红寺堡区创建全国易地搬迁移民致富提升示范区的现实基础

吴忠市红寺堡区是全国最大的易地搬迁移民集中安置区，位于烟筒山、大罗山和牛首山三山之间，沿大罗山分布，为山间盆地。地势南高北低，海拔 1240～1450 米，属中温带大陆性气候。全年日照时数 2900～3550 小时，年平均风速 2.9～3.7 米/秒，风光资源丰富。土壤由新积土、灰钙土、盐土和风沙土组成，以灰钙土为主。境内河流有红柳沟、苦水河和甜水河三条主要河流，径流量小、泥沙大、水质差，属于间歇性河流。[①] 1998 年开发建设，2009 年设立吴忠市辖区，区域面积 2767 平方公里，辖 2 镇 3 乡 1 街道 64 个行政村 8 个社区。累计开发耕地 70 余万亩，搬迁安置宁夏西海固贫困县区贫困群众 23.5 万人。[②]

一　党中央和宁夏回族自治区党委、政府高度重视

红寺堡区是为实现宁夏南部山区群众脱贫致富而实施的扶贫扬黄灌溉工程主战场，是中国共产党带领人民群众历史性解决绝对贫困伟大工程的实践地，是社会主义制度优势的诠释地。2020 年 6 月 8 日，习近平总书记视察宁夏首站就到红寺堡区，留下了"要完善移民搬迁扶持政策，重点解

---

① 桂林国、丁金英：《开发红寺堡灌区面临的问题与对策》，《农业环境与发展》2002 年第 2 期。

② 《红寺堡区基本概况》，https://www.hongsibu.gov.cn/zjhsb/hsbgk/hsbjj/202103/t20210329_2640935.html，最后访问日期：2024 年 10 月 21 日。

决产业、就业、社会融入三件事情，确保搬迁群众搬得出、稳得住、能致富"① 的殷切嘱托。宁夏回族自治区党委、政府坚决贯彻落实习近平总书记视察宁夏重要讲话重要指示精神，坚持易地搬迁扶贫与实施乡村振兴战略有机衔接，力争把红寺堡区建成全国易地搬迁移民致富提升示范区，把总书记的深情嘱托和殷切期望转化为加快脱贫攻坚、推动更快发展的强大动力。宁夏回族自治区党委、政府出台了《关于支持红寺堡区创建全国易地搬迁移民致富提升示范区的实施方案》，统筹做好壮大产业经济、加强技能培训、配套基础设施、完善公共服务、整治人居环境、促进社会融入等重点工作。宁夏农业农村厅出台了"四个强化"配套政策、民政厅出台了 20 条措施，全力支持红寺堡区创建全国易地搬迁移民致富提升示范区。宁夏生态环境厅聚焦环境污染治理、农村人居环境提升、生态保护修复等重点任务，制定六方面具体措施，为红寺堡区创建全国易地搬迁移民致富提升示范区提供生态环境支撑和保障。②

二 脱贫攻坚目标胜利实现

1. 红寺堡区脱贫攻坚目标胜利实现

红寺堡区紧扣国家现行脱贫标准，坚持精准扶贫精准脱贫基本方略，以"脱贫攻坚、增收富民"为统揽，构建"横向到边、纵向到底"的脱贫攻坚责任体系，建立"两不愁三保障"动态清零机制，全力打好脱贫攻坚战。2020 年 3 月，红寺堡区退出贫困县区序列，实现 40 个贫困村全部脱贫出列，约 5.6 万农村贫困人口全部脱贫，综合贫困发生率从 2014 年的 33.46% 下降到 0。③ 农村居民人均可支配收入由搬迁之初的不足 500 元增

---

① 《大力实施百万移民致富提升行动巩固拓展脱贫攻坚成果全面推进乡村振兴》，http://nx. people. com. cn/n2/2021/0428/c192465_34699620. html，最后访问日期：2024 年 10 月 27 日。

② 《大力实施百万移民致富提升行动巩固拓展脱贫攻坚成果全面推进乡村振兴》，http://nx. people. com. cn/n2/2021/0428/c192465_34699620. html，最后访问日期：2024 年 10 月 27 日。

③ 《红寺堡：打赢脱贫攻坚战 创建全国示范区》，https://www. nxnews. net/cj/tptt/202104/t20210427_7121886. html，最后访问日期：2024 年 10 月 18 日。

长到 2022 年的 12942.5 元[1]，增长了近 25 倍，实现了"搬得出、稳得住、能致富"的目标，走出了一条从"移民"到"富民"的康庄大道，为全国解决"一方水土养活不了一方人"问题积累了有益经验。移民群众彻底撕掉了贴在身上的贫困标签，由衷发出了"共产党好，黄河水甜"的肺腑心声，红寺堡区入选首批全国脱贫攻坚交流基地。

2. 坚决贯彻自治区决策部署，力争把红寺堡区建成全国易地搬迁移民致富提升示范区

红寺堡区牢记习近平总书记的殷切嘱托，全面落实自治区党委、政府关于创建全国易地搬迁移民致富提升示范区的决策部署，紧扣产业、就业和社会融入三件事，不断探索完善移民搬迁扶持政策，推动巩固拓展脱贫攻坚成果同乡村振兴有效衔接，奋力创建全国易地搬迁移民致富提升示范区，贯彻落实《关于实现巩固拓展脱贫攻坚成果同乡村振兴有效衔接的意见》《关于进一步强化易地搬迁后续扶持实施百万移民致富提升行动的意见》《支持红寺堡区创建全国易地搬迁移民致富提升示范区实施方案》，聚焦产业就业帮扶、改善基础设施、提升公共服务水平、整治人居环境、健全保障体系、推进文明建设六个重点，统筹推进稳增长、促改革、调结构、惠民生、防风险，移民群众的幸福感、获得感、安全感稳步提升。促进乡村产业振兴、改善农村人居环境等乡村振兴重点工作成效明显，其成为宁夏唯一获国务院表彰激励的县区。[2]

三　特色优势产业发展势头良好

产业发展是增收致富的关键抓手。近年来，红寺堡区立足因水而建、因水而兴的实际，逐年调整高耗水作物，坚持以"一特三高"现代农业为发展方向，全力推进葡萄、枸杞、黄花菜、肉牛和滩羊等特色产业高质量发展，不断拓宽农民增收渠道。地区生产总值从 2015 年的 15.6 亿元跃升

---

[1]　宁夏回族自治区统计局、国家统计局宁夏调查总队编《宁夏统计年鉴 2023》，https://nxdata. com. cn/files_ nx _ pub/html/tjnj/2023/indexfiles/indexch. htm？1 = 1&h = 0，最后访问日期：2024 年 10 月 18 日。

[2]　尚陵彬、马晓芳、周一青：《宁夏代表团的 10 个"心愿"》，《宁夏日报》2021 年 3 月 12 日，第 1 版。

至 2022 年的 100.05 亿元，农村居民人均可支配收入从 2015 年的 6409 元增加到 2022 年的 12943 元。[①] 地区生产总值和农村居民人均可支配收入顺利实现增长，特色产业对农民收入的贡献率突破 70%。葡萄酒、枸杞、黄花菜、肉牛和滩羊全产业链综合产值达到 29.94 亿元，农产品加工转化率达 69.5% 以上。

1. 葡萄酒产业已成为增收富民的主导产业

立足自然资源禀赋，红寺堡区大力发展葡萄酒产业，依托"企业+基地+农户"模式，形成了集酿酒葡萄种植、生产销售、文化旅游于一体的产业链，葡萄酒产业已成为引领农业转型的特色优势主导产业。截至 2022 年，红寺堡区建成酿酒葡萄种植基地 10.8 万亩，注册葡萄酒企业 28 家，已建成投产酒庄（厂）22 家，其中 5 家为自治区级龙头企业，年加工能力达到 3.5 万吨，产值达到 7 亿元。[②] 带动农民就业 8 万人次，农户年均劳务收入达到 4 万元。汇达、汉森等企业的 87 款葡萄酒在国际国内比赛中获奖318 项，红寺堡区获"中国葡萄酒第一镇""中国最具发展潜力葡萄酒产区"等殊荣。

2. 黄花菜产业质效双增

红寺堡区通过强化政策引导、加大资金投入力度和市场培育、品牌打造，推动黄花菜产业发展。截至 2022 年底，红寺堡区发展富硒黄花菜8.02 万亩，认证富硒黄花菜生产基地 12 个，培育黄花菜种植专业合作社27 家，注册"红寺堡黄花菜""兴茗萱"等黄花菜品牌 8 个，打造了兴民、柳泉等一批亮点突出、特色鲜明的黄花菜产业村。采取"农户+基地+合作社+龙头企业"等模式，通过新技术的推广应用，提高农户种植和管理黄花菜的能力，带动农户户均增加收入 8000 元。建成年加工干菜 0.6 万吨生产线 1 条、鲜菜加工生产线 2 条，年加工黄花菜鲜菜 1.3 万吨。黄花菜产业成为群众脱贫致富的主导产业，红寺堡区被评为"中国富硒黄花菜

---

① 参见《宁夏统计年鉴 2016》《宁夏统计年鉴 2023》。

② 《树国酒新风·品紫色未来 红寺堡区助力国际葡萄与葡萄酒产业大会第三届中国（宁夏）国际葡萄酒文化旅游博览会成功举办》，https://www.hongsibu.gov.cn/xwzx/bmdt/202306/t20230612_4143342.html，最后访问日期：2024 年 10 月 18 日。

明星产区"。[①]

3. 枸杞产业带动农民增收能力逐步提高

红寺堡区采取多种措施，打破枸杞产业发展传统模式，奋力走出一条产业高质量发展的新路子。一是稳产保量促发展。依托红寺堡区天然、无污染、富硒地理环境和土壤条件，打造有机、高端、优质的枸杞产品。提质改造低产枸杞园 3000 亩，新增标准化枸杞种植基地 760 亩，发展宁杞10 号枸杞绿色丰产综合技术应用示范点 2 个。[②] 截至 2022 年底，发展枸杞种植 5.6 万亩，建成枸杞标准化示范园 3 个。二是提高枸杞加工能力，带动农户增加收入。引进宁夏马渠贺兰山地源中药材科技有限公司、百瑞源枸杞股份有限公司、宁夏盛源枸杞生物科技有限公司，通过提高加工能力，解决了农户分散种植、生产加工能力不足的实际问题。带动农户 7500多户，户均纯收入达到 2 万元。百瑞源红寺堡枸杞基地获得国家质检总局首批生态原产地认证，通过德国 BCS 有机食品认证。

4. 肉牛和滩羊产业发展持续向好

一是全力推动肉牛和滩羊产业高质量发展。制定《红寺堡区肉牛滩羊高质量发展实施方案》，牧草种植面积 7.2 万亩，采取"农户+基地+合作社+联合社+龙头企业"模式，开展生产托管、饲草配送和技术指导服务，引导小规模养殖户逐步走向标准化、规模化生产，形成了柳泉、柳树台等20 个肉牛养殖示范村。截至 2022 年底，红寺堡区肉牛、滩羊饲养量分别达到 15 万头、105 万只，拥有千头以上肉牛养殖场 8 家、百头以上肉牛养殖场 10 家；打造肉牛高质量发展示范村 25 个、滩羊高质量发展示范村 23个；建成牛羊规模化屠宰场 1 家、深加工企业 1 家，年屠宰牛、羊分别达到 1 万头、11.3 万只。二是创建品牌。以水发浩海牧业有限公司、中建集团为主，打造红寺堡区肉牛滩羊公用品牌，提高产业竞争力。牛羊肉价格持续高位运行，养殖户收益稳定增加，各类养殖主体明显增加，产业发展

①　《红寺堡区发展小黄花托起移民群众 致富金色梦》，https://hongsibu. gov. cn/xwzx/bmdt/202007/t20200722_2169696. html，最后访问日期：2024 年 10 月 18 日。

②　《红寺堡区推进枸杞产业高质量发展 转变思路探索产业发展新路径》，https://wuzhong. gov. cn/sy/wzxx/bmxx/202108/t20210819_2981052. html，最后访问日期：2024 年 12 月13 日。

持续向好。

四　农村人居环境整治成效显著

加强农村环境综合治理，是实现生态宜居的核心内容之一，也是推进美丽乡村建设的一项重要措施。红寺堡区把农村人居环境整治作为推进全国易地搬迁移民致富提升示范区建设的重要抓手，制定了《红寺堡区农村人居环境整治实施方案》，农村人居环境整治三年行动成效明显。一是围绕提升村容村貌、绿化靓化等工作目标，建成柳泉、大河美丽小乡镇，以弘德、永新、红川村为示范，高标准打造美丽村庄 37 个，杨柳、香园、永新 3 个村跻身国家森林乡村。二是全力实施环境整治。开展"厕所革命"，改造农村卫生厕所 1.18 万座、污水管网 72.6 公里。推行"户分类、村收集、乡转运、县处理"垃圾治理模式，农村生活垃圾治理率达到 95%。三是乡村道路通车里程达到 935 公里，成功创建全国"四好农村路"示范县（区）、全国和自治区城乡交通运输一体化示范县（区）。四是生态环境持续优化。"三大保卫战"成效显著，中央和自治区环保督察反馈问题全面整改，压砂地全部退出，环罗山生态屏障建设更加巩固，空气质量优良天数占比 85%，森林覆盖率、草原综合植被覆盖度分别达到 14.12%、56.69%。

五　社会事业稳步发展

1. 城乡教育均衡发展

红寺堡区把教育作为保障和改善民生的重要抓手，加大教育投入力度，实施了一批"改薄工程""标准化学校建设"等教育重点项目，累计新建、改扩建农村小学 62 所、幼儿园 42 所、职业技术学校 1 所、高中 1 所，新增校舍面积 38.7 万平方米。红寺堡区顺利通过国家义务教育基本均衡和自治区普及高中阶段教育评估验收，教育教学质量居吴忠市及宁南山区 9 县前列。宁夏大学、自治区考试院函授、自考教学站正式设立，填补了红寺堡区高等学历教育的空白。截至 2022 年，红寺堡区共有各类学校 150 所，其中幼儿园 62 所、普通小学 79 所（包括 11 个教学点）、初级中学 5 所、九年一贯制学校 1 所、高级中学 2 所、职业技术学校 1 所，在校学生 49115 人，专任教师 2431 人。①

2. 文化体育事业繁荣发展

一是文体惠民效果显著。累计投入 5.1 亿元，建成体育馆、文化馆、全民健身中心等公共文化服务设施，广播电视网络宽带覆盖全区 64 个行政村，覆盖率达到 100%，农村户户通用户 40672 户。截至 2022 年底，拥有文化馆 1 个、图书馆 1 个、博物馆 1 个、体育馆 1 个，文化站 6 个，图书馆图书报刊总藏量 3.21 万册，报纸杂志 334 种。② 拥有县级文化艺术中心 1 个、乡镇文化活动中心 4 个、村级文化活动室 8 个、农民文化示范户 12 户，基本形成了以宣传文化活动中心为龙头、乡镇文体工作站为枢纽、村级文化活动室为基础、农民文化示范户为补充的文化网络，农村文化阵地日益巩固。国家公共文化服务体系示范区创建并通过验收，红寺堡区被纳入黄河国家文化公园建设体系。二是以健身强体为特色的群众体育蓬勃发展。建成太阳山全民健身活动中心等项目 8 个，成功举办红寺堡区第三届运动会，连续承办 6 届全国青少年航空航天模型锦标赛，被国家体育总局评为 2017 年中国体育旅游精品赛事，罗山航模基地被命名为"中国航空运动协会航空飞行营地"和"全国科技体育（航空模型）训练活动基地"，红寺堡区被国家体育总局评为 2017~2020 年度全国群众体育先进单位。

3. 医疗服务能力逐步提升

红寺堡区以加快"互联网+医疗健康"建设为目标，深化医联体合作，多点发力推进基本公共卫生服务均等化。挂牌成立医疗健康总院，构建"1+3+6"县域医共体，实现"先诊疗、后付费""一站式"结算，基层医疗卫生服务能力不断加强。人民医院门诊综合楼、妇幼保健计生中心等建成投用；远程心电、影像、检验"三大中心"效果凸显；胸痛、卒中、危重孕产妇、危重新生儿救治中心通过认证；成功创建自治区卫生县（区）。截至 2022 年底，红寺堡区有各级各类医疗卫生机构 135 所，其中县级医疗

① 《吴忠市红寺堡区教育局关于政协红寺堡区委员会三届五次会议第 202128 号建议答复的函（A 类）》，https://www.hongsibu.gov.cn/xxgk/zfxxgkml/yata/202111/t2021118_3137317.html，最后访问日期：2021 年 11 月 8 日。
② 《红寺堡区 2022 年国民经济和社会发展统计公报》，https://www.hongsibu.gov.cn/xxgk/zfxxgkml/tixx/tigb/202307/t20230703_4164571.html，最后访问日期：2024 年 11 月 27 日。

卫生机构 5 家、乡（镇）卫生院 5 所、社区卫生服务站 4 所、民营医院 5 家、口腔门诊部 1 家、个体诊所 18 家、村卫生室 97 所。编制床位 1041 张，实际开放床位 980 张；在编卫生技术人员 425 人。[①]

4. 社会保障体系日趋完善

着力改善民生，一是城乡就业规模不断扩大，就业创业成效明显。培育创业实体 594 个，累计新增城镇就业 3400 人，转移输出农村劳动力 19.7 万人次，实现劳务收入 18.6 亿元以上，红寺堡区等 6 个县（区）被评为自治区转移就业示范县。二是社会保障体系日趋完善。建成敬老院、残疾人康复中心、老年饭桌等福利机构，大力推进危房改造、老旧小区改造、农贸市场改扩建等民生工程，社会保障扩面提标。截至 2022 年底，红寺堡区参加城镇职工基本养老保险人数 8416 人，增长 66%；参加城镇职工基本医疗保险人数 10070 人，增长 11.1%。[②]

六 社会治理能力日益提高

红寺堡区现有回族、汉族、东乡族、保安族等 14 个民族，其中少数民族人口占 64.8% 以上，移民群众主要来自宁夏南部山区 8 县和陕西、甘肃、内蒙古、青海等周边省区。面对历史遗留问题多、乡村规模大、干部编制少、乡村治理难点多等问题，红寺堡区坚持纵深推进马克思主义"五观"教育宣讲活动，以铸牢中华民族共同体意识为主线，以推动新时代党的民族工作高质量发展为主题，不断加强和创新社会治理，完善社会协调机制，扎实开展县域社会治理现代化。

1. 深化"平安红寺堡"建设

一是建成"地网工程"示范居民小区 28 个。常态化开展扫黑除恶斗争，重拳打击电信网络诈骗等违法犯罪行为，破获刑事案件 254 起，查处治安案件 648 起，挽回群众经济损失 975.1 万元。二是社区治理智慧防控

---

① 《红寺堡区 2022 年国民经济和社会发展统计公报》，https://www.hongsibu.gov.cn/xxgk/zfxxgkml/tjxx/tjgb/202307/t20230703_4164571.html，最后访问日期：2024 年 11 月 27 日。
② 《红寺堡区 2022 年国民经济和社会发展统计公报》，https://www.hongsibu.gov.cn/xxgk/zfxxgkml/tjxx/tjgb/202307/t20230703_4164571.html，最后访问日期：2024 年 11 月 27 日。

水平明显提升。坚持和发展新时代"枫桥经验",创新建立"114 百事解"矛盾纠纷多元调解中心,化解信访积案、重复信访件 31 件。[①] "135"基层社会治理模式被评为全国"2020 民生示范工程",红寺堡区连续五年被命名为自治区平安县(区),弘德村被命名为第九批"全国民主法治示范村"。规范村民代表会议制度"55124"模式入选首批全国 20 个乡村治理典型案例。红寺堡区先后获得全国"七五"普法中期先进县(区)、全国信访工作"三无"县(市、区)、2020 年度中国社会治理百佳示范县市、自治区平安县(区)、全国民族团结进步示范区(单位)、自治区禁毒示范县区等荣誉。

2. 拓展新时代文明实践中心建设

紧紧围绕群众需求,坚持因地制宜,促进全区新时代文明实践工作落地落实,使新时代文明实践中心成为宣传群众、教育群众、引领群众、服务群众的主阵地。着力建设红寺堡区"好人馆",实施志愿服务"365 行动",创新推出移风易俗"三新四简两不"举措,文明新风逐步树立。

七 用水权改革成效显著

红寺堡区坚持向改革要动力、以改革激活力,准确把握用水权改革重点,在"节水增效"上下功夫,稳步推进灌溉管理、水价制定、节水奖励、超定额用水改革,为创建全国易地搬迁移民致富提升示范区提供坚实的水务保障。

第一,全面开展农业和工业用水确权。核定 64 个村灌溉面积 57 万亩、规模化养殖用水户 68 家、工业用水企业 126 家,将用水指标逐级分配到村、组、农户,实现用水户持证取水、明白用水。

第二,大力发展高效节水灌溉。推行"扬黄骨干渠系+调蓄池+管道输水"模式,建成各类调蓄池 109 座,总库容达到 2673.4 万立方米,通过冬存春用、削峰填谷缓解水资源紧缺现状,实现引水上山、旱涝保收。干渠直开口测控一体化闸门、末级渠系量水堰计量设施实现全覆盖,畦灌和高

---

① 《红寺堡区 2023 年政府工作报告》,https://www.hongsibu.gov.cn/xxgk/zfgzhg/202212/t20221214_3888518.html,最后访问日期:2024 年 11 月 27 日。

效节灌水利用系数分别提高至 0.67、0.80。

第三，搭建二级用水权交易市场。截至 2022 年，实现用水权交易 414 万立方米，参与企业、大户 22 家，交易金额 229 万余元，促进水资源供需平衡。建立"扬水管理处+水务部门""扬水管理站所+乡镇""灌溉管理站+水管所""村委会+支渠长"四级灌溉管理服务体系，推行水费网上收缴、先交费后用水机制。通过用水权改革，强化价格杠杆作用和激励机制，增强民众的节水意识和水商品意识。①

第四节　红寺堡区创建全国易地搬迁移民致富提升示范区面临的现实困境

一　产业层次低、链条短

第一，农业特色优势产业规模总体偏小。农业产业化程度不高，种植业、养殖业仍处于传统的生产状态，农民参与市场竞争的能力较弱，经济效益偏低。

第二，农产品加工转化能力较低。加工企业数量较少，加工转化能力较低，农产品还停留在"粮去壳""菜去帮""牛变肉"的初级加工阶段。产业链条短，缺乏强势龙头企业的带动，无法提升农产品的附加值，带动农民增收能力有限。

第三，品牌营销意识不强。红寺堡区的农产品品质好、特色鲜明，但品牌影响力不大、价值不高。在农产品品牌建设过程中，大多数企业特别注重前期的建设，对后期的品牌推广与宣传重视程度较低，投资力度较小，农产品品牌推广体系不健全，品牌意识不强烈，导致优质产品不能注册商标，产品附加值不高，利润空间小，严重影响了特色农产品市场营销。②

---

① 《红寺堡区用水权改革优化水资源配置》，https://www.slt.nx.gov.cn/slxc/mtjj/202209/t20220923_3790479.html，最后访问日期：2024 年 11 月 27 日。

② 赵国钦、徐小义、刘江：《杭州市"十四五"时期"三农"高质量发展思路研究》，《杭州农业与科技》2019 年第 6 期。

二　水资源短缺且利用率低

红寺堡区地处宁夏中部干旱半干旱风沙带，气候干旱少雨，全年平均降水量 277 毫米，年平均蒸发量 2050 毫米，当地水资源量少质差。可利用的水资源十分有限，农业生产全部依靠黄河水。

第一，种植业结构不合理加剧缺水。红寺堡区种植小麦、玉米、葡萄、马铃薯、经果林的比例分别为 6%、55%、12%、3%、24%，种植高耗水玉米的比例高达 55%，不合理的种植结构加剧了缺水。

第二，灌溉水有效利用率较低。首先，用水粗放，大水漫灌。灌区整体耗水量偏大，农田水利设施落后，加之该区的土壤质地以沙土、沙壤土为主，农田灌溉后渗漏比较严重，保水能力差，灌溉水有效利用率较低，农业生产灌溉用水占总水量的 97.5%。其次，农业节水技术不到位，灌区采用滴灌、喷灌、低压管灌等先进节水灌溉技术的仅占 27%，应用面积小。

第三，行业争水加剧。红寺堡区全年引黄水权指标仅为 1.88 亿立方米，居民生活、工业、农业生产灌溉及生态建设用水完全来自扬黄水。扶贫扬黄灌溉工程设计灌溉面积为 55 万亩，自 1998 年开发建设以来，已开发水浇地 80 万亩。由于总体设计流量小，红寺堡灌区 6~8 月用水集中，工业生产、农业灌溉、生态用水的矛盾在新庄集乡、新圈灌区表现尤为突出。供水矛盾进一步加剧水资源短缺。

三　土壤次生盐渍化、土地沙化、地力贫瘠问题突出

红寺堡区处于特定的地形、地质、土壤和气候条件下，由于多年的灌溉，灌区局部洼地出现了土壤次生盐渍化现象。随着灌溉面积的扩大，次生盐渍化面积也表现出扩大的趋势，平均每年以 2000 多亩的速度递增。截至 2022 年底，红寺堡区土壤盐渍化农田面积达到 3 万亩，涉及 1 乡 2 镇 17 个自然村，比较严重的区域有大河乡的龙坑村、石坡子村，红寺堡镇的光彩村、兴盛村、河水村、兴旺村。盐渍化已成为影响红寺堡区农业生产的重大问题之一，严重制约着生态环境和农业的可持续发展。

四　公共服务发展相对滞后

全区基础设施和公共服务相对滞后，不少基层党政组织在广大农民群众日益多样化和复杂化的公共服务需求面前处于缺位状态，一些乡村干部对于提供公共服务水平也缺乏责任意识。农村饮用水安全、教育医疗领域编制短缺、农村环境整治、农村社会治安状况、农村文化建设等方面还不能满足人民群众的需求。发展不平衡、供给渠道单一等诸多问题，严重制约着红寺堡区的社会经济发展。

第五节　红寺堡区创建全国易地搬迁移民致富提升示范区的路径选择

红寺堡区要围绕抓好产业、就业和社会融入三项主要任务，以创建全国易地搬迁移民致富提升示范区为统领，以节水和生态建设为重点，以特色产业发展为突破，以基础设施建设和改善民生为保障，下大力气推进生活垃圾治理、村庄清洁行动、村庄绿化美化等工作，下大功夫补齐农村水、电、路、气、讯、生态建设方面的短板，大力推进体制机制创新，巩固拓展脱贫攻坚成果，实施乡村振兴战略，不断提升自我发展能力，开启高质量发展的新篇章，为全国易地搬迁地区可持续发展树立样板标杆。[1]

一　坚持和加强党对"三农"工作的全面领导

全面推进乡村振兴，加快建设农业强国，关键在党。创建全国易地搬迁移民致富提升示范区，涉及的新情况新问题很多，面临的矛盾更加复杂，必须切实加强党对"三农"工作的全面领导，以更有力的举措汇聚更强大的力量，全面推进全国易地搬迁移民致富提升示范区创建。

第一，选优配强乡镇领导班子。选优配强乡镇领导班子关系到加快全国易地搬迁移民致富提升示范区的创建。要坚持新时期好干部标准，真正

---

① 韩立雄：《共同富裕背景下宁夏"移民致富提升行动"的对策建议》，《农业经济》2023年第 10 期。

把"政治上靠得住、工作上有能力、作风上过得硬"的优秀干部选拔到乡镇党委书记和乡长、镇长岗位上来，淬炼一支政治过硬、本领过硬、作风过硬的乡村振兴干部队伍。

第二，强化五级书记抓乡村振兴的工作机制。压紧压实五级书记抓乡村振兴责任，县（区）委书记要当好"一线总指挥"，整合各类资源要素，组织落实好各项政策措施；乡镇党委和政府要把创建全国易地搬迁移民致富提升示范区作为工作重点，抓好乡村振兴项目、资金落地落实；村级党支部书记要抓好村级各类组织和各项工作，组织动员农民群众共同参与乡村振兴。

第三，强化农村基层党组织核心地位。基层是党的执政之基、力量之源。要把夯实农村基层党组织同乡村振兴有机结合起来，切实发挥农村党组织对乡村振兴的引领作用，把产业能手、农村致富带头人吸引到党组织中，激发农民群众听党话、感党恩、跟党走，把农村基层党组织建设作为有效实现党的领导的坚强战斗堡垒，推动创建全国易地搬迁移民致富提升示范区。

二　走好农业产业振兴之路，在易地搬迁就业致富上争做样板

产业振兴是乡村振兴的关键。要立足红寺堡区资源禀赋，着力做大做优葡萄、枸杞、黄花菜、肉牛和滩羊四大产业。强龙头、补链条、树品牌，推动乡村产业全链条升级，增强市场竞争力。

1. 强龙头

一是要把做大做强龙头企业作为推进红寺堡区农业特色优势产业发展的着力点，聚焦优势，整合资源，培育壮大一批龙头企业，对被认定为国家、自治区级农业产业化重点的龙头企业给予一定奖励，推动形成国家、自治区、市、县"四级"龙头企业梯队，完善提升"龙头企业+新型经济合作组织+基地+农户"的发展模式，带动农业特色优势产业快速发展。二是实施重点产业带头人培育计划，创新培训方式方法，支持引导一批规模经营主体，培养一支乡村产业振兴"领头雁"队伍。①

---

① 东梅、王桂芬：《双重差分法在生态移民收入效应评价中的应用——以宁夏为例》，《农业技术经济》2010 年第 8 期。

2. 补链条

一是加快推进农产品加工业转型升级。面对红寺堡区农产品加工业现状，立足农产品加工产能，依托红寺堡产业园，结合产业定位，盘活壹加壹肉牛屠宰场，建成晓鸣股份红寺堡智慧农业产业示范园。延长以枸杞烘干速冻冷藏、葡萄酿酒等为主的农业生产、加工、流通、服务等增值增效链条，加快推进农产品加工业转型升级。二是打造"中国移民文化之乡"。抢抓将红寺堡区纳入黄河国家文化公园建设体系历史机遇，加固明长城红寺堡区段、烽火台旧址，加强移民旧址、宁夏扶贫扬黄灌溉工程指挥部旧址等移民文化遗产保护，深入挖掘、系统整理对红寺堡区易地搬迁具有重要意义的文物和文化资源，丰富宁夏移民博物馆内容，集中展示移民搬迁历史，讲好"宁夏移民故事"，彰显易地搬迁所蕴含的时代价值，形成以"共产党好、黄河水甜"为主题的新时代红色文化，力争将红寺堡区打造成"中国移民文化之乡"。三是大力发展乡村文化旅游业。进一步完善永新村、弘德村、红川村等旅游基础设施和公共服务设施，全面打造弘德红色教育示范村、中圈塘葡萄文化村、西川特色产业示范村、香园移民文化村、永新特色民俗村、白塔水塞上风光村等一批乡村旅游示范村，将红色研学、航空体验、民宿康养、"星星故乡"等项目串点成线，创新多业态旅游产品，提升旅游接待能力，推动形成"文、体、旅、商、农"融合发展新业态，不断擦亮"锦绣新灌区、魅力红寺堡"文旅品牌，着力把红寺堡区建设成全国移民文化集中示范区和宁夏全域旅游线路上的重要节点。

3. 树品牌

农产品品牌是农业标准化、组织化、产业化的延伸，是联系农业生产和农产品市场的桥梁，是把产品优势和资源优势转变为商品优势与市场优势，从而获得良好且持久的经济效益的最直接途径。[①] 红寺堡区的农产品有特色、有品质，但是缺品牌、缺市场。要聚焦品种培优、品质提升、品牌打造，提高葡萄酒产业、肉牛滩羊产业、黄花菜产业、枸杞产业品牌在全国的知名度和美誉度。红寺堡区种植的酿酒葡萄品种数量达到 13 个，累计

---

① 白南生、卢迈：《中国农村扶贫开发移民：方法和经验》，《管理世界》2000 年第 3 期。

培育形成千红裕、戈蕊红、罗山等 40 多个葡萄酒品牌，要进一步提高"紫色名片"的含金量。肉牛滩羊产业是红寺堡区的优势产业之一，肉牛产业以水发浩海牧业有限公司、壹加壹公司为龙头，滩羊产业以中建集团和天源农牧业联营公司为主，联合打造红寺堡区肉牛滩羊公用品牌。依托"中国富硒黄花菜明星产区"，黄花菜产业要强化政策引导、资金投入，注重"兴茗萱"等 8 个品牌的市场培育。枸杞产业要转变思路，探索产业发展新路径，着力创建枸杞芽茶、花蜜、枸杞酵素、原浆饮料、原浆糕等各类品牌。[①]

三　推进水利基础设施建设，突破水资源利用瓶颈

根据水利资源现状、水利工程分布和长远发展需求，红寺堡区抓重点、补短板、强弱项，加快水利基础设施网络建设，着力破解群众生产用水、生活用水、生态用水难题。

1. 推进水利基础设施建设

持续推动灌区续建配套与节水改造，稳步提高农田灌溉水有效利用系数。着力实施巴庄子中型灌区续建配套与节水改造工程，加快建设新庄集、新圈及海子塘支干渠提升改造工程。

2. 加大农田水利和高标准农田建设力度

一是扩大高效节水灌溉面积，推广水肥一体化技术，提高农业用水效益，加快建成全域高效节水灌溉示范区。二是实施盐渍化改造工程，栽培耐盐及脱盐植物，施用有机肥，增强土壤的通透性。[②]

3. 深度推进用水权改革

用水权改革是优化用水结构、转变用水方式、提高用水效率的重要突破口。一要充分认识水资源对红寺堡区发展的刚性约束，坚持以水定城、以水定地、以水定人、以水定产、量水而行、节水为重，构建起节约高效的水资源配置体系，推动节水、蓄水、用水、治水统筹发力，保障全区用

---

① 东梅、王桂芬：《双重差分法在生态移民收入效应评价中的应用——以宁夏为例》，《农业技术经济》2010 年第 8 期。

② 侯东民：《草原人口生态压力持续增长态势与解决方法——经济诱导式生态移民工程的可行性分析》，《中国人口科学》2002 年第 4 期。

水安全。二要大力推进农业水价综合改革和用水权交易，科学制订农业水价执行方案，建立健全精准补贴和节水奖励办法，试点"互联网+农业灌溉"新模式，推进网上缴费、网上结算管理体制。

四　打造移民地区基层社会治理典范

国以安为宁，民以安为乐。打造移民地区基层社会治理典范，是红寺堡区创建全国易地搬迁移民致富提升示范区的重要基石，是增强人民群众幸福感、安全感的现实需要。要加强和创新社会治理，促进群众思想融入、情感融入、生活融入，实现乡风文明、治理有效，构建和谐有序、共建共享的美丽家园。提升治理能力，构筑共建共治共享社会治理格局。

1. 加强和创新社会治理

扎实开展"八五"普法，认真贯彻宁夏"1+6"社会治理体系，继续深化县域社会治理现代化试点，聚焦乡村、社区、宗教、企业、校园、社团等重点领域治理，预防和化解重大社会风险，提升社会治理精细化、科学化水平，确保群众安居乐业、社会安定有序。

2. 深化村级事务治理

一是健全自治、法治、德治相结合的乡村治理体系，做实做细村民自治。立足于社会治理现代化，推行"互联网+基层社会治理"新模式，加强智慧社区建设、农村"网格化"服务管理，打造"平安红寺堡"。二是坚持和发展新时代"枫桥经验"，健全矛盾纠纷源头预防、排查预警、多元化解机制。做强区、乡、村三级调解平台，实现小事不出村、大事不出乡、难事不出区。①

3. 深化民族团结进步教育，构建铸牢中华民族共同体意识宣传教育常态化机制

一要全面落实习近平总书记关于深化民族团结进步教育的讲话精神和党中央相关决策部署，以铸牢中华民族共同体意识为主线，教育引导群众树立正确的国家观、民族观、历史观、文化观、宗教观，增强对伟大祖

---

① 刘学敏：《西北地区生态移民的效果与问题探讨》，《中国农村经济》2002年第4期。

国、中华民族、中华民族优秀文化、中国共产党、中国特色社会主义的认同。二要深入开展民族团结进步创建工作，广泛开展民族团结进步教育，深化民族团结进步教育内容，完善民族团结进步形式，加强各民族广泛交往交流交融，促进各民族在理想、信念、情感、文化上守望相助、手足情深，各民族像石榴籽一样紧紧抱在一起，共同团结奋斗，共同繁荣发展，自觉做铸牢中华民族共同体意识的维护者、践行者、传播者。

五　补齐农村基础设施和公共服务短板

基础设施和公共服务关系民生福祉，加快构建优质均衡的公共服务体系，是兜住兜牢民生底线，不断满足人民日益增长的美好生活需要，促进社会公平正义，增强全体人民获得感、幸福感的重要途径。持续加大投入力度，补齐农村饮水、道路、用电、住房、物流、信息网络等基础设施短板，推动红寺堡区基础设施建设提档升级。提升农村教育、医疗、卫生、社会保障、文化体育等公共服务水平，稳妥解决户籍、社保、教育、医疗等遗留和转接问题，逐步建立普惠共享、城乡一体的基本公共服务体系。

1. 加快农村信息化建设

实施农村地区信息进村入户工程，提升 4G 网络覆盖水平和接入能力，推动光纤网络向自然村延伸。加快智慧农业智慧农村管理服务平台建设，加强市场动态、农业政策法规、农技普及等惠农信息服务。

2. 多渠道扩大就业

就业是最大的民生，是社会稳定的重要保障。要坚持就业优先战略，全方位构建就业创业服务体系，健全灵活就业劳动用工政策，千方百计稳定和扩大就业，保持零就业家庭动态清零，实现更加充分更高质量的就业。一是扶持企业，稳定就业岗位，加强公益性岗位开发管理。二是加快创业孵化示范基地建设，完善"创业培训+创业担保贷款+创新服务"三位一体帮扶机制，着力开展全民创业培训、企业技能提升，不断激发群众返乡创业热情。[①] 三是继续完善公共就业服务体系，积极探索"互联网+就

---

① 　史俊宏：《基于 PSR 模型的生态移民安置区可持续发展指标体系构建及评估方法研究》，《西北人口》2010 年第 4 期。

业"新模式，推进人社一体化信息平台建设。构建网络就业大市场，推进网上就业服务，实现城乡劳动力精准就业。四是切实增强农村劳动力就业技能，提高农民综合素质，深化闽宁等东西部劳务协作，促进农村劳动力转移就业。着力提升劳务组织化程度，加强驻外劳务工作站建设，持续拓宽赴山东、福建等地转移就业渠道，不断扩大就业容量，提升就业质量。缩小城乡收入差距，增加农民经营性收入、工资性收入、转移性收入和财产性收入，走好全区农民致富之路。①

3. 打造区域教育高地

教育是实现人的全面发展的根本途径。要把立德树人融入思想道德教育、文化知识教育、社会实践教育各环节，贯穿基础教育、职业教育、高等教育各领域，深化教育改革，优化教育布局，多渠道增加优质教育资源供给，构建体系健全、衔接融通、适应终身学习需要的现代教育体系。以办好人民满意的教育为根本，打造区域教育高地。一要大力实施基础教育质量提升"五大工程"，坚决落实"两个只增不减"要求，优化学校布局，加强教育投入保障，改善办学条件，解决大校额、大班额等突出问题，持续推进学前教育、义务教育、高中教育优质发展。二要加快发展职业教育。扩建职业技术学校，深化产教融合、校企合作，大力支持新能源企业与红寺堡区职业技术学校合作开设新能源技术专业，为全国新能源企业定向培养专业人才。三要深化"互联网+教育"示范区建设，优化集团化办学模式，加强校地、校企、校际全方位合作，推动优质教育资源共建共享。四要以充实内涵、提高质量为重点，加强师德师风和教研队伍建设，健全完善人才培养制度，发挥优秀骨干教师示范引领作用，建立教坛新秀、教学能手等选拔培养管理机制，不断提升办学水平和教育质量，努力满足人民群众对优质教育的新期待。②

4. 全面推进健康红寺堡建设

健康红寺堡关系百姓生命健康和幸福指数。要健全公共卫生防控体

---

① 周华坤、赵新全、张超远、邢小方、朱宝文、杜发春：《三江源区生态移民的困境与可持续发展策略》，《中国人口·资源与环境》2010 年第 S1 期。

② Martha G. Roberts、杨国安：《可持续发展研究方法国际进展——脆弱性分析方法与可持续生计方法比较》，《地理科学进展》2003 年第 1 期。

系、救治体系、应急管理体系、物资保障体系、组织指挥体系，坚决维护人民生命安全和身体健康。一是立足关注生命全周期、维护健康全过程，完善医疗卫生服务体系，优化医疗卫生机构布局，构建紧密型医共体，织牢公共卫生防护网，为人民提供全方位全周期健康服务。二是建立健全疾病预防控制体系，强化监测预警、风险评估、流行病学调查、检验检测、应急处置等职能，不断加强疾病预防控制体系建设，提高突发公共卫生事件应对能力，深入开展爱国卫生运动，促进全民养成文明健康生活方式。三是健全医疗、医保、医药"三医"联动机制，持续推进"互联网+医疗健康"示范区建设。健全红寺堡医疗健康总院运行机制，全面深化京宁、沪宁、闽宁等医疗帮扶，加强医疗人才队伍和特色优势专科建设，持续提升医疗卫生服务水平。[1]

5. 织牢暖心的保障体系

社会保障是实现广大人民群众共享改革发展成果的重要制度安排。要进一步健全基本养老保险制度、基本医疗保险制度，完善社会救助体系，提高社会福利和住房保障水平，构建覆盖全民、统筹城乡、公平统一、可持续的多层次社会保障体系，切实兜住兜牢民生底线。一是严格落实"四个不摘"要求，保持主要帮扶政策总体稳定，持续提升"两不愁三保障"和饮水安全保障水平。健全防止返贫动态监测和帮扶机制，坚决守住不发生规模性返贫的底线。二是完善社会救助、社会福利、慈善事业、优抚安置等制度，健全农村留守儿童、妇女、残疾人等群体关爱保障机制。三是着力建设"医养结合"社区日间照料中心、农村幸福院等互助性养老服务机构，配备住宿、餐饮、体育锻炼等服务设施，提高农村养老服务机构功能和服务水平。[2] 四是深入推进全民参保计划，统筹发挥好基本医疗保险、大病保险、医疗救助三重制度综合保障梯次减负功能，扎实推进养老、工伤、失业等社会保险扩面提标。加强困难群体救助，强化兜底保障，用足用活低保、特困、低保边缘家庭等社会救助政策，分层分类实施救助

① 东梅、刘算算：《农牧交错带生态移民综合效益评价研究》，中国社会科学出版社，2011，第184~186页。
② 王晓毅：《易地扶贫搬迁方式的转变与创新》，《改革》2016年第8期。

帮扶。

六　推进生态保护和生态修复，打造全景展示易地搬迁生态建设成果的示范窗口

牢固树立"绿水青山就是金山银山"的理念，大力实施罗山生态保护修复治理、湿地资源保护、小流域治理和矿山生态治理等重点工程，规划建设红柳沟生态公园，切实筑牢宁夏中部干旱带绿色生态安全屏障，打造全景展示易地搬迁生态建设成果的示范窗口。

1. 严格管控生态红线

按照国土空间规划确定的生态保护红线和生态空间，严控严管。坚持源头保护、系统恢复、综合施策，统筹推进山水林田湖草沙系统治理，在全面落实河长制、湖长制的基础上，加快建立林长制、草长制、沙长制，扎实开展国土绿化行动，探索多样化保护管理模式，着力夯实生态基础，增强区域水源涵养、水土保持、防风固沙、生物多样性等维护功能。

2. 加强罗山综合治理

一是充分认识罗山在宁夏中部防风固沙、水源涵养和动植物"基因库"、阻挡毛乌素沙地东侵的重大功能和作用，切实加强罗山生态系统综合治理，增强森林、草原水源涵养功能。依据国土空间规划明确的原则，划清划细自然保护区范围、功能、权属、职责"四个"边界，建立分类科学、布局合理、分级管理、保护有力的自然保护区体系。二是严格遵守禁伐、禁垦、禁采、禁牧"四禁"规定，加强自然保护区生态修复，科学固沙防沙治沙，大力实施锁边防风固沙工程，开展罗山天然林保护、荒漠灌丛森林自然演替和人工灌木林提升改造，综合治理退化沙化草原，推动防沙治沙和荒漠化综合治理取得新成果。三是全面落实林长制，开展大规模国土绿化行动，推动林草资源扩面提质。

3. 深化污染防治攻坚

全面巩固中央环保督察"回头看"整改成果，持续打好蓝天、碧水、净土三大保卫战。一是全域推进"四尘同治"，完善大气污染联防联控联治机制，深化扬尘污染、工业废气等协同治理，确保全区空气质量稳定达

标、持续向好。二是统筹推进"五水共治"，加强饮用水源地保护与水资源保障，推动工业废水、城乡污水有效回收利用，确保红柳沟、清水河等水质稳定在地表Ⅳ类。三是扎实推进"六废联治"，深化"清废行动"，实行危险废物源头控制，全面提升医废、固废处置能力。四是强化农业面源污染治理，健全土壤监测网络体系，常态化推进畜禽粪污资源化利用、秸秆综合利用、农残膜回收利用，确保土壤环境总体安全。

七　整治农村人居环境，打造生态移民人居环境改善样板

改善农村人居环境、建设美丽宜居乡村是广大农民群众生产生活的基础保障，也是创建全国易地搬迁移民致富提升示范区的重要内容。红寺堡区要在垃圾污水治理、农村"厕所革命"、村容村貌提升和农业生产废弃物资源化利用等方面精准发力，有序推进环境整治，打造生态移民人居环境改善样板。[1]

1. 扎实推进乡村振兴示范村建设

深入实施村庄规划编制、生活污水治理、村容村貌亮化等十大工程，以建设生态宜居美丽乡村为导向，以推进农村环境污染整治工程、村容村貌改善工程、农村基础设施提升工程、特色村镇培育工程、乡风文明创建工程为重点，整合资源，强化措施，加快补齐农村人居环境短板，打造宜居宜业的百万移民致富提升示范村，增强农民群众的获得感和幸福感。

2. 持续提升村容村貌整治水平，建设美丽宜居乡村

围绕全国易地搬迁移民致富提升示范区建设，突出规划先行，编制完成上源、香园等20个村"多规合一"实用性村庄规划。统筹考虑主导产业、人居环境、生态保护等要素，重点整治城郊融合、特色保护类村庄，改造提升供水管网，实施清洁能源替代工程，推进乡村菜园、果园、花园、游园建设，推动农村客货邮融合发展，解决群众出行、物流配送、邮政寄递三个"最后一公里"问题，推动人居环境与产业发展互促互进，提升建设和管护水平。持续开展村庄清洁行动，因地制宜推进"厕所革命"、垃圾处理和污水治理，巩固人居环境整治成果。

---

① 《全国"十三五"易地扶贫搬迁规划》，https://www.ndrc.gov.cn/xxgk/zcfb/ghwb/201610/t20161031_962201.html，最后访问日期：2024年3月26日。

第三部分

共同富裕的"共融"逻辑：新社会转型的社会融合篇

第九章
宁夏百万移民致富提升行动

李文庆[*]

消除贫困、实现共同富裕是社会主义的本质要求。2021 年 7 月 1 日，习近平总书记在庆祝中国共产党成立 100 周年大会上庄严宣告，"经过全党全国各族人民持续奋斗，我们实现了第一个百年奋斗目标，在中华大地上全面建成了小康社会，历史性地解决了绝对贫困问题，正在意气风发向着全面建成社会主义现代化强国的第二个百年奋斗目标迈进"。[①] 宁夏百万移民致富提升行动，是破解城乡区域发展不平衡、实现宁夏城乡居民走共同富裕之路的有效途径。对宁夏百万移民致富提升理论与实践进行探析，可以为我国易地搬迁移民致富提升提供可复制、可推广的模式。

第一节　宁夏百万移民致富提升行动理论研究

宁夏百万移民致富提升行动是继打赢脱贫攻坚战及消除绝对贫困、区域性整体贫困之后，又一重大民生工程。这是宁夏在实施乡村振兴战略进程中，通过各级党委、政府和全社会的共同努力，不断激发宁夏百万移民

　＊　作者简介：李文庆，宁夏社会科学院农村经济研究所研究员。
　①　《习近平：在庆祝中国共产党成立 100 周年大会上的讲话》，https://www.gov.cn/xinwen/2021-07/15/content_5625254.htm，最后访问日期：2024 年 10 月 21 日。

内生动力、增强发展能力、实现收入水平提升的重大行动，具有深远的理论价值和现实意义。

一 移民的概念与分类

移民是指由政府有组织地将人口迁移到资源丰富的地区，利用垦殖、开发等方法使荒地或天然资源得以充分利用，为社会提供财富的过程。① 将不适合人类生存地区的农民迁移到适合开发和发展的地区称为移民搬迁，搬迁是移民实现致富提升的前提。移民开发是指移民搬迁到迁入地以后，利用当地的土地、水资源等进行的各种开发活动。这种活动既促进了当地经济社会的发展，也为移民自身致富提升奠定了物质基础。移民开发是人类社会发展到一定阶段的产物，也是人类社会不断发展的助推器。它不仅拓展了人类发展的空间，而且在不断发展的过程中推进了中华民族大家庭的融合。

宁夏移民搬迁有以下几种分类。一是按搬迁主体进行分类，可以分为由政府组织搬迁的政策性移民和由移民自主搬迁的自发性移民，宁夏6次政策性移民共计有123万人，自发性移民有20余万人；二是按搬迁规模进行分类，可以分为整体性搬迁和分散式搬迁；三是按安置方式是否集中进行分类，可以分为集中安置、分散安置和插花安置；四是按安置内容进行分类，可以分为以提供土地为主的生态移民和以提供就业为主的劳务移民；五是按安置距离远近进行分类，可以分为近距离的县内移民和远距离的县际移民。以上移民搬迁模式的分类，既是宁夏移民实践的成果，也是理论工作者与实际工作部门进行长期归纳和总结的结果。②

二 共同富裕理论

共同富裕是社会主义的本质要求，也是中国式现代化的重要特征。党

---

① 范建荣：《移民开发与区域发展：宁夏移民开发的历史、现实与未来》，宁夏人民出版社，2006。
② 范建荣：《生态移民战略与区域协调发展——宁夏的理论与实践》，社会科学文献出版社，2019。

的十八大以来，以习近平同志为核心的党中央坚持以人民为中心的发展思想，把逐步实现全体人民的共同富裕摆在更加突出的位置。在新的历史时期，必须坚持以人民为中心的发展思想，在高质量发展中促进共同富裕。

1. 共同富裕是中国共产党人的初心和使命

共同富裕是马克思、恩格斯所设计的未来社会的重要特征。马克思、恩格斯在《共产党宣言》中指出："无产阶级的运动是绝大多数人的、为绝大多数人谋利益的独立的运动。"马克思进一步指出，在未来的社会主义制度，"社会生产力的发展将如此迅速"，"生产将以所有人的富裕为目的"。① 作为以马克思主义理论武装起来的先进政党，中国共产党自成立之日起，就坚持把为中国人民谋幸福、为中华民族谋复兴作为初心和使命，团结带领全中国人民为创造自己的美好生活进行了长期的艰苦奋斗。回顾百年奋斗历程，消除贫困、改善民生、实现共同富裕是我们党矢志不渝的奋斗目标。

党的十八大以来，以习近平同志为核心的党中央团结带领中国人民实现了第一个百年奋斗目标，明确了实现第二个百年奋斗目标的战略安排，推动党和国家事业取得了历史性成就、发生了历史性变革。宁夏把握发展阶段新变化，把逐步实现全体人民共同富裕作为最重要的工作，推动区域协调发展，通过易地移民搬迁、产业发展等措施打赢脱贫攻坚战，促进易地移民搬迁等低收入群体提升致富能力，走向共同富裕。

2. 共同富裕是全体人民的富裕

实现共同富裕不仅是一个经济问题，而且是关系到党的执政基础的重大政治问题。在不同的历史时期，实现共同富裕的内涵和要求也呈现不同特征。毛泽东指出，社会主义"是可以一年一年走向更高更强的，一年一年可以看到更富更强些。而这个富，是共同的富，这个强，是共同的强，大家都有份"②。邓小平强调，"社会主义的目的就是要全国人民共同富裕，不是两极分化"，"要允许一部分地区、一部分企业、一部分工人农民，由

---

① 马克思、恩格斯：《共产党宣言》，人民出版社，2018。
② 焦富民：《把握实现共同富裕的目标内涵和实践要求》，《群众》2022 年第 2 期。

于辛勤努力成绩大而收入先多一些，生活先好起来"①。基于这些认识，邓小平提出"先富带后富，最终达到共同富裕"的构想。

进入新时代，实现共同富裕有了更加坚实的物质条件和更加突出的优势。新时代我国社会主要矛盾的变化，决定了必须解决好发展不平衡不充分问题。习近平总书记立足新的历史方位，对共同富裕的科学内涵进行了全新的概括。他精辟地指出："共同富裕是全体人民的富裕，是人民群众物质生活和精神生活都富裕，不是少数人的富裕，也不是整齐划一的平均主义，要分阶段促进共同富裕。"② 这赋予共同富裕的时代内涵。宁夏通过东西部扶贫协作让先富带动后富，为促进不同区域实现共同富裕创造了良好条件，其中闽宁协作就是生动的例子。

3. 高质量发展是共同富裕的基石

习近平总书记指出："发展仍然是我们党执政兴国的第一要务，仍然是带有基础性、根本性的工作。"③ 没有扎扎实实的发展成果，共同富裕就无从谈起。新时代新阶段的发展，必须是高质量发展。共同富裕是先进生产力基础上的均衡富裕，而高质量发展是解决新时代我国发展不平衡不充分问题的基础和关键，也是实现我国共同富裕的前提和条件。

在高质量发展中促进共同富裕，要着力增强发展的平衡性、协调性和包容性。当前我国发展不平衡不充分问题仍然突出，区域之间发展不平衡，东西部地区发展差距较大，因而增强发展平衡性、协调性的任务依然艰巨。要在深化改革、加快发展上下功夫，着力促进东西部地区团结协作，提高西部地区的自我发展能力；要在扩大中等收入群体上下功夫，推动更多低收入人群迈入中等收入行列；要在促进基本公共服务均等化上下功夫，加大普惠性人力资本的投入力度，不断完善教育、养老和医疗社会保障体系以及住房供应保障体系；要在促进农村农民共同富裕上下功夫，巩固拓展脱贫攻坚成果，全面推进乡村振兴。宁夏积极践行共同富裕理

---

① 焦富民：《把握实现共同富裕的目标内涵和实践要求》，《群众》2022 年第 2 期。
② 习近平：《习近平著作选读》（第二卷），人民出版社，2023，第 500~506 页。
③ 《习近平在兰考县委常委扩大会上的讲话》，http://www.xinhuanet.com/politics/2015-09/08/c_128206459.htm，最后访问日期：2024 年 11 月 27 日。

念，不断增强自我发展能力，破解区域自身发展不平衡不充分问题，通过易地移民搬迁完成脱贫攻坚任务，向共同富裕的道路迈进。

三　宁夏百万移民致富提升行动的重要意义

宁夏百万移民搬迁历程已近 40 年，回首过去、展望未来，宁夏百万移民致富提升行动在加强民族团结、铸牢中华民族共同体意识，加快区域协调发展、实现共同富裕，实现人与自然和谐共生、建设美丽中国等方面具有重要意义。

1. 宁夏百万移民致富提升行动在加强民族团结、铸牢中华民族共同体意识方面具有重大的政治意义

宁夏中南部地区生态环境恶劣，是宁夏易地扶贫搬迁的主要迁出地，也是回族群众的主要聚居地之一。在宁夏百万移民搬迁过程中，采取适度集中与嵌入式安置相结合的方式，将汉族、回族、蒙古族等 14 个民族的群众统一安置，为各族群众安居乐业、手足相亲创造了条件。迁入地通过加强党的领导，健全自治、法治、德治"三治"融合的社会治理体系，大力开展民族团结进步创建活动，将中华民族共同体意识植根于各族搬迁群众心中，永宁县闽宁镇、原州区和润村等被评为"全国民族团结进步模范集体"。因此，宁夏百万移民致富提升行动在加强民族团结、铸牢中华民族共同体意识方面具有重大的政治意义。

2. 宁夏百万移民致富提升行动在加快区域协调发展、实现共同富裕方面具有重要的历史意义和现实意义

纵观宁夏百万移民搬迁历程，最显著的特征是始终坚持党的领导，历届党委、政府始终将移民搬迁作为"拔穷根"的重要举措，坚持"全区一盘棋""以川济山、山川共济"，推进山川协调发展，在全区范围内整合各类资源安置搬迁群众，推动全区生产力布局、空间布局和人口布局的调整优化，对区域经济可持续发展产生了深远影响。宁夏百万移民致富提升行动是巩固拓展脱贫攻坚成果、实现城乡居民共同富裕的重要举措。因此，宁夏百万移民致富提升行动在加快区域协调发展、实现共同富裕方面具有重要的历史意义和现实意义。

3. 宁夏百万移民致富提升行动在实现人与自然和谐共生、建设美丽中国方面具有重要意义

宁夏中南部地区自然条件恶劣，生态环境脆弱，人口严重超载，是联合国专家认为的不具备人类生存基本条件的地区。宁夏自实施百万移民致富提升行动以来，通过自然恢复、人工修复、土地荒漠化治理、小流域综合治理等措施，实现了脱贫富民与生态文明建设的双赢。因此，宁夏百万移民致富提升行动在实现人与自然和谐共生、建设美丽中国方面具有重要意义。

第二节　宁夏百万移民致富提升行动的背景与现状

宁夏是我国较早有计划、有组织、大规模实施易地扶贫搬迁的省区之一，有效解决了"一方水土养活不了一方人"的问题，得到了中央领导和国家有关部委的充分肯定，这也为全国实施大规模易地扶贫搬迁探索了路子、积累了经验。

一　宁夏百万移民搬迁背景

宁夏自古以来就是一个移民地区，宁夏历史无疑就是一部移民开发史。由于宁夏地处农耕与游牧民族交错地带，战略地位非常重要，加上宁夏沿黄地区易于农业开发，自秦始皇统一中国至新中国成立之前，历朝历代都十分重视通过移民达到屯垦戍边的目的，并在宁夏兴修水利、进行农业开发，有效推动了宁夏经济社会发展。新中国成立以来，国家继续采用移民措施加快宁夏发展，如自治区成立前夕大批干部支援宁夏，部队转为地方投入农业生产。特别是"三线建设"时期，来自五湖四海的产业工人为宁夏工业经济发展做出了不可磨灭的贡献，在有力增强国防实力、保卫国家安全的同时，增强了各民族之间的相互交流，促进了民族团结。

改革开放为我国区域经济的发展注入了活力，也为宁夏这样一个欠发

达地区寻求发展之路指明了方向。宁夏实施易地移民搬迁战略,是随着我国改革开放的不断深化进行的,既是对宁夏区情不断认识的结果,也是充分利用国家支持政策的结果。宁夏北部沿黄灌溉地区发展条件较好,而中部干旱带和南部山区是集革命老区、民族地区、贫困地区于一体的特殊困难地区,被国家确定为六盘山集中连片特困地区,包括原州区、西吉县、隆德县、泾源县、彭阳县、海原县、同心县、盐池县8个国家扶贫开发工作重点县和红寺堡区及沙坡头区、中宁县部分山区,面积4.3万平方公里,占宁夏总面积的65%。这一地区位于黄土高原西南缘,属温带大陆性干旱、半干旱气候,干旱少雨、沟壑纵横、土地瘠薄、植被稀疏,生态环境恶劣,自然灾害频繁,大部分地方生存条件极差,1972年被联合国粮食开发署确定为"最不适宜人类生存的地区"之一。无论是生存条件,还是贫困特征,宁夏在全国都具有典型代表性。面对巨大的区域发展差异、严重的贫困问题以及恶劣的生态环境,经过大量的调研和对历史经验的总结,宁夏最终选择了一条既能解决中南部山区贫困问题,又能使北部川区土地得以开发的易地扶贫搬迁之路,进而实现"以川济山、山川共济"的区域协调发展的目标,从而开了宁夏移民开发乃至整个国家省内移民开发之先河。

二　宁夏百万移民致富提升行动的基本情况

20世纪80年代初,宁夏西海固地区的贫困问题得到了党中央、国务院的高度关注。1982年12月,中央决定实施"三西"农业建设,开了我国有计划、有组织、大规模扶贫开发的先河,也拉开了宁夏扶贫开发的序幕。从1983年开始,宁夏先后实施了吊庄移民、扶贫扬黄灌溉工程移民、易地扶贫搬迁试点移民、中部干旱带县内生态移民、"十二五"中南部地区生态移民、"十三五"易地扶贫搬迁移民等6次大规模政策性移民搬迁,累计搬迁移民123万人,移民规模仅次于三峡百万大移民。[1] 经过努力奋斗,搬迁的贫困群众彻底拔掉了穷根、换掉了穷业、

---

① 中共宁夏回族自治区委员会党史研究室、宁夏回族自治区扶贫开发办公室、宁夏中共党史学会编著《宁夏扶贫开发史研究》,宁夏人民出版社,2015。

改变了穷貌，彻底阻断了贫困代际传递，贫困人口全部脱贫，生产生活条件得到显著改善，移民增收渠道得到明显拓宽，生态环境明显好转，移民群众"三保障"和饮水安全问题得到了根本性解决，受到了贫困群众的普遍认可。党的十八大以来，习近平总书记两次前往宁夏视察都对宁夏移民搬迁工作作出了重要指示。2016年7月，习近平总书记在闽宁镇视察时指出："移民搬迁是脱贫攻坚的一种有效方式。要总结推广典型经验，把移民搬迁脱贫工作做好。"① 2020年6月，习近平总书记视察宁夏时第一站就到红寺堡区弘德村看望移民群众，在听取自治区党委和政府工作汇报后强调，"要完善移民搬迁扶持政策，重点解决产业、就业、社会融入3件事，确保搬迁群众搬得出、稳得住、能致富"。② 这些重要讲话和指示，既是对宁夏移民搬迁工作的肯定和鼓励，又为今后工作指明了方向、提供了遵循。为了深入贯彻习近平总书记视察宁夏重要讲话精神，2020年12月，自治区党委召开十二届十二次全会，提出实施百万移民致富提升行动。2021年4月，自治区党委办公厅、人民政府办公厅印发了《关于进一步强化易地搬迁后续扶持实施百万移民致富提升行动的意见》，围绕解决好搬迁群众产业、就业、社会融入三件事，巩固拓展脱贫攻坚成果，做好易地扶贫搬迁后续扶持工作，补短板、强弱项，确保搬迁群众稳得住、有就业、能致富。2021年4月27日，自治区召开全区实施百万移民致富提升行动工作会议，全面动员、系统部署百万移民致富提升行动，有力有序推进各项工作有效落实。

第三节　宁夏百万移民致富提升的基础条件、收入特点及面临的困难

宁夏是实施易地移民搬迁的先行区之一，实施移民搬迁时间跨度长，移民人数规模大，移民致富能力较弱。一方面要加强和完善移民致富提升

---

① 郑传芳：《使移民搬迁成为"民心工程"》，《人民日报》2016年11月14日。
② 李峰：《搬出大山去，换个新活法——宁夏易地扶贫搬迁工作综述（上）》，《宁夏日报》2020年10月21日。

的基础条件，另一方面从宁夏农民的收入特点入手分析移民致富提升的短板弱项，发现带有共性的问题，采取有效措施增加宁夏移民收入。

一　宁夏百万移民致富提升的基础条件

加强和完善百万移民致富提升的基础条件，是实现百万移民致富提升的重要保障，应大力做好产业、就业、移民融入三件事，让移民共享宁夏经济社会发展红利，在发展中提升移民致富水平。

1. 以产业兴旺为基础，为百万移民致富提升提供了保障

产业发展是实现百万移民致富提升的基础。宁夏以发展壮大特色优势产业为脱贫攻坚的突破口，扎实推进"四个一"产业扶贫示范带动工程，大力实施产业扶贫"六大行动"。发展壮大盐池滩羊、固原肉牛、西吉马铃薯、中宁枸杞、冷凉蔬菜、酿酒葡萄等支柱产业，培养发展中药材、黄花菜、乡村旅游等特色产业。围绕打造黄河流域现代农业高质量发展示范区，着力调整优化种养结构、扩大经营规模、增强加工能力、延长产业链条，统筹推进布局区域化、经营规模化、生产标准化、发展产业化，开展了一系列实践探索。围绕提质发展高效种养业，分产业制订了肉牛、肉羊、奶、蔬菜、葡萄、枸杞等高质量发展方案。课题组在银川市月牙湖乡滨河家园一村调研时，村干部和村民介绍，银川市经济发达，已经出现了"用工荒"，村民只要愿意就能找到合适的工作。课题组在盐池县调研时，县农业农村局、人社局的干部反映，由于该县近年来经济发展状况较好，产业对人口的聚集能力不断增强，不仅吸引本县外流人口回乡就业、创业，还吸引了周边省区（如甘肃省）民工来盐池县就业。特别是宁夏出台九大特色产业政策以来，回乡养殖滩羊的农户不断增加，滩羊存栏规模扩大，一些优质牧草出现涨价现象，又带动了种植业发展，形成了经济良性发展。引进农业龙头企业是实施乡村振兴战略和百万移民致富提升行动的有效途径。原州区潘家庄高品蛋鸡产业园项目是原州区引进的重点合作项目和确定实施的重点产业工程，该项目年销售收入达到 9 亿元，每年需收购玉米 10 万吨，仅收购玉米一项就可带动周边 2～3 个乡镇发展种植业，并可带动 600 户专业养殖大户，直接或间接带动就业岗位 1200 余个，上下

游产业带动可帮扶贫困农户 5000 余户，① 还可带动原州区包装、运输车辆等行业发展，在助推原州区种植业发展、吸纳劳动力就业、提高群众收入水平、帮助困难群众脱贫致富等方面发挥了积极的促进作用。

2. 多措并举，建立和完善就业扶持的长效机制

宁夏综合运用教育、医疗、金融等组合政策，抓好产业扶贫"六大行动"，建好用好扶贫车间、扶贫产业园区，让有条件的贫困户至少有一个增收产业、有劳动力的贫困家庭至少有一人稳定就业，使百万移民致富提升有了强有力的抓手；严格落实"四个不摘"要求，建立解决相对贫困长效机制，有效防止返贫和新的贫困；深化闽宁对口扶贫协作，推进中央单位定点扶贫，开展"百企帮百村"行动，让贫困群众有信心脱贫、有能力致富。比如，永宁县闽宁镇原隆村在福建省漳州市国资委的帮扶下，成立了闽宁禾美电商扶贫车间，采取"村党支部+电子商务+扶贫车间+贫困户"的模式，实现稳定就业 35 人，使一些原来没出过家门的留守妇女走上了电商直播带货之路，努力打造电商扶贫示范模式。

3. 重视基层村镇建设，移民融入初见成效

一是乡村文化建设得到加强。文化是乡村振兴的灵魂，也是移民融入的基础。脱贫村综合文化活动中心实现全覆盖，建设"新时代农民讲习所"1186 个，举办各类讲座 3427 场次，用身边人身边事激发贫困群众内生动力，加强贫困群众思想文化、道德法律、感恩教育，弘扬自尊自爱自强精神，大力宣讲勤劳致富、自力更生的先进事迹，引导群众弘扬传统美德、树立文明新风。二是"一村一年一事"行动收到了良好效果。从 2020年开始，全区启动"一村一年一事"行动，将村一级作为实施乡村振兴战略的主阵地，每年为每个行政村办一件实事，农民的事情农民提，农民的事情农民办，一年接着一年干，日积月累、久久为功。仅一年不到，就梳理事项 1890 件，办结 1281 件，完成投资近 13 亿元，办结率为 68%，成效初现。三是农村基础设施建设得到了较大改善。在金凤区、贺兰县、平罗县、利通区、隆德县、泾源县、沙坡头区、中宁县等 8 个县（区）开展乡

---

① 邓蕾：《商品蛋鸡为特色产业赋能——访固原市原州区高品蛋鸡产业园》，《华兴时报》2021 年 11 月 1 日。

村振兴示范创建活动。选取第一个脱贫摘帽的盐池县和移民相对集中的闽宁镇、镇北堡镇等"一县六镇"开展乡村振兴试点，探索宁夏山川不同地区乡村振兴的有效路径，为移民融入奠定了基础。例如，为探索建立村民自治、德治、法治相结合的乡村治理机制，切实解决群众等靠政府送产业、参与发展不积极、基层治理较薄弱、乡村治理较涣散以及不孝敬老人、婚嫁彩礼高等陈规陋习，泾源县建立了乡村治理积分卡制度，为加强基层社会治理蹚出一条新路。海原县把孝德文化与扶贫有机结合，引导子女自觉履行赡养义务，对不履行赡养义务或者虐待老人的子女，取消享受村集体福利政策的资格，有效推动了乡村文化建设。红寺堡区各乡镇通过美丽乡村文明创建工程示范村、文明村镇、星级文明户、"好公婆""好儿媳"等评选活动，有效调动了广大移民群众建设新家园的积极性。

二　宁夏农民的收入特点与收入结构分析

增加农民收入是宁夏"三农"工作的中心任务，宁夏紧紧围绕"两个高于"目标要求，不断拓宽农民增收渠道、提高农民收入水平、缩小城乡差距，实现农村居民收入持续较快增长。

1. 宁夏农村常住居民人均可支配收入特点分析

"十三五"以来，宁夏农民收入水平一直位于西北地区前列，特别是脱贫攻坚政策效应显现，农民收入水平不断提高，但我们也应看到，宁夏农民收入水平与全国平均水平的差距仍在扩大，山区和川区农民的收入差距也仍呈扩大趋势。一是全区农民收入水平不断提高，增幅相对平稳。"十三五"以来，宁夏农村常住居民人均可支配收入从2016年的9582元增长到2020年的13889元，增长了44.95%，年均增长8.99%（见表9-1）。其增速连续4年高于全国平均水平，连续12年高于城镇居民平均水平，但相对于"十二五"期间的两位数增长则明显放缓，且处于相对平稳的趋势。二是宁夏农民收入水平位于西北地区前列。宁夏农村常住居民人均可支配收入一直位于西北地区第2名，仅次于新疆，且与新疆的收入差距呈逐年缩小的趋势，而西北地区其他省区农村常住居民人均可支配收入与宁夏的差距呈逐年扩大趋势，这也是宁夏能够吸引周边省区自发移民的重要原因。三是脱贫攻坚政策效应显现，收入结构变化明显。"十三五"期间，宁夏农民工资性收入和经营性收入年均增长速度分别为 7.3% 和 7.7%，趋于平缓；而财产性收入和转移性收入则保持较快速增长，年均增长速度分别为 15.7% 和 13.6%。四是城乡收入比逐年小幅缩小，收入绝对差距逐年拉大。"十三五"以来，宁夏农村居民收入年均增长幅度高出城镇居民 1 个百分点，宁夏城乡居民收入比从 2016 年的 2.76∶1 缩小到 2020 年的 2.57∶1，但由于城乡居民收入绝对基数差距较大，收入绝对差距还在继续扩大。五是川区和山区之间的绝对收入差距仍呈扩大趋势。"十三五"时期，川区农村居民人均可支配收入始终高于山区，但增幅（8.2%）低于山区（11.3%）平均水平。川区农村居民人均可支配收入由 2016 年的 11661 元增加到 2020 年的 16014 元，年均增长 8.2%；山区农村居民人均可支配收入由 2016 年的 7505 元增加到 2020 年的 11624 元，年均增长 11.3%。川区和山区之间的绝对收入差距呈扩大趋势，川区和山区农村居民人均可支配收入差距由 2016 年的 4156 元增加到 2020 年的 4390 元。六是宁夏农村居民收入水平与全国平均水平差距仍在扩大。"十三五"以来，宁夏农村居民人均可支配收入年均增长速度较全国平均水平高 0.4 个百分点，在大陆 31 个省份中排在第 12 位，但绝对差距仍在逐年扩大，由 2016 年的 2511 元扩大至 2020 年的 3242 元。①

2. 宁夏农村常住居民人均可支配收入结构分析

一是工资性收入稳定增长。2020 年，宁夏农村居民人均工资性收入为 5150 元，占人均可支配收入的 37.1%，是宁夏农村居民收入的第二大来源。同一时期，全国农村居民工资性收入占人均可支配收入的比重呈持续上升趋势，且始终是全国农村居民收入的第一大来源。二是经营性收入增长较快。2020 年宁夏农村居民经营性收入为 5549 元，占农村居民人均可支配收入的 40.0%，较 2016 年增长 40.93%，年平均增长 7.7%，比全国年均增长幅度（6.2%）高 1.5 个百分点，在宁夏农村居民四项收入构成中增长最快，是宁夏农村居民收入的第一大来源。同一时期，全国农村居民

①　宁夏回族自治区政协农业和农村委员会：《政协委员农业经济形势分析会材料汇编》，2021 年 7 月。

经营性收入占比呈持续下降趋势，经营性收入成为全国农村居民人均可支配收入的第二大来源。三是财产性收入增长较快，但比重较小。2020年，宁夏农村居民财产性收入为393元，占人均可支配收入的2.8%，较2016年增长了34.69%。同一时期，全国农村居民财产性收入占人均可支配收入的比重也呈持续上升趋势。四是转移性收入持续增长。2020年，农村居民转移性收入为2797元，占人均可支配收入的20.1%，较2016年增长了62.97%。同一时期，全国农村居民转移性收入占人均可支配收入的比重也呈持续上升趋势，由2016年的18.8%持续上升到2020年的21.4%，提升了2.6个百分点。由于宁夏脱贫地区农村居民人均可支配收入基数小，虽然近年来增幅高于全区平均水平，但收入差距拉大的趋势仍未得到扭转，缩小发展差距的任务依然艰巨。①

2020年，宁夏22个县市区中（见表9-1），盐池县是中南部脱贫地区中农民收入唯一高于全区平均水平的县，且增幅位于全区第一；在9个脱贫县区中，红寺堡区、泾源县、海原县农民收入首次突破万元。

表9-1　2016~2020年宁夏各市县区农村居民收入分析

单位：%，元

	2016年收入	2017年收入	2018年收入	2019年收入	2020年收入	增幅	"十三五"时期增幅
全　区	9852	10738	11708	12858	13889	8.0	8.8
沿黄地区	11661	12661	13712	14859	16014	7.8	8.2
中南部地区	7505	8347	9298	10415	11624	11.6	11.3
兴庆区	13600	14788	15904	17129	18354	7.2	7.8
西夏区	10112	10975	11820	12835	13609	6.0	7.8
金凤区	10746	11629	12669	13708	14602	6.5	8.0
永宁县	11865	12855	13871	14994	16040	7.0	7.8
贺兰县	12560	13668	14780	15928	17249	8.3	8.2
灵武市	12546	13659	14848	16032	17312	8.0	8.2

① 宁夏回族自治区政协农业和农村委员会：《政协委员农业经济形势分析会材料汇编》，2021年7月。

续表

	2016年收入	2017年收入	2018年收入	2019年收入	2020年		"十三五"时期
					收入	增幅	增幅
大武口区	10261	11185	12124	13155	13936	5.9	7.8
惠农区	11850	12857	13865	15185	16483	8.5	8.3
平罗县	12196	13276	14491	15665	16890	7.8	8.4
利通区	12576	13675	14906	16273	17512	7.6	8.6
红寺堡区	7081	7896	8796	9825	10925	11.2	11.3
盐池县	8532	9549	10685	12127	13922	14.8	12.7
同心县	7388	8216	9185	10278	11339	10.3	11.1
青铜峡市	12040	13135	14199	15491	16917	9.2	8.6
原州区	8070	8961	9946	11164	12563	12.5	11.5
西吉县	7566	8401	9308	10416	11792	13.2	11.5
隆德县	7462	8305	9277	10344	11595	12.1	11.4
泾源县	7032	7842	8736	9724	10707	10.1	10.4
彭阳县	7861	8790	9863	11000	12232	11.2	11.3
沙坡头区	10375	11249	12194	13210	14109	6.8	7.9
中宁县	10356	11245	12180	13239	14076	6.3	8.0
海原县	6872	7658	8511	9627	10641	10.5	11.2

资料来源：《宁夏统计年鉴2021》及宁夏回族自治区农业农村厅数据。

三　宁夏百万移民致富提升存在的问题

经过多年发展，特别是党的十八大以来，全区上下坚决贯彻落实习近平总书记关于扶贫工作重要论述，瞄准对象稳妥搬，因地制宜科学迁，严把标准持续扶，让贫困群众摘掉了"穷帽子"。现在，搬出来、能脱贫的问题解决了，但要实现稳得住、能致富还存在一些问题，特别是百万搬迁移民底子薄、基础弱、起点低，脱贫后各方面的短板弱项依然不少，与移民群众的期望仍有一定差距。实现乡村振兴的压力和挑战一点不亚于脱贫攻坚，实现百万移民致富提升和共同富裕的任务非常艰巨。

1. 产业发展对百万移民致富提升的支撑作用仍然较弱

产业发展是实现百万移民致富的重要途径。宁夏在脱贫攻坚过程中大力支持产业发展，但大部分移民区主导产业仍以种植业和养殖业为主，类型相对单一，产业层次低、链条短，缺少龙头企业带动，形不成规模效应，市场竞争力弱，短期内难以成为移民群众致富增收产业。有的移民区新开发土地较为贫瘠，不经过长时间改良，就没有发展产业的基础。比如，固原市肉牛产业虽已初步形成110万头的规模，但缺乏肉牛交易中心和加工销售龙头企业，肉牛的产业附加值低，带动贫困户脱贫尚可，致富较难。又如，我们在盐池县调研时发现，宁夏盐池滩羊肉虽多次被端上国宴，但产业规模较小。全区滩羊饲养量只占全国肉羊饲养量的0.5%，滩羊肉的产量仅占全国肉羊总产量的0.88%，一二三产业融合度低、层次浅。

2. 移民自我发展的内生动力不足

移民搬迁后生计方式发生了巨大变化，由原来的以农耕为主转变为以打工为主，原来的生存技能没有了用武之地，生计方式改变成为移民最难适应的问题，特别是一些移民贫困户有"越穷越能得实惠"的依赖思想，少数移民群众依然存在争当贫困户、不愿脱贫销号、想继续享受特惠政策的思想，脱贫致富意识不强，自我发展的内生动力不足。个别未脱贫群众躺在扶持政策上"好吃懒做"，不想脱贫。有的贫困户安于现状，宁愿靠着墙根晒太阳、等着别人送小康。

3. 移民就业问题依然突出

宁夏移民的主要收入来源是务工，务工收入占家庭总收入的40%以上。移民就业存在以下问题。一是受经济下行压力加大、产业转型升级、组织服务不到位等因素影响，移民就业结构性矛盾较大，就业难的问题越来越突出。二是移民就业偏好明显，影响收入增长。课题组在石嘴山市惠农区一个劳务移民社区调研时，社区干部介绍这个小区的劳务移民有1/3的人在企业长期工作，有2/3的人喜欢打零工。在红寺堡区，有一半以上的搬迁移民有打零工的就业偏好。受季节性和就业不稳定影响的零工就业模式，制约了移民收入增长。三是留守妇女就业问题突出。课题组在银川市月牙湖乡滨河家园一村调研时，一些村干部和妇女反映，留守妇女在家里需要照顾孩子，很难外出工作，希望政府或村里能够设立托幼公益性岗位或者以民办公助方式设立托儿所把妇女解放出来；还有村民说从南部山区来的妇女从小就会刺绣、剪纸、手工等非遗技能，若能够对她们进行培训，她们在家里就可以创业。

4. 移民群众社会融入较慢

"十一五"之前的移民因搬迁时间较长，基本融入迁入区，但之后搬迁的移民还处在适应期，主要是劳务移民从农村搬到城镇，住房由院落变为楼房，水、电、暖、气、物业等方面有较大支出，生活成本增加了。移民参与社区治理的积极性不高，群众性自治组织作用发挥不明显，移民安置地归属感不强。

5. 基础设施不够完善

宁夏实施脱贫攻坚以来，乡村基础设施建设取得了重大成效，但也应看到，乡村建设点多面广，投入资金巨大，在水利设施建设、道路建设、改水改厕、垃圾清运维护等方面还存在一些短板弱项，需要在今后继续发力。如课题组在同心县王团镇圆枣村调研时发现，由于水利设施不完善，现有土地无法灌溉种植，至今发展仍较为落后。课题组在去往西吉县将台堡镇毛沟村的路上看到，道路破烂、泥泞不堪，道路两侧垃圾、农膜到处堆放，有必要进行村庄环境整治。

第四节　宁夏百万移民致富提升行动的建议

认真贯彻落实习近平总书记视察宁夏时的重要讲话精神，坚持以人民为中心，大力弘扬脱贫攻坚精神，将实施百万移民致富提升行动作为巩固脱贫攻坚成果和全面推进乡村振兴的筑基之策、关键之举，聚焦"十一五"至"十三五"期间的政策性移民和自发性移民，围绕解决好产业、就业、社会融入三件事，积极创建全国易地搬迁移民致富提升示范区，不断提升移民群众的安全感、获得感和幸福感。

一　加强党的领导，为移民致富提升提供组织保障

深入实施百万移民致富提升行动，集全区、全社会之力，大力推进宁夏百万移民致富提升行动。一是以党建引领移民致富提升。不断完善党领

导乡村工作的制度体系，加强农村基层乡镇和行政村党的建设，以党建引领移民致富提升，推动红寺堡区创建全国易地搬迁移民致富提升示范区，创造条件推进全域创建全国易地搬迁移民致富提升示范。二是抓好政策落实，健全移民致富提升长效机制。严格落实"四个不摘"要求，对脱贫县、脱贫村、脱贫户保持现有的帮扶政策，资金支持、帮扶力量总体稳定，在新政策出台前原有政策一律不退、力度不减、标准不降，做到扶上马、送一程。三是深化农村综合改革，为移民致富提升释放红利。进一步巩固和完善农村基本经营制度，落实好农村集体承包地长久不变政策，稳步扩大农村"两权"抵押贷款试点内容，完善赋予农村各类产权权能机制，实现农村各类产权活化，探索农村闲置宅基地和房屋盘活利用有效途径，为移民致富提升释放改革红利。

二　加快产业发展，为移民致富提升打下坚实基础

加快产业发展，是移民致富提升的基础。一要进一步加快农业产业化发展。建设标准化生产基地，扶持建立一批农业产业园，支持农产品储藏、保鲜、运销和精深加工全产业链，提高农产品加工综合利用率和副产物的循环增值梯次利用价值。推进农业与旅游、文化、健康养老等产业广泛融合，形成农村一二三产业融合发展的现代产业体系。二要加快建立农业产业化经营模式。坚持以龙头企业为依托、以产业园区为支撑、以特色发展为目标，发挥优势，健全体系，打造品牌，建设黄河流域现代农业高质量发展示范区。重点推进葡萄酒、枸杞、冷凉蔬菜和优质牛羊肉、优质奶等布局区域化、经营规范化、生产标准化、发展产业化，让更多宁夏特色农产品走向市场。三要加快推进农业产业市场化步伐。发展现代农业，应坚持以市场为导向，通过市场配置资源，通过市场推动发展。要有序适度推进农业土地入股和多种形式规模经营，扶持新型农业经营主体和龙头企业发展，健全社会化服务体系，构建多载体、多层次、多渠道营销网络体系，打造"农字号"产品品牌。四要大力发展和壮大村集体经济。把村集体经济作为实现巩固拓展脱贫攻坚成果同乡村振兴有效衔接的重要载体，整合资源，集中用力、精准发力，不断发展壮大，努力实现规模效

益。要支持龙头企业、农业合作社、家庭农场等经营主体发展农产品精深加工，丰富完善股份合作、集体经营等联结机制，实现产业由分散布局向集聚集群转变，让小农户合理分享全产业链增值收益，实现由一家一户养殖模式向产业化集约化规模化方向转变。

三　加强人力资源建设，完善就业创业支撑体系

宁夏百万移民致富提升离不开人才的支持，在今后一个时期，城镇化、工业化及农业产业化仍然是发展的大趋势，农村人口往城里流动在城镇就业是必然现象，要加强人力资源建设，完善就业创业支撑体系。一要创新就业创业激励办法。改变农村剩余劳动力就业补贴方式，对吸纳移民和脱贫人员稳定就业的企业，由政府按照标准给予财政补贴或是金融信贷支持，鼓励用工企业吸纳移民和农村剩余劳动力就业。二要完善就业服务体系。鼓励社会培训机构、劳务中介机构等优先培训、输送移民和农村剩余劳动力就业，对成功输送移民和农村剩余劳动力稳定就业的服务机构，由政府按照标准给予财政补贴，从政策层面鼓励移民稳定就业创业。三要转变就业观念。坚持扶贫和扶智、扶志相结合，引导移民树立致富主体意识，在尊重移民主体地位、发挥市场机制基础作用的前提下，着力强化制度创新和政策引导，建立起有利于移民增收的制度环境和内生机制，推动宁夏百万移民致富提升，特别是帮助有打短工就业偏好的农民工向长期就业转变，不断激发移民脱贫致富的积极性、主动性、创造性。四要加强农村人才培训。着眼于提高农村人才干事创业能力，将农民工向产业工人、技能型人才队伍转变，通过宁夏开放大学、相关农林类职业技术院校对移民就业创业进行培训，不断提高移民致富技能和水平。

四　加强乡村社会治理，加快移民社会融入

乡村治理是国家治理体系和治理能力现代化的重要组成部分，在脱贫攻坚中发挥了重要作用。在移民致富提升行动中要不断完善乡村社会有效治理，加快移民社会融入。一要建立和完善"三治"融合的乡村社会治理体系，提升乡村社会治理能力。党的十九大报告指出，要加强农村基层基

础工作，健全自治、法治、德治相结合的乡村治理体系。自治是核心，法治是保障，德治是灵魂，三管齐下，构建以村党组织为核心、集体经济组织为依托、农村退休教师和新乡贤为纽带、广大群众为基础的治理体系，激活新时代乡村社会治理主体，打造乡村治理新格局。二要深入实施"一村一年一事"行动。将村一级作为实施乡村振兴战略的主阵地，每年为每个行政村办一件实事，做到农民的事情农民提，农民的事情农民办，一年接着一年干，日积月累、久久为功，补短板、强弱项，提高农民群众的获得感、幸福感，不断激发乡村治理的活力与动力。三要发挥好乡村文明的作用，弘扬先进乡村文化。村规民约是乡村社会秩序得以维护的基本社会规范，在乡村社会中扮演着村民行为准则约束的重要角色，其内容涉及农牧业生产、公共设施维护、婚姻家庭、邻里关系、社会治安等方面的规范和约束，要引导村民摒弃陈规陋习，遵守村规民约，营造文明乡风，倡导积极向善、脱贫致富、发展生产、维护社会稳定等方面的乡村自我治理，持续推进乡村移风易俗，坚决抵制等靠要、讲排场、比气派、高额彩礼等不良民风，加强乡村文明建设，加快移民社会融入。

五 加大乡村基础设施建设力度，提升移民致富质量

在脱贫攻坚工作中，宁夏采取了许多行之有效的具体措施，在百万移民致富提升行动中，应当围绕黄河流域生态保护和高质量发展先行区建设，聚焦移民安置区基础设施建设短板，集中实施农田、水利、道路等基础设施建设。一要继续加大乡村基础设施建设力度。进一步提升基础设施建设等级，尤其是解决好饮用水安全问题，不断健全基础设施运行维护机制，充分发挥基础设施的作用。要瞄准突出问题和薄弱环节，集中解决农村水电路和通信、住房、教育、医疗、文化、社保等短板弱项问题，促进移民安置地区和脱贫地区基本公共服务领域指标接近全区平均水平。二要加快建设生态宜居乡村。统筹农村道路、房屋民宅、绿化美化亮化等基础设施建设，加快构建以源头分类减量和资源利用为导向的农村生活垃圾治理体系，因地制宜推进乡村垃圾、污水治理，严把农村改厕选型关、施工关、验收关，统筹抓好美丽乡村建设，稳步推进"厕所革命"和村庄清洁

行动，给农民群众一个干净整洁的生活环境。三要加快解决搬迁移民群众的突出问题。落实并完善移民产业就业、社会保障、社会管理等政策措施，补齐基础设施和公共服务短板，加大对老弱病残等丧失劳动能力的特殊困难群体的帮扶力度，积极推广贫困帮扶商业保险，筑牢防止致贫返贫的社会保障线，有效解决好生态移民后续发展问题，不断提升移民的获得感、安全感和幸福感。

第十章
乡村振兴重点帮扶县内生发展的
地方实践与路径

师东晖　杨永芳*

乡村振兴战略的提出具有时代性和阶段性。在这样的背景下，乡村振兴发展呈现的边界重组、农村与城市多元融合发展的形态是突破社会时空区位的一种新社会转型。本章以新社会转型为视角，以县域范围内的政治资源、经济资源、社会资源、生态资源、文化资源为核心，构建了乡村振兴重点帮扶县内生发展理论框架，并在该框架下探索宁夏乡村振兴重点帮扶县内生发展的可行路径。

引　言

自 2020 年打赢脱贫攻坚战、全面建成小康社会以来，我国的"三农"工作重心正式转移到全面推进乡村振兴、实现共同富裕上来。学术界关于贫困问题的研究也从精准扶贫①、精准脱贫②逐步转移到相对贫困

---

*　作者简介：师东晖，宁夏社会科学院农村经济研究所助理研究员；杨永芳，宁夏社会科学院社会学法学研究所研究员。
① 黄承伟、邹英、刘杰：《产业精准扶贫：实践困境和深化路径——兼论产业精准扶贫的印江经验》，《贵州社会科学》2017 年第 9 期。
② 李小云：《冲破"贫困陷阱"：深度贫困地区的脱贫攻坚》，《人民论坛·学术前沿》2018年第 14 期。

或反贫困①、巩固拓展脱贫攻坚成果同乡村振兴有效衔接②等方面。在知网上以"乡村振兴"为关键词进行检索可以发现，2017 年乡村振兴战略提出以来，学术界关于乡村振兴的研究逐年递增，并成为当前"三农"问题研究的热点。从目前已有的研究成果来看，这些研究主要集中在乡村振兴的内涵③、评价④和路径探索⑤等方面。而关于乡村主体内生发展的研究也随着政策与时代的变化不断演进，从《中共中央 国务院关于落实发展新理念加快农业现代化 实现全面小康目标的若干意见》提出"增强农村发展内生动力"，到《中共中央 国务院关于深入推进农业供给侧结构性改革 加快培育农业农村发展新动能的若干意见》提出"激活农业农村内生发展动力"，再到党的十九大报告提出"坚决打赢脱贫攻坚战……注重扶贫同扶志、扶智相结合"，乡村主体的发展经历了农村、农业、农民三个层面的探索，这种探索主要是依托城乡二元结构的框架产生的。步入新发展阶段后，为了持续巩固拓展脱贫攻坚成果、全面推进乡村振兴，国家对乡村的发展不再局限于乡村之间，而是提出"在西部地区脱贫县中集中支持一批乡村振兴重点帮扶县"⑥。这一政策的提出与地方实践，反映出乡村发展开始转向与县域更加融合的形态，也体现出乡村不是纯粹的乡村，而是与城镇、城市密切联系乃至融合的乡村⑦，是县域范围内的乡村。结合我国乡村发展的历史脉络与背景，新时代新阶段下乡村振兴发展呈现的边界重组、农村与城市多元融合发展的形态是突破社会时空区位的一种新社会转型。⑧那么在这个新社会转型理念下，如何重新审视县域范围内的乡村振

---

① 汪三贵、刘明月：《从绝对贫困到相对贫困：理论关系、战略转变与政策重点》，《华南师范大学学报》（社会科学版）2020 年第 6 期。

② 张琦：《巩固拓展脱贫攻坚成果同乡村振兴有效衔接：基于贫困治理绩效评估的视角》，《贵州社会科学》2021 年第 1 期。

③ 姜长云：《科学理解推进乡村振兴的重大战略导向》，《管理世界》2018 年第 4 期。

④ 毛锦凰、王林涛：《乡村振兴评价指标体系的构建——基于省域层面的实证》，《统计与决策》2020 年第 19 期。

⑤ 李实、陈基平、滕阳川：《共同富裕路上的乡村振兴：问题、挑战与建议》，《兰州大学学报》（社会科学版）2021 年第 3 期。

⑥ 《中共中央 国务院关于实现巩固拓展脱贫攻坚成果同乡村振兴有效衔接的意见》，https://www.gov.cn/zhengce/2021-03/22/content_5594969.htm，最后访问日期：2024 年 3 月 9 日。

⑦ 王春光：《乡村建设与全面小康社会的实践逻辑》，《中国社会科学》2020 年第 10 期。

⑧ 王春光：《新社会转型视角对乡村振兴的解读》，《学海》2021 年第 5 期。

兴？乡村振兴重点帮扶县又是如何通过内生发展解决区域发展不平衡问题的？宁夏作为地方实践如何全面推进乡村振兴，又面临着怎样的现实困境？本章尝试在新社会转型理念下，结合内生发展理论，构建乡村振兴重点帮扶县内生发展框架，探索宁夏乡村振兴重点帮扶县内生发展的可行路径。

第一节 新社会转型视角下乡村振兴重点帮扶县内生发展理论研究框架

内生发展理论最初是用于解决欧洲国家欠发达地区农村区域发展不平衡问题的重要理论之一。该理论认为，"如果发展作为个人解放和人类的全面发展来理解，那么事实上这个发展只能从一个社会的内部来推动"①。此后该理论在学术界得到广泛运用与拓展。内生发展理论的基本原理是，由发展地域内部推动和参与、充分利用发展地域自身的资源优势、从自身的价值和制度探索适合自身发展的道路，重在强调发展地域资源优势、地方行动者的参与和认同，其中发挥利用好地域资源优势是实现内生发展的基础。本土资源是指一个地区所拥有的支持当地发展的各种物质，主要包括政治资源、经济资源、社会资源、生态资源、文化资源，利用好本土资源优势是实现地域内多元融合发展的关键。

新社会转型是从社会时空区位的角度对乡村振兴进行深度认识和剖析，依然沿着现代化转型轨迹前行，社会经济变迁从原先的二分或者三分状态转变为融合、边界重组的状态，不再非此即彼，而是彼此融合形成新状态、新样式和新机制的变迁方式。在新社会转型视角下，学者重新对乡村振兴进行了解读，认为"乡村与城市不是对立的，乡城或城乡社会正在形成之中"，乡村发展和乡村振兴应该被纳入县域范围内规划和实施②。在新社会转型理念下，支持乡村振兴重点帮扶县政策的提出与该理念不谋而合，那么在县域范围内实现乡村振兴多元融合发展离不开本土资源优势的发挥与利用。同

---

① M. Nerfin, *Another Development Approaches and Strategies*. Uppsala: Dag Hammarskjeld Foundation, 1977.

② 王春光:《新社会转型视角对乡村振兴的解读》,《学海》2021 年第 5 期。

时，《乡村振兴战略规划（2018—2022年）》提出要"科学有序推动乡村产业、人才、文化、生态和组织振兴"，实现乡村"产业兴旺、生态宜居、乡风文明、治理有效、共同富裕"的要求，本章拟在新社会转型理念下构建乡村振兴重点帮扶县内生发展的理论框架（见图10-1）。

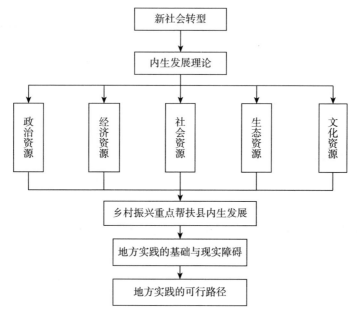

图 10-1　新社会转型理念下乡村振兴重点帮扶县内生发展的理论框架

新社会转型理念下乡村振兴重点帮扶县内生发展地方实践与路径的探索，是指乡村振兴在县域范围内实现政治、经济、社会、生态、文化资源多元融合的内生发展在地方实践中的运用，也是一种由乡村的组织振兴、产业振兴、人才振兴、生态振兴、文化振兴形成的多元资源融合的内生发展路径探索。

一是由政治资源优势形成的乡村组织内生发展。国内学者认为，政治资源是指能够使政治行为主体对政治客体发生作用，从而影响政治变迁、维护政治稳定、推动政治发展的物质与非物质因素的总和。① 政治资源在

---

① 陈文新、王君丽：《政治资源：涵义、特征与价值》，《广东行政行政学院学报》2006年第1期。

乡村发展过程中具体表现为乡村政治文化、乡村政治制度、乡村组织建设等方面。政治资源是一个地区可持续发展的政治保障，在乡村发展与建设中也发挥着重要的作用。村民参与政治建设的意愿是实现乡村组织内生发展的动力，正如费孝通先生在 20 世纪 80 年代研究中国农村"乡土重建"时所指出的，我们正处在一个"三级两跳"的时代关口，在未完成从乡土社会到工业社会转型的过程中，又面临跳进信息社会的时代要求，由此亟须处理技术的跃进速度远远超出人类已有的社会组织对技术的需求这一重要问题。① 那么在这种新社会转型的过程中，新时代的基层队伍和现代社会组织需要在"三级两跳"的社会结构特征中发挥更好的政治作用。健全的政治制度是乡村实现民主建设的重要政治资源，也是乡村组织内生发展的基本保障，而乡村组织作用的发挥是乡村政治资源地方实践的体现。

　　二是由经济资源优势形成的乡村产业内生发展。经济资源是指社会经济体系中各种经济物品的总量②，包括物质形态和非物质形态。经济资源在乡村发展过程中具体是指能给农村、农业、农民带来经济效益的一切事物。经济资源是一个地区可持续发展的经济保障和物质基础，丰富的经济资源可以提升乡村发展与建设的韧性。产业作为乡村经济发展的重要支撑，在乡村振兴进程中发挥着举足轻重的作用，特别是一个地区的特色产业是实现地方农村、农业、农民可持续发展的最大优势，可以使本地资源得到有效配置。反过来，乡村的内生发展需要产业的拉动，需要地区经济资源的合理配置。例如，产业扶贫通过将本地的人、地、钱、业等资源进行综合运用，使产业发展成为打赢脱贫攻坚战的重要抓手，脱贫群众的幸福感得到提升。这不仅实现了乡村振兴的横向发展，还促进了地区经济资源的纵向延伸。而产业是经济资源的一种表现，在乡村建设中还存在经济资源的其他表现形式，并在产业发展中发挥着作用，如村集体经济、家庭农场、农业专业合作社等。

　　三是由社会资源优势形成的乡村人才内生发展。社会资源是指能够满

---

①　费孝通：《乡土中国》，北京大学出版社，2012。

②　赵普、龙泽美、王超：《规模性返贫风险因素、类型及其政策启示——基于西南民族地区的调查》，《管理世界》2022 年第 11 期。

足地区或个人需求并转化为特定服务内涵的要素①，主要包括人力、物力、财力等有形资源和知识、技术、组织、社会关系等无形资源。社会资源主要体现在能力发展机会上，而能力发展机会一般受地区教育资源、政策环境、就业条件、家庭情况等因素的影响，是一个地区可持续发展的能力源泉。在全面建成小康社会背景下，乡村实现了内生发展动力的增强，那么在建设社会主义现代化强国的时代需求下，乡村可持续发展能力将成为推进乡村全面振兴的关键。可持续发展能力需要社会资源作为支撑，其中人是首要因素，从农户到村干部再到乡、镇、县各级管理与技术人员，都是乡村可持续发展的主体，也是社会资源的使用者。当然，乡村人才的内生发展也需要社会资源中的其他因素与之共同作用，比如政策环境，健全的政策是乡村实现内生发展的基本保障，引进人才政策、就业政策、技术培训政策、土地政策等影响着一个地区社会资源作用的发挥。

四是由生态资源优势形成的乡村生态内生发展。生态资源是指一切被生物和人类的生存、繁衍和发展所利用的物质、能量、信息、时间与空间。② 党的十八大以来，随着我国生态文明建设的提出与深入推进，生态资源开始逐渐价值化、资本化③，并通过生态产业化和产业生态化的方式将生态文明战略与乡村振兴战略落到实处。生态资源是乡村实现可持续发展的环境基础，对乡村经济发展发挥着重要的作用，尤其是西部地区生态脆弱，只有将生态资源进行合理、有效配置，才能将生态转化为西部地区经济发展新的增长点。在乡村这个场域中，生态资源除了包括自然形成的，还包括现代发展建设形成的，自然与生产、生活共同形成的生态资源是融合乡村与城市现代化发展的生态需求。比如，宜居宜业的美丽乡村建设、农村人居环境整治、生态农业、绿色农业等都是乡村的生态资源，决定着乡村生态发展的方式。同时，地区的生态资源不仅可以促进三产融

---

① 赵普、龙泽美、王超：《规模性返贫风险因素、类型及其政策启示——基于西南民族地区的调查》，《管理世界》2022 年第 11 期。

② 赵普、龙泽美、王超：《规模性返贫风险因素、类型及其政策启示——基于西南民族地区的调查》，《管理世界》2022 年第 11 期。

③ 温铁军、罗士轩、董筱丹、刘亚慧：《乡村振兴背景下生态资源价值实现形式的创新》，《中国软科学》2018 年第 12 期。

合，还是地区内实现多元融合的优势所在。在新发展阶段下，乡村生态振兴需要生态资源作为发展支撑，也需要生态资源激发乡村建设的动力。

五是由文化资源优势形成的乡村文化内生发展。文化资源是指人们从事一切与文化活动有关的生产和生活内容的总称。[①] 一个地区文化的形成与发展影响着经济发展的方式，并存在在很长一段时间才能改变经济发展方式的可能。文化资源在乡村发展中的表现形式有地方传统文化、农耕文化、民俗文化、新时代文明建设文化等，文化资源对乡村发展的影响不是非常直观，却会形成所谓的"发展观念"，并对地区发展产生根本且深远的影响。对于乡村来说，文化是吸引外部资源的内在因素，也是地区经济、社会、生态多元融合的动力因素。在乡村振兴背景下，文化资源对加强乡村文明建设具有较强的推动作用，同时乡村文明建设需要合理、均衡的乡村公共文化服务资源。随着人们生活质量的提升，乡村建设中的文化需求越来越多样化，乡村文化也需要借助相应的平台、活动或组织来发挥作用，实现乡村文化资源的供需平衡。

总的来看，构建"政治资源-乡村组织内生发展""经济资源-乡村产业内生发展""社会资源-乡村人才内生发展""生态资源-乡村生态内生发展""文化资源-乡村文化内生发展"的理论框架，既体现了乡村振兴的内容，又反映了乡村振兴实现可持续发展的目标要求。本章将以此理论框架为基础，探索宁夏乡村振兴重点帮扶县内生发展的可行路径。

第二节　宁夏乡村振兴重点帮扶县内生发展基础

县域是宁夏巩固拓展脱贫攻坚成果、全面推进乡村振兴的重要单位。2021 年，《宁夏回族自治区巩固拓展脱贫攻坚成果同乡村振兴有效衔接"十四五"规划》通过审议，在财政、金融、土地、人才、基础设施建设、公共服务等方面集中支持乡村振兴重点帮扶县发展，其中原州区、西吉县、海原县、同心县、红寺堡区为国家乡村振兴重点帮扶县，盐池县、隆

[①]　赵普、龙泽美、王超：《规模性返贫风险因素、类型及其政策启示——基于西南民族地区的调查》，《管理世界》2022 年第 11 期。

德县、泾源县、彭阳县为自治区乡村振兴重点帮扶县，以此增强脱贫县（区）的内生发展能力。从9个贫困县（区）到9个乡村振兴重点帮扶县，脱贫攻坚战的胜利为宁夏乡村振兴重点帮扶县的内生发展奠定了坚实的政治、经济、社会、生态、文化基础。

一　政治基础

政治基础是乡村振兴重点帮扶县实现内生发展的组织保障，也是实施乡村振兴战略的核心要求。宁夏坚持以党建为引领，建强基层党员干部队伍，实施乡村两级换届全过程管理与监督，打牢乡村政治组织基础。

一是县乡村党建示范引领作用突出。为全面加强农村党的建设工作，2020年宁夏深入推进抓党建促乡村振兴，开展农村党建"抓乡促村、整乡推进、整县提升"示范县乡创建行动，力争用三年时间在全区创建一批党建工作示范村、示范乡、示范县，全面发挥基层党组织的示范带动作用。党的十八以来，宁夏坚持以"党建+"为引领，严格落实"五级书记"共同抓的责任机制，加强村级星级党组织建设，充分发挥了基层党组织的战斗堡垒作用和党员的先锋模范作用，以党建引领凝聚起乡村治理的强大合力。截至2022年6月底，宁夏创建示范乡镇党委124个，占64.2%，示范村党组织1688个，三星级及以上村党组织较创建前增长12.4%。① 同时，在全区9个乡村振兴帮扶县全面形成了"党建+"的乡村发展、乡村建设和乡村治理的组织保障格局，为宁夏乡村振兴工作提供了坚实的政治保障。宁夏积极探索"党支部+合作社+农户"模式，通过发展各种特色产业，壮大村集体经济，带动群众增收致富，实现了资源变资产、资金变股金、农民变股民。

二是基层党组织的队伍力量增强。为了提升基层党组织的凝聚力、战斗力，宁夏严把"两委"班子人选关，制定出台了《全区村（社区）"两委"成员任职资格负面清单》，对不符合条件的人选取消提名资格，同时根据年龄、学历"一升一降"的目标，从优秀党员、大学生、退伍军人、

---

① 《宁夏聚力建强农村基层党组织》，《经济日报》2022年7月28日，第2版。

农村致富带头人中选拔村"两委"班子，为全面推进乡村振兴提供人才保障。同时，聚焦乡村振兴等重点难点工作，对乡村干部进行"出外参训、集中培训、专题培训、乡镇轮训"，全面提升基层党组织队伍的综合能力和为民服务水平。

三是实施乡村两级换届全过程管理与监督。针对乡村两级换届选举工作，宁夏实施全过程管理与监督，制定并出台《关于全区村（社区）"两委"换届工作的意见》《关于受党纪政务处分村（社区）干部影响使用情形的意见》，由自治区、市县组建换届指导组，全程指导全区依法依规、从严从实抓换届，并对村"两委"班子的工作情况进行评估，对驻村干部进行考核。

案例1：宁夏红寺堡区——党建引领，激发乡村振兴组织动能[①]

红寺堡区是宁夏回族自治区党委、政府贯彻落实国家"八七"和宁夏"双百"扶贫攻坚计划，为从根本上解决南部山区群众脱贫致富实施的宁夏扶贫扬黄灌溉工程（"1236"工程）的主战场，1998年开发建设，2009年设立吴忠市辖区。行政区域面积2767平方公里，辖2镇3乡1街道64个行政村8个社区。累计开发耕地70余万亩，搬迁安置移民23.5万人，是全国最大的易地搬迁移民集中安置区。[②]9个脱贫县（区）中，红寺堡区是唯一一个由易地扶贫搬迁形成的，在党建发挥政治功能方面非常具有代表性和特殊性。因此，本章选取红寺堡区作为政治资源促乡村组织内生发展的典型案例。

红寺堡区以党建引领"红色引擎"，把基层党建融入乡村振兴各环节、全链条，以高质量党建助力乡村振兴。具体做法如下。

一是强组织，筑牢乡村振兴"桥头堡"。红寺堡区认真落实"基层党建全面提升年"任务安排，落实落细评星定级举措，营造各支部

---

① 《【抓党建促乡村振兴】红寺堡区以党建"红色引擎"助力乡村振兴提质增效》，https://www.sohu.com/a/485666244_121106869，最后访问日期：2024年11月28日。

② 《红寺堡区基本概况》，https://www.hongsibu.gov.cn/zjhsb/hsbgk/hsbjj/，最后访问日期：2024年11月16日。

争"星"创"星"良好工作氛围，评定三星级以上支部120个，占比63.83%。坚持培育选树先进典型，先后培育"一抓两整"示范村44个、"基层党建引领基层治理示范点"16个，10个基层党组织获评自治区级、吴忠市级先进基层党组织。开展软弱涣散村党组织整顿成效"回头看"，对整顿成效不明显、矛盾问题有反弹的村及时"回炉重造"，开展"一村一策"整顿并实现动态清零。

二是引人才，配强乡村振兴"领头雁"。红寺堡区换届后村"两委"负责人"一肩挑"占比达到58.7%，5名大学生回村任党支部书记，村"两委"成员年龄平均下降2.5岁，大专及以上学历占比较上届提高15.85个百分点。认真落实"导师帮带制"工作，在5个乡镇和30个村（社区）确定19名政治素质高、业务能力强、工作经验丰富的导师，通过"一对一""一对多"方式带领帮带对象增本领、提水平。选派181名机关干部开展驻村帮扶工作，实现63个行政村驻村工作队全覆盖，把好"交接关""保障关"，确保脱贫攻坚成果与乡村振兴有效衔接。

三是兴产业，激发乡村振兴"新动能"。红寺堡区坚持以党建引领产业发展，以产业助推乡村振兴，引导各村因地制宜制定发展规划。积极争取中央、自治区重点扶持村级集体经济项目39个、扶持资金3900万元。探索打造柳泉肉牛养殖联合社、乌沙塘村生态果林、永新村民宿旅游等集体经济发展模式，以点带面促进全区集体经济多元化发展。截至2021年7月底，全区63个村集体经济收益均达10万元及以上，50万元以上的有38个，经营性收入比重逐渐上升。完善利益联结机制，让农民把流转土地租金、集体收入股金、就近务工薪金三份收入一起拿到手，更多分享乡村振兴成果。截至2020年底，全区农村居民人均可支配收入达到10925元，同比增长11.2%。

四是优生态，擦亮乡村振兴"新底色"。红寺堡区扎实推进全国易地移民搬迁致富提升示范区创建，持续推广党员干部示范先行、帮包群众扩面整治、全面覆盖集中整治的人居环境整治模式，累计动员群众2万余人次，出动机械4000余台次，清理"五堆"7000余处，农村人居环境焕然一新。结合主题党日等活动，组织各乡镇开展人居环境观摩评比，指导建立"红旗鼓励、黄旗警告"机制，以先进激励后进，以整改促进提升。

五是育文明，打造乡村振兴"新风貌"。红寺堡区进一步健全党组织领导下自治、法治、德治相结合的乡村治理体系，构建"乡镇—村—网格—党员中心户"组织架构，推动党组织领导有机嵌入乡村治理全过程。深化村民自治实践，全面推行"四议两公开"工作法，探索总结具有红寺堡区特色的"55124"村级事务治理模式和"135"基层社会治理模式。总结推广"红袖标"义务巡防、"邻里守望"志愿服务经验做法，组建党员、巾帼、文艺等60余支志愿服务队积极开展扶贫帮困、环境整治、政策宣传、义诊巡防等志愿活动2800余场次。试点开展勤劳致富、睦邻和谐、美丽庭院、崇文重教、遵纪守法、移风易俗"六个先锋"评选活动，营造了户户争先进、先进当先锋的良好氛围。

二　经济基础

经济基础是乡村振兴重点帮扶县内生发展的主要内容，也是促进乡村发展向县域级融合发展的基本条件。宁夏持续巩固拓展脱贫攻坚成果，发展"六特"产业，奠定乡村振兴经济基础。

一是脱贫攻坚成果持续巩固，乡村经济基础扎实。"十三五"期间，按照现行国家标准，宁夏绝对贫困人口从2012年的91.35万人减少至2019年的1.88万人，累计减贫89.47万人；贫困发生率从2012年末的22.9%下降至2019年的0.47%；8个贫困县完成摘帽任务，1100个贫困村、62.4万农村贫困人口全部脱贫出列；贫困地区农民人均可支配收入从2012年的4856元增加到2019年的10415元。[①]"十四五"时期，宁夏把巩固拓展脱贫攻坚成果同乡村振兴有效衔接、牢牢守住不发生规模性返贫底线作为全面推进乡村振兴的重要内容。宁夏制定并实施《关于健全防止返

[①] 马丽文：《翻越脱贫路上六盘山 坚决打赢脱贫攻坚战——专访宁夏回族自治区党委书记、人大常委会主任陈润儿》，《中国扶贫》2020年第18期。

贫动态监测和帮扶机制的实施方案》，明确监测对象和范围，规范监测方式和程序，坚持有针对性的预防性措施和事后帮扶措施，对各市县提出具体的工作要求；进一步健全防止返贫动态监测和帮扶机制，按照习近平总书记提出的"早发现、早干预、早帮扶"要求①，对脱贫不稳定户、边缘易致贫户及因病因灾因意外事故等导致基本生活出现严重困难户，加强定期检查和动态管理，重点监测收入水平变化和"两不愁三保障"巩固政策，构建织密行业部门横向协同监测、县乡村纵向精准筛查的防贫网。截至 2022 年 6 月 30 日，全区新增监测对象 1263 户 4745 人，全区累计识别监测对象 1.43 万户 5.47 万人，75.5%已消除返贫致贫风险，98.4%得到产业、就业等帮扶；全区脱贫人口人均纯收入 11359.69 元，是 2021 年度脱贫人口人均纯收入 11587.28 元的 98.04%。② 同时，宁夏持续巩固教育、医疗、住房脱贫成果，深入加强农村饮水安全保障，实施问题动态清零机制，全面提升脱贫质量。截至 2022 年 6 月，宁夏脱贫家庭义务教育阶段学生失学辍学问题动态清零，脱贫人口和监测对象医保投保率达到 100%，累计改造农村危窑危房 49.25 万户、抗震宜居农房 3.24 万户，农村住房安全问题得到有效解决。③

二是特色产业优势凸显，群众内生发展动力显著增强。宁夏充分发挥地方资源禀赋，坚持发展特色产业，促进乡村振兴重点帮扶县高质量发展。宁夏深入实施特色农业提质计划，提出大力发展葡萄酒、枸杞、牛奶、肉牛、滩羊、冷凉蔬菜"六特"产业，助力乡村全面振兴。截至 2022 年 10 月底，宁夏葡萄酒综合产值 260 亿元，"贺兰山东麓葡萄酒"品牌价值达到 301.07 亿元；枸杞综合产值 120 亿元，品牌价值达到 191.88 亿元；牛奶产量达到 167.45 万吨，产值达到 58.3 亿元；滩羊饲养量为 1098.26 万只，"盐池滩

① 《习近平部署做好巩固拓展脱贫攻坚成果同乡村振兴有效衔接各项工作》，https://www.gov.cn/xinwen/2021-02/25/content_5588780.htm，最后访问日期：2024 年 12 月 5 日。
② 《未来 5 年宁夏将打造"塞上乡村乐园"》，https://www.ycen.com.cn/asyc/ashd/202207/t20220729_159720.html，最后访问日期：2024 年 10 月 27 日。
③ 《宁夏举行"以先行区建设为牵引 推动高质量发展实现新突破"系列新闻发布会·打造塞上乡村乐园专题》，https://jst.nx.gov.cn/hdjl/zxft/202209/t20220905_3734618.html，最后访问日期：2024 年 11 月 28 日。

羊"品牌价值达到 98.25 亿元。同时，特色产业成为宁夏带动贫困群众增收的支柱产业。截至 2022 年 10 月底，宁夏农林牧渔业总产值 227 亿元，农村居民人均可支配收入达到 15337 元，脱贫地区人口人均纯收入 11359.69 元（2021 年 10 月至 2022 年 6 月）。同时，宁夏特色产业依托国家和自治区级特色产业集群、现代农业产业园，形成特色产业集聚发展格局，龙头企业、农民合作社和家庭农场累计带动脱贫人口 37.26 万人，脱贫县（区）特色产业收入占农村居民人均可支配收入的 40% 以上，全区脱贫群众过去的"等、靠、要"思想基本上得到了纠正，内生动力逐渐增强。①

三是县域经济基础良好，资源优势明显。宁夏 9 个脱贫县（区）经济发展基础较好，主要反映在地区生产总值、人均可支配收入等经济指标上（见表 10-1）。同时，宁夏充分发挥县域资源优势，坚持"一村一品""一县一业"，实施产业兴村强县行动，依托龙头企业和农产品加工园区，辐射县域内一二三产业融合发展，成为带动群众增收的重要路径。比如，盐池县的盐池滩羊集团构建了良种化繁育、规模化养殖、标准化生产、产业化经营、品牌化营销的产业体系，带动了全县滩羊产业的集约化发展，在延伸产业链的同时实现县域内产品价值增值。各县充分发挥特色产业优势，依托东西部扶贫协作和闽宁对口帮扶机制，将互联网资源融入生产、加工、销售等环节，实现县域产业创新发展。

表 10-1　2021 年宁夏 9 个脱贫县（区）经济指标情况

单位：亿元，元

序号	县（区）	地区生产总值	城镇居民人均可支配收入	农村居民人均可支配收入
1	原州区	155.01	37458	15083
2	西吉县	83.2	31438	12973
3	隆德县	38	27790	12580
4	泾源县	23.49	30139	11831
5	彭阳县	74.53	30594	13333
6	红寺堡区	71.2	25468	10925

---

① 《全面推进乡村振兴工作进展情况报告》，宁夏回族自治区乡村振兴局，2002 年 11 月 10 日。

续表

序号	县（区）	地区生产总值	城镇居民人均可支配收入	农村居民人均可支配收入
7	盐池县	115	29831	13922
8	同心县	119	29500	12500
9	海原县	95	29825	11812

资料来源：宁夏各县政府官网。

案例 2：宁夏盐池县——发挥资源优势，激发乡村振兴产业动能

盐池县位于宁夏回族自治区东部，地处陕甘宁蒙四省区七县（市、区、旗）交界地带，是中国北方半干旱农牧交错区 266 个牧区县之一。全县有可利用草原 714 万亩、耕地 133 万亩，是宁夏旱作节水农业和滩羊、甘草、小杂粮的主产区，被誉为"中国滩羊之乡""中国甘草之乡"。其中，"盐池滩羊"被评为中国驰名商标，产品畅销全国 26 个大中城市高端市场，成功登上 G20 杭州峰会和金砖五国厦门峰会国宴餐桌，品牌价值高达 68 亿元，以滩羊为主的畜牧业已成为农民增收的支柱产业。① 9 个脱贫县（区）中，盐池县的经济资源优势突出，产业发展水平较高。因此，本章将盐池县作为经济资源促乡村产业内生发展的典型案例。盐池县的具体做法如下。

一是坚持高起点谋划，做大做强滩羊产业。盐池县委、县政府按照高端化、差异化、品牌化的发展路子，全力推进滩羊标准化生产、集约化经营、规模化发展。盐池县委、县政府连续 11 年印发《盐池滩羊产业发展实施方案》，坚持一张蓝图绘到底，持续投入各类项目资金 5 亿元，在"盐池滩羊"标准化生产、品牌宣传保护、质量追溯、市场开拓等关键环节予以重点扶持，建立健全"产、加、销"产业链利益共享、风险共担的联结机制。组建宁夏盐池滩羊产业发展集团有限公司（以下简称"滩羊集团公司"），建立县、乡、村三级滩羊协会，实行"县统乡、乡统村、村统组、组统户"的滩羊养殖营销模式。制定了盐池滩羊饲喂、屠宰、加工等 28 项标准化生产技术流

---

① 《盐池县概况》，http://www.yanchi.gov.cn/zjyc/，最后访问日期：2024 年 10 月 27 日。

程，逐步实现盐池滩羊购销价格、市场开拓、品牌宣传、营销策略、生产标准和饲草料使用"六统一"。累计建成规模养殖园区 326 个，发展 300 只以上规模养殖户 1000 多户，累计建成青贮池 30 万立方米，年发展人工种草 15 万亩以上，制作青黄贮饲草料 15 万吨以上。2020 年，全县滩羊饲养量达到 320 万只，羊肉产量 2.8 万吨，滩羊全产业链产值达到 64 亿元。[①]

同时，盐池县实施"种养+"一体化示范项目，创建滩羊种质资源保护、种公羊繁育、高端滩羊肉生产、滩羊肉精深加工、二毛裘皮、滩羊毛产品开发、滩羊养殖技术研发、滩羊文化体验、休闲旅游、美食品鉴全产业链发展模式，成为乡村振兴最亮的底色和最重的压舱石，为宁夏"六特"产业发展提供了宝贵经验和重要启示。

二是坚持高价值定位，做亮做响名优品牌。盐池县紧紧围绕"打造一个品牌、造福一方百姓"的战略发展思路，始终把品牌建设作为滩羊产业发展的重中之重，常抓不懈，品牌建设取得长足进步。2000 年，滩羊被农业部确定为国家级畜禽品种资源保护品种。2005 年 6 月，盐池县成功注册"盐池滩羊"产地证明商标。2016 年，"盐池滩羊"地理标志保护产品获得国家质检总局批准。截至 2021 年底，"盐池滩羊"区域公用品牌价值已突破 88 亿元，对群众增收的贡献率超过 80%，成功入选全国农业全产业链典型县建设名单。[②] 2021 年，全县饲养滩羊 322.7 万只，羊肉产量 2.86 万吨，滩羊全产业链产值达到 64.5 亿元。[③] 盐池滩羊肉先后登上 2018 年上合组织青岛峰会、2019 年达沃斯论坛、2022 年北京冬奥会等国宴餐桌，"盐池滩羊"品牌效应日益凸显。

三是坚持高效益扶持，做实做细增收文章。"十三五"时期，盐

---

① 《盐池滩羊特色优势产业发展的"领头羊"》，https://www.sohu.com/a/445808504_114731，最后访问日期：2024 年 10 月 18 日。
② 《"盐池滩羊"区域公用品牌价值突破 88 亿元》，https://dofcom.nx.gov.cn/zwzx_274/swdt/202204/t20220419_3458766.html/，最后访问日期：2024 年 10 月 18 日。
③ 《盐池滩羊：品牌助力　跑出高质量发展"加速度"》，https://news.qq.com/rain/a/20230331A043LZ00，最后访问日期：2024 年 10 月 18 日。

池县先后投入各类扶持资金 3.5 亿元，结合滩羊产业发展实际，逐年探索出台符合农民发展需求的扶持政策。2016~2017 年，重点扶持农民建设标准化圈棚，扩大滩羊养殖规模。2017~2018 年，主要对牧草种植、饲料统一配送、示范户带动进行扶持，提升农民滩羊养殖效益，年户均增收 1700 元。2019 年，增强以滩羊集团公司为主的龙头企业的带动能力，稳定增加农民收入，持续发挥脱贫致富作用。2020 年，整合各类项目资金 1.163 亿元，持续推进盐池滩羊标准化生产、质量追溯、品牌宣传保护和市场营销四大体系，建设滩羊文化产业园，支持牧草产业发展，创新线上线下营销模式，以全县 74 个贫困村为重点，采取整村推进方式，累计与全县 16981 户养殖户签订滩羊订单养殖协议。其中，建档立卡户 7677 户，累计开展订单收购 115 万只，每只补助 30 元，实现滩羊肉优质优价不愁销路，养殖户年人均纯收入增加 120 元以上。①

四是坚持高标准培育，做优做活产业主体。盐池县把延伸产业链、提升价值链作为提高盐池滩羊产业整体效益、促进农民增收的主要举措，通过制定土地、税收、项目扶持等优惠政策，大力发展电商物流、休闲旅游、印刷包装等配套产业，推动一二三产业融合发展。截至 2022 年底，全县培育壮大自治区、市级龙头企业 18 家，滩羊养殖合作社、家庭农场近 500 家，滩羊肉网上电商直营店 50 余家。研发滩羊肉系列产品 36 种，开发羊毛系列产品 48 种，年生产盐池滩羊肉加工产品 5200 吨、滩羊毛加工产品 2230 平方米，实现年销售额 12 亿元。同时，盐池县组建滩羊产业集团，成立了县、乡、村三级滩羊产业发展协会，开展订单养殖收购，建立健全"企业+基地+农户+品牌+标准化"的产业化经营模式。实行购销价格、市场开拓、品牌宣传、营销策略、生产标准、饲草料使用环节"六统一"，推动分等定级、优质优价体系建立，着力提高市场化运作水平，滩羊产业综合效益和核心竞争力进一步得到提升。"盐池滩羊"地理证明商标授权企业 66

① 《盐池滩羊特色优势产业发展的"领头羊"》，https://www.sohu.com/a/445808504_114731，最后访问日期：2024 年 10 月 18 日。

家，在全国开设销售点 226 家，产品进入各大城市 153 家连锁超市。[①]

三　社会基础

社会基础是乡村振兴重点帮扶县实现内生发展的基本保障，也是全面促进乡村振兴多元融合的先决条件。宁夏深入推进乡村建设行动，不断提升乡村治理水平，加强县域基础设施建设，夯实乡村振兴社会基础。

一是深入推进乡村建设行动，乡村建设取得较大成效。2022 年 8 月 1 日，宁夏制定并印发《宁夏乡村建设行动实施方案》，从村庄建设、乡村规划、农村道路、农村饮水安全、防汛抗旱基础设施建设、农村清洁能源建设、农村物流体系建设、农房质量安全、数字乡村建设、村级综合服务、农村人居环境整治、农村基本公共服务、农村基层组织建设、农村精神文明建设 14 个方面进行了安排部署。其中，在农村饮水安全方面，宁夏城乡供水一体化覆盖率达 90% 左右；在数字乡村建设方面，截至 2020 年底，宁夏建设 5G 基站 4082 个[②]，行政村占总量的 70% 左右，乡村治理数字化指数进入国家前 10 行列。

二是坚持以共建共治共享为方向，在乡村治理能力与水平现代化方面取得了较大进步，初步形成了以党建治理为引领、法治建设为保障、德治建设为底色、自治建设为基础、智治建设为支撑的"五治"工作格局。2022 年，宁夏以"党建+"治理为引领，充分发挥了基层党组织的战斗堡垒作用和党员的发挥先锋模范作用；积极开展法治乡村建设工作，基本实现村部矛盾纠纷自我解决；充分发挥新时代文明实践中心的作用。截至 2022 年 6 月底，宁夏所有县、乡、镇新时代文明实践中心全覆盖，建设新时代文明实践站 2709 个，整合各类服务场所 1802 个，挂牌建立新时代文

---

① 《盐池滩羊：产业链向两端拉长 价值链向高端延伸》，http：//nx. news. cn/nxyw/2022－08/26/c_1128949142. htm，最后访问日期：2024 年 12 月 15 日。

② 《自治区人民政府办公厅关于印发宁夏回族自治区信息通信业发展"十四五"规划的通知》，https：//www. nx. gov. cn/zwgk/qzfwj/202201/t20220113_3282618. html，最后访问日期：2024 年 12 月 15 日。

明实践基地和实践点 272 个，[①] 形成良好的移风易俗与乡村文明风气，夯实了基层德治基础；健全党组织领导的村民自治机制，完善"四议两公开"决策程序，完善村规民约，引导村民积极参与村级事务管理，推进了农村基层自治；加强智治在乡村治理中的支撑作用，将村级综治中心与全网格化的电子监控有效连接，打造智能化的网格服务体系，提升了乡村治理的现代化能力与水平。

三是县域公共服务基础优化升级。宁夏投入大量资金改善县域农牧业生产、水利基础、农村环境、农村道路、医疗与教育条件，为统筹县域发展、促进乡村全面振兴提供完备的基础设施。通过人居环境整治工程，县域农村人居环境显著改善；全面推进道路硬化、绿化、美化、亮化工程，各县基础设施建设得到优化提升。截至 2021 年底，宁夏全区行政村光纤覆盖率达到 100%，4G 网络覆盖率达到 100%，宽带平均速率达到 100M 以上，4G 平均速率达到 20M 以上。[②]

案例 3：宁夏海原县——夯实乡村振兴治理与建设基础

海原县位于宁夏回族自治区中南部，隶属中卫市。全县面积4989.6 平方公里，辖 17 个乡镇、1 个甘盐池种羊场、1 个街道办事处、1 个自然保护区、148 个行政村、11 个社区，总人口 47 万，先后获得"全国脱贫攻坚先进集体""全国民族团结进步示范单位""全区双拥模范城（县）"等荣誉称号。在 9 个脱贫县（区）中，海原县的乡村建设行动力度较大，社会资源优势明显。因此，本章选择海原县作为社会资源优势促乡村建设内生发展的典型案例。海原县的具体做法如下。

一是创新乡村治理，筑牢乡村振兴基础。海原县构建"131"乡村治理模式，即强化党的领导，推进自治、法治、德治"三治"融

---

① 《宁夏："五种方式"推动新时代文明实践中心建设不断拓展深化》，http://www. nx-news. net/yc/jrww/202205/t20220518_7561120. html，最后访问日期：2024 年 12 月 6 日。

② 《宁夏回族自治区 2021 年度电信普遍服务转移支付绩效自评报告》，https://nxca. mi-it. gov. cn/zwgkltzgg/art/2022/art_ cdb373766b614182bb7309f54ca031a5. html，最后访问日期：2024 年 12 月 6 日。

合，建好数字化平台"一朵云"，不断加强乡村治理体系建设，以乡村善治助推乡村振兴。选树农村致富带头人 1025 名、党组织带头人 296 人、村级后备力量 397 人。741 名村"两委"班子成员平均年龄由换届前的 49 岁降到 41 岁，大专以上学历村干部 158 名，比例由 9.5% 提高到 21.3%。[①] 同时，该县广泛推动村民代表会议制度、"四议两公开"、村级重大公共事务听证会、协调会、评议会等各项基层治理制度落到实处，不断提升群众的满意度。投资 21964 万元完成美丽宜居乡村建设中亟须办理的民生实事，建成美丽宜居村庄 23 个。落实"一村一法律顾问"制度，全县培育"法律明白人"3.23 万人。全县共有各级人民调解组织 184 个，专兼职人民调解员 1004 人，化解各类矛盾纠纷 3600 起。命名表彰了道德模范、移风易俗模范户、文明家庭等。全县 159 个村、社区设立民生代办点，代办 48 项服务事项。收入达 5 万元以上村集体经济的村占 100%，全县村集体经济收入破亿元。[②]

二是大力推进农村基础设施建设。海原县为了补齐基础设施短板，制定了基础设施建设规划。大力实施乡村道路建设，海同高速建成通车，完成干线公路升级改造 92 公里，建成农村公路硬化 110 公里，生产路 125.8 公里，村道硬化 137.3 公里，实施路面加宽改造 65 公里，全县所有行政村全部实现通硬化路、通客车。海原县实施了农村饮水安全巩固提升工程、西海固脱贫供水工程和三河、七营等乡镇农村饮水安全信息化试点项目，新建蓄水池 44 座、供水点 15 处，新补入自来水 3300 户，自来水入户率达到 87%，供水保证率达到 95% 以上。在农村网络信息化建设方面，海原县建成村级电商服务站 120 个，新建农村 4G 网络基站 394 个，行政村通光纤 152 个。[③]

① 《海原：乡村治理画出"同心圆"》，http://nx.people.com.cn/n2/2022/0422/c401542-35235183.html，最后访问日期：2024 年 12 月 6 日。
② 《海原：乡村治理画出"同心圆"》，http://nx.people.com.cn/n2/2022/0422/c401542-35235183.html，最后访问日期：2024 年 12 月 6 日。
③ 《海原县农村基础设施建设情况》，海原县交通运输局，2022 年 6 月 25 日。

四　生态基础

生态基础是乡村振兴实现县域与乡村融合发展的宏观条件，也是乡村振兴的主要内容之一。宁夏坚持边脱贫边发展，不断改善乡村人居环境，将生态优势与产业发展多元融合，奠定了乡村振兴内生发展的生态基础。

一是生态移民工程实现了脱贫地区脱贫致富与生态建设的双赢。宁夏扶贫开发主要经历了"三西"农业建设阶段（1983~1993 年）、"双百"扶贫攻坚阶段（1994~2000 年）、千村扶贫整村推进阶段（2001~2010 年）、"十二五"生态移民阶段（2011~2015 年）、"十三五"精准扶贫精准脱贫阶段（2016~2020 年）。"十三五"时期，宁夏"十二五"规划对中南部地区 7.88 万户 34.6 万人实施生态移民搬迁，五年间已经搬迁安置移民 32.96 万人，完成生态移民搬迁规划的 95.26%。从 2013 年开始，自治区制定了针对历次移民迁出区 1272.1 万亩土地进行生态修复和保护的意见，其中实施封禁保护自然修复 879.7 万亩，安排人工生态修复 380.1 万亩。[①] 通过自然修复和人工治理相结合，脱贫县（区）的生态环境得到显著改善。

二是农村人居环境得到显著改善。在农村人居环境整治方面，宁夏自 2018 年以来取得了较大成效。截至 2022 年 10 月底，宁夏农村集中供水率达到 98.8%，农村自来水普及率达到 96.5%，农村卫生厕所普及率达到 64.9%，农村生活污水处理率基本达到 30%，农村生活垃圾治理率达到 95%（见表 10-2）。

表 10-2　2018 年至 2022 年 10 月宁夏农村人居环境整治成效

单位：%

	2018 年	2019 年	2020 年	2021 年	2022 年 10 月
农村集中供水率	85	98	98	98.5	98.8
农村自来水普及率	84	93	95	95.8	96.5
农村卫生厕所普及率	31.8	44.5	58	58.8	64.9

---

① 李文庆：《2017 宁夏西部扶贫攻坚报告——宁夏生态移民绩效研究》，《新西部》2018 年第 Z1 期。

	2018 年	2019 年	2020 年	2021 年	2022 年 10 月
农村生活污水治理率	—	28.79	26	28.96	30
农村生活垃圾治理率	90	90	92	95	95

注：宁夏从 2018 年开始实施农村生活污水治理行动。
资料来源：宁夏回族自治区农业农村厅官网。

案例 4：宁夏彭阳县——发挥生态优势，实现多元融合发展

彭阳县位于宁夏东南部边缘、六盘山东麓，生态建设成效突出，获得"国家园林县城""国家卫生县城""全国双拥模范县""全国造林绿化先进县""生态建设示范县""生态建设突出贡献先进集体"等殊荣。在 9 个脱贫县（区）中，彭阳县生态规模较大，生态产业效益较好。因此，本章选择彭阳县作为生态资源促乡村生态内生发展的典型案例。彭阳县的具体做法如下。

一是生态立县，探索生态建设新模式。建县以来，彭阳县始终坚持"生态立县"的宗旨，对山水林田湖草沙实施综合治理，探索生态建设新模式，实现了从荒凉贫瘠到绿色生机的巨大蜕变。20 世纪 90 年代，彭阳县生态建设以小流域治理为单元，采取"山顶林草戴帽子，山腰梯田系带子，沟头库坝穿靴子"的治理模式，实行山水林田湖草沙系统治理。21 世纪初，在退耕还林与小流域治理方面，彭阳县主要推行"88542"隔坡反坡水平沟和鱼鳞坑相结合的整地技术，采取山水林田湖草沙统一规划，梁峁沟坡塬滩综合治理，农林水牧等项目资金捆绑使用，工程、生物、耕作措施相结合的推进形式，实现了彭阳县生态文明建设的跨越式发展和巨大成效。截至 2021 年底，彭阳县全县现有耕地面积 102.52 万亩、林地面积 180.16 万亩，其中退耕面积 77 万亩、经果林面积 54 万亩、国家级重点公益林面积 68.32 万亩、幼林面积 101.03 万亩，经果林总收入 2.88 亿元，人均年收入 1100 元。森林覆盖率由建县之初的 3%提高到 32.2%，彭阳县生态建设得到全国"三北"地区生态扶贫现场会的充分肯定，荣获全国生态建设突出贡献奖。治理小流域 90 条

1879 平方公里，流域综合治理程度由建县之初的 11.1% 提高到 80.58%。2021 年完成营造林 15.63 万亩，其中新造林 6.27 万亩、未成林补植补造和退化林分改造 9.36 万亩，全县森林覆盖率达到 34.31%。①

二是发挥生态优势，创新产业融合升级。为深入挖掘生态资源，保护和有效利用红色资源，拓宽乡村旅游发展渠道，彭阳县结合美丽乡村和旅游特色村建设，在保护好小岔沟、乔家渠红军长征毛泽东宿营地遗址的基础上，在景区周围发展旅游民宿，完善配套设施，建成集红色教育、休闲旅游、民宿体验、观光采摘于一体的综合旅游景区。截至 2022 年上半年，彭阳县共接待游客 55.1 万人次，实现社会综合收入 2.48 亿元。② 同时，彭阳县推行"绿色+"发展模式，坚持生态效益与经济效益并重，将林业生态建设与脱贫攻坚、乡村振兴及发展全域旅游产业有机结合，大力发展林果产业 54400 亩，其中庭院经济林 45800 亩，③ 红梅杏、苹果已成为彭阳颇具发展前景的特色优势产业。彭阳红梅杏于 2016 年获得国家农产品地理标志认证，在 2019 年北京世园会优质果品大赛中获得国际银奖；彭阳红富士苹果获 2021 年全区苹果大赛金奖。

三是深化山林权改革，将资源变资产。彭阳县深化山林权改革，探索创立了一套系统规划为统领、一个基础重点做保障、五大改革项目助发展的"115"山林权改革工作机制，制定了切实可行的山林权改革系统规划。彭阳县将山林权资源变资产，完成山林资源界定面积 129.4 万亩，率先颁发全区林权不动产"第一证"，全力推动生态旅游、林下经济、林电互补、林业碳汇和国家储备林五大改革项目，累计发展林下养鸡 412 万只、养蜂 5.75 万箱、种植中药材 17.66 万亩，产值分别达到 3.3 亿元、1.2 亿元和 830 万元。彭阳县积极探索融资

---

① 彭阳县自然资源局：《彭阳县生态建设情况汇报》，2022 年 6 月 23 日。
② 《宁夏彭阳："生态+旅游+红色+民宿"为乡村振兴聚活力》，http://nxjgsw.nx.gov.cn/sxxx/202207/t20220714_3608433.html，最后访问日期：2024 年 10 月 18 日。
③ 彭阳县自然资源局：《彭阳县生态建设情况汇报》，2022 年 6 月 23 日。

交易，以山林权抵押贷款 433 万元推动生态资源转化为生态资产。依托全区公共资源交易平台，通过协商议价、挂牌竞价、定向出让等方式，完成集体林地经营权交易 1964 亩。①

五 文化基础

随着宁夏经济社会的不断发展，宁夏乡村文化逐渐发展起来，农民群众的精神文化生活日益丰富，以乡村文化大院、乡村民间自办文艺团队等为代表的乡村民间文化蓬勃发展，呈现良好的发展态势；以村志、族谱等为代表的乡风文明资源蕴含着家庭教育、宗族制度、村规民约等文化内涵，弘扬了一批优秀的乡村传统文化；"文明实践+爱心超市+"模式得到广泛推广，个别文艺爱好者还结合当地的优势资源和文化积淀创建了具有"书屋"性质的文创基地，在促进乡村文化发展方面发挥着积极作用。

一是全面深化移风易俗。宁夏全面完善村规民约，健全红白理事会组织，把移风易俗工作纳入县、乡镇、部门效能目标考核中，组织各类文艺团体开展文化进万家、送欢乐下基层等活动，年均送戏下乡演出 1600 余场，不断丰富群众的文化活动。年度群众文化活动常态化，每年元旦春节期间组织举办"非遗过大年·文化进万家"全区社火大赛、"三下乡"集中服务等 10 大类 300 余项文化活动，惠及群众 300 多万人次。2021 年，宁夏评选出 22 个移风易俗先进村镇、46 个模范户，同时推进乡村文化惠民工程，完善乡村文化基础设施。2017 年以来，宁夏建成标准化乡镇综合文化站 136 个、贫困地区村综合文化服务中心 1271 个，持续实施川区村综合文化服务中心功能提升项目，完成改造提升 790 个；仅 2022 年新建改扩建标准化乡镇文化站 5 个，扶持城乡文化示范点 100 个，年度支持乡村文化设施（备）建设 300 余万元。②

二是实现新时代文明实践中心县、乡、村三级全覆盖。截至 2022 年 6

---

① 彭阳县自然资源局：《彭阳县生态建设情况汇报》，2022 年 6 月 23 日。
② 《高质量打造惠泽百姓的民心工程——10 年来宁夏公共文化事业发展综述》，https://wap. nxnews. net/zw/202210/t20221016_7735675. html，最后访问日期：2024 年 12 月 2 日。

月底，宁夏建设新时代文明实践站 2709 个，整合各类服务场所 1802 个，挂牌建立新时代文明实践基地和实践点 272 个。① 依托新时代文明实践中心，组织开展文化惠民、扶贫扶智、科技科普等志愿服务活动。运用乡村大喇叭、文明实践讲堂、村规民约等平台载体，讲文明习俗，传科普知识，培育文明乡风、良好家风、淳朴民风。运用传统节日文化内涵教育群众，在各种节日前后组织开展具有地方特色的文化宣传活动。

三是乡村公共文化人才队伍发展壮大。积极落实公共文化服务实施标准，配齐乡镇综合文化站、村综合文化服务中心工作人员。全区 193 个乡镇综合文化站有专兼职人员 528 名，其中有 1 名专职人员；2266 个村（社区）综合文化服务中心有专兼职人员 2221 名。实施"阳光工程"农村文化志愿者行动计划、"三区"人才支持计划，招募 79 名文化志愿者、15 名乡村学校少年宫辅导教师，选派 880 名"三区"人才文化工作者到贫困地区村综合文化服务中心等开展文化志愿活动。②

案例 5：宁夏隆德县——以民俗文化引领乡村旅游

隆德县位于宁夏回族自治区南部地区、六盘山西麓，可谓历史悠久、文化深厚、山清水秀、宜居宜业，先后获得"全国文化先进县""中国书法之乡""中国民间文化艺术之乡""中国现代民间绘画画乡""中国社火文化之乡""国家园林县城""中国人居环境范例奖""国家水利风景区""全国休闲农业和乡村旅游示范县""中国避暑休闲百佳县"等殊荣。在 9 个脱贫县（区）中，隆德县的文化底蕴深厚，文化资源得到了多元融合。因此，本章选取隆德县作为文化资源促乡村文化内生发展的典型案例。隆德县的具体做法如下。

一是创新发展，带动群众致富。红崖村老巷子作为隆德县乡村文化旅游发展的优秀案例，在产业融合方面的做法具有创新性。2010

---

① 《宁夏："五种方式"推动新时代文明实践中心建设拓展深化》，https://www.nxyg.org/index.php? a = show&c = index&catid = 7&id = 8558&m = content，最后访问日期：2024 年 12 月 15 日。

② 《宁夏现代公共文化服务体系建设成效显著》，https://www.mct.gov.cn/whzx/qgwhxxlb/nx/202011/t20201113_902707.htm，最后访问日期：2024 年 12 月 15 日。

年，红崖村通过"政府引导、部门建设、客商配合、共同打造"的形式，以"千古隆德县，百年老巷子"为主题，打造了红色旅游景区，保留古村落原始特征，大力整治村容村貌。如今的红崖村成了集红色教育、旅游观光、摄影基地、养生度假、休闲娱乐于一体的度假村。老巷子景区为探索精细化发展模式，结合村子丰富的旅游资源，以美丽乡村为载体，实行"旅游+文化"发展模式，引进专业公司，成立老巷子文化大院，定期举办文化展演。同时，景区还与相邻的六盘山景区、龟山隆德书院、盘龙山庄、陈靳乡新和村等旅游景点加强合作，设置旅游精品线路，拓宽旅游发展之路，提高旅游发展效益。2021年，老巷子营业收入达到2000万元，带动就业人数326人。①

二是深度挖掘，壮大老村业态。老巷子虽短，但其中的艺术场馆、书画店铺不少，堪称当地民俗文化的大观园。为了壮大文化产业发展、满足游客的多样化需求，景区多元化发展非遗文化，着力打造美丽乡村，在保留原住民生产生活场景风格的基础上，发展书法、绘画、剪纸、刺绣、美术馆等经营户45家，丰富了老巷子景区的经营业态。随着基础设施的不断完善，老巷子先后荣获"中国传统古村落""宁夏首批中小学研学教育基地""国家首批乡村旅游示范基地"等称号。目前，老巷子景区正在积极创建申报国家4A级旅游景区。2021年，隆德县共计接待乡村旅游游客100.2万人次，实现旅游社会总收入4.08亿元。②

第三节　宁夏乡村振兴重点帮扶县内生发展面临的现实障碍

在乡村振兴重点帮扶县内生发展理论框架下，宁夏在政治、经济、社

①　《宁夏隆德县："老巷子"引领乡村游热起来》，https://nx.people.com.cn/nz/202210722/c192493_40049974.html，最后访问日期：2024年11月6日。
②　《宁夏隆德县："老巷子"引领乡村游热起来》，https://nx.people.com.cn/nz/202210722/c192493_40049974.html，最后访问日期：2024年11月6日。

会、生态、文化方面取得了一定成效，但也面临着现实障碍。

一　脱贫政策优化落实较慢，巩固脱贫成果任务艰巨

巩固拓展脱贫攻坚成果同乡村振兴有效衔接阶段是做好政策优化、衔接与落实工作的关键期。宁夏虽然在巩固脱贫攻坚成果方面下了大力气，常态化的动态监测机制也已经建立，"两不愁三保障"的问题得到有效解决，但在后续拓展脱贫攻坚成果的过程中，依然存在一些障碍。一是脱贫地区的内生发展动力有待增强。受自然条件、公共服务条件等因素制约，宁夏南部山区脱贫地区的自我发展动力依然不足。同时，一些监测对象受文化程度、劳动技能等因素影响，稳定消除风险难度较大，导致其内生发展动力与能力不足。二是脱贫人口就业稳定性不强。绝对贫困虽已消除，但受灾情、疫情等因素影响，脱贫人口就业收入存在不稳定性，稳定增收成为较大难题。三是衔接政策优化机制不健全。我们在多次的调研中发现，宁夏盐池县、同心县、红寺堡区、原州区、隆德县、彭阳县、泾源县、西吉县、海原县9个脱贫县（区）均出现不同程度的住养同区现象，农户与基层多数认为是养殖用地政策受阻导致养殖帮扶政策优化难度较大。例如，彭阳县186户农民申请建设养殖暖棚4万多平方米，因用地受限无法建设，其中古城镇新集乡约30%养殖用地需求无法得到满足；同心县、盐池县住养同区现象普遍，主要原因也是用地政策受阻，土地政策优化调整难度较大。

二　特色产业带动能力不足

宁夏乡村特色产业发展取得了一些成效，但还存在产业基础不稳固、产业链条短、品牌建设不足等因素，导致产业带动能力较弱。一是产业发展基础亟须进一步提升。宁夏乡村特色产业虽有几个发展较好的龙头企业，但发展层次较低、发展布局不清晰、发展基础较弱。虽然宁夏脱贫群众40%的收入来自特色产业，但脱贫县（区）产业根基不牢，要素支撑不强，内生动力、市场竞争力和抗风险能力总体较弱。二是特色产业链条较短。2021年，宁夏农产品加工转化率为69%，但乡村产业与现代产业结合

不紧密，一二三产业融合发展不足。全区脱贫地区产业存在同质化、低端化现象，还存在深加工产业链条较短、可融合产业链条不足、现有产业链条不强的问题。同时，特色产业中龙头企业对当地深层次长效带动较弱，产品附加值无法实现，特色产业的现代价值实现不足。三是多元化品牌建设不足。宁夏六大特色产业品质优良，产值在乡村产业中占80%以上，特色产业产值与品牌价值效应不断提高，但宁夏具有市场竞争力的多元化品牌较少，产业城乡融合度较低。另外，还有一些特色产业的品牌建设滞后，导致品牌价值无法凸显。宁夏的肉牛养殖是带动农户脱贫的主导产业，在宁夏南部山区已经形成一定的养殖规模，但由于缺乏肉牛品牌建设，宁夏的肉牛产业缺乏知名度、带动能力提升受限。

三　县域内部现代化治理水平有待提升

宁夏初步形成了政治、法治、自治、德治、智治"五治"乡村治理体系，但在乡村治理过程中也存在一些现实问题。一是村干部的综合能力有待提升。2021年以来，宁夏全面优化村"两委"班子的年龄、学历结构，平均年龄有所下降，学历结构得到优化，但在乡村治理实践中，村干部的工作能力、管理能力、市场判断力、法治思维、创新能力等综合能力是乡村治理的关键。二是乡村治理人才短缺。培养村干部的综合能力需要一定的知识储备与实践经验，宁夏目前具备乡村治理能力的人才较少，这也是导致群众社区参与度不高的主要原因之一。三是乡村智治水平较低。乡村治理现代化最主要的体现是智能化、智慧化，目前宁夏乡村数据信息的智能化管理与运用、现代科学技术的智慧化运用尚未实现行政村全覆盖。

四　县域协同发展机制不健全

从单个县域纵向来看，宁夏县域内生发展面临着不同程度的现实问题；从多个县域横向来看，宁夏9个乡村振兴帮扶县协同发展机制还不健全。一是县与县之间的发展不平衡导致区域协同发展有效性不足。宁夏9个脱贫县（区）存在共性的特色产业资源，但在发展过程中整合县域资源、形成区域竞争合力的优势未能凸显。如同心县与原州区、西吉县、彭阳县、隆德县的肉牛养殖协同发展的作用机理尚未形成，导致全区肉牛养殖的产业链价值优势不足，区域协同发展的有效性不足。二是县域内协调发展不足。宁夏9个脱贫县（区）内存在教育和医疗资源不平衡问题，体现出协调发展水平较低。优质的教育和医疗资源往往集中在大县或中心城市，偏远地区和小县的教育和医疗条件较差，导致县内人才流失，资源无法得到高效利用。

第四节　宁夏乡村振兴重点帮扶县内生发展的可行路径

巩固拓展脱贫攻坚成果同乡村振兴有效衔接是宁夏乡村振兴重点帮扶县内生发展的主要瓶颈，因此，宁夏应在县域的基础上继续持续深入巩固拓展脱贫攻坚成果，做好全面推进乡村振兴工作。

一　建立持续巩固脱贫攻坚成果政策机制，提高政策执行力

1. 建立脱贫县域巩固脱贫攻坚成果政策机制

在宁夏9个脱贫县（区）开展巩固脱贫攻坚成果政策机制摸查工作，先由脱贫村和脱贫乡（镇）进行政策机制梳理，再由县级乡村振兴部门进行县域巩固脱贫攻坚成果政策机制统筹，精准梳理脱贫县域脱贫攻坚阶段的制度体系、帮扶开发体制、产业扶贫项目政策、内生动力情况、精准施策的成功经验与主要举措等内容，构建系统的巩固脱贫攻坚成果政策机制，提高巩固脱贫攻坚成果的政策执行力。

2. 建立自下而上巩固脱贫攻坚成果政策监管动态反馈系统

建立农民协会组织，由农民协会组织将农户提出的政策需求，通过政策监管动态反馈系统反馈到村级监管机构，由村级监管机构进行审批；村级监管机构再将政策需求传达到乡（镇）级监管部门，由乡（镇）级监管部门对各个村的政策需求进行整合并将整合后的政策需求传达到县级监管部门；县级监管部门根据政策需求的难易程度制订政策需求方案，难度较大的政策需求通过县级监管部门可直接上传到自治区级政策监管部门，由

自治区级政策监管部门进行政策制定，难度较小的政策需求通过县级监管部门上传到市级监管部门，由市级监管部门协调相关部门进行政策需求的解决。最终，某一项政策制定后再通过监管系统进行逐级反馈直达农户，实现巩固脱贫攻坚成果政策的持续性、有效性。

3. 分类优化调整区域瞄准政策

结合巩固脱贫攻坚成果政策机制与自下而上巩固脱贫攻坚成果政策监管动态反馈系统，全面完善脱贫县域巩固脱贫攻坚成果政策体系。继续完善优化巩固脱贫攻坚成果后续政策，制定优化调整产业发展用地政策，探索宁夏解决"用地难""难用地"问题的政策机制。进一步优化调整全区脱贫县创业就业政策，鼓励脱贫户走进企业。适当调整创业就业政策，工资年收入低于所在地级市人均可支配收入的脱贫户继续享受扶贫政策。同时，逐步明确外部帮扶单位的职责边界，建立正向激励机制，引导宁夏脱贫县充分参与市场竞争，提高人力资本发展能力。

二　建立特色产业发展宏观机制，增强产业带动能力

1. 搭建产业发展信息技术服务平台，加强对扶贫产业项目的综合管理

运用大数据技术对宁夏县域特色产业宏观市场发展情况进行数据监测和信息管理，并及时将监测情况反馈到县（区）、乡镇、村级和农户。构建"互联网+农户+企业"的大数据信息网，将农户产业发展情况与需求公布到大数据服务平台，企业根据大数据信息做出产业资源的开发与运用。同时借助产业发展信息技术服务平台，实时掌握全区县域特色产业发展情况，并对扶贫产业项目进行综合管理。进一步加大宁夏脱贫县特色产业技术支持与技术创新力度，从品种研发、生产加工、市场销售等各个环节强化产业发展要素保障，深入推进产销富农、科技助农、金融支农。

2. 建立县域本土化发展机制，促进县域产业协同发展

针对国家乡村振兴重点帮扶县与自治区乡村振兴重点帮扶县，构建着重培育本县本乡本村本土企业、外来企业合理嵌入的产业发展机制，支持本地人参与外来企业的运营、管理与技术研发。充分利用宁夏各县产业园区，在生产环节引进能够延伸产业链的加工业、制造业、服务业项目，加

大对县域产业项目的投入力度，形成生产与加工、科研与产业、企业与农户相衔接相配套的上下游产业格局。通过延伸县内产业链提升产品附加值，鼓励本土经营人才与本土经营团队参与项目运营，带动当地劳动力多元化发展。巩固宁夏帮扶县域产业发展基础，完善本土企业与外来企业利益联结机制，建立以县域为核心的产业链，促进宁夏县域内与县域外产业协同作用。

3. 建立县域特色产业质量评估体系，推进一二三产业融合发展

发挥宁夏帮扶县域特色产业资源优势，构建县域特色产业质量评价指标体系，在特色产业"小"与"精"上下功夫，推动特色产业向现代产业、绿色产业发展，推进一二三产业融合发展。在以县域为核心的产业链上，提升产业质量、市场竞争力与产品内在的市场价值，建立市场价值利益分配机制，保障本地企业与农户的利益收益，同时给予相应的政策支持与鼓励，构建县域特色产业质量评估工作机制。

三　构建三级联动能力发展机制，增强内生动力

1. 搭建农户能力需求数据信息平台

首先，搭建县级劳动能力数据信息平台，将宁夏区内市场与区外市场劳动需求信息、技能培训信息集合在信息平台上；其次，开设县级劳动力技能信息窗口，农户可将自身的能力需求上传到信息平台，村级负责归纳统筹相关的能力需求情况；最后，县级根据村级能力需求统计情况进行集中的能力培训，同时县级负责将市场热门、紧缺的技术信息反馈到信息平台，农户在信息平台小程序、公众号或者手机 APP 即可了解区内外市场劳动力技能需求，并反馈自己的技术能力需求。通过该信息平台，农户可以精准识别劳动需求，政府也可以精准提供就业创业政策。

2. 创建创新型技术培训模式，培育农户社会资本

所谓创新型技术培训模式，是指以农户自身技术需求为主导，鼓励农户"走出去""带回来"，打破传统的政府组织培训、农户参与培训的技术培训模式。在县级农户能力需求数据信息平台的基础上，对全区农户的技能需求进行分类组织培训，组织有技能培训需求的农户到技术成熟、资源

优质的发达省区进行学习培训。同时，鼓励宁夏各县引进区外优质的技术培训机构，与其建立长期合作关系。积极支持农户走出所在地域，丰富农户的社会关系网络，开阔眼界，引导农户培育社会资本，提高农户的技术能力和社会能力。

3. 创造再教育发展空间，提升市场能力

建立县域人才培训基地，培养农业种植与养殖技术人才，为宁夏本地劳动力提供技能与市场服务平台。创建农村课堂，利用农闲时节举行农村课堂进万家活动，丰富农户的再教育经历。创新授课方式，充分利用学习强国中的学习资源，将国家发展、农业技能、精神文明、文化传承、科学技术等资源带到农户生活与生产过程中，逐步引导农户转变发展思想，在提升综合素质的同时提升融入市场的能力。

四　打造全产业链发展格局，促进乡村全面振兴

1. 发挥资源优势，打造全产业链发展格局

以国家乡村振兴重点帮扶县与自治区乡村振兴重点帮扶县为重点，进一步挖掘宁夏脱贫县域未来发展的潜在资源，结合"一村一品""一县一业"，将在生产、加工、销售等各个环节中的产业价值集中在县级产业链主体上，打造联结县内与县外产业链的县级产业服务中心，实现县域全产业链、区级全产业链、国内全产业链。以县域全产业链为基础，做好产业链扩容准备，打通区内县与县之间的产业链条，实现区级全产业链。依托网红主播发展平台，将宁夏县域全产业链、区级全产业链融入国内全产业链，构建国内全产业链大循环的发展格局。

2. 加强治理，建立县域治理共同体

以党建引领为抓手，进一步加强宁夏各县基层党组织建设，提升基层党组织工作能力与治理水平，完善县级党组织的主导作用，将党的基层治理、村民自治、社会法治、乡村德治有机结合，构建乡村社会治理现代化体系，充分发挥基层党组织整合乡村各个主体的治理作用。建立健全企业、政府和乡村社会多元化参与的协同治理机制，构建"共同参与、共享发展、共同富裕"的经济共同体和治理共同体。组织年轻优秀的基层治理

队伍，提升基层治理队伍的综合能力，尤其是强化基层治理队伍的信息技术能力建设。加快搭建宁夏乡村数字治理平台，使村民参与治理、监督的作用得到发挥，推进乡村治理与乡风文明协同建设。

3. 科学统筹，促进县域全面振兴

一是精准识别、分类建设基础设施。瞄准宁夏各县、乡、村基础设施建设存在的不足和短板，优先规划、精准施策、分类推进，尤其是着重解决目前宁夏脱贫村硬化路不能直通田间地头、不能直通农户家门口的现实问题，精准识别此类村落，优先完善道路基础设施建设。同时，补齐教育、医疗、文化等基础设施建设短板问题，提升脱贫县域基础设施建设水平。二是进一步改善人居环境，补齐乡村建设短板。探索人畜分离路径，切实推进符合宁夏季节与生活习惯的"厕所革命"，实施乡村清洁行动。加大基层对农村面源污染的管理力度，完善农村环境管理机制。三是提升公共服务水平。有效落实基础教育质量、全面健康水平两大提升行动，着重加强宁夏脱贫县域义务教育优质资源利用、优秀师资队伍建设，提升脱贫县域基础教育综合水平，加快推进健康乡村建设，提升脱贫县域医疗卫生水平。进一步提升社会保障水平，在完善城乡居民基本医疗、基本养老保险制度的同时，鼓励农户购置商业保险，提高农户的综合保障水平，有效降低返贫致贫风险。

第十一章
"安居"与"安家"
——家庭视角下的宁夏移民搬迁效应

薛雯静　张子健　徐宗阳[*]

移民搬迁工程是宁夏解决贫困问题、保护生态环境、推动区域均衡发展的重要举措之一，也是闽宁协作中开展贫困帮扶的重点领域之一。宁夏建区以来共出现过六次大型移民潮。

第一次，吊庄移民。1983年，按照"有水走水路，无水走旱路，水旱路都不通另找出路"的基本思路，以"3年停止破坏，5年解决温饱，10至20年解决问题"为目标，宁夏制定了"以川济山、山川共济"的扶贫开发政策，采取吊庄移民的方式，将南部山区部分生产生活条件比较落后的19.8万贫困群众搬迁至有条件安置的地区，开了宁夏扶贫移民搬迁的先河。移民群众两头有家、来去自由，在引黄灌区有灌溉条件的荒地上开垦了新家园。

第二次，扶贫扬黄灌溉工程移民。1998年，按照《国家八七扶贫攻坚计划》，宁夏在"双百"扶贫攻坚中确立了"兴水治旱、以水为核心、以科技为重点、扶贫到村到户"的思路。伴随宁夏扶贫扬黄灌溉工程建设，累计搬迁安置中南部8个县（区）30.8万人。在这一扶贫扬黄灌溉工程移

---

　*　作者简介：薛雯静，北京大学博士研究生；张子健，中国社会科学院大学硕士研究生；徐宗阳，中国社会科学院社会学所副研究员。

民时期，宁夏通过扶贫扬黄灌溉工程把黄河水上扬数百米，开发灌溉耕地80万亩，让长期缺水受穷的南部山区农民走出祖辈居住的大山，喝上黄河水，种上水浇地，迈向新发展。

第三次，易地扶贫搬迁试点移民。2001年，借助党中央易地扶贫搬迁试点移民工程，宁夏坚持"政府引导、群众自愿、政策协调、讲求实效"的原则，以居住在中南部山区偏远分散、生态失衡、干旱缺水、就地难以脱贫的贫困人口为搬迁对象，在红寺堡、固海等灌区搬迁安置移民14.72万人。在易地扶贫搬迁试点移民时期，宁夏按照"人随水走，水随人流"的思路，让饱受干旱困苦的群众在自然条件优越的地方安了家、扎了根。

第四次，中部干旱带县内生态移民。2008年，宁夏在千村扶贫整村推进中，把西海固地区的扶贫开发纳入全区经济社会发展全局统筹考虑，实施中部干旱带县内生态移民工程，累计搬迁安置移民15.36万人。在中部干旱带县内生态移民时期，宁夏以劳务创收和发展特色种植、养殖业为主要措施，改善搬迁群众生产生活条件，让搬迁群众"两条腿"走稳致富路。

第五次，"十二五"中南部地区生态移民。在"十二五"期间，宁夏按照"山上的问题山下解决，山里的问题山外解决，面上的问题点线解决"的思路，对中南部地区的9个县（区）中生活在"一方水土养活不了一方人"区域的34.5万人实施了搬迁。在"十二五"中南部地区生态移民时期，宁夏通过把34.5万人集中安置到近水、沿路、靠城和打工近、上学近、就医近以及具备"小村合并、大村扩容"的地方，让搬迁群众依靠特色种养、劳务输出、商贸经营、道路运输摆脱贫困。

第六次，"十三五"易地扶贫搬迁移民。新时期易地扶贫搬迁工作启动以来，宁夏充分借鉴历次移民搬迁经验，采取县内就近、劳务移民、小规模开发土地、农村插花四类安置方式，对中南部地区9个县（区）8.08万贫困群众实施了易地扶贫搬迁。在"十三五"易地扶贫搬迁移民时期，宁夏统筹考虑水土资源、新型工业化、城镇化、信息化、农业现代化等因素，将安置区选在近水、沿路的地方，通过产业配套、劳务移民等多种途径，让搬迁群众实现"搬得出、稳得住、能致富"。

移民搬迁是解决贫困和发展问题的第一步，但移民搬迁之后能否稳得住、能否适应并融入新的生存环境？这是我们评估搬迁成效尤其是扶贫可持续性的重要维度。为此，我们选取宁夏规模最大的一次移民——"十二五"中南部地区生态移民（以下简称"十二五"生态移民）作为研究对象，讨论搬迁之后移民的生活转变。这批移民的搬迁具有政府组织性强、后续扶持机制完善、移民落地时间较久的特点，有助于我们系统评估移民搬迁和后续帮扶的机制成效，以及移民搬迁数年后的变化情况，其中也包含了闽宁协作的成果。

第一节 文献综述

"人口迁移"是人类历史上一个由来已久的主题，也是人口研究的三大基本问题之一。国内外对人口迁移的研究大体可以归纳为两个方面：人口迁移的原因和人口迁移的后果。其中，对于人口迁移的后果，国内外学者主要从社会适应或者社会融合的角度进行研究分析。

移民研究兴起于由西方工业化、全球化导致的跨国移民潮。移民在进入一个新的国家或社会之后必然面临就业、教育、社会关系交往等问题，这就引发了关于社会适应和社会融合的讨论。社会适应（social adaptation）是指个体与群体之间的互动协调以及他们对特定的物理与社会环境的反应，而在移民问题上，它包含了客观上的就业、收入、消费、组织适应和主观上的态度、价值观念内部化这两个维度。[①] 社会融合（social integration）则强调移民个体或群体被平等地纳入主流社会，并与新社会之间相互适应的状态。更进一步，学者采用多个变量维度对社会融合概念进行拆分，提出了社会融合的二维、三维乃至四维模型。[②]

统概而言，移民的社会适应或社会融合可以被拆分为以下几个维度。第一，经济上的适应融合，指移民在劳动力就业市场、职业地位、经济收入、消费水平、住房等方面的融合。这种融合可以通过个体与流入地本地

[①] John Goldlush & Anthony H. Richmond, "A Multivariate Model of Immigrant Adaptation," *The International Migration Review* 8 (1974): 193-225.

[②] 梁波、王海英：《国外移民社会融入研究综述》，《甘肃行政学院学报》2010 年第 2 期。

居民的平均水平差距来测量。[1] 第二，社会或者结构上的适应融合，即移民在社会关系、社会组织参与、行为方式上的改变。[2][3] 第三，政治上的适应融合，主要指移民在流入地参与政治性活动的情况，如参加政党、政治选举、工会等，还包括合法政治权利的获得情况。[4] 第四，文化或认同上的适应融合，即移民在价值导向和社会认同上的转变过程，其结果又可以区分为被主流社会完全吸纳改造的"同化论"和保留自己文化特点与形态的"多元文化论"。[5]

在中国语境中，大量有关国内移民群体的迁移后果分析都参照西方的移民理论及其多维分析框架。具体而言，就是先区分出移民群体与迁入地社会这两大主体，然后从经济、政治、社会、文化等不同层面分析两者之间的差异和互动关系。例如，国内规模最大的人口迁移是发生在城乡之间的人口流动。有学者认为，这些城乡间的人口流动是一种局限在一国范围内的"内部移民运动"，却又因我国户口制度和城乡二元结构的作用而具有某些国际移民运动的特征。[6] 很多学者在分析这些"流动人口"或曰"内部移民"的迁移效果时都非常关注他们在城市的经济地位流动、市民化融入以及自我身份认同问题。这些研究指出，农村移民在城市中获得的上升流动机会明显少于本地劳动力，同时面临着城市在制度身份、公共服务乃至社会意识层面的社会排斥，由此形成了一种"双重边缘人"的自我认同。[7][8][9]

---

① Derek Hum & Wayne Simpson, "Economic Integration of Immigrants to Canada : A Short Survey," *Canadian Journal of Urban Research* 13 (2004): 46–61.

② Sadhna Diwan & Satya S. Jonnalagadda, "Social Integration and Health Among Asian Indian Immigrants in the United States, " *Journal of Gerontological Social Work* 36 (2001): 45–62.

③ Dirk Jacobs & Jean Tillie, "Introduction: Social Capital and Political Integration of Migrants, " *Journal of Ethnic and Migration Studies* 30 (2004): 419–427.

④ Rinus Penninx, "Integration of Migrants: Economic, Social, Cultural and Political Dimensions," *The New Demographic Regime: Population Challenges and Policy Responses* 5 (2005): 137–152.

⑤ 李明欢：《20 世纪西方国际移民理论》，《厦门大学学报》（哲学社会科学版）2000 年第 4 期。

⑥ 李春玲：《城乡移民与社会流动》，《江苏社会科学》2007 年第 2 期。

⑦ 王春光：《新生代农村流动人口的社会认同与城乡融合的关系》，《社会学研究》2001 年第 3 期。

⑧ 王毅杰、倪云鸽：《流动农民社会认同现状探析》，《苏州大学学报》2005 年第 2 期。

⑨ 唐斌：《"双重边缘人"：城市农民工自我认同的形成及社会影响》，《中南民族学院学报》（人文社会科学版）2002 年第 S1 期。

　　然而，西方移民理论提供的是一套建立在个体主义立场上的分析框架，即单纯从个体的经济地位、政治权利和文化认同出发评价迁移行为的后果。这会导致很多研究忽略了"家庭"在中国移民的迁移决策和融入过程中所发挥的关键作用。例如，有学者指出，大部分农民工在主观上并没有强烈的融入城市社会的意愿，而是更希望返回农村①，由此在城乡之间呈现一种"候鸟式"迁移的状态②③。导致出现这种状态的重要原因是，农民外出、流动、回乡的意愿是一个复杂的家庭决策系统，谁外出、谁留守、谁陪读等是复杂家庭结构内部的分工，而非单纯的个体决策。④⑤ 在家庭的视角下，农村移民是否能顺利融入城市社会在很大程度上取决于他们与哪里的人成家，以及他们的家庭成员能否一同融入迁入地社会。反过来，农民工的迁移行动又会深刻改变他们的家庭形态，导致家庭离散、亲属关系碎片化以及跨越城乡家庭在成员分工、资源分配上的积极调适。⑥家庭视角的引入拓展了国内关于城乡移民群体研究的认识广度。

　　在国内还有另一批不一样的移民，即出于消除贫困、发展经济和保护生态等多重目的，在政府主导下大规模搬迁的"政策性移民"，包括水库移民、生态移民、易地扶贫搬迁移民等。⑦ 这些移民大部分也是从经济落后、自然条件较差的山区、乡村搬迁至城市或者靠近城市的郊区乡镇，他们同样面临着在迁入地的经济适应和社会融入问题。很多学者指出，这些在政府主导下实行搬迁的移民虽然在地理位置上与发达的城区更加接近了，但是他们并不能自然而然地实现经济收入的增长，反而有可能陷入贫困。⑧ 因为

① 黄祖辉、钱文荣、毛迎春：《进城农民在城镇生活的稳定性及市民化意愿》，《中国人口科学》2004年第2期。
② 孙红玲：《候鸟型农民工问题的财政体制求解》，《中国工业经济》2011年第1期。
③ 李晓阳、黄毅祥、许秀川：《农民工"候鸟式"迁移影响因素分析——基于重庆市9个主城区的农民工调查》，《中国人口·资源与环境》2015年第9期。
④ 夏柱智：《半工半耕：一个农村社会学的中层概念——与兼业概念相比较》，《南京农业大学学报》（社会科学版）2016年第6期。
⑤ 李代、张春泥：《外出还是留守？——农村夫妻外出安排的经验研究》，《社会学研究》2016年第5期。
⑥ 金一虹：《流动的父权：流动农民家庭的变迁》，《中国社会科学》2010年第4期。
⑦ 色音、张继焦主编《生态移民的环境社会学研究》，民族出版社，2009，第7页。
⑧ 王晓毅：《易地搬迁与精准扶贫：宁夏生态移民再考察》，《新视野》2017年第2期。

他们在搬迁之后的生计形态发生了巨大变化，作为兜底性生产资料的土地大量丧失、生活费用大幅增加、社会互助网络被拆散以及在新经济形态下所必需的谋生技能缺乏成为新的贫困诱因。①②③④ 由此，很多移民并不能在迁入地扎根，而是陷入了在迁入地与迁出地之间来回"摆动"的生存状态，这为迁入地的社会整合和社会治理带来了很大困难。⑤

在社会结构的融入方面，政策性移民一方面面临着对迁入地现有居民的适应和融入，另一方面面临着移民社区内部的整合问题。移民与安置地的非移民可能会产生发展资源的重新分配或争夺以及价值观念的碰撞和融合，而有些移民会逐步调整其原有的生产生活方式，淡化自己作为"搬迁户"的身份，从而融入当地社会之中。⑥⑦ 与此同时，来自多个村落的移民聚居在同一个安置点，改变了传统村落共同体的社会地域边界和物理空间形态，也改变了移民居住的社会空间，导致来自不同村落的移民在新社区中难以达成社区认同和情感归依。⑧⑨ 因此，有学者指出，在移民搬迁中，政府必须充分认识搬迁工作的复杂性和贫困人口的异质性，多层次识别搬迁移民的需求，在互惠互利的原则下整合社区文化，积极培育新型的社区共同体意识。⑩

---

① Sarah Rogers & Tao Xue, "Resetlement and Climate Change Vulnerability: Evidence from Rural China," *Global Environmental Change* 35 (2015): 62-69.

② 迈克尔·M. 塞尼：《移民与发展：世界银行移民政策与经验研究》，河海大学出版社，1996，第 86 页。

③ 包智明、孟琳琳：《生态移民对牧民生产生活方式的影响——以内蒙古正蓝旗敖力克嘎查为例》，《西北民族研究》2005 年第 2 期。

④ 杨云彦、徐映梅、胡静、黄瑞片：《社会变迁、介入型贫困与能力再造——基于南水北调库区移民的研究》，《管理世界》2008 年第 11 期。

⑤ 王晓毅：《从摆动到流动：人口迁移过程中的适应》，《江苏行政学院学报》2011 年第 6 期。

⑥ 郑瑞强、施国庆：《扶贫移民权益保障与政府责任》，《重庆大学学报》（社会科学版）2011 年第 5 期。

⑦ 杨甫旺：《异地扶贫搬迁与文化适应——以云南省永仁县异地扶贫搬迁移民为例》，《贵州民族研究》2008 年第 6 期。

⑧ 田鹏：《"乡土连续统"：农民集中居住区实践样态研究——基于后乡土社会理论视角》，《南京农业大学学报》（社会科学版）2018 年第 2 期。

⑨ 孙其昂、杜培培：《城市空间社会学视域下拆迁安置社区的实地研究》，《河海大学学报》（哲学社会科学版）2017 年第 2 期。

⑩ 郑娜娜、许佳君：《易地搬迁移民社区的空间再造与社会融入——基于陕西省西乡县的田野考察》，《南京农业大学学报》（社会科学版）2019 第 1 期。

最后是文化层面的适应与融合。政策性移民搬迁往往面临两方面的文化问题。一方面，民族文化习俗的冲突与适应。国内许多政策性搬迁都发生在少数民族地区，由此产生了大量的多民族混居新社区。少数民族移民可能面临着民族文化差异、自我情感孤立等困境，但也蕴含了民族融合的可能性。① 另一方面，移民搬迁的制度安排背后隐含的是一种用城市化的生活逻辑去取代甚至规训以传统农业生产为根本的生活逻辑，这是一种"直线式"的变迁和高度浓缩的"社会发展史"，移民将面临硬生生地被移植到一套社会文化体系之中的现实。因此，移民需要在传统文化和现代文化的张力之间重新构建自己的文化实践。②

通过对政策性移民迁移后果研究进行梳理，我们发现，由于政策性移民大多采取举家搬迁的形式，移民的家庭并没有面临和城乡流动人口一样的"拆分"处境，因此绝大多数有关政策移民的研究把"家庭"当作一个不变的常量来处理，忽视了移民家庭内部发生的变化，以及这种变化对移民适应和融入安置区新生活的深刻影响。我们在实地调研的过程中发现，政策性移民家庭的生计结构、生活样态、代际性别分工乃至婚姻教育观念在搬迁后发生了重要变化。这些变化导致移民在就业基本稳定、社会保障完善、生计状况好转的情况下依然面临诸多矛盾，甚至因此表达出对搬迁的负面化评价。由此，我们认为，对举家搬迁的政策性移民后果的研究同样需要引入"家庭"视角，从家庭生计、家庭结构和家庭观念的关联互动中客观评估政策性移民搬迁的长远影响。

第二节 宁夏"十二五"生态移民搬迁的效应

一 移民"安居"：政府主导下的移民后续帮扶

在政府主导下实施的政策性移民虽然可以帮助贫困地区的人们远离脆

---

① 徐君：《割舍与依恋——西藏及其他藏区扶贫移民村考察》，《西藏大学学报》（社会科学版）2011年第4期。
② 周恩宇、卯丹：《易地扶贫搬迁的实践及其后果——一项社会文化转型视角的分析》，《中国农业大学学报》（社会科学版）2017年第2期。

弱恶劣的生存环境，获得更多的生存发展可能，但脱贫的政策目标不能简单依靠地理空间的变化来完成。搬迁只有辅以相应的安置帮扶措施，才能规避迁移过程中新产生的致贫风险，并从深层消除移民的致贫因素。① 在宁夏几次大型的移民工程中，"搬迁"与"扶贫"并举的思路始终存在。"十二五"期间（2011~2015 年），宁夏回族自治区党委、政府确定了百万人口扶贫攻坚战略，提出要打好 35 万生态移民和 65 万贫困人口扶贫攻坚的两场硬仗，确保实现"搬得出、稳得住、逐步能致富"的目标。② 进入"十三五"时期后，"十二五"期间搬迁的贫困村、贫困户也被全面纳入脱贫攻坚的政策体系中。截至 2023 年底，我们认为"十二五"生态移民已经实现在生活条件和经济收入上的全面提升，同时获得了较为完善的社会保障与公共服务，搬迁工作成效显著。这一结果的达成离不开政府全方位开展的移民后续帮扶工作，也离不开闽宁协作的资源助力。

1. 移民生计结构转型

据当地主管干部介绍，宁夏"十二五"生态移民可分为两类：一类是以耕作土地为主的生态移民 25.95 万人，占 75%，由政府提供 54 平方米的安置住房；另一类是以务工为主的劳务移民 8.65 万人，占 25%，由政府提供 50 平方米的周转房，廉租期 5 年。其中，劳务移民大部分为有一定文化程度和劳动技能的青壮年劳动力，他们会被直接安置到城市工业园区或农业产业化基地附近，通过劳务务工改变家庭经济状况。相对而言，以耕作土地为主要谋生手段的生态移民面临着更加严峻的家庭生计结构重构的问题。

从生产资料的角度来看，这批原本生活在中南部山区的移民在搬迁前主要以种植、养殖业为生，其基本的生产资料是山区大片的耕地和草场。据移民口述，搬迁之前各家的耕地面积都很大，且可以自由开垦荒地，即使是在政府实行退耕还林政策后，户均耕地面积也在 20 亩左右。然而，在

---

① 王晓毅等：《生态移民与精准扶贫：宁夏的实践与经验》，社会科学文献出版社，2017，第 1~17 页。
② 宁夏回族自治区人民政府：《自治区人民政府关于进一步促进中南部地区生态移民的若干政策意见》，《宁夏回族自治区人民政府公报》2012 年第 5 期。

搬迁之后，土地这种最重要的生产资料脱离了移民的直接管理。在"十二五"时期生态移民的搬迁安置区，大片土地为未开发的沙质土，它们必须经过投入巨大的深度整治才能用于农业生产。因此，这些土地并没有分配到户，而是由村集体统一流转给大户或农业公司经营。移民名义上拥有土地承包权，但实际上只是多了一笔固定的土地流转收入，且分配到的人均耕地面积还不足1亩。家庭式的农业经营无法再构成移民谋生的主要手段。

除农业种植养殖之外，移民在搬迁前也有外出务工的传统。虽然宁夏中南部山区的土地、林地资源丰富，但是水资源非常缺乏。干旱少雨的气候导致农业收成并不稳定，农民只能"靠天吃饭"，生计风险较高。为此，少数青壮年劳动力选择将外出务工作为家庭收入的补充，不过这一时期的外出务工规模非常小，且大部分为省外务工。2016年，一项关于10个移民村804户的问卷调查显示，移民搬迁前的收入以种植、养殖业为主，只有10%被访户的收入主要依靠外出务工，在搬迁之后，超过60%被访户的收入主要源于务工[①]，这也反映出搬迁带给移民生计结构的重大变化。而且在搬迁之后，移民务工的去向也更加多元化，很多移民在自治区乃至市域内就能找到较好的务工机会。以"十二五"时期搬迁安置区之一的月牙湖乡滨河家园一村为例，该村户籍人口860户4043人，其中658户3026人为常住人口。全村16~60岁的劳动年龄人口2465人，其中1790人有稳定的务工就业机会，这些人务工的去向如下：省外务工341人，主要在内蒙古、陕西、江苏等地从事建筑等行业；自治区内银川市兴庆区外务工667人，兴庆区内月牙湖乡外务工577人，月牙湖乡内务工205人（月牙湖乡滨河一村调研座谈会）。大部分在兴庆区内务工的移民可以实现当天返家。

总体而言，"十二五"生态移民的搬迁过程同时伴随着一种生计模式的深刻转型。移民家庭生计从主要依靠土地这一生产资料的农业型生计转变为完全依靠个人劳动力的务工型生计。

2. 劳务输出与产业就业

移民生计结构转型的顺利完成主要得益于政府在安置区乃至整个自治

---

① 王晓毅等：《生态移民与精准扶贫：宁夏的实践与经验》，社会科学文献出版社，2017，第4页。

区内大力发展产业、促进就业的举措，闽宁协作的深入实施也为此提供了得天独厚的资源条件。

在劳务就业方面，宁夏回族自治区政府高度重视跨省劳务协作，与福建、新疆、内蒙古等地开展了劳务用工的合作洽谈，安排专人收集用工数量、行业工种、工资待遇等情况，定期发布招聘公告。其中，对闽劳务输出是闽宁协作的重点领域，在 27 年的闽宁协作过程中，两地的人社部门形成了非常成熟的联络、沟通、对接机制。闽宁劳务协作主要从以下几个维度着手。首先是建立劳务用工信息的高效收集与推送机制。福建和宁夏搭建起线下招聘、直播带岗、网络招聘"三位一体"的用工服务平台，确保用工信息的及时对接。2019 年以来，宁夏已经举办了闽宁专场招聘会 343 场次，参会福建企业 828 家，提供就业岗位 6.7 万个，达成就业意向 7110 人。① 其次是开展"点对点、一站式"输送，提升劳务输出的组织化水平。2020 年以来，全自治区累计包车、包机输送 8536 名农村劳动力赴福州、厦门、石狮等地务工。最后是充分发挥劳务站的桥梁纽带作用，为在闽就业的农村劳动力提供政策咨询、权益维护等服务，加强对赴闽人员的就业保障。截至 2023 年 11 月，福建在宁夏建立劳务基地 7 个，宁夏驻福建劳务工作站 15 个，累计建立劳务基地 48 个。②

在政府集中组织的劳务输送以外，民间的劳务公司也纷纷成立并涌现出众多专职的劳务经纪人。仅月牙湖乡滨河家园一村就有 4 家劳务公司、77 名劳务经纪人为村内的劳动力提供就业服务，带动了村中 400 多人就业。相较于政府和大型劳务公司的跨省劳务对接，劳务经纪人更多服务于宁夏内部的稳定就业以及大量的灵活用工。这些劳务经纪人多为在各村庄、区县中拥有较多人脉资源的本地人，他们一方面对村庄中的劳动力状况比较了解，另一方面又与较多的用工企业建立了稳定联系，因此可以起到劳动力组织和保障的中介作用。

然而，宁夏内部劳务用工的快速发展有一个前提，即宁夏本身需要构建起一套能够吸纳劳动力就业的产业体系。目前，宁夏移民就业的用工单

---

① 宁夏回族自治区政府座谈会。
② 宁夏回族自治区政府座谈会。

位绝大多数是由政府引进、扶持的劳动密集型产业,具体又可以细分为工业和农业两大部分。在宁夏产业发展的过程中,闽宁协作资金和闽商的投资至关重要。

以宁夏回族自治区吴忠市为例,该市位于自治区中部,下辖的盐池县、同心县和红寺堡区均为扶贫开发重点区县,也是"十二五"时期移民搬迁工作的重点区县。闽宁协作以来,吴忠市三区县累计接受福建省、市、县协作资金援助 17.73 亿元,并与福建省的市县结成了对口帮扶关系。闽宁协作资金重点投资于地区产业项目的发展建设。以 2023 年为例,全市争取闽宁协作资金 1.91 亿元,实施涉及产业培育、闽宁产业园、乡村振兴示范村建设等方面的支持项目 101 个,其中包括 59 个产业扶持项目,占比58%。吴忠市的农业优势十分突出,因此闽宁协作资金主要投入于进行农业种植和精深加工的农业产业园。其中,同心闽宁产业园大力发展菌菇产业,利用政策优势吸引多家闽籍企业落户同心县,并扶持其形成集基地建设、技术培训、菌种研发培育、智能化生产等于一体的全产业链、现代高效农业示范基地。同心县先后投入闽宁协作资金 695 万元,帮助闽籍企业建成包装存储间、先进温棚等,实现智能化生产。在菌菇产业的发展过程中,同心县重视提升产业的富民效应。同心县南安村与闽宁绿丰农业科技有限公司按照"龙头企业+村集体+农户"的模式,实行"村企联营"、抱团发展,由南安村提供土地、企业提供技术支持,并为村民提供就业机会。菌菇基地目前长期稳定用工 69 人,年人均收入 2.3 万元以上。

在吴忠市,政府通过打造农业产业园的形式落地闽宁协作资金和专项财政资金、对接以闽商为代表的农业龙头企业,并以政府、协会、合作社等为中介,建立起农业产业的联农带农机制,实现了增加用工、提高就业率、促进增收的效果。虽然移民仍然从事农业产业,但其身份已经从家庭农业经营户转变为在农业大棚中务工的农业工人,其收入来源主要是务工收入。

除了劳动密集型农业产业,宁夏的许多区县也将纺织、食品加工等轻工业作为带动移民就业的重点行业。中卫市海原县先后多次前往福建进行招商引资考察,于 2023 年与福建的 5 家企业签订了招商引资项目投资协议。其中，与厦门市鹭衫工贸进出口有限公司签订服装加工项目投资协议，计划投资 3000 万元，截至 2023 年底已经安装 4 条生产线，招录工人 120 名；与厦门聚泉祥包袋制品有限公司签订户外纺织用品加工项目投资协议，计划投资 6000 万元，现已安装 8 条生产线，有固定员工 40 名，灵活用工 200 人左右。这些轻工业产业园距离移民安置区不远，因此移民可以实现在家和产业园之间当天往返，在务工的同时兼顾照料家庭。

很多移民安置区近年来大力发展电商行业，进一步带动移民实现"家门口"就业。例如，海原县返乡创业的"大学生村官"徐美佳于 2019 年在"十二五"时期的移民村——原隆村创办了闽宁禾美电商就业帮扶车间。该车间采取"电商+培训""电商+农业""电商+销售""电商+旅游"等举措，打造了"闽宁禾美"区域公共品牌和"闽宁巧媳妇"直播带货团队，搭建了"闽货销售平台"，依托电商平台自供应链，向全国销售枸杞、干果、牛奶等各类宁夏土特产和福建的优质产品。截至 2023 年底，该车间的日销售量已超过 2000 单，年销售额过千万元，直接带动近百名脱贫劳动力稳定就业，间接带动 300 多人就近就业，人均月收入超过 3000 元。

上述几个案例只是宁夏在闽宁协作背景下发展产业的典型代表。它们共同呈现了闽宁协作的基本框架：闽宁协作资金经由各种产业项目落地宁夏，闽商则通过闽宁政府的协作和招商引资工作被引介到宁夏的各市县，利用宁夏相对廉价的劳动力以及自身的市场、技术优势逐步实现产业转移。福建先进的工业企业落地宁夏，宁夏优质的农特产品则通过消费扶贫等手段销往福建。宁夏的劳动力还以劳务协作的形式被输送到福建，实现了在省外的稳定就业……闽宁协作成为本章理解政府在广大移民区开展帮扶工作的一个缩影。这些政府主导下的产业就业扶持举措为移民完成生计结构的转型提供了前提条件。移民因获得了稳定就业而能在安置区"稳得住、能致富"，2023 年上半年，全宁夏百万移民的人均可支配收入已达 5744 元，移民收入水平达到了农村居民人均可支配收入 6500 元的 88.4%。其中，工资性收入对移民收入的拉动效应最明显，占比为人均可支配收入的 65.4%，高于同期全区农村居民工资性收入占比 15.1 个百分点，包含"十二五"生态移民在内的全体移民实现了工资性收入的增加。

3. 社会保障与公共服务

移民生计结构的转型不只意味着生产资料和收入结构的变化，同时意味着就业人群的变化。移民搬迁之前，山区种植、养殖业对劳动力年龄的要求非常宽泛，老年人只要身体好、有精力就可以一直从事农业生产并以此维持自己的基本生活。而在搬迁之后，超过45岁的男性移民就很难在非农行业中找到工作了，中老年移民群体的收入能力因就业环境的限制而几乎完全丧失。此外，青壮年移民的务工收入也不稳定。由于缺少技术和专业训练，大部分移民从事低端工作，如建筑工地的小工或者农业大棚的季节性用工。这些工作具有较大的变动性且缺乏用工保障。建立在这样一种生计结构上的移民家庭一旦遭遇突发变故就有可能立刻陷入赤贫。[①] 因此，政府要想让移民在安置区"稳得住"，就需要在产业就业之外构建一套更稳定的收入来源体系。

宁夏移民的收入结构中有两项比较稳定的收入来源，即转移性收入和财产性收入。根据宁夏回族自治区统计局提供的数据，2023年上半年，全区移民的人均可支配收入中财产性收入为206元，占比3.6%，比全区农村居民的财产性收入多157元。这些财产性收入主要来源于红利分红、土地流转、理财利息等。移民的转移性收入为836元，占比14.6%。这一部分收入主要来自社会保障体系，即高龄津贴、医保报销、最低生活保障金、社会救济救助等。移民的这两项收入虽然占比不大，但是非常稳定，是保障家庭生存的兜底性收入。下面以一个微观的家庭案例来说明这两项收入对于移民的重要意义。

ZZH（43岁，男）是"十二五"时期搬迁到闽宁镇原隆村的一名移民。他的家庭有户籍人口6人，包含他的妻子（38岁）、母亲（80岁）和3个未成年子女。这个家庭虽然人口众多，但是真正的劳动力只有ZZH一个人，因为他的母亲年龄过大而且子女尚在读书，他的妻子又因为突发疾病需要长期在家休养。由此，全家的务工收入来源就只有ZZH在宁东工地上挣来的每月3000元左右的工资。子女就学、老人养老、妻子治病成了这

---

① 王晓毅等：《生态移民与精准扶贫：宁夏的实践与经验》，社会科学文献出版社，2017，第9~10页。

个家庭的经济重担。幸而，政府的社会保障和移民帮扶政策为这个家庭兜起了经济底线。首先，ZZH 家 5 名无劳动能力的成员都享受了低保政策，每人每月可领取 443 元的低保金。其次，家中的 3 个孩子每年可以获得总计 3000 元的教育补助，就学基本不再需要额外支出。再次，家里的老人每月可以领取 450 元的高龄补贴和 288 元的养老金，生病的妻子可以享受医疗报销政策。最后，这个家庭还能享受每年 480 元的光伏屋顶租赁分红。如此一来，这个家庭获得的财产性和转移性收入甚至可以超过 ZZH 全年的工资性收入，成了家庭的重要支撑。

ZZH 的案例生动凸显了家庭"兜底线"的含义，也即当移民家庭结构稳定、劳动力健全时，工资性和经营性收入会占极大比重，财产性和转移性收入的重要性则会被掩盖。但是一旦家庭出现了劳动力断层，后两项收入的比重就会迅速提升，并发挥起对家庭经济的支撑性作用。因此，不能用简单的相对比例来衡量不同类型收入的重要性。宁夏各移民安置区的基层政府都非常清楚这一逻辑，因此将很大一部分工作精力放在了确保各类社会保障政策落地和壮大村集体经济这两方面。前者的工作内容主要是移民档案资料的收集存档、社保金的登记发放、各类保险的帮缴代缴等，后者包括发展光伏产业、经营村集体资产、对接企业大户、鼓励合作化发展等多样化的工作内容。

收入结构的多样化解决的是移民的"生存"问题，但是移民能否在安置区稳定下来还需要考虑"生活"的维度，即子女能否就学、老人能否就医、生活设施是否齐全、生活条件是否便利等。为此，大量闽宁协作资金和财政资金投入在安置区的基础设施建设和公共服务上。以原隆村所在的闽宁镇为例，该镇自闽宁协作以来共对接了 4.04 亿元的闽宁协作资金，主要用于基础设施建设和产业项目发展。厦门市动员本市社会力量投入了帮扶资金 2830 万元，在闽宁镇的教育、医疗、卫生环境等领域生成了 32 个"微项目"。此外，厦门市的 44 所学校、3 所医院结对帮扶了闽宁镇的 17 所幼儿园和中小学以及闽宁镇卫生院，实现了结对帮扶的全覆盖。政府和结对帮扶单位的大力支持使闽宁镇建立了一套完整的生活服务体系。教育方面，闽宁镇共建成中学 2 所、小学 8 所、幼儿园 7 所，实现了村村均有幼儿园和小学。医疗方面,闽宁镇现有标准化卫生室7个、镇卫生院1座,它们都能通过"互联网+医疗"途径共享东部地区的优质医疗资源。养老方面,闽宁敬老院现有床位300张,原隆村、福宁村、园艺村社区爱心老饭桌可为60名空巢老人提供全方位服务。文化方面,闽宁镇已建成综合文化中心3个、大型文化活动广场2个、灯光球场3处、村社区农家书屋7个,全镇6个村均建有文化活动室。消费方面,闽宁镇已先后建成了3个集贸市场和一条商业街,沿201省道形成了集商贸、餐饮、娱乐、住宿服务于一体的服务业。移民们在生活的各个方面都能享受到远高于搬迁前的设施与服务水平(闽宁镇政府座谈会)。

4. 小结

宁夏"十二五"时期移民的后续帮扶是一项与闽宁协作和脱贫攻坚同步展开、互相嵌套、由政府全面设计和主导实施的社会工程。其在某些方面的举措已然超出了"十二五"时期移民安置区本身的建设和对特定移民群体的直接帮扶,与宁夏整体的建设发展关联起来。更重要的是,这些举措覆盖移民生计生活的各个维度,涉及移民家庭的每个成员;落实多方项目资金,完成对安置区的基础设施建设和生活环境营造;对接省外劳务用工单位,建立定向输送劳务用工的沟通保障机制,使青壮年劳动力可以在省外稳定务工;以各类工业、农业产业园为基础,实施招商引资,建立多层级、多样化的产业体系,为留家的青壮年男性与妇女提供就近务工的机会;完善社会保障制度,壮大村集体经济,以转移性和财产性收入为缺乏劳动力、结构不健全的移民家庭兜底;大力发展教育、医疗、养老,稳定家庭中的"一老一小",进而提升移民家庭整体的生活幸福度。由此,我们认为,宁夏"十二五"时期的移民目前已经顺利完成了生计结构的转变,移民家庭的各个成员都在现有政策体系中得到了安置,移民在安置区"稳得住、能致富"的目标已基本实现。

二 移民"安家":搬迁后的家庭变迁

移民目前生活面临的最大问题,无论是对子女成家的经济焦虑、对下一代能否受教成才的担忧还是家庭内部的矛盾冲突,都反映了移民在家庭经营和家庭发展上遭遇了困难。而"家庭"是中国人伦理价值和生命意义的重要基础，在生活中起着牵一发而动全身的关键作用。因此，我们认为需要深入分析移民家庭在搬迁后发生的变化，进而感同身受地理解他们所面对的矛盾。

1. "紧密"的家庭生活

"十二五"时期移民家庭在搬迁后发生的最直观变化就是家庭居住空间和生活半径的缩小，本章将之概括为"紧密"的家庭生活。这种外部形态的变化给移民的生活方式、家庭分工乃至家庭关系带来不容忽视的影响。

首先体现为居住空间的急剧缩小。搬迁之前，这些生活在山区的移民散居各处，家与家之间往往隔着山头，因此每个家庭的生产生活空间都非常充裕。而搬迁后，每家根据"十二五"搬迁政策只能分得 54 平方米的住房和 100 平方米不到的院落。这些举家搬迁的移民又大部分是三代之家，因此少则五口多则近十口人需要蜗居在狭小的居住空间中。即使很多移民通过打工赚钱一点点扩建了房屋，每个家庭成员的生活面积也依然远远小于搬迁之前。居住空间的缩小很容易增加家庭成员之间的摩擦。

> 那房子那么小，走路都要磨着肩，那要是关系不好的（家庭成员）就很容易闹矛盾。（MDG，月牙湖乡滨河家园三村）

其次体现为家庭生活半径的缩小。为了解决移民的就业问题，政府将很多劳动密集型产业，如纺织厂、葡萄酒种植和酿造厂、蔬菜种植大棚引入各个移民区所在的乡镇。由此，很多原本需要跨省务工的青壮年劳动力获得了在家门口就业的机会。

> 我们凌晨 4 点多起床，天刚蒙蒙亮就到葡萄园干活，干到中午 12 点，吃点馍、喝点水，再从下午 2 点有时候干到下午 4 点……他们（劳务经纪人）提前跟我们说好，早上车子就到那个十字路口拉我们去，晚上再给我们送回来。（HZL，闽宁镇原隆村）

> 在我们这边要出去打零工，只要自己想干就能找到一份工作。早上你到广场那儿，就会有人来喊。你要是觉得合适就跟着去做，觉得不行了就回来。（MDJ，闽宁镇原隆村）

我们走访的大部分移民村中，在区县内务工、可以常住在村的青壮年占所有务工人数的比例达40%左右，这些青壮年的生活并没有与其他家庭成员相分离。

生活半径缩小的另一个重要原因是安置区学校的修建。在搬迁之前，由于各家居住得分散，孩子即使到村里的小学上学也要走很远的山路。

> 以前我们村里没有学校。上学特别远，就是要爬山，走山路走很远的那种，要走30~40分钟。（WXY，月牙湖乡滨河家园一村）

而所有"十二五"时期移民安置区所在的乡镇，在移民迁入之前就已经构建了从幼儿园到初中的完整教育体系。移民子女可以在离家不远的地方以非寄宿的形式完成义务教育阶段的学习。

> 我孩子走到学校就三四分钟。我们这个村上学最近了……你不用害怕小孩早上、晚上路上会出事。（WXY，月牙湖乡滨河家园一村）

村镇有学校不仅意味着移民家庭的子女不需要到离家很远的地方上学，还意味着家庭中不需要有父母或祖父母去城镇给孩子陪读。移民家庭生产生活的各个方面都可以在很小的地域范围内便利地完成。因此，宁夏大部分的移民安置区没有出现中西部农村普遍存在的空心化现象，安置区的人气充足，移民的家庭结构也非常完整。

2. 重新组织的家庭分工

中国的家庭分工主要围绕三个主题展开：育幼、赚钱和养老。家庭成员在这三个主题上各自承担的任务既有代际之别，又有性别之分。

首先是代际的分工。我们在前文曾指出，移民生计结构变化的一个重要维度是土地生产资料的丧失，它导致家庭中原本以务农为生的老年人无法再自力更生，而是需要依赖子女的"经济反哺"。[①] 赚钱养家的责任完全由中青年和青壮年成员承担，而那些无法在新的产业体系中找到自身位置的老年人则自动承担了看管孙辈的主要责任，并全身心投入对家庭日常起居的照料。

> 我们这儿好多孩子都是爷爷奶奶带，年轻人白天都在外面上班。你就拿我大丫头她那一块儿来说，我跟你说，老师要开家长会，或者是家长开放日的时候，我大丫头班里就我一个家长去了。那些带孩子的爷爷奶奶不会去开家长会。（WXY，月牙湖乡滨河家园一村）

不过，在移民家庭新的代际分工中，负责赚钱养家的中青年并未完全脱离家庭。他们仍然每天居住在家中，当老人身体出现问题时可以随时承担养育子代和赡养老人的责任。"紧密"的家庭生活为代际分工的灵活调整提供了空间。但与此同时，两代人也有可能在同一个家庭任务上产生分歧和矛盾。

> 孩子教得好不好那肯定还是要看跟谁。跟父母和跟爷爷奶奶的，那不一样。这老人两个人说话都不一样的。本来咱们孩子在学校里边跟老师说的是普通话，然后和父母可以沟通，回来用普通话，对吧？老人家就是说方言，那个土味，特别土的那种话，那孩子跟谁说，那就是听啥说啥啊。你看我们家的侄子、他们家的女儿，每天回来都说普通话，然后有时我碰见了就说"奶奶好"（普通话），对吧？但是到我们家孩子一开口，"麻（妈），啥啥啥啥"，蹦出口全是土话。（HX，月牙湖乡滨河家园四村）

随着就业方式和生活环境的改变，老一辈移民与新生代移民在教育理

---

① 郑娜娜、许佳君：《易地搬迁移民社区的空间再造与社会融入——基于陕西省西乡县的田野考察》，《南京农业大学学报》（社会科学版）2019 年第 1 期。

念上出现了非常大的代沟。很多家里的年轻媳妇表示不满意公公婆婆带孩子的方式，却又因工作限制而无法完全承担教育孩子的责任。因此，她们就只能见缝插针地管教孩子，这时就很容易跟祖辈在教育问题上发生争执。

其次是性别之间的分工。移民家庭分工的另一个变化发生在夫妻之间，尤其是作为家庭赚钱主力的中青年夫妻。这一变化同样与移民新的就业结构有关。政府在安置区引进的产业形态大部分是非常适合女性的、考验细心和耐心的非重体力劳动，如葡萄采摘、校服生产、电商直播等。由此，原本在家乡找不到合适工作，只能全职在家的妇女开始大量地走出家庭，走上工作岗位。

> 我们附近有好多酒庄，好多妇女在酒庄里面干。识字、有文化点的，就去酿酿酒。我们这些就是打扫卫生，没文化干没文化的活，有文化的干有文化的活。但是太老的就不行，他们不要，40多岁的行。（MDJ，闽宁镇原隆村）

除了到酒庄、大棚和工厂干活，很多妇女还在安置区的集市上做起了小生意。集市开餐馆的、卖杂货的、修补衣服的大部分也都是妇女。

我们在各个"十二五"时期搬迁安置区看到的非常接地气、有生命力的产业业态都与妇女息息相关。比如，原隆村的闽宁禾美电商扶贫车间是由一个返乡女大学生创立的，集生产、加工、销售、品牌培育、就业服务、电商创业孵化、技能培训于一体的电商扶贫示范基地。该车间入职的52名原隆村村民中90%为妇女，而这些妇女的平均学历是小学。她们主要从事商品拣选、打包和直播卖货等工作，每月的工资为3000~4000元。这些妇女干活细致，对工资水平要求不高，而且非常适合电商直播这种需要良好形象和与人亲切沟通的岗位。她们共同将闽宁禾美电商扶贫车间打造成一个销售业绩突出且员工凝聚力极强的扶贫典型。又如，月牙湖乡滨河家园四村的非遗麻编工坊也是一个以妇女用工为主的经营主体。经由政府牵线，一支银川的文创团队来到滨河家园四村创办了这个工坊，并将非遗麻编技艺免费传授给当地村民。这个团队还为村民建立了一个麻编产品的分销渠道，使村民可以零投入、低风险地将手工制作的麻编产品对外销售。经过六年的发展，该团队已经完成了对建档贫困户350人的技能培训，其中96人拥有了承接订单的业务能力。目前该工坊的稳定用工在40人左右，其中80%为女性。这些家庭主妇平常会把原材料直接带回家进行麻编产品制作，并以此挣得每月八九百元到一千六七百元不等的工资。这两个案例共同反映了妇女作为劳动力的独特优势在安置区新的产业体系中得到凸显。她们在单纯的家庭照料之外有了更加丰富的职业选择。反过来，妇女也在就业的过程中不断被赋能，习得了直播卖货、手工麻编等技能，而这些技能赋予她们全新的自我价值体认。

妇女大量就业在一定程度上打破了移民家庭搬迁前"男主外，女主内"的家庭格局，很多家庭形成了夫妻共同在外务工的生活样态。一般而言，男性的务工地往往离家更远，女性则大部分在本区县或本乡镇务工，以便兼顾一部分家庭照料的职责，但双方的工资差距并不悬殊。夫妻之间的分工变化与代际的分工变化相辅相成，共同形塑了移民家庭新的关系结构。

家庭分工变化最突出的效应是家庭成员话语权的变化。老年人收入能力的丧失使其在经济上全面依赖子女的赡养，家庭成员观念中原本由老人掌握的土地、房屋也变成了由政府"统一分配"的家庭财产。由此，老年人在家庭中的话语权大幅减弱，他们甚至需要看着子女的脸色过日子。这种短时间内家庭地位的巨大落差给他们带来了精神焦虑，很多老年人产生了自己没有价值、不受子女尊重的思想意识。而与此相对，移民家庭中妇女的地位迅速提高。很多搬迁之前没有经济自由的女性在务工后拥有了自己的"小金库"。

> 我自己挣了200块钱，那这200块钱我可以出去给自己买一件新衣服，也可以给孩子买点零食，还可以给家庭买点好吃的，是吧？咱们不在家里面跟人要钱，咱花这个钱就感觉是自己的钱……这样你在老公跟前，活得也有价值，你在婆家。在公公跟前，也特别自信，因

为你有价值。（WXY，月牙湖乡滨河家园一村）

妇女的经济独立意味着她们可以在子女照料、家庭决策和个人生活上拥有更大的话语权。很多妇女开始不满足于传统的家庭分工，希望将更多的时间精力投入到工作而非家庭照料中，闽宁禾美电商扶贫车间的 HY 就是一个典型。

HY 是一个没有文凭的回族女性，年纪轻轻就嫁为人妻，全部时间都付出给家庭。闽宁禾美扶贫车间创办起来后，HY 身边的回族妇女开始陆陆续续到车间工作。看到身边人的选择时，HY 才突然意识到原来自己的生活完全可以有另一种样子。

> 我本来以为我这一辈子就会跟我妈妈一样（相夫教子，没有工作，笔者注）。但是到这里（禾美车间）之后，我见了很多新东西，眼光也放长远了。（HY，闽宁镇原隆村）

在身边人的鼓舞下，HY 也开始到闽宁禾美扶贫车间做一些商品拣选的工作，并有了自己的第一份收入。工作过程中，HY 偶然接触了车间里的直播业务并对之产生了浓厚兴趣。然而，当 HY 向自己的丈夫和公婆提出想要做直播的想法时，得到的却是非常坚决的反对。因为在老一辈人的眼中，直播这种"抛头露面"的工作就不是正经女人该做的。为了做直播，HY 和家里人产生了不少矛盾。这些矛盾在持续了很长一段时间之后，最终以丈夫和公婆的妥协告终，因为他们看到了做直播带来的经济收益。经过这一番家庭冲突，HY 家的权力天平发生了倾斜。HY 因工资的增加而在家里越来越有底气，她将越来越多的时间投入扶贫车间，把车间称作"我们家"，与车间的工友情同姐妹。在工作期间，她不仅学会了直播、考上了驾照，还产生了创业搞直播的想法。

在 HY 的案例中，我们看到了一个从妇女就业到家庭分工变化再到家庭话语权变化的连锁反应过程。如果家庭成员调适得当，那么家庭关系会在变化中达成一种新的平衡，但家庭成员如果在调适中伤了感情、生了二心，那么这个家庭就很容易走向破裂。HY 这个案例更具启发性的地方在于，在闽宁禾美扶贫车间的工作经历不仅改变了 HY 的家庭地位，而且改变了她对女性家庭角色和自我价值的观念认知，这种认知深刻塑造她在处理夫妻关系、婆媳关系和亲子关系时的行动选择。因此，对移民家庭变化的分析还需要进一步深入移民的"家庭观念"这一潜在的意识层面。

3. 潜在转变的婚育观念

我们经由实地调查得出的一个基本看法是，移民最根本的家庭观念在搬迁之后并未发生动摇，他们仍然以家庭为中心，以成家立业、子女成才为主要人生目标。无论是他们有关子女成家的经济焦虑、有关孩子教育的深刻担忧，还是他们对社区中家庭冲突、社会风气的负面评价，都反映出家庭的稳定和发展仍然是最能牵动人们神经的内容。移民能在安置区安居乐业的前提始终是"家"的安稳与安定。然而，建立在这种家庭观念之上的，人们更具体的婚姻观念、生育观念、教育观念等发生了非常重要的转变。

首先是移民的婚姻观念。移民就业结构的变化使大量妇女从家庭走上了工作岗位，获得了独立的经济收入和更大的家庭话语权。这种经济地位、家庭地位的变化潜移默化地影响了女性对婚姻和家庭责任的认识。月牙湖乡滨河家园四村麻编工坊的负责人 HX 有一段关于她如何劝说村里的留守妇女到工坊务工的生动表述。

> 我们还是想让一些留守妇女一起来参加（麻编工坊）。你想，留守妇女带孩子，然后经常在男人跟前要钱，对吧？要的次数少了还好，要的次数多了，那男人会觉得，我给了你那么多钱，你一天到晚都花哪儿了？但是他不买油盐酱醋，不知道油盐酱醋的贵。所以我跟她们（留守妇女）说，你不要嫌钱少了。咱们一个月挣上 200 块钱，这 200 块钱可以出去给自己买一件新衣服，也可以给孩子买点零食。咱们不在家里面要钱，咱花这个钱是不是感觉是自己的钱？自己的钱永远花不完，为啥？咱们这边花那边挣着。
>
> 我就跟她们说，咱要是想让咱们这个家越过越幸福，就得两口子

共同努力，家不是一个人的。一个大家庭的话，不光靠儿子一个人来支撑这个家，我们得要老人媳妇一起努力，为我们的这个大家庭创造价值。我们每个人都出上一份，老人挣上 300 元，媳妇挣上 500 元，那 800 元是不是多出来了？这是不是能存下了？如果说你靠男人一个人挣钱，或者靠儿子一个人挣钱的话，你挣的钱要给老人看病，孩子上学都要花销，生活上还要花销，那么一年不如一年。那我就会说，其实我觉得一个大家庭、一个幸福的家庭就是靠家庭每个有能力的人都去努力创造。（HX，月牙湖乡滨河家园四村）

HX 的这段话折射出她这样一个在村里有自己独立工作的移民妇女对夫妻关系和家庭责任的理解。HX 认为，妇女无论挣多挣少，都应该努力去从事一份让自己有经济收入的工作，因为这能够赋予自己在婚姻家庭关系中的独立性。但是这种独立性并不意味着女性要独立于家庭，将自我价值的基础从家庭转向个人事业或个人成就。相反，HX 认为女性只有在经济上独立才能成就一段良性的婚姻和一个更幸福的家庭。女性的就业追求从根本上是为了分担其他家庭成员的经济压力，从而更好地履行自己的家庭责任。因此，移民妇女的自我独立意识仍然是建立在"家庭"这个根本基础之上的。

当然，女性经济独立自然伴随着她们在婚姻上有更大的选择权，这使她们在对婚姻关系不满意时有底气选择结束。

我觉得这里离婚率高的关键是，你看这个女的，以前她没有收入，她离婚得考虑以后咋生活，但现在不一样，她有底气了，她就觉得不行那我就自己过自己的。像城里面，父母在女孩子结婚的时候给她们灌输的思想就是，你过得好就过，过不好你就回来，爸爸妈妈不会亏待你，爸爸妈妈什么时候都能养你。以前的孩子嫁出去了那就是别人家的孩子了，（父母觉得）有啥事你不要告诉我，你是别人家的。（CSJ，月牙湖乡滨河家园三村）

滨河家园三村的村支书认为，离婚率升高在很大程度上是因为那些原本对婚姻关系不满意的妇女有了结束婚姻的底气。与此同时，娘家人对女儿结婚这件事的认识也为女方在娘家的生活提供了更坚实的后盾。我们在实地调查中也发现，父母在嫁女儿时出现了一些新的现象。以往女儿出嫁会收取高额彩礼，但这些彩礼并不会作为"陪嫁"被女方带到新组建的小家庭，而是全部归娘家所有，并主要用于给女方的兄弟娶媳妇。由此，女儿出嫁就相当于净身出户，她们没有任何嫁妆，因而也就没有在男方家庭中的话语权。但是移民搬迁后的这 10 年间，少数父母也开始在嫁女儿时准备陪嫁。

> 虽然彩礼有时候要得多，但是有的人家还会退的，有的人退 10 万元，有的人给女儿陪嫁一辆车。（HZL，闽宁镇原隆村）

近年来，安置区彩礼节节攀升的现象也与女性地位的变化不无关系，因为它使女方和女方家长对彩礼的数量及其所传递的对女方的重视意味有了更高的期待。

其次是移民对子女的生育和教育观念。我们在实地调查中发现，移民对理想生育数量的认识有了非常大的转变。安置区绝大多数汉族家庭只生育一至两个孩子。回族父母在话语和观念中也开始认可节制生育的意义和价值。

> 调研者：在我们村，像您这么大的，一般生几个孩子？
>
> ZJ（回族女性）：怎么说呢，按我个人的想法，要么三个要么两个，不管男孩女孩，两三个就行了。
>
> 调研者：那万一生三个儿子，那不是要 100 万元的彩礼？
>
> ZJ：不管多少彩礼必须得接受，接受现实，因为三个男孩已经来到社会上、来到你的身边了，不管用什么办法你得接受，到娶媳妇的时候，怎么说呢，按我们回民这个俗话说，一个孩子有一个饭碗，他有他自己的一口粮，到时候他就可以有别的办法娶到媳妇，但是不可

能说让他打光棍肯定是有办法的。

调研者：那生五六个的多吗？

ZJ：多。在我们村，打个比方，八年十年前生五六个，那谁都拦不住，我们就是有些心甘情愿地生，你拦都拦不住。但在这两三年里面，别说生五个了，生三个的都很少。自己想要两个，再多生一个她都不愿意，我敢保证80%~90%都没人多生。

调研者：没人生五六个了。

ZJ：没有人生了，目前这五六年里面没有人生了。因为经济条件不好，生下孩子，孩子的学习、教育跟不上的话，是不是把孩子又害了？这是我的看法。但是我想别人大部分是这样的（看法）。我是"80后"，我觉得我有这个想法还算可以吧，生多了孩子真的跟不上。

调研者：尤其是您这彩礼太高了，父母多累啊。

ZJ：不是，你父母累就不想让孩子累。你父母经过了，你现在不想办法让孩子去多学一点、多进步一点，到时候孩子要走我们的老路。（ZJ，闽宁镇原隆村）

这位回族女性有关生育的态度在"80后"以及年龄更小的移民中很具有代表性，她与调研者这段对话的内在层次值得仔细分析。ZJ从事实上判断现在身边大部分回族女性最多只生三个孩子。从主观意愿来说，10年前人们生五六个孩子是"心甘情愿"的，现在人们生两三个孩子同样是"心甘情愿"的，这个对比显示出生育行为的变化从根本上是因为人们的生育观念发生了转变。调研者提出这种观念变化是否与生育太多儿子给父母带来高昂的彩礼有关，却被ZJ坚决否定了。因为她并没有站在父母的立场上来理解生几个孩子对自己最有利，而是站在子女的立场上来理解父母的经济实力和精力能够让几个孩子顺利地接受教育、组建家庭，不再走上父母走过的老路。

由此可以看到，人们生育观念转变的核心在于人们对于何为好的教育、怎样才算尽到做父母的责任的现实判断发生了变化。搬迁之后，移民在空间距离上更加接近城镇，在务工企业中接触到更多高层次人才，在互联网大众传媒的熏陶下了解到新的教育理念……这些因素共同塑造了移民对子女教育的观念认识。我们发现，很多移民会将城市的教育方式视为一种理想形态，并希望在自身经济条件允许的范围内努力实现这一理想。

> 我女儿就是什么事都不跟我说。那天她正好给我发了一个截图，说"你看这家儿子和他妈妈聊天"。那娘俩特别会聊，你知道，聊得我好羡慕。而且他妈妈的说话水准，一看就是那种文化程度特别高的，特别会说话，情商、智商都特别高的那种。我太羡慕了，越看越羡慕。这城里边的家长都是自己带孩子，都是孩子和父母常住，和爷爷奶奶不常住。但是人家城里边的爷爷奶奶的文化水平也很高。所以我就说，孩子这一块真的缺乏家长，这钱挣那么多有啥用？我只要把我自己孩子的教育质量提高了，她自己以后的生活她自己就会提高的。我的教育能力、文化水平不行，但是最起码我能陪伴孩子。（HX，月牙湖乡滨河家园四村）

移民父母看到了"城里父母"的教育方法和"城里孩子"的成长路径。对比之下，安置区没有补习班、乡镇学校没有好老师、周围的父母不注重孩子教育、自己没有经济实力和高受教育水平变成了特别让这些父母焦虑自责的事情。这种焦虑对人们如何判断自己当下的生存环境和生活状态影响巨大，因为它关涉中国父母最根本的伦理价值与生命意义体认。移民父母开始高度关注对孩子的培养，比如要陪伴孩子的成长过程，要与孩子建立稳定的沟通，要培养孩子的兴趣爱好，要让孩子开阔眼界……而这些培养的环节无不需要耗费父母更多的时间和金钱，由此移民父母才会比以往更深切地感受到经济和教育资源的匮乏，并认为自己没有能力生养更多的孩子。

4. 小结

本章希望通过这一部分的讨论说明，"十二五"时期移民搬迁后 10 年经历了一个以家庭为基本单位的、从生计模式到生活方式再到结构分工最后到观念意识的深刻变迁。基于此，我们认为移民安置区的后续帮扶不应该只考虑移民生活的个人维度、经济维度，而应该更关心移民生活的家庭维度和观念维度。这是移民后续帮扶工作的深水区，也是决定安置区长治久安的关键所在。唯有"安家"，移民方能"安居"。

第三节 总结与讨论

本章主要关注以"十二五"生态移民为代表的政策性移民群体在搬迁安置区的生活及其变化，并讨论应该以何种视角评估"搬迁"本身带给移民的影响。通过实地调查，我们发现，宁夏"十二五"生态移民在搬迁安置区获得了持续且完备的后续帮扶，以闽宁协作为代表的各类帮扶举措覆盖了移民生计生活的各个方面，涉及每类家庭和每个家庭成员的安顿问题。为此，本章着力在对移民搬迁效应的分析中引入一种"家庭"视角，并发现移民的家庭在搬迁之后经历了从生计模式到生活方式再到结构分工最后到观念意识的一系列连锁变化。"家庭"在举家搬迁的政策性移民过程中并非一个稳定不变的常量，"家庭"的状态决定性地影响了移民在安置区的适应、扎根与融合问题。

具体而言，对于政策性移民的搬迁效应，本章有以下几点主要发现。

第一，政府主导下的政策性移民安置与帮扶存在一种以"家庭"为核心、以每个家庭成员的安顿为目标的工作思路。移民在安置区"稳得住"的前提是青壮年有业可就、青少年有学可上、老年人有病可医。因此，移民搬迁的后续帮扶措施一方面从产业就业方面重点发力，从无到有地建立起一套农工并存、劳动密集、因地制宜的自治区多层级产业体系，同时发展出制度化的跨省劳务用工输送；另一方面从困难家庭和家庭中的弱势群体出发，构建起一套完备的社会保障与公共服务体系，着力提高移民的转移性和财产性收入水平，解决家庭的后顾之忧。由此，移民家庭的"一老一小"可以在安置区安稳顺利地生活，而家庭的青壮年可以在县域城乡间进退得宜、自由流动，为家庭脱贫致富全力奋斗。

第二，移民"家庭"在搬迁后的变化发生在生计结构、代际关系、性别关系、成员分工及观念意识等各个维度，不同维度之间相互关联并相互作用，最终影响了移民在安置区的适应与融合。"家庭"是一个涉及经济、社会、文化等不同层次的分析性变量，而在政策性搬迁过程中，"家庭"的变化往往始于经济层面。移民的生计结构和生活方式对外部环境的反应最灵敏，因此变化也最明显。而为了适应新的生计生活模式，家庭成员在赚钱、养育、赡养等事务上的分工也需要随之调整重构，这个过程蕴含了家庭代际关系和性别关系的转型。相对而言，移民"家庭观念"的变化是最缓慢且最隐蔽的。他们以家庭为本位、以家人为生命意义源泉的观念没有改变，但是在此基础上，移民有关理想婚姻、良好教育以及美满家庭的具体看法和评价视角已然发生了潜移默化的转变，这反过来会影响移民在未来生活中的行为选择。

第三，政策性移民导致移民"家庭"发生快速变化的重要原因在于它的急促性和彻底性。搬迁过程对于无数家庭而言是一场猝变，人们的生产资料、生活习惯、社会关系以及地方性知识需要移栽到一块全新的土壤之中。在这场猝变当中产生的压力、风险需要家庭来消化和调适。因此，政策性移民的后续帮扶工作必须思考，如何构建起一套移民家庭矛盾的调节化解机制，如何营造一种尊老爱幼、家庭和谐、邻里友爱的社区氛围，从而使移民在安置区真正"安家"和"安心"。

第十二章
从生态移民到移民生态的
社会基础变迁研究

金蓝青[*]

    在长达四十年的宁夏移民搬迁历程中，"十二五"生态移民是搬迁人口规模最大的一次。扶贫开发政策的支持，改善了宁夏中南部山区搬迁居民的生产生活条件，让大量居民依靠特色种养业、劳务输出和商贸经营等方式摆脱贫困。在对生态移民搬迁点的调研中我们发现，距离第一批生态移民搬迁已超过十年，生态移民的总体收入水平明显提高。然而，搬迁后家庭内部结构和外部支持结构的不断变动，使移民陷入一种新的发展困境。不禁让人思考，这部分移民是否真正实现了有效的社会融入？生态移民搬迁社区的未来指向何方？本章以月牙湖乡滨河家园社区生态移民搬迁点为例，通过对移民搬迁社区现代化的社会基础变迁的分析，指出生态移民搬迁社区面临的发展困境。一方面，家庭内部结构的变迁，如人口年龄、劳动力数量的变动进一步带来家庭收支结构的调整，能够让一个家庭摆脱贫困，也能让另一个家庭走向贫困；另一方面，移民的外部支持结构不够稳定，"脱贫不脱政策"的方针导致移民扶贫政策支持不够灵活，移民的普惠性社会保障和移民社区的社会治理仍然存在很大空缺。在推动巩

    *   作者简介：金蓝青，中国社会科学院社会学研究所博士后。

固拓展脱贫攻坚成果同乡村振兴有效衔接的背景下，如何实现移民社区的发展有待进一步讨论与思考。

第一节　问题的提出

在推动巩固拓展脱贫攻坚成果同乡村振兴有效衔接的进程中，易地搬迁是帮助贫困地区农民脱贫、实现乡村振兴的重要手段。自 20 世纪 80 年代以来，以吊庄移民、"十二五"中南部地区生态移民（以下简称"十二五"生态移民）等为代表的六大易地扶贫搬迁项目①，构成了宁夏易地搬迁的主要形式。其中，"十二五"生态移民是宁夏回族自治区在 2011 年针对宁夏中南部地区进行的生态移民工程。② 相较于早年的移民搬迁项目，"十二五"期间搬迁的移民分配所得的人均土地面积小且质量较差，难以依靠务农为生，大多数选择外出打工。在宁夏移民的"反贫困与城镇化"③④ "文化适应与社会融合"⑤⑥ "可持续发展"⑦⑧ 等方面，学者们形成了大量的研究。

毫无疑问，宁夏的生态移民工程是中南部贫困山区的居民摆脱贫困的重要途径。在"挪穷窝、换穷业、拔穷根"思路的主导下，政府引导农民从贫瘠闭塞的山区走向平坦开阔的川区，从靠天吃饭的以农为主转变为工农相间、以农为辅的生产形式，改善农民生产生活条件，为农民提供多样

---

① 王晓毅等：《生态移民与精准扶贫：宁夏的实践与经验》，社会科学文献出版社，2017。
② 《自治区人民政府关于印发宁夏"十二五"中南部地区生态移民规划的通知》，http://www.nxjlxk.com/zdgexmzl/zdgexmzlqt/202108/t20210805_421642.html，最后访问日期：2024 年 10 月 18 日。
③ 王晓毅：《易地搬迁与精准扶贫：宁夏生态移民再考察》，《新视野》2017 年第 2 期。
④ 李培林、王晓毅：《移民、扶贫与生态文明建设——宁夏生态移民调研报告》，《宁夏社会科学》2013 年第 3 期。
⑤ 闫丽娟、张俊明：《少数民族生态移民异地搬迁后的心理适应问题研究——以宁夏中宁县太阳梁移民新村为例》，《中南民族大学学报》（人文社会科学版）2013 年第 5 期。
⑥ 刘有安：《孤岛文化背景下的移民社会文化适应——以宁夏清河机械厂为例》，《内蒙古社会科学》（汉文版）2009 年第 5 期。
⑦ 李耀松、许芬、李霞：《宁夏生态移民可持续发展研究》，《宁夏社会科学》2012 年第 1 期。
⑧ 陈晓、刘小鹏、王鹏、孔福星：《旱区生态移民空间冲突的生态风险研究——以宁夏红寺堡区为例》，《人文地理》2018 年第 5 期。

的增收渠道，使贫困地区居民的生活水平有了显著提升。需要注意的是，自"十二五"生态移民工程开展以来，最早的一批移民搬迁已超过十年，随着居住生态环境的改变，生态移民的社会生产与生活方式同样发生了显著的变化，形成了另一种移民生态。本章以月牙湖乡滨河家园移民搬迁点为例，通过对滨河家园移民搬迁前后生产生活的变化，分析生态移民地区现代化发展的社会基础。在推进巩固拓展脱贫攻坚成果同乡村振兴有效衔接的时代背景下，如何看待生态移民面临的发展困境，实现移民社区的可持续发展，值得进一步思考。

其一，月牙湖乡的移民搬迁已有十余年历史，在移民脱贫方面有着一定的成功经验；其二，既有研究并未探索出一种社会融合模式，无法使后续此类移民以此为基础更好地扎根新地，而是始终会面临同样的重新融入问题，在此意义上，本章的着眼点不在于个别案例的示范，而在于案例背后的机制性因素，通过将对移民搬迁社区的社会基础的考察引入讨论视域理解城市化发展大背景下，整体移民搬迁作为其中特定一环面临的功能性缺失及其系统性归因。本章通过考察案例中移民村落的生成与维持，以及在此过程中村落社会基础的转换与重塑，探讨一种局部与总体整合视野下的地域发展的具体类型。

第二节　以社会基础为分析单元的移民社区现代化

正如前文所述，易地搬迁是在中国式现代化背景下扶贫开发的一项重要举措。将生态移民社区纳入现代化研究的视野中，我们发现生态移民通过易地搬迁改变生态基础，汲取更多的发展资源，集聚着现代化的要素能量奋力前行。与此同时，移民的社会基础同样发生了转变，表现为资源获取方式的变更、生产生活方式的转变和社会关系的调整。社会基础既是发展研究的内容与对象，又构成发展本身的影响因素。本章尝试以社会基础为分析单元，建立移民社区现代化的社会基础的三个分析维度，对移民社区搬迁前后的社会基础变迁进行分析，从而阐释生态移民经历搬迁实现移民生态的再造过程，以期为现代化中的具体类型提供一种普遍性的理论解释。

一　社会基础的概念和基本内涵

一直以来，"社会基础"这一概念被广泛运用于社会发展的相关学术研究中。学者们既把它当作一个宽泛的通俗概念，将一切与发展相关联的因素都纳入社会基础的范畴之中，"区域发展的社会基础包括基层社会中的社会资本、文化资本、人力资本、民间资本、社会群体、社会活力、社会心态、生活水准、社会保障和社会秩序等方面"；[①] 又将其与内生性[②]、乡土性[③]等理论相关联，把它视为一种社会发展的内源性动能，常见于社会关系、社会联结、社会秩序等结构性要素的分析。[④] 综合来看，学术界缺乏关于社会基础是什么、何以构成社会基础、它有何系统性作用的研究讨论。

自现代化理论诞生以来，关于现代化的概念有着诸多阐释。现代化既是一个过程，又是一种产物，表现为经济、政治、文化、生态、社会结构、思想领域等多重维度的变化。[⑤] 在社会结构层面，现代化是个人活动和制度结构的高度分化和专门化[⑥]，以适应不断变化的社会需求；在思想文化层面，现代化以差异性、灵活性、进取性的特质来探求自然与社会现象的合理解释[⑦]。吉尔伯特·罗兹曼在《中国的现代化》一书中从国际环境、政治结构、经济结构、社会整合、知识与教育多个层面论述了中国近代以来漫长的现代化进程。在政治与经济之外，社会整合与知识教育成为现代化的重要考察层面，侧重于回答有关调动和汇集各种资源的渠道与基

---

① 刘少杰：《积极优化区域发展的社会基础》，《社会学评论》2021年第1期。
② 贺雪峰、仝志辉：《论村庄社会关联——兼论村庄秩序的社会基础》，《中国社会科学》2002年第3期。
③ 付伟：《城乡融合发展进程中的乡村产业及其社会基础——以浙江省L市偏远乡村来料加工为例》，《中国社会科学》2018年第6期。
④ 田毅鹏：《脱贫攻坚与乡村振兴有效衔接的社会基础》，《山东大学学报》（哲学社会科学版）2022年第1期。
⑤ 西里尔·E. 布莱克：《比较现代化》，杨豫、陈祖洲译，上海译文出版社，1996，第134~138页。
⑥ S. N. 艾森斯塔德：《现代化：抗拒与变迁》，张旅平等译，中国人民大学出版社，1988，第2页。
⑦ C. E. 布莱克：《现代化的动力：一个比较史的研究》，景跃进、张静译，浙江人民出版社，1989，第19页。

础的问题，包括人力资源的量与质、空间分配与组织，以及人际关系等各个方面。①　基于此，本章所讨论的现代化的社会基础，是在现代化的社会结构与思想文化领域的基础上，立足于现代化的资源禀赋、地方的文化精神与社会的团结机制等多个维度，构建一种源于本土又为社会所建构的能够维持社会秩序、促进社会发展的系统效应。

二　移民社区现代化的社会基础分析单元

从传统到现代，在追求由外源性发展转向内源性发展的进程中，现代化涵盖了经济、政治、文化等多个方面的衡量指标，表现为一种工业化、城市化、智能化的多个维度叠加的社会变迁过程。易地搬迁作为中国现代化进程中的特定一环，以一种外在的推力促成了移民群体由传统村落向现代社区的直接转变。这种生态移民的快速现代化，不仅表现为经济收入的增长，而且表现为一种社会基础的变化，从资源禀赋结构、地方文化精神、社会团结机制三个维度构成影响社会发展动力、凝聚与整合的综合作用机制。

1. 资源禀赋结构

资源禀赋是指一个地区进行社会生产经营活动时所需要的各种资源，包括土地、劳动力、资本、技术等生产要素的拥有状况。在经济学中，由于各地区在资源禀赋上的先天差异，发挥资源禀赋的比较优势在维持经济持续增长方面具有显著的优越性。②　换言之，对资源禀赋的异质性占有使地区的行为逻辑和发展方式具备较强的差异性。③　首先体现为人口的现实构成与人力资源的前景考察。现代化发展伴随着人口地理分布的不断转变，这一方面会成为发展所引起的新的社会变革，另一方面也是发展延续所依赖的流动性基础，有待以一种动态视野追踪人口的动态发展，转变对

①　吉尔伯特·罗兹曼主编《中国的现代化》，国家社会科学基金"比较现代化"课题组译，江苏人民出版社，2010，第175~200页。
②　林毅夫、蔡昉、李周：《比较优势与发展战略——对"东亚奇迹"的再解释》，《中国社会科学》1999年第5期。
③　于水、王亚星、杜焱强：《异质性资源禀赋、分类治理与乡村振兴》，《西北农林科技大学学报》（社会科学版）2019年第4期。

人力资源的既有观念，寻求人与发展的社会性耦合。其次聚焦于社会中的有生力量与行动变革。通过对社会的劳动力结构、收入分配、教育和文化结构等要素的分析，探讨资源禀赋积累与社会行动选择的关联。最后还包括地理与生态的物质和环境构成，这不仅是经济发展的重要因素和人居生活的日常场景，而且是涉入与形塑社会的重要因素，对社会基础的考察不能脱离现实的时空视域，而应该积极地探索与反思发展的在地化思路。

2. 地方文化精神

韦伯认为，宗教伦理与现代资本主义精神之间存在无穷无尽的关联，现代资本主义精神乃至整个现代文化的构成要素之一——以职业观念为基础的理性行为，是从基督教的苦行主义中产生的。[①] 文化精神是构成不同现代化水平差异的一个重要影响因素。而与现代化和全球化中趋同的现代意识相对，基于当地人的生产生活自然而然产生的"地方性知识"[②] 则是本土化叙事不可忽视的重要基底。地方文化精神为地域现代化提供了一种精神动因，表现为对不同生活方式的追求与期望。"县域现代化并非从天而降，而是需要一定的内在沃土和相应的'种子'，那就是社会流动和社会组织特质、生活方式和社会文化精神特质。"[③] 中国式现代化基于中华文明独特的文化底蕴和精神特质，而不同的地方文明传统和精神内核形塑了现代化的地方实践。

3. 社会团结机制

社会团结机制是构成现代化中社会整合的关键因素之一。在涂尔干看来，高级社会中劳动分工所形成的有机团结，即个体的相互依赖，利他的道德意识和恢复性法律的控制作用能够维系社会秩序，实现社会整合。[④] 将社会团结置于中国本土语境，传统社会关系的建构成为社会团结的重要

---

① 马克斯·韦伯：《新教伦理与资本主义精神》，黄晓京、彭强译，四川人民出版社，1986，第170页。

② 克利福德·吉尔兹：《地方性知识：阐释人类学论文集》，王海龙、张家瑄译，中央编译出版社，2000，第19页。

③ 王春光：《地方性与县域现代化实践——基于对太仓与晋江持续近三十年的调查》，《社会学研究》2023年第3期。

④ 埃米尔·涂尔干：《社会分工论》，渠东译，生活·读书·新知三联书店，2000，第183~186页。

依据，费孝通从"差序格局"① 的角度出发，将血缘、地缘、亲缘作为乡土社会关系确立的基础，而其背后所蕴含的"伦理关联"② 被认为是影响中国传统社会治乱兴衰的关键。随着社会的发展变迁，乡土社会的结构关系日益复杂化，"利益、权力、情义"③ 的相互交织共同成为村庄秩序维系的纽带。在现代社会中，传统的差序格局创造性地转化为一种基于理性意志的新差序格局，即"'自己人'的确定也端赖于特定情境下居于差序格局之中心的人对自身利益和权力诉求实现的最有效渠道的展望、设计和选择"。④ 从传统到现代，社会团结机制都是维系个体、群体与社会之间相互联结的纽带。在个体化与不确定性日益增加的现代社会，现代化的社会团结机制决定了社会理性化的运作机制何以可能、何以应对现代化中复杂的系统性和风险的不确定性。

三　研究方法设定

本章采用案例分析法，选取"十二五"生态移民中较大规模的月牙湖乡滨河家园移民点作为案例展开实证研究。"十二五"期间，彭阳县 7 个乡镇 39 个村 3979 户 1.68 万名生态移民搬迁至兴庆区月牙湖乡，形成了滨河家园 5 个移民村⑤，其中滨河家园一村是汉民村，其余几个村落皆是回汉混居。月牙湖乡地处毛乌素沙漠与黄河交接处，域内地貌以固定半固定沙丘为主，土地改良和耕种的成本较高，家户农业经营难以取得良好的经济收益。由此，滨河家园移民村实施"土地流转、奶牛托管"的移民产业政策。"每户有 54 平方米的住房，人均 1 亩水浇地，土地集中流转承包，按照当年 300 斤小麦市场价向移民户兑现土地流转费用（2023 年以每亩 420 元的标准发放了土地流转费）；户均 1 头优质奶牛，奶牛全部托管给养殖企业，每年

①　费孝通：《乡土中国》，华东师范大学出版社，2017，第 24 页。
②　陈劲松：《传统中国社会的社会关联形式及其功能》，《中国人民大学学报》1999 年第 3 期。
③　折晓叶：《村庄的再造：一个"超级村庄"的社会变迁》，中国社会科学出版社，1997，第 88~90 页。
④　肖瑛：《差序格局与中国社会的现代转型》，《探索与争鸣》2014 年第 6 期。
⑤　近年来，随着后期移民搬迁工作的开展，滨河家园已扩展到 6 个移民村。

每户移民可领取 2800 元的分红。"① 通过在宁夏开展为期两周的实证调研，走访各个移民搬迁点，与乡镇政府工作人员、滨河家园移民社区工作人员、移民搬迁人员等进行访谈，笔者共整理访谈资料 23 份，以便分析研究成果。

第三节　生态移民的社会基础变迁

不同于传统村落所保有的那些具备相对稳定特征的"恒常"的社会底蕴②，宁夏移民村落是将传统封闭静态的村落打散重组向现代化靠拢的一种村庄再造。以生态移民村为代表，在大量政府扶贫资金的投入下，移民村庄基础设施与公共服务的改善，使村容村貌焕然一新。与此同时，在整体搬迁、集中居住的背景下，回汉混居，人际关系网络重构，生产生活方式与日常生活习惯的转变使传统村落的乡土性受到一定冲击。这种生态移民村庄，何以建构一种新的内生秩序，实现良好的社会运行？历经十年的移民搬迁发展，社会基础又有何转变？

一　生态体系的变更：从贫困山区到滨河平川

月牙湖乡滨河家园的移民来自固原市彭阳县，彭阳县地处宁夏东南部边缘、六盘山东麓，是典型的黄土丘陵沟壑区，属温带半干旱大陆性季风气候，自然灾害相对频繁，经济支柱以农业为主。③ 作为革命老区，彭阳县先天资源的劣势使其工业化与城镇化进程缓慢。首先，在自然资源层面，以丘陵沟壑为主的地貌导致全县可开发利用土地资源不足，干旱的气候导致水资源不足。其次，在产业结构层面，第一产业为支柱，但是农业产业链不完善，以初级农产品为主的产业附加值低；第二产业以煤炭经济为主，产业结构单一，既有资源尚未形成高质量产业链。最后，在基础设施层面，山区交通闭塞，水利欠缺，教育医疗设施不完善，居民的基本公

---

① 调研中滨河家园一村村书记在座谈会中介绍。
② 杨善华、孙飞宇：《"社会底蕴"：田野经验与思考》，《社会》2015 年第 1 期。
③ 《彭阳县情概况》，http://www.pengyang.gov.cn/zjpy/pygk/202403/t20240326_4495904.html，最后访问日期：2024 年 12 月 6 日。

共服务需求难以得到满足，存在"一方水土养不了一方人"的问题。

> 我们原来是把苦下得很。在老家啥都干了，种地片片大得很，但是收不下粮食，喝水要用驴车驮回来，娃娃上学要走十里地。（20231130宾馆老板娘）

相较于彭阳老家的山高路远、干旱贫瘠，滨河家园的区位优势更为明显。滨河家园隶属于兴庆区月牙湖乡，西临银川市区，东与内蒙古自治区交接，处于银川市、石嘴山市、灵武市和鄂托克前旗的环形辐射带中心，区域内银青高速、244 国道斜贯而过，交通便利。除此之外，滨河家园处于黄河沿岸，最近的村落距离黄河不到 1 公里。银川都市圈中线供水工程实施，不仅解决了月牙湖乡居民的安全饮水问题，还解决了月牙湖地区农田的灌溉用水问题，使滨河家园从沙漠戈壁变成一片拥有高标准农田基础设施的"金沙滩"。

> 从 2012 年搬迁开始，给一人一亩水浇地，因为这里都是沙地，主要还是通过企业集中运营，改善土质。比如，2019 年引进蜜瓜企业，蜜瓜工棚企业自建，政府配水电路，蜜瓜大棚一亩地的流转费是 700元，农民来务工一天是 150 元，从 3 月到 7 月都有活。农民也可以包棚入股，给予超产分红鼓励。（20231029 月牙湖乡副乡长）

滨河家园移民通过易地搬迁从干旱贫瘠的山区迁移至交通便利的滨河平川，这一方面改善了移民的居住生态环境，另一方面拓展了移民可获取的发展资源。平坦的土地、充足的水资源使移民点的生活与生产有了基础保障，并且土地不再是移民所能直接获取的唯一资源，移民逐渐改变以农为生的生产方式。在居住模式快速城镇化的背景下，教育、医疗等公共服务资源随之改善。总体而言，生态移民不仅改变了移民固有的生态体系，而且推动了发展要素向山区贫困居民直接流动。

二　生产生活方式的转变：从以农为生到以打零工为主

在宁夏多个移民县区调研的过程中，地方官员和外来企业家对脱贫难的问题提供了一种共性解释：这片土地上的人缺乏进取精神。贫瘠的土地、闭塞的交通、祖祖辈辈穷苦的生活使这片土地上的人特别能吃苦、特别容易满足。他们既缺乏对更高质量物质生活的渴望与追求，能够忍受艰苦朴素的生活，又安于现状，不愿意改变传统以农为生的生产生活方式。

彭阳县作为民族地区，受生育政策和观念影响，回族家庭的多孩率较高，人口自然增长率高于汉族①，土地和本地工业难以承载过多的劳动力。由此，滨河家园的移民在彭阳老家的时候大多采取两种生活方式：居家务农为主，外出打工为辅。山区里传统的务农习惯及职业劳动技能的匮乏，使他们偏向于务农，尽管农业生产的先天条件并不占优，但是由于既缺乏外出打工的技术，也缺乏外出打工的信息，大量农民还是选择在老家务农，陷入"越垦越穷，越穷越垦"的恶性循环。

> 在老家就是种地，糜子、谷子，那就是靠天收嘛……出去打工？啥也不会，就会种地。我在老家的时候还有一片树林有杏子树，夏天的时候我们捡一些杏子做杏干，杏仁也能卖钱。假如说它们长得好的话，春天不冻的时候，我们每年也卖几千块钱。（20231130 二村马阿姨）

从 2012 年开始，根据"十二五"生态移民政策迁移到月牙湖乡生活的彭阳县居民，要遵守"土地流转、奶牛托管"的移民产业政策，农民不再直接进行土地耕种，而是按户籍人口领取土地流转的分红。大量劳动力与土地解除绑定，不得不另谋生路。为保障移民生活、促进移民增收，当地政府探索建立了多项产业机制，试图为离土移民创造更多就业岗位。一方面，围绕本地特色产业建立产业园区，形成产业优势。"月牙湖乡依托万亩奶牛养殖园区、现代农业示范园区、肉牛养殖园区、肉羊养殖园区、

---

① 李禄胜：《宁南山区劳务输出的调查与分析》，《中国人口科学》2005 年第 3 期。

蜜瓜基地等本地资源优势，坚持'四园一基地'产业布局提质增效。"① 另一方面，通过采取"分红收益+吸纳就业""集中托管+固定收益"等方式构建养殖企业与农户的利益联结机制，通过建立"政府+基地+龙头企业+合作社+农户"的利益联结机制，提高工资性收益。除此之外，金融扶贫政策在当地亦有推行：一类是直接为建档立卡户提供优惠贷款政策，鼓励农民进行个体经营，拓宽收入渠道；另一类是建立"政府+合作社+银行+企业+农户"的金融"入资合作+固定分红"模式，如以合作社集体入股骏华养殖公司获取分红的增收渠道。

除政府创造的就近就业岗位之外，外出务工成为滨河家园移民的主要就业形态。一方面，便利的地理位置与交通条件，为移民外出打工提供了前提条件，大量居民搬迁后选择了前往银川市区甚至内蒙古、甘肃等地打工。另一方面，当地政府和劳务经纪公司建立了劳务输出组织化机制。为了加强农村劳动力有组织转移就业，兴庆区政府在 13 个移民提升重点帮扶村（社区）建设劳务工作站，移民村内部也有个体登记注册的劳务经纪公司，专职的劳务经纪人负责劳务工作对接，为移民获取劳务工作信息提供了更多渠道与可靠保障。

于移民而言，打零工相对于长期进厂打工拥有更多的自主时间，方便照顾家庭，觉得累了也可以随时选择休息。打零工以体力劳动为主，如挖洋芋、剪瓜苗、绿化养护等，不需要太高的职业技能，时间灵活，门槛低，成为大多数移民的就业选择。

> 我们文化也低，打长工出去远了也不习惯，好像看人脸色一样。打零工，每天拉走再拉回来，就是出个力气，干得动就干。（20231031 五村马大叔）

> 主要还是为了照顾娃娃，娃早上要送，放学回来得给娃做饭吃，没有人照顾不行。（20231031 二村李大姐）

---

① 月牙湖乡乡长：《关于月牙湖乡争创自治区乡村振兴示范乡的报告》，2023 年 10 月 28 日。

根据月牙湖乡政府的测算，本乡外出务工人员中，本乡务工、兴庆区外务工和自治区外务工人口大概各占三成，早出晚归的打零工成为滨河家园移民的主要收入来源。从以农为生到以打零工为主，滨河家园移民逐渐转变了传统的思想观念，无论是对更高质量美好生活还是对更高文化水平都有了直接的体会和进一步的追求。

三　社会团结机制转变：从乡土社会联结到移民认同重塑

涂尔干认为，与高度的劳动分工相伴随的是社会从机械团结向有机团结转变，机械团结是在高度相似的社会中基于同情心形成的一种相对松散的联系，有机团结是建立在社会分工与个人异质性基础之上的一种社会联系。[①] 滕尼斯则将人类生活的团结形态区分为"共同体"和"社会"两种形式。他将依托血缘、地缘和宗教巫术等自然情感形成的联系有机体称为共同体，"一切亲密的、秘密的、单纯的共同生活，被理解为是在共同体里的生活"。[②] 共同体的联系具有一定的私密性和排他性，也是有机的和持久的；社会则是基于常规、政策、公共舆论和特殊利益的联系，是机械的和不稳固的。无论是从机械团结向有机团结的演进，还是"共同体"和"社会"的区隔，从社会学的视角出发，社会中的个体或群体必然以某种方式联系起来从而建立一种联结机制，构成集体行动的关键与价值基础。

滨河家园移民从南部山区而来，在相对静态封闭的村落里，以种植和养殖为主要生活方式，血缘和亲缘仍然是建立社会亲密关系的重要依据。他们自南向北整体搬迁，一方面面临对新移民点的社会适应问题，生态移民改变了其原有的居住环境、生产生活方式和人际交往圈，打破了传统的村落共同体机制；另一方面要化解基于社会利益与文化认同的冲突进而实现社会融入，生态移民中建档立卡户与非建档立卡户、生态移民与非生态移民、政策移民与自主移民之间的不和谐亦成为社区整合的障碍。历经十年的

---

① 埃米尔·涂尔干：《社会分工论》，渠东译，生活·读书·新知三联书店，2000，第33~73页。
② 斐迪南·滕尼斯：《共同体与社会：纯粹社会学的基本概念》，林荣远译，北京大学出版社，2010，第43页。

搬迁生活，滨河家园的移民在寻求社会认同的进程中尝试建立新的社会团结机制。

这种社会团结，既不是源于长久共同生活积累的亲密情感，也不是源于高度分工带来的相互依赖，而是在快速的居住空间转换与社会关系重建中被迫生长出的社会联结机制。

其一，移民内部的自我认同。相对于月牙湖乡早期的自主移民，政策性整体搬迁使移民形成了群体的共同认知，享受生态移民的政策优惠，如统一的住房安置和土地流转承包等政策待遇，同时也面临优势资源被抢占、自身发展困难的问题。作为后进入的移民，滨河家园移民主动形成自我抱团取暖的意识。

> 我们最早来的时候，人家那几个老移民村（自主移民）看不上我们，他们（一九）八几年就来了，都是自己建的房子，觉得我们是吃政府饭的，我们去开会都不跟我们坐一起的。（20231029 一村村书记）

> 2015 年都是一天六七十元的工资，没有超过百元的工资。这里的劳务市场都被他们掌握了，他们说多少钱就多少钱，人家老板说一天给 100 元，他就给你 70 元。我后来第一个开始在一村做劳务经纪人，我自己去找活，给的钱也比他们高，才把这个劳务市场的价格提上去。（20231029 劳务经纪人高总）

其二，通过劳务输出建立自己的社会联系纽带，重构社会关系网络。无论是自主搬迁还是政策性整体搬迁，都对移民的社会关系网络造成了不同程度的冲击，破坏以亲缘、业缘、地缘为主的互助性关系网络。[①] 对于"离土"的移民来说，劳务信息传递成为移民村社会关系交流的新介质。不同于传统村落内邻里通过日常的线下交流加强社会往来，大量移民通过一个个劳务工作信息群、外出打零工建立一种新的劳务互动交往模式。以

---

① 束锡红、聂君、樊晔：《精准扶贫视域下宁夏生态移民生计方式变迁与多元发展》，《宁夏社会科学》2017 年第 5 期。

滨河家园一村为例，有的村民不仅自己外出打零工，甚至扮演劳务经纪人的角色，建立自己的劳务信息群，通过招揽一批较为熟识可靠的人，在群内发布劳务信息，每天集体早出晚归，建立依托零工的劳务共同体。

> 我们一村像我这样的有二十多个，你看外面，这家门口停着车的都是干这个的。（20231101 一村张大姐）

> 2017 年，我们给宝丰集团干活，一天 90 元，车整天都是满的。信用打出去了，那个时候就开始固定一群人了，没在劳务市场上拉过人。面包车司机有群的，前一天说好谁去，第二天早上车开上，拉着一起走，晚上拉回来。（20231029 劳务经纪人高总）

总而言之，生态移民帮助移民实现了生活环境的改善。与整体搬迁相伴随的生态体系、生产生活方式与社会团结机制的转变，决定了生态移民发展的社会基础的变化，外显于家庭生计、收入、社交关系网络等多个方面。

第四节　生态移民发展的困境

生态移民以外力的方式将宁夏南部山区的居民从封闭贫瘠的土地中迁移到开阔的北部平原，在政策的支持带动下，迅速地改善了居住环境基础设施，家庭生计方式变得多元化，部分移民改变了贫困落后的面貌。然而，值得注意的是，"十二五"生态移民的落实已超过十年，移民区的生态环境与社会发展基础持续变动，移民的目标从脱贫、提高最低人均收入水平、改善人居生活环境，转变为乡村振兴、实现可持续发展、进一步提升生活水平与质量。从家庭内部与社会外部的两个层面来看，生态移民面临新的发展难题。

一　家庭内部结构变动

从移民家庭自身来看，十年家庭内部结构的变动，使家庭发展的基础发生显著转变。首先，从年龄层面来说，搬迁伊始，大部分家庭成员处于青壮年，"月牙湖乡有 3 万余人，16 ~ 60 岁人口超过一半，青壮劳动力务工需求旺盛"。[1] 但是随着搬迁时间的推移，家庭成员年龄结构的调整决定了家庭劳动力收入结构的调整。以访谈中的两个家庭为例（见表 12-1），A 组家庭在搬迁的时候，因为家中有患病的老人，还有正在上中学的孩子，夫妻二人作为壮年劳动力，以打零工为生，经济压力大，被列为建档立卡户。B 组家庭在搬迁的时候，家中有一位老人，还有两个处于小学阶段的孩子，夫妻二人作为青年劳动力，以打零工为生，收入不高，但是开支相对较低，家庭经济较为宽裕，没有被列入建档立卡户。

表 12-1 两个移民家庭的年龄结构对比

年份	A		B	
	年龄段	人数	年龄段	人数
2012	0 ~ 10 岁	0	0 ~ 10 岁	2
	10 ~ 20 岁	3	10 ~ 20 岁	0
	20 ~ 40 岁	1	20 ~ 40 岁	2
	40 ~ 60 岁	2	40 ~ 60 岁	0
	60 ~ 80 岁	1	60 ~ 80 岁	1
2023	0 ~ 10 岁	0	0 ~ 10 岁	1
	10 ~ 20 岁	0	10 ~ 20 岁	2
	20 ~ 40 岁	4	20 ~ 40 岁	1
	40 ~ 60 岁	2	40 ~ 60 岁	1
	60 ~ 80 岁	0	60 ~ 80 岁	1

资料来源：根据访谈资料整理。

可以看出，2012 ~ 2023 年，两组家庭的年龄结构变动使家庭的劳动力结构、收入结构和支出结构发生较大变动。2023 年，A 组家庭人口全部转为青壮年劳动力，家庭负担相对降低。B 组家庭进入高支出阶段，家庭人口增加，幼童从小学阶段升学，老人患病需要照顾，家中仅有一个青年劳动力能够外出打工获得收入。

---

[1] 月牙湖乡乡长：《关于月牙湖乡争创自治区乡村振兴示范乡的报告》，2023 年 10 月 28 日。

我今年 52 岁，家里 6 口人。家里两个女儿都结婚了，大的在西夏区，二女儿在（滨河家园）三村，小女儿还在念书，儿子去年刚毕业考到了乡里工作，老母亲之前还在老家，去年去世了。（20231031 四村吴大叔）

我今年 37 岁，我们家 6 口人，上面有个老人，下面还有三个娃。两个小的，一个在初中，另一个在小学；大的在高中，他成绩不好，上的中职，在银川，一学期学费 7000 元，开学再准备一些杂七杂八的，差不多也 1 万元了。一个星期生活费 200 元打到卡里，我们家老大还算懂事，不乱花钱……就我老公一个人出去打零工，一天 150～200 元。我婆婆身体不好，离不了人，娃小的时候我也走不了，现在大点了，她身体不好，也不能帮我接送娃，我也不能出去打工。2022 年她才做了个手术，当时为了去报销，想说给老人申请个低保，我家那个还跟村上闹矛盾了，因为他干活买了个货车，但人家说你家里有车就不给了，就有一年低保，其他都没有。（20231101 四村杨大姐）

教育条件的改善原本是吸引移民外迁的主要动因之一，移民区的九年一贯制中心学校使子女免受长距离山路和不稳定师资的困扰。然而，尽管拥有了较好的基础教育设施，在教育资源与教育质量存在城乡差异的宏观背景下，滨河家园的学校教育质量不高，学生的升学率不高。位于滨河家园的月牙湖第二中学中学部每年仅有 25% 左右的学生能够进入普通高中[1]，其余学生要么进入职中或职高院校，要么进入社会打工。在基础教育条件改善与家庭收入水平总体提高的背景下，滨河家园的移民也逐渐重视起子女教育，而专科院校高昂的学费让许多移民家庭承担了更高的教育成本。

大人都出去打工，管不了娃娃学习，这里人又多又杂，娃娃学坏

---

[1]　根据《2023 年银川市三区普通高中招生计划数 60% 分配到各初中学校指标一览表》测算，https://jyj.yinchuan.gov.cn/zfxxgk/fdzdgknr/tzgg/202307/P020230712525525407202.pdf，最后访问日期：2024 年 10 月 18 日。

快得很，在老家没这样。很多老师管不了，有的家长还不愿意老师管。（20231102 五村马大叔）

初中一个年级四个班，一个班 40 多人，考上普通高中的 30~40 个，其余都去了职高，不然就出去打工，我还有个女同学初三毕业就结婚了。我现在感觉职高也不错，比高中好考大学，他们分数低，反正我看我同学他们挺开心的。我哥就在能源学院，我也够呛能上本科，上专科学费就贵了。（20231101 四村高二学生）

我大女儿在银川能源学院，学葡萄酒专业，小儿子在大专技校，一年学费加上生活费得 3 万~4 万元。我们夫妻在宁东干绿化是 85 元一天，我出车费、油费，一天多给 200 元，这样一天也就 370 元，早上 6 点走，7 点多到，中午休息一小时，下午 5 点结束，6 点多到家，一天干 8 小时，一年从 3 月初到 10 月底，差不多能干 7~8 个月，其余时间就去打零工了。打零工也不好找，冬天没什么活。（20231101 一村安大叔）

随着移民时间的推移，家庭内部年龄结构的变动决定着家庭劳动力结构与收入支出结构的调整，从而影响家庭的生活发展状况。然而，移民工程实施之初确立的面向建档立卡户等特殊群体的优惠政策未能灵活调整，政策的滞后性导致一部分家庭在已经脱贫的情况下仍然享受充分保障，另一部分家庭在面临困难的时候反而难以获得优惠政策支持。

二　社会外部支持结构变动

纵观中国几十年的移民扶贫历程，政府对移民扶贫资助力度不断加大，移民脱贫取得显著成效，但是移民的稳定脱贫与政府的债务偿付[①]成为移民搬迁后面临的现实困境。易地搬迁并不会自然解决贫困问题，相

---

① 檀学文：《中国移民扶贫 70 年变迁研究》，《中国农村经济》2019 年第 8 期。

反，缺水、缺土地、土地退化、非农就业不稳定等问题导致较高的移民贫困发生率。① 一方面，移民地区就业机会不充足，老年人和妇女的就业机会相对较少；另一方面，政府投入大量资金扶持的移民脱贫项目难以达到预期效益，"项目引入—失败—退出—重新引入"，财政支出一直扩大，但是移民获得的收入增长不明显。移民外部支持结构的不稳定性成为移民稳定脱贫与移民社区振兴的障碍。

首先是移民的稳定生计保障问题。在滨河家园移民社区，移民收入的构成主要有三部分：一是政府针对生态移民搬迁的政策性安置收入，包括每年的土地流转费、奶牛补贴等；二是政府引入的扶贫项目收入，包括各种形式的村集体经济分红；② 三是个人获得的劳动收入，包括打零工、经营个体经济等。尽管政府采取多项举措为移民提供多元化收入渠道，但是这种政府扶助与移民自主的生计策略仍然存在不稳定性。"对于新移民来说，没有农业经营以后，收入完全依靠外出务工和政府补贴，不仅收入水平较低，而且抗风险能力也较弱"。③ 政府的扶助能够持续多久？我们从与当地政府工作人员的访谈中了解到，2018~2020 年，月牙湖乡政府扶贫项目尾款负债约 500 万元，并且与月牙湖乡政府签订"精准扶贫"合作项目的骏华公司存在后续款项难以到账情况。打零工作为移民的主要收入来源本身具有临时性和排他性。一方面，打零工有年龄和性别限制。以挖洋芋为例，在滨河家园的劳务市场，女性一天的工作收入是 150 元，男性是 160~170 元，并且务工人口规模大于就业市场需求，大龄人口经常处于找不到活或者价格太低不愿意去做的局面。另一方面，周边以农场采摘等形式为主的务工具有季节性，一年往往只有春种秋收两个忙碌的季节，其余时间活少，赋闲在家时间多。

我们的土地流转费太低了，人家大塘村那边根本不是这个价，都

---

① 王晓毅：《易地搬迁与精准扶贫：宁夏生态移民再考察》，《新视野》2017 年第 2 期。

② 调研中了解到，自 2017 年起，月牙湖乡创新金融扶贫模式，部分村利用建档立卡户的贷款补贴政策，动员建档立卡户申请贷款，然后将贷款资金以村集体投资形式投资给骏华牧业，企业每年为 1856 名贫困人口返还 3000 元收益。

③ 王晓毅：《易地搬迁与精准扶贫：宁夏生态移民再考察》，《新视野》2017 年第 2 期。

是水浇地，人家一亩地流转费都上千元了。而且这个地，说是确权了，我们也不知道在哪儿，你说我要有个地，那我打不了工，我自个儿种地够吃了，但是就没有。（20231101 一村安大叔）

移民来时候说的还有个经果林，1 户 1 座温棚，根本都没看见。村集体今年分了 300 元、10 斤红薯，十年来第一次分红，2022 年就给了 10 斤葱。（20231101 一村安大叔）

刚下来那几年好打工，钱少，但是活多。现在钱多，活少。宁东和宝丰，过了 50 岁就不要，人家嫌你老了。你看这不都是今天没打上工，在家待着嘛。（20231031 四村吴大叔）

其次是移民村的社会保障支持问题。生态移民使大量农民快速摒弃原有的农工相辅的生活，转入一种"离土"的乡村生活。然而，这种生产生活方式的转变与农民自身的能力水平不匹配。家庭的生计结构从以种植、养殖业为主转为以外出务工为主，虽然总体收入水平有所提升，但是生活支出成本同样快速增长，生活质量距离城镇居民水平仍有很大差距。居住模式快速城镇化，社会保障水平却相对滞后，集中表现为三个层面。

其一，低收入移民群体养老困难。目前滨河家园普遍采取以家庭养老为主的养老方式，但是老年人无法依靠土地自给自足，依靠养老金等补助又难以过上充裕的生活，往往选择降低生活水平，给子女减轻养老负担。

以前吃肉、鸡蛋、油、菜都不花钱，现在都要买，有的就吃不上。老家十几只羊，想吃就宰了。儿子一年也给一两千元，但是我也不要，老人苦点，娃娃不能。（20231028 一村村民组长许大叔）

其二，中年移民未婚或离异。从闭塞的山区乡村迅速迁移到城镇周边，移民的生产生活方式发生改变，这既导致结婚成本上升，许多大龄青年结不起婚，又引起文化价值观念的转变，给原有不稳定的婚姻关系带来直接的冲击。

> 现在彩礼高着呢，二零零几年我儿子结婚三万元彩礼，儿子还一万元，我给还两万元，二零一几年彩礼涨到十多万元，基本上一半都是债，结婚了都是两个娃娃还。现在打工好点有的能挣下，没钱的老实的人被要得高，越是没钱越怕找不到媳妇，有本事的人不怕别人不嫁过来。（20231028 一村村民组长许大叔）

其三，居民居住集中化但是交往离散化。如前所述，易地搬迁打破了移民原有立足于乡土所建立的社会关系网络，居民忙于日复一日的打工生计，无暇寻求传统的自治联结。邻里的陌生化和互动的功利化使移民社区的社会参与度低，移民的"附近"① 逐渐消失。

> 那会儿分房子抓阄，邻居也跟老家不一样，搬下来前还串门子，现在门对门，都不串门子了。下来了，都是去广场上串、打牌。（20231028 一村安大叔）

最后，移民区的社会文化生活不够丰富。在生态移民过程中，生活环境的改善、生产生活方式的转变使移民贫困人口获得了更多的劳动收入渠道，提升了总体收入水平。但是，移民区经济收入的提升水平与社会文化的丰富水平并未达成一致。滨河家园除了早出晚归的打工者，大量闲散在家的人每日聚集在社区广场或巷陌间打牌，不利于良性社会文化氛围的营造。这种现象根源于两方面：一方面，大龄人口就业困难，没有合适的工作机会；另一方面，社会文化活动不够丰富。尽管移民区配备了较好的基础设施，但是文化娱乐活动依然匮乏。相较于务农在田地里花费大量的时间，移民与土地解绑，闲置出的大量时间没有得到合理利用。

---

① 项飙、张子约：《作为视域的"附近"》，《清华社会学评论》2022 年第 1 期。

吃完饭就出来打牌了，打牌的、看牌的，到处都是。现在下来活干得少了，有些老人身体还好着呢，也不像地里太阳晒得那样，看着年轻些。(20231129 宾馆老板娘)

滨河家园的移民经过移民搬迁后形成了一种新的移民生态。生态移民获取了更多的发展要素，加快了移民社区的现代化发展进程。与此同时，生态移民生产生活方式与社会团结机制的改变使移民生态暴露了新的发展困境。以打零工为主的生产方式和向城镇居民靠拢的生活方式意味着移民家庭面临着更高的生活成本与风险。当家庭内部结构发生变动，劳动力不足以支撑高成本的移民生活，或者外部的保障性支持没有到位时，移民返贫问题将是面临的首要风险。而当家庭成员为了获取更高的收入疲于早出晚归地打零工时，社会交往互动集中于劳务信息的获取与传递，在劳务市场的竞争环境下，利己主义的情感不断被激发，利他的合作与支持行为不断减少，维系社会团结的纽带不再稳固，群体凝聚力将不断下降。并且，移民社区每日留守的是被劳务市场拒之门外的无所事事的老年人和青少年与孩童。在低度社会参与活力的背景下，老人养老与子女教育压力不断增加。

第五节　关于移民村落振兴的进一步讨论

"十二五"生态移民工程通过整体搬迁改善了居民的生活环境与生产方式，提升了移民村落居民的整体收入水平，在脱贫攻坚阶段取得显著成效。距离第一批"十二五"生态移民搬迁已超过 10 年，移民生活后续中出现的生计不稳定、社会保障不足、精神文化生活匮乏等问题值得进一步关注与思考。生态移民是否实现了良好的社会适应与社会融入？如何推动生态移民村的可持续发展？

一　针对移民村落这类状况的普遍性思考

移民村落作为政策性支持的重点对象，不同阶段、不同地区、不同背景的移民村落有着各异的发展脉络。移民的脱贫致富与移民村落的振兴始终是所有移民村落努力实现的目标。大量移民通过易地搬迁获得了更多的资源机会从而顺利脱贫，但同时也面临新的发展问题。在易地搬迁的背景下，空间置换诱发资源要素快速流动，使贫困人口跨越式发展，流出地乡村获得了一定的溢出效应，同时也面临治理成本增加、产业布局受限、人力资本匮乏、组织基础弱化的现实挑战。①

对于从"有土安置"到"无土生计"的移民，滨河家园成为一个"打工者"的聚集区。② 在现代化这辆高速前行的列车中，以打零工为主的滨河家园移民不再依附于乡土情缘维系的社会关系纽带，他们在早出晚归的劳务输出中成为乡土与城镇中另一种悬浮③的存在。

滨河家园致力于发展"一村一品"的村头产业格局，三村的服装加工厂、四村的麻绳编织手工坊、五村的剥蒜工厂，以及利用流转承包土地发展的肉羊、奶牛养殖，蜜瓜、鲜花等特色果蔬种植基地，为移民脱贫增收提供助力。但需要注意的是，这种"一村一品"的村头产业形式并非基于移民村落自身生发的产业，而是政府吸引外部投资的成果。一方面，这些产业项目不停更换，能够持续运行的不多，且以帮扶贫困户为主，吸纳的劳动力有限；另一方面，土地"返租倒包"的形式让大量移民与村集体产生隔阂，村头产业未能与普通移民建立起发展共同体的联系。

宁夏"十二五"生态移民完成了中南部地区34.5万人口的易地搬迁，是宁夏移民搬迁历史进程中移民规模最大的一个阶段。移民点人口众多，社会关系复杂，社会治理难度大。滨河家园移民点聚集了来自彭阳县7个乡镇39个村的居民，来自不同地区、不同民族的大量人口聚居在同一地区，不同的生活习惯与风俗信仰对移民社区的社会治理提出了更高要求。经过十多年的社会融合与不断加强的社会治理，滨河家园在社会和谐稳定

---

① 刘洋、张广利：《易地脱贫衔接乡村振兴：溢出效应与路径优化》，《农村经济》2022年第9期。

② 李培林、王晓毅主编《生态移民与发展转型：宁夏移民与扶贫研究》，社会科学文献出版社，2013，第223页。

③ Biao Xiang, "Suspension: Seeking Agency for Change in the Hypermobile World," *Pacific Affairs* 94 (2021): 233-250.

方面取得显著成效。从宏观层面看，移民虽然实现了从农村社区到城镇化社区的居住空间转换，但是在城乡二元结构的格局下，基本公共服务、社会保障、医疗卫生等待遇方面与城镇居民仍然存在差异。从微观层面看，移民帮扶政策滞后、资源分配不均导致出现"养懒汉"现象，移民的不公平获得感不容忽视，维护移民社区内部的公平正义、提升社区参与活力等仍然存在改进的空间。

二　如何实现移民社区脱贫攻坚与乡村振兴的有效衔接

2021 年，中共中央、国务院印发的《关于实现巩固拓展脱贫攻坚成果同乡村振兴有效衔接的意见》提出要"做好易地扶贫搬迁后续扶持工作……完善后续扶持政策体系，持续巩固易地搬迁脱贫成果，确保搬迁群众稳得住、有就业、逐步能致富。提升安置区社区管理服务水平，建立关爱机制，促进社会融入"。由此可见，易地搬迁居民的后续生计保障、社会融入、移民社区治理是乡村振兴工作的重要内容。

首先，要挖掘激发移民社区的内在发展动力。生态移民与扶贫开发遵循一种外部助推式的发展轨迹。为了顺利推进移民搬迁，政府往往为易地搬迁提供各项政策性支持，如改善住房、耕地、就业、子女教育等条件，构成移民搬迁的主要吸引力和发展的首要驱动力。然而，生态移民社区的可持续发展更需要依托自下而上的内在发展动力。一方面，培育移民积极主动地脱贫致富的意识和观念，自主获取就业信息，增强职业技能，拓宽就业渠道等；另一方面，以村集体经济构建村民利益联结体，不仅是简单的村集体分红或者产出发放，而是提升村集体经济的公开透明程度，更广泛地吸纳村才村智，增强居民的社区参与意愿，激发村级发展活力。

其次，要构建更为完善的外部支持系统。政府不仅需要为移民的经济收入增长提供保障，还需要建立一种系统性外部支持。于移民群体而言，易地搬迁不仅是个体从农村到城镇边缘的空间转换，还需要完成新的移民社区社会基础重建。这种社会基础不再是单纯依赖于血缘、地缘的关系纽带，而是一种基于移民群体内在的共性文化精神与外在的社会治理支持体系的共同整合。外部支持系统不仅是针对脱贫户、边缘户、监测户这些特定群体的政策性帮扶，还是面向所有移民群体的普遍性社会支持。一方面是政策性保障的灵活变通，在"脱贫不脱政策"的前提条件下，需要对发生变故的家庭予以更多的关注和支持，预防这些家庭陷入新的贫困；另一方面是构建移民社区的治理共同体，探索发挥政府、市场和村集体等多元主体在移民社区社会治理中的作用，以实现移民社区的组织重塑。

最后，寻求一种移民、政府与周边城镇的共助联合。作为大规模的生态移民聚集点，滨河家园形成了自己的商业消费市场和劳务经济市场，但还需要提升自身的辐射影响力。一方面，持续发挥自己作为农业农村聚集点的品牌优势，如大量的劳务人口、高产的特色瓜果、特色的风土人情等；另一方面，利用自身的区位优势，寻求与周边城镇的有机合作，在居住模式快速城镇化的背景下，以就近城镇化为目标，加强城镇人文建设，实现经济、社会、文化、自然的多元发展，提升生态移民的获得感、幸福感与安全感。

第十三章
闽宁扶贫车间助力生态移民社区
妇女就业的宁夏实践

李振刚[*]

　　闽宁对口协作机制是习近平总书记在福建工作期间亲自倡导、部署和推动的大战略。20多年来，闽宁两省区历届党委、政府按照"优势互补、互惠互利、长期合作、共同发展"的原则，不断创新帮扶机制、拓展协作领域、提升协作层次，探索形成了"联席推进、结对帮扶、产业带动、互学互助、社会参与"五大协作机制。闽宁扶贫车间作为一种特殊的产业带动模式，受到贫困地区干部和群众的喜爱。习近平总书记在宁夏考察时指出，兴办扶贫车间的目的就是扶贫，要坚持扶贫性质，向困难群众倾斜，多招收困难群众就业。[①]《中国农村扶贫开发纲要（2011—2020年）》提出"尊重扶贫对象的主体地位"，这是实现脱贫的可持续动力。然而，一直以来在扶贫实践中，由于存在社会性别的障碍，妇女主体性的发挥受到限制。这表现在：受传统的"男外女内"的性别分工限制，妇女更多忙于家庭生产和生活照顾；在父权制结构下，各类扶贫资源落实，男性户主是

---

　　* 作者简介：李振刚，中国社会科学院社会学研究所助理研究员。
　　① 《习近平在宁夏考察时强调 决胜全面建成小康社会决战脱贫攻坚 继续建设经济繁荣民族团结环境优美人民富裕的美丽新宁夏》，http://cpc.people.com.cn/n1/2020/0611/c64094 - 31742448.html，最后访问日期：2022年4月5日。

参与主体；妇女受教育水平低的现实也使妇女扶贫实践参与不足。[①]最近，课题组在宁夏调研期间发现，在闽宁扶贫车间中就业的主体是农村妇女。通过在扶贫车间就业，这些妇女发生了很多转变，非常值得关注和分析。

本章基于宁夏闽宁扶贫车间的经验材料，主要分析三个问题：一是扶贫车间的运作方式；二是扶贫车间对农村妇女赋权增能的情况；三是扶贫车间在发展过程中面临的问题，提出从扶贫车间向致富车间转变的对策建议。基于对上述三个问题的分析，本章以期为深化东西协作、推进共同富裕提供更多的经验启示。

第一节　生态移民社区妇女就业的重要意义

一　生态移民社区妇女就业有助于消除"贫困加剧"现象

在宁夏，生态移民是反贫困战略的重要举措，在反贫困方面取得了巨大的成效。然而，随着生态移民实施力度的加大和规模的扩大，移民新村出现了新的贫困现象，有学者称其为"贫困加剧"现象。它是指"生态移民群众由于实施搬迁而导致群体在特定时期内贫困面积扩大、贫困程度加深的现象"[②]。造成"贫困加剧"现象的主要原因有举债搬迁、收入来源减少、现金支出增加、适应能力差、缺乏有效指导、依赖思想严重等。其中，劳动力优势难以发挥是很重要的影响因素。搬迁前，妇女和老人在种植业与养殖业方面有较大的潜力可以挖掘，只要勤奋努力就可以获得劳动收入。但是搬迁后土地数量急剧减少，甚至没有，妇女和老人的劳动力优势丧失殆尽。同时，受传统家庭性别分工的影响，许多农村女性结婚生育后为了照顾家庭不得不选择退出劳动力市场，这不仅减少了家庭的收入来源，而且直接阻塞了自身发展的渠道。[③]

---

① 赵群：《尊重妇女的主体性是实现精准扶贫的关键》，《妇女研究论丛》2016年第6期。
② 范建荣：《生态移民战略与区域协调发展：宁夏的理论与实践》，社会科学文献出版社，2019，第202~212页。
③ 郝龙：《"弹性"跷跷板：乡村女工的双重劳动与扶贫车间的可持续发展》，《妇女研究论丛》2023年第1期。

因此，解决妇女的就业问题是解决贫困问题的重要切入点。一方面，可以根据妇女的家庭角色和地位及身体素质特点，加强对妇女的技能培训；另一方面，可以发展劳动密集型产业。扶贫车间就是发展劳动密集型产业、帮助解决农村妇女就业的重要举措。鼓励劳动密集型产业的有关企业在生态移民地区建立分厂，既可以降低企业的成本、扩大产品市场份额、提高企业知名度，又可以使生态移民地区闲置的劳动力资源得到充分利用、提高生态移民的收入水平、减少社会矛盾。相应地，政府要为企业提供尽可能多的优惠政策。[1]

二　生态移民社区妇女就业有助于脱贫攻坚和乡村振兴的有机衔接

女性既是减贫的主要对象，也是减贫的重要力量。女性不应是各种扶助措施的被动接受者，而是越来越成为能改变自己与男性生活的能动主体和有力促进者。在脱贫攻坚和乡村振兴有机衔接的过程中，要发挥妇女"半边天"的作用，抓住产业兴旺这个关键。精准扶贫之后，乡村振兴战略的实施还要注意留守妇女的特点，给她们更多的技能培训和医疗资源，使她们能够积极投身于乡村振兴。[2] 扶贫车间的出现，让农村留守妇女拥有很多"在家门口就业"的机会，留守妇女的兼业收入得到增加，劳动技能得到提升，有了被进一步组织起来的可能，她们在应对婚姻危机和疾病困扰时有了更大的经济自主权和更多的信息获取渠道。

从共同富裕的角度来看，妇女就业也是共同富裕的本质要求。"社会主义的本质，是解放生产力，发展生产力，消灭剥削，消除两极分化，最终达到共同富裕。"[3] 解放生产力和发展生产力都可以被归结为人的实践活动，妇女作为人的群体的一半，解放生产力和发展生产力必然包含她们，

---

① 范建荣：《生态移民战略与区域协调发展：宁夏的理论与实践》，社会科学文献出版社，2019，第215页。
② 汪淳玉、叶敬忠：《乡村振兴视野下农村留守妇女的新特点与突出问题》，《妇女研究论丛》2020年第1期。
③ 邓小平：《邓小平文选》（第三卷），人民出版社，1993，第373页。

同时妇女自身的解放，一刻也离不开生产力的解放和发展。[①] 共同富裕包含着利益平等。妇女解放的重要标志，除了政治、文化等领域的平等权利，就是经济上独立自主，男女经济地位平等。妇女不仅与男子一样享有对生产资料的所有权和使用权，还同男子一样享有劳动成果的分配权，与男子共同富裕，实现利益上的平等。就业是实现妇女解放和共同富裕的重要途径。

三 从生态移民社区收入结构的变化看妇女非农就业收入的重要作用

从表 13-1 中我们可以看到，自 2020 年脱贫攻坚战取得胜利以来，生态移民人均可支配收入中，工资性收入的占比在上升，经营性收入的占比也在上升，而财产性收入和转移性收入的占比在下降，这表明劳动收入在移民可支配收入中的作用越来越大，也凸显了就业对收入维持和收入增长的重要作用。虽然统计数据没有对分性别的收入构成进行具体统计，但是我们也可以推测妇女的劳动收入在生态移民家庭中发挥着重要的作用。生态移民社区居民多，可耕种土地很少或者没有可耕种土地，他们以非农就业为主。以城市为参照，当今社会双职工家庭成为主流模式，如果夫妻双方中有一方未就业的话，那么这个家庭很容易陷入低收入或者贫困状态。因此，移民社区的妇女就业对于增加整个家庭的劳动收入、降低贫困风险具有重要意义。

表 13-1 2014～2022 年宁夏生态移民人均可支配收入结构

单位：元，%

指标名称	2022 年	2021 年	2020 年	2019 年	2018 年	2017 年	2016 年	2015 年	2014 年
人均可支配收入	11519	10517	8908	8387	7602	6858	6187	5638	5084
工资性收入	7724	7035	5836	5466	4945	4470	4063	3785	3470
占比	67.05	66.89	65.51	65.17	65.05	65.18	65.67	67.13	68.25
经营性收入	1766	1459	1235	1140	1030	913	829	770	692

① 郑祖泉：《社会主义的本质与妇女解放》，《道德与文明》1995 年第 4 期。

续表

指标名称	2022 年	2021 年	2020 年	2019 年	2018 年	2017 年	2016 年	2015 年	2014 年
占比	15.33	13.87	13.86	13.59	13.55	13.31	13.40	13.66	13.61
财产性收入	206	205	202	201	191	175	166	157	123
占比	1.79	1.95	2.27	2.40	2.51	2.55	2.68	2.78	2.42
转移性收入	1823	1818	1635	1580	1436	1300	1129	926	799
占比	15.83	17.29	18.35	18.84	18.89	18.96	18.25	16.42	15.72

资料来源：宁夏回族自治区统计局。

第二节　扶贫车间的内涵及运作机制

一　扶贫车间的内涵、类型和特点

1. 扶贫车间的内涵

2018 年 6 月 15 日发布的《中共中央 国务院关于打赢脱贫攻坚战三年行动的指导意见》明确提出，"实施就业扶贫行动计划……鼓励贫困地区发展生态友好型劳动密集型产业，通过岗位补贴、场租补贴、贷款支持等方式，扶持企业在贫困乡村发展一批扶贫车间，吸纳贫困家庭劳动力就近就业"。此后，不同的学者根据各地的实践和政策对扶贫车间的内涵进行了概括总结。有学者认为，扶贫车间作为一种新的脱贫模式，秉承"车间建在村口，岗位送到门口"的理念，具有小规模、最直接和收益高的优势。它是具有营利性和扶贫性双重性质的组织。[1] 也有学者认为，扶贫车间是脱贫攻坚时期，以壮大贫困村集体经济、实现贫困人口就地就近就业增收和资产增收为目的，以农产品初加工、手工业、来料加工经营等劳动密集型产业项目为主要内容，建设在乡村的生产经营场所。[2]

2. 扶贫车间的类型

从创办的主体来看，扶贫车间大致可以分为三种类型：个人创办的初

---

① 窦娟芳：《西部贫困农村扶贫车间建设现状及对策研究》，《农业科学研究》2020 年第 1 期。
② 张晓颖、王小林：《扶贫车间：行为体、驱动力及持续性讨论》，《河北师范大学学报》（哲学社会科学版）2021 年第 3 期。

级加工厂，个人租用废旧村部、废旧校舍、闲置住宅新建小型简易加工厂，进行轻工或农副产品初加工，因吸纳了一定数量的劳动力而被政府认定为扶贫车间，并享受国家扶贫政策；当地政府和村集体倡导建立的属于集体所有的加工车间；鼓励企业在农村设置加工车间或私人所有的加工厂。①

3. 扶贫车间的特点

何阳对扶贫车间的模式特征进行了概括。② 他认为扶贫车间具有以下三个特点。一是工作地点临近且时间灵活。扶贫车间通常以行政村为单位设置，进驻企业以行政村中闲置的校舍、办公场所、民房和厂房为基础，便于村民在行政村地域范围内实现稳定就业，能够兼顾家庭照料和工作。此外，扶贫车间多采取计件付酬的方式、对工作时间较少限制、未对上下班时间做出严格规定，就业者可以根据自身的实际情况安排工作和生活。二是用工条件宽松。主要表现在从业者入职门槛低，只要具有劳动能力和就业意愿的，扶贫车间均会给予就业机会。三是劳动密集型产业主导。入驻行政村的扶贫车间以简单物件的生产和加工为主，缺乏高精尖产业入驻。

二　扶贫车间的价值基础和职能定位

(一) 扶贫车间产生发展的价值基础

1. 扶贫车间是从"输血式"扶贫向"造血式"扶贫转变的需要

扶贫车间是中国脱贫攻坚中产业扶贫措施的一项创新。它属于劳动脱贫的发展范式，这种范式基于两个前提假设：一是贫困群体数量庞大，国家财力无法支撑以转移支付的方式提升贫困群体的收入水平；二是即使国家具有相应的财力，但是为了避免落入"福利陷阱"，不采用广泛的财政转移方式提升福利水平。③ 西北贫困农村地区劳动力就业能力弱，劳动力大量闲置造成了资源浪费，内生动力不足。中国的脱贫工作也需要转变扶

---

① 窦娟芳：《西部贫困农村扶贫车间建设现状及对策研究》，《农业科学研究》2020 年第 1 期。

② 何阳：《扶贫车间模式的运作逻辑与生成机理》，《深圳大学学报》（人文社会科学版）2021 年第 2 期。

③ 李小云、季岚岚：《妇女的劳动脱贫——基于产业扶贫案例的性别敏感性分析》，《中华女子学院学报》2021 年第 1 期。

贫思路，改变以往送钱到手的扶贫方式，进行产业扶贫，建设扶贫车间，调动闲置劳动力，增加贫困家庭收入。①

2. 建设扶贫车间是产业转移的需要

沿海地区劳动密集型企业普遍面临用工难、用工成本高的问题，而西部贫困地区有大量的富余劳动力，因此，建设扶贫车间可以将用工人数较多的生产工序转移至邻近的农村。这样既可以解决企业招工难的问题，也可以充分利用农村闲置劳动力，形成产业转移和脱贫工作双赢的局面。

3. 扶贫车间有助于增加就业机会，帮助贫困人口实现"家门口"就业

扶贫车间直接设在村一级，可以帮助留守人口实现"家门口"就业。扶贫车间的工作时间比较自由，工资采取计件的方式，多劳多得，可以使农民在农闲之时发展一份副业，农村闲置劳动力扮演车间职工或半工半农的角色。

4. 扶贫车间有助于帮助农村妇女实现家庭和工作的平衡

扶贫车间采取就近就地就业的形式，使乡村女性不再需要以完全牺牲家庭为代价才能回归劳动力市场，有机会实现生产劳动和再生产劳动的重新整合。②

（二）扶贫车间的职能定位

有学者指出，扶贫车间有四大职能定位：就近就地就业，稳定增收脱贫；壮大贫困村集体经济；发展乡村致富车间；扶贫同扶志、扶智相结合的平台。③

三　宁夏扶贫车间发展概况

扶贫车间是产业扶贫与农村闲置劳动力相结合的一个新尝试，具有营利性和扶贫性的双重性质。《中共中央　国务院关于打赢脱贫攻坚战三年行动的指导意见》明确提出，"扶持企业在贫困乡村发展一批扶贫车间，吸纳

---

① 窦娟芳：《西部贫困农村扶贫车间建设现状及对策研究》，《农业科学研究》2020年第1期。
② 黄斌欢、吕梦玲：《本地女工的再嵌入与双重再生产》，《青年研究》2022年第2期。
③ 张晓颖、王小林：《扶贫车间：行为体、驱动力及持续性讨论》，《河北师范大学学报》（哲学社会科学版）2021年第3期。

贫困家庭劳动力就近就业"。数据显示，2018 年宁夏回族自治区全区建成 96
个扶贫车间[①]；2020 年，宁夏全区共建成扶贫车间 406 个，依托闽宁协作
建成 10 个工业园区、185 个扶贫车间，5700 多家福建企业和商户在宁夏投
资创业[②]。2021 年，仅固原市累计建成 126 个村级闽宁扶贫车间。[③] 在扶
贫车间就业的大多数是女性，尤其是纺织、服装加工类扶贫车间。抽样调
查数据显示，扶贫车间就业者以低学历、女工居多，占到 2/3。

以吴忠市为例，2023 年全市共有就业帮扶车间 80 家，其中利通区 4
家、红寺堡区 14 家、盐池县 18 家、同心县 30 家、青铜峡市 14 家，共吸
纳农村劳动力 6223 人，其中吸纳脱贫、边缘易致贫人口 3676 人，务工人
员月均收入在 2500 元以上。帮扶车间就业人员女性占 70%，其中 40~55
岁年龄段人口占所有就业人员的 75% 以上，呈现女性多、中年人多的就业
趋势。80 个帮扶车间中，从事制造业的 16 个，从事纺织服装业的 22 个，
从事食品加工业的 23 个，从事手工制作的 2 个，从事种植养殖业的 14 个，
从事生态休闲农业的 1 个，电商平台 1 个，从事家政服务业的 1 个，基本
都是劳动密集型产业。[④]

四　宁夏扶贫车间产生发展的动力机制

扶贫车间的迅速发展，得益于东部劳动密集型产业较低生产要素成本
的驱动、平台经济发展的驱动，更得益于东西协作与政府政策的支持和引
导。特别是沿海地区普遍出现用工荒、离职率高和用工成本高等问题，一
些劳动密集型制造业企业由东部沿海向中西部劳动力相对富足的地区转
移。一些闽籍企业也看准了宁夏相对便宜的劳动力和土地等资源，开始在
宁夏进行产业布局。宁夏扶贫车间的发展首先得益于地方政府的相关政策
扶持。以固原市为例，一方面，政府支持贫困村通过提供建设用地、厂房

---

① 《宁夏九十六个扶贫车间送工作到家门口》，http://www.nxnews.net/sz/nxdj/201808/t2018
　0814_6012872.html，最后访问日期：2024 年 10 月 18 日。
② 《闽宁扶贫协作经验值得借鉴》，http://views.ce.cn/view/ent/202009/14/t20200914_357
　31695.shtml，最后访问日期：2024 年 10 月 18 日。
③ 笔者与固原市发展和改革委员会座谈收集资料。
④ 吴忠市乡村振兴局提供资料，2023 年 10 月。

等途径促进扶贫车间的创办与发展。政府建设的扶贫车间以较低成本或者免费的方式租赁给企业使用。以贫困村村"两委"为依托，政府通过补贴企业培训成本或购买公共服务的方式，为在村级车间就业的农民工提供技能培训，为扶贫车间相关创业活动提供贷款、保险等支持。另一方面，政府在订单、人才和管理方面给予大力支持。此外，扶贫车间还依托东西协作，借力闽宁协作机制。一是将部分闽宁协作资金投至扶贫车间建设。例如，红寺堡区弘德村依托闽宁协作资金，投资 168 万元打造 3300 平方米的闽宁扶贫车间。二是鼓励引导闽籍企业自建或者租赁扶贫车间进行生产加工，闽宁镇的闽籍企业富贵兰服装加工企业吸引 180 余名农村富余劳动力就业。三是通过干部交流，一些闽籍干部把先进的经营理念和经营模式带到扶贫车间。另外，他们还积极把扶贫车间的产品推荐到闽南市场，拓宽产品的销售渠道。在闽宁扶贫车间建设中，闽宁两地各自发挥了比较优势，闽籍企业获得了宁夏的资源，宁夏则获得了福建的先进理念和优势项目，二者之间实现了优势互补和互惠互利。

第三节 闽宁扶贫车间助力生态移民社区
妇女就业的案例分析

本节选取五个典型的扶贫车间案例，分析基于市场的扶贫车间是否有利于妇女及其家庭的福利改善。扶贫车间主要集中在乡村特色产业和劳动密集型制造业，其中两个扶贫车间集中在乡村特色农产品的加工和销售，另外三个扶贫车间主要从事服装的生产和销售。以往研究认为，基于市场的扶贫车间是否有利于女性福利的改善，可以从两个维度进行分析：一是经济收入，二是基于性别社会关系的非经济维度。[1] 本节将依据阿马蒂亚·森的可行能力的思想来评估基于市场的扶贫车间是否有利于妇女及其家庭的福利改善。

---

① 李小云、季岚岚：《妇女的劳动脱贫——基于产业扶贫案例的性别敏感性分析》，《中华女子学院学报》2021 年第 1 期。

一　以自由看待发展：认识和评价扶贫车间作用的理论视角

阿马蒂亚·森认为，贫困应当被看成是对基本的可行能力的剥夺，而可行能力是实现各种可能的功能性活动组合的实质自由，是实现各种不同的生活方式的自由。因此，他主张对一个机构或制度所发挥的作用可以按照它们对我们的自由所做的贡献来进行合理评价。[①]这也为我们评价扶贫车间的作用提供了重要的理论视角。

1. 可行能力的核心思想

可行能力是指人们享受他们所珍视且有理由珍视的生活的能力。[②] 可行能力不能被直接观察，因此，一般通过评估功能性活动来衡量人们的福利。阿马蒂亚·森提出了五种功能性活动（五种不同形式的自由）：政治自由、经济条件、社会机会、透明性保证和防护性保障。政治自由，指的是人们拥有的确定应该由什么人执政而且按什么原则来执政的机会。经济条件指个人分别享有的为了消费、生产、交换的目的运用其经济资源的机会。社会机会指的是在社会教育、医疗保健及其他方面所实行的安排，它们影响个人赖以享受更好的生活的实质自由。透明性保证满足人们对公开性的需要，在保证信息公开和明晰的条件下自由地交易。防护性保障包括固定的制度安排和临时应急的社会保护安排，帮助人们应对老年、疾病、失业等风险。这些不同类型的权利和机会各自促进一个人的一般性可行能力，它们也可以相互补充、相互促进。增进人的可行能力和实质自由的公共政策一般可以通过促进这些不同的但相互关联的工具性自由发挥作用。[③]

阿马蒂亚·森的可行能力理论在产业扶贫政策的评估中得到了广泛的应用。学者们根据自身的研究需要，对这些功能性活动的类别进行适当调

---

① 阿马蒂亚·森：《以自由看待发展》，任赜、于真译，中国人民大学出版社，2021，第135页。

② 阿马蒂亚·森：《以自由看待发展》，任赜、于真译，中国人民大学出版社，2021，第13页。

③ 阿马蒂亚·森：《以自由看待发展》，任赜、于真译，中国人民大学出版社，2021，第7页。

整。例如，有学者将产业扶贫增能具体分为资源机会、知识技能、价值观念三个层面①；有学者将产业扶贫的增能效应具体操作化为经济收益、参与及影响力、职业能力、资源机会、抗风险能力五个维度②；还有学者将可行能力操作化为贫困群体的政治参与能力、社会发展机会以及市场发展能力三个方面③。基于农业女性化和农村贫困女性化的事实，还有学者基于阿马蒂亚·森的可行能力理论分析农村女性的贫困问题，寻求解决贫困之道。比如，有学者提出农村妇女发展的困境本质上是可行能力贫困，是经济条件、社会机会、防护性保障等工具性自由的缺失或削弱，解决农村妇女发展问题的关键是提升其可行能力。④ 还有学者提出女性可行能力是女性对功能性活动的选择能力和管理能力。农村女性功能性活动包括女性所承担的家务活、女性承担的人口再生产（生育）活动、女性承担的传统生产劳动、女性承担的发展型生产活动。针对川西贫困藏区农村女性可行能力脆弱性增强的贫困特征，建议采取链接农户生态资源结构变化与女性可行能力提升的生态扶贫路径。⑤

　　以上研究表明，阿马蒂亚·森的可行能力理论确实对评估产业扶贫政策的影响具有积极的指导意义。然而，不同于传统的农牧业产业扶贫方式，扶贫车间是一种特殊的产业扶贫模式，具有显著的工厂化生产的特征。它何以促进和提升农村人口尤其是农村妇女的可行能力？现代化理论为我们提供了一些理论支持。

　　2. 工厂是培养现代性的学校

　　现代化理论认为，发展最终所要求的是人在素质方面的改变，这种改

①　陈恩：《产业扶贫为什么容易失败？基于贫困户增能的结构性困境分析》，《西北农林科技大学学报》（社会科学版）2019 年第 4 期。
②　刘杰、戴丹、邹英：《基于可行能力视角的产业扶贫增能》，《河海大学学报》（哲学社会科学版）2020 年第 5 期。
③　许汉泽、李小云：《深度贫困地区产业扶贫的实践困境及其对策——基于可行能力理论的分析》，《甘肃社会科学》2019 年第 3 期。
④　姚德超、刘筱红：《农业女性化视野下农村妇女发展的困境与政策调适——基于阿玛蒂亚·森自由发展观的分析》，《兰州学刊》2012 年第 8 期。
⑤　沈茂英：《农村女性可行能力与生态扶贫路径探究——以川西贫困藏区为例》，《西藏研究》2016 年第 6 期。

变是获得更大发展的先决条件和方式，同时也是发展过程自身的伟大目标之一。社会心理学把这种改变解释为从传统主义到个人现代性的转变，并认为生活经验具有促使人们转向现代化的功能，特别是工作经验对人的现代化具有重要的意义。而工厂对于培养人的现代性具有特殊的意义，工厂是培养和促成人的现代化的重要环境。[①]

首先，在绝大多数人的生活中，工作构成了最主要的部分和最重要的因素。如果在工厂工作，就意味着工人要接受生产程序和工厂制度的约束管理，且会持续相当长的时间。

其次，工厂蕴藏着改变人、迫使人适应的力量和条件。来自传统文化和生活背景的人进入工厂后，必然对体现现代工业原则的组织方式和操作形式做出反应。这种学会适应并参与工厂活动的过程是一个社会化的过程。

最后，在工厂工作，工人有稳定的经济收入，生活上有保障，提高了个人的自尊心和尊严。

因此，工厂是一个教育人走向现代化的无声的教师，工作经验在形成现代人的过程中扮演了重要角色。同时，不同类型的工厂对人的现代性的影响不同。研究结果发现，比起传统的工厂，在现代化工厂里工作的人比较现代。

虽然现代化理论与可行能力理论的出发点不同，但是其核心关注点有相通之处。对于农村妇女来说，获得现代性的过程也是其可行能力提升的过程。因此，可以预期工厂工作的经历能够提升农村妇女的可行能力，增加其现代性。但是，同时也要注意不同类型的扶贫车间的作用可能会有差异。

二　宁夏扶贫车间案例概况[②]

我们重点考察了五个具有代表性的扶贫车间，其中两个涉及农村传统产业，以杂粮的生产加工和销售为主，三个以服装的生产加工和销售特别是校服的生产和销售为主。以下是五个扶贫车间概况。

---

① 英格尔斯：《人的现代化：心理·思想·态度·行为》，殷陆君译，四川人民出版社，1985，第 103~127 页。
② 如无特殊标注，本部分数据来自调研材料。

案例 1：闽宁镇禾美电商扶贫车间

闽宁镇禾美电商扶贫车间是宁夏第一个以电商为主题的扶贫车间，也是一个完全由巾帼创业团队创办的扶贫车间。2019 年 8 月落户于闽宁镇的原隆村，主要销售本地农特产品，如枸杞、地皮菜和黄芪、黄花菜、杂粮等，以及部分福建特产。扶贫车间共招聘了 52 名农村妇女员工，其中有 44 名建档立卡户。扶贫车间成立后，她们搭建了线上网络销售平台，开启了直播带货的销售模式，同时创办闽宁小区脱贫创业超市进行产品销售。在这里就业的妇女月均收入为 3000~4000 元。经过产业扶贫和就业扶贫，在这里工作的留守妇女全部都实现了脱贫。

案例 2：贾塘乡小杂粮加工厂

2019 年 3 月，贾塘乡引进宁夏锦彩生态农业科技发展有限公司，在王塘村开工建设小杂粮加工厂，2020 年 9 月完成加工车间建设。加工厂占地面积 25.8 亩，建筑面积 6700 平方米，设有杂粮加工车间、包装车间、原粮储备库、成品库和晾晒场等。加工厂主要生产、加工和销售富硒小米、富硒黄米、富硒荞麦等富硒特色农产品。销售主要依托华润五丰、华润万家及各类电商平台，2022 年的销售额达 600 余万元。加工厂先后投入 1400 万元进行建设，资金主要是企业家自筹，同时整合周围三个村的闽宁帮扶资金，村集体以入股的方式参与企业的建设和发展。2023 年，加工厂有固定工人 14 名，均为脱贫户。同时，加工厂发挥产业基地示范带动作用，仅王塘村就带动种植优质小杂粮 1500 亩。

案例 3：闽宁镇富贵兰服装加工扶贫车间

富贵兰（宁夏）实业有限公司是闽商许上等在闽宁镇投资建设的企业，主要生产防寒服、校服和床上用品。其生产的羽绒服等产品主要外销到欧洲市场，扶贫工厂成为"世界工厂"。它于 2019 年落户闽宁镇，是一家规模较大、管理比较规范的扶贫车间。2021 年，扶贫车间吸引了 180 余名当地移民妇女在家门口就业，其目标是至少吸纳 300 名妇女就业，2021 年产值达到 5000 多万元。[①]在这里就业的妇女

[①]　李百军、李永红：《日子越过越红火》，《共产党人》2022 年第 8 期。

月均收入为 3000~4000 元。

案例 4：福马村服装加工扶贫车间

原州区头营镇福马移民村是福州市马尾区援建的"十三五"易地扶贫搬迁安置点，福马村寓意闽宁两地协作发展、共同创造美好生活。2018 年，政府将生活在头营镇杨河村、冯洼村、张崖村和坪乐村等东部山区的 148 户 514 人搬迁安置到生产生活条件便利的川道区。为了增加移民的就业机会，尤其是解决留守妇女的就业问题，2019 年，在福建省第 11 批援宁干部的积极协调下，固原贤明民族服饰有限公司在福马村设立了生产加工服装的扶贫车间，免费提供就业培训，为村民提供就近工作岗位和机会。业务主要是为周边县市学校生产校服，用工旺季有 40 多名妇女在这里务工，平时有 20 名左右妇女在这里务工，月收入 2000 多元。①

案例 5：银川银欧服装滨河三村扶贫车间

滨河家园三村是生态移民村，现有村民 803 户 3840 人，近年来累计识别建档立卡户 379 户 1878 人。自精准扶贫工作开展以来，因村施策、因户施策、因人施策的办法见了成效，2019 年，已脱贫 375 户 1866 人，贫困发生率从初期的 48.9% 降至 0.31%，村民由 2013 年搬迁来人均纯收入 4700 元增至 8770 元，村集体年收入达到 30.16 万元，2019 年实现贫困村脱贫出列。② 为了进一步增加农民工收入、巩固脱贫攻坚成果，2019 年，月牙湖乡在滨河家园三村实施了扶贫车间建设项目，通过招商引资引进银川银欧服装有限公司。2020 年，扶贫车间已帮助 16 名留守妇女就近就业，其中包括 7 名建档立卡户，人均月工资 2000 元。③ 2023 年，扶贫车间用工维持在 15~20 人，人均月工资收入从 2000 元到 7000 元不等。

---

① 《闽宁协作 山海相连｜福马村里新生活》，http://www.yzh.gov.cn/xwzx/tttj/202007/t20200721_2168150.html，最后访问日期：2024 年 4 月 20 日。

② 《兴庆区月牙湖乡滨河家园三村：勤劳实干 托起村民小康梦》，https://www.ycen.com.cn/xwzx/xq/202011/t20201109_100976.html，最后访问日期：2023 年 11 月 30 日。

③ 《月牙湖乡：留守妇女挣上了工资》，https://www.nxnews.net/zt/2020/jcxksh/xkxf/202004/t20200423_6684836.html，最后访问日期：2023 年 11 月 30 日。

三 扶贫车间助力农村妇女脱贫、提高妇女可行能力的成效

扶贫车间产生了显著的经济效益，增加了贫困人口特别是农村妇女的经济收入，帮助她们实现脱贫。抽样调查数据显示，宁夏扶贫车间的工人的整体收入水平相对较高，工人月收入为 2000~3999 元的占比为 59.6%。[1]其中，固原市扶贫车间累计吸纳 8200 余名建档立卡贫困人口实现就近就业和稳定脱贫。扶贫车间的出现，对增加农村低收入人群尤其是贫困人口的工资性收入作用明显。以吴忠市红寺堡区为例，14 个扶贫车间共就近解决劳务务工 907 人，其中脱贫户 317 人，年人均增收 2 万余元。[2]正如《联合国人类发展报告》所指出的，就业对女性的意义，不仅仅在于收入，还在于提升了女性的能力，增强其自主性。[3] 接下来，我们重点分析扶贫车间对提升农村妇女可行能力产生的影响。

1. 增强农村女性就业选择的自由度

阿马蒂亚·森高度评价就业选择自由的重要性。他认为，"否定参与劳动力市场的自由，是把人们保持在受束缚、被拘禁状态的一种方式"，"进入劳动力市场的自由，其自身就是对发展的显著贡献，而无关乎市场机制能否促进经济增长和工业化"。他还指出，"今天在许多发展中国家对发展的严峻挑战，就包括使劳动者从公开或者隐蔽的禁止进入劳动力市场的束缚中解放出来"。[4] 我国中西部贫困地区"男工女耕"现象特别明显，女性更多是留在收入低的农业领域，而非农就业机会的匮乏在很大程度上影响了女性的个人可行能力。从宁夏移民村村民的生计方式来看，男性大多外出跑运输、打工或者开饭店，女性大多留守在家，不仅农业就业机会少，而且非农就业机会也少。扶贫车间的出现，为农村妇女提供了可选择的就业机会，增强了她们就业选择的自由度，这本身就是一种发展和进步。

---

① 李俊杰、赵琪：《基于有序 Logit 模型的扶贫车间工人满意度及其影响因素研究——以宁夏为例》，《管理学刊》2022 年第 5 期。

② 笔者与固原市发展和改革委员会座谈收集资料。

③ 王永洁：《农村女性本地就业与家庭照料的新变化及其含义——基于山东省三地企业的田野调查研究》，《社会发展研究》2017 年第 4 期。

④ 阿马蒂亚·森：《以自由看待发展》，任赜、于真译，中国人民大学出版社，2021，第 4 页。

海某某，42 岁，有两个儿子，一个已参加工作，另一个在上高中，丈夫跑大车。丈夫每个月收入七八千元，大儿子在工厂打工每个月收入四五千元。家里日常生活支出每月 2000 余元，二儿子每月的生活费和杂费 2000 余元，全家每月的开支大约 5000 元。家里还有 5 万余元的贷款，现在夫妻俩准备攒钱给大儿子娶媳妇。目前她自己在扶贫车间每个月有 2000 余元收入，刚好够家里的日常生活开支。2022 年，她在扶贫车间工作收入 2 万余元，领取了 2000 元的就业补贴。当被问道："您觉得如果村里没有扶贫车间的话，对您的生活影响大吗？"她回答说："有扶贫车间好，我们可以就近工作，可以给孩子做饭。要不然的话，到山里干活，凌晨五点出门，晚上七八点才能回来，管不上孩子。如果坐在家里，没钱花，孩子大人都要钱。你看困难不困难？"（2023 年 10 月 29 日滨河三村扶贫车间访谈资料）

2. 提高农村妇女的职业能力

我们考察的五个扶贫车间的女工都是从大山里搬迁而来的移民新村的妇女。对于她们来说，传统的生计策略发生了变化，当新的生计机会出现时，她们就不得不对自身所拥有的生存技能进行调整。而扶贫车间提供了调整生存技能的场域，特别是在工厂的生产过程中，产品的客观标准、精细的分工、严格的操作管理等都要求人们去适应它，而它不去迁就人。例如，在富贵兰这样比较现代的工厂里，企业要对员工进行岗前、岗中等多层次全方位培训，这不仅使农村妇女掌握必要的生产技术，还逐渐引导她们适应工厂的生产制度，培养适应工业化生产的习性。负责人介绍说，刚开始这些农村妇女有很多不适应，不适应长时间的工作节奏，在机位上坐不住，随时来随时走，无故请假时有发生。经过一段时间的培训，这些现象逐渐减少，企业的效益也逐渐提高。

电商企业这样的新业态在农村地区的发展，一方面为农村妇女提供了就业机会，另一方面也要求农村妇女具备适应新业态就业的能力。客观上，移民妇女文化水平比较低，刚开始并不具备这样的能力，电商企业需要投入一定的时间精力对她们进行培训。

以禾美电商扶贫车间为例，在这里工作的妇女是从原州区和隆德县的大山里搬出来的。她们大多不识字，也不会写自己的名字。车间负责人介绍："我们这些巧媳妇们刚来这里参加工作时，见了陌生人，连话都不敢说，因为她们非常不自信。经过半年多的培训和实践，她们不但掌握了岗位要求的技能，而且变得更加自信。她们从写自己的名字开始学习，从开关机学习使用电脑，也开始学习普通话。现在她们可以用非常流利的普通话和来宾交流。她们的表达很自然也很有逻辑性。她们也会主动与来宾打招呼，同时会推销自己的产品。"（2021 年禾美电商扶贫车间访谈资料）

目前，电商扶贫车间的客服、物流、打单等业务，全部由这些留守妇女来做。还有的妇女学会了化妆，扮演起电商主播的角色。此外，贾塘乡小杂粮加工厂的负责人介绍说，在加工厂工作的人员都学到了先进的种植技术，在农业单产收入上也比一般种植户高。

> 在我们这里干活的都是技术员，他们种的小米一亩能收入一万多甚至两万块钱，咱们还有的村民（非加工厂的工作人员）种几亩地，就卖两三百元的，他们就是不懂技术。（2023 年 10 月 25 日小杂粮加工厂访谈资料）

3. 提升农村妇女承担家庭责任的能力

一方面，扶贫车间的建设运营采取了妇女友好的策略。研究显示，就近就业的农村妇女很看重兼顾工作和照料家庭生活。因此，她们更为关注工时制度、工作时间安排以及工作地点与家的距离。[1] 扶贫车间坚持"车间建在村口，岗位送到门口"的理念，为留守人口和贫困人口提供了家门口的就业机会。同时，多数扶贫车间采取了弹性工作制，帮助留守人口和贫困人口实现工作与家庭的平衡。以富贵兰为例，员工的工作时间是上午7：30 到中午 12：00，下午 1：30 到 6：30。车间负责人介绍说，考虑到女工们要照顾家庭，车间很少加班。否则，女工回家太晚，会导致夫妻关系不和甚至产生家庭暴力。同时，为了方便员工照顾孩子，车间专门设立

---

[1]　王永洁：《农村女性本地就业与家庭照料的新变化及其含义——基于山东省三地企业的田野调查研究》，《社会发展研究》2017 年第 4 期。

了四点半课堂，请专门的人员来照顾放学的孩子并辅导功课，还给孩子们提供免费的下午餐。

另一方面，在扶贫车间就业可以增加收入，帮助妇女更好地承担教育子女和赡养老人的责任。通过在扶贫车间工作和培训，妇女们越发认识到教育的重要性，她们更愿意花更多的钱在子女教育身上，希望下一代能有更好的工作、过上更好的生活。禾美电商扶贫车间的负责人讲到一件非常触动她的事情："今年我们车间有十多名员工一起每人拿 3000 多块钱，给孩子报辅导班。不仅仅是文化课，还有各类兴趣班，让孩子去学舞蹈、学跆拳道等。这个在我们村上来说已经非常不容易了，就已经非常幸福了。"（2021 年禾美电商扶贫车间访谈资料）

此外，妇女增加了收入后，也更愿意践行孝道，给公婆更多的经济支持，公婆也能为她们提供更多的子女照料方面的支持。禾美电商扶贫车间的一位员工讲道："我和我兄弟媳妇都在禾美工作。我们两人挣了钱之后，回家跟婆婆说，你就不用出去打工了。我们挣的工资每人给你分 1000 元，然后你在家给我们带带孩子就行了。他们毕竟岁数大了，一辈子都在山里干农活，现在想让他们享享福，在家里带孙子就行了。"（2021 年禾美电商扶贫车间访谈资料）

4. 提高农村妇女的独立程度和家庭地位

现代化理论认为，在现代化过程中，与家庭关系正在改变的形式有密切关联的是妇女的社会地位和权利问题。那些将导致和促成现代化社会的经济和政治力量会逐渐改变男人对妇女的态度，使他们从心理上和行为上赞同给予妇女与他们所享有的差不多是同等的权利和地位。[1] 以往的研究显示，农村妇女非农就业，能够显著增强妇女在家庭决策中的发言权和独立性。[2] 本次调查的在扶贫车间就业的妇女的变化也印证了上述研究结果。

曾有领导考察禾美电商扶贫车间，问车间工作的女工们："有了工作

---

[1]　英格尔斯：《人的现代化：心理·思想·态度·行为》，殷陆君译，四川人民出版社，1985，第 68 页。

[2]　王永洁：《农村女性本地就业与家庭照料的新变化及其含义——基于山东省三地企业的田野调查研究》，《社会发展研究》2017 年第 4 期。

以后，你最大的改变是什么？"有一名女工回答说："以前我没有工作，感觉在家里没有地位。自从有了工作之后，以前不敢跟老公大声说话，现在他不敢跟我大声讲了。"这让在场的领导们都笑了。

不仅仅是家庭地位的提升，她们在家庭消费方面的自主性和独立性也得到显著提升。禾美电商扶贫车间的负责人这样描述员工的消费行为的变化。

> 以前我们这些巧媳妇无论干什么，就连买菜，可能还伸手问老公要钱，现在想买什么自己就买什么。你看，有时候她们快递收得比我都多，有时候一天快递来一堆。我们这些巧媳妇现在流行网购，懂得为自己添置东西，开始打扮自己。（2021年禾美电商扶贫车间访谈资料）

> 我自己想出来工作，毕竟自己挣钱好。老公一个人养活全家人压力大，我们这边没有地，而且所有东西都要花钱买。我自己能挣钱感觉是好的，更独立了，不用手心向上问别人要钱，虽然是一家人，但还是不好的。家用他（老公）每个月给我多少钱，我们都是说好的。我自己的钱自己支配，主要花在孩子身上。大的方面丈夫出，如学费、报班等。（2023年10月29日滨河二村扶贫车间访谈资料）

5. 加快妇女观念转变，增加她们脱贫致富的信心和动力

在脱贫攻坚过程中，扶志是脱贫攻坚的前提条件和基础性工作。习近平总书记指出："要加强扶贫同扶志、扶智相结合……使脱贫具有可持续的内生动力。"[①] 一个人志向的确立、志气的获得，既源于主观上的自觉自为，也源于客观上的多维引领，是主客观协同联动的产物。扶志的科学有效方法主要包括外在灌输与内在认同相结合、身边榜样与全国典型相

---

① 《习近平：在打好精准脱贫攻坚战座谈会上的讲话》，http://www.xinhuanet.com/politics/leaders/2020-04/30/c_1125928631.htm，最后访问日期：2024年10月18日。

结合，物质奖励与精神鼓励相结合。① 扶贫车间也通过树立效率典范、建立奖惩制度、思想灌输等方式，鼓励员工树立竞争意识和拼搏精神，客观上起到了扶志效果。例如，富贵兰扶贫车间负责人讲道："我们会从思想上给我们的员工灌输，让她们向前看、向好的生活看，要有追求。让她们向好的员工学习，让她们相互比较、相互激励。"（2021 年 10 月富贵兰扶贫车间访谈资料）

禾美电商扶贫车间建立了明确的奖励制度，将业务能力强、敢于尝试、敢于创新的员工提拔到重要的管理岗位上，同时提高她们的工资水平，为其他员工树立学习的榜样。扶贫车间通过这种示范引领，充分发挥榜样与典型的"头羊效应"。车间负责人介绍："我们车间第一次招工招了 52 个人，没有一个会电脑的。然后我就问她们，我们要去打这个快递单，然后谁会电脑举手示意我。开会时没有一个说会的，后来我们一个员工就特别小心地跟我说，徐总我以前在拉面馆打工的时候用过那个收银设备算不算？然后我说，好了就你。经过培训，我们那个姑娘现在管 7 个店（扶贫超市）。"（2021 年禾美电商扶贫车间访谈资料）

除了对提升农村妇女的可行能力产生显著影响，扶贫车间对增强村级集体经济和留住青年人振兴乡村也有非常重要的价值和意义。扶贫车间建设回应了农村社区集体经济空壳化的问题，为增强集体经济做出了贡献。② 一方面，扶贫车间建设既有政府投入也有部分集体投入，形成了生产性固定集体资产，弥补了贫困村生产性固定资产的空白；另一方面，扶贫车间作为集体资产租赁给生产运营商后，增加了租金收入。扶贫车间的租金收入归村集体所有，由村集体进行分配，主要用于资助贫困人口和村庄公益事业支出。扶贫车间这一制度设计，逐步提高了贫困女性的生产技能和组织管理能力，使她们熟悉了市场环境，尤其是以互联网为基础的电商发展环境，挖掘了贫困女性的发展潜力，为更多的青年人尤其是女性青年提供了发

---

① 孔宪峰、周秀红：《扶志与扶智：脱贫攻坚之本——学习习近平关于脱贫攻坚的重要论述》，《广西社会科学》2019 年第 10 期。

② 苏海：《制度嵌入生活：农村贫困女性减贫的本土实践及反思——源于"扶贫车间"的案例考察》，《云南民族大学学报》（哲学社会科学版）2021 年第 1 期。

展机会。扶贫车间建设加快了从"输血式"扶贫向"造血式"扶贫的转变，将农民变成农工，全面巩固了脱贫致富共同体新模式。

第四节 扶贫车间发展存在的问题及对策

尽管扶贫车间取得了显著的经济社会效益，特别是在提升妇女的可行能力方面，但是其益贫性和可持续性仍有待加强。扶贫车间发展的质量，将决定在其中就业的妇女发展的质量，将影响其对农村发展的贡献的大小。

一 扶贫车间建设发展过程中的问题

（一）扶贫车间的认定标准还需要规范

尽管国家层面出台了《扶贫车间项目运营管理规范》，但是地方层面有些地区有自己的认定标准，有些并没有，在一定程度上影响了政府、企业和社区在扶贫车间上的权力与责任的明确划分。不少扶贫车间存在所有权、经营权、收益权等权力责任不对等、激励不相容的问题。政府、企业和社区三者的权责归属还需要进一步理顺，企业和社区参与的积极性还需要进一步提升。

（二）扶贫车间的产业层次较低、规模小、技术含量低、抵御市场风险的能力弱

很多产品依赖上游公司的原材料输入，上游公司经营不善，便会间接影响扶贫车间的运营。这些市场性风险会导致扶贫车间闲置、停摆，无法带动贫困户脱贫增收，尤其是加工制造类的扶贫车间。例如，闽宁镇富贵兰服装加工扶贫车间和月牙湖乡银川银欧服装滨河三村扶贫车间都出现了不同程度的经营困难。相对来说，围绕特色农产品进行生产经营的扶贫车间的生存能力更强，如闽宁镇禾美电商扶贫车间、贾塘乡小杂粮加工厂等。而服装加工类扶贫车间占扶贫车间的比例比较高，例如，红寺堡区14个闽宁扶贫车间中，从事服饰加工的有8个。

（三）扶贫车间经营管理存在问题

1. 企业招工难、稳工难

一是企业工资低、吸引力不足。受企业产能、员工技能、外部订单等多重因素影响，部分企业员工的工资甚至低于当地最低工资标准，对农村剩余劳动力的吸引力不足。所以扶贫车间就业呈现女性化趋势，对男性劳动力的吸引力不足。二是扶贫车间务工人员的流动性大。在村内扶贫车间务工的部分群众还没有培养起比较强的纪律意识、时间观念，离岗请假比较随意，影响整个流水线的生产效率。三是企业管理不到位。由于扶贫车间规模偏小，经营者往往扮演多种角色，投入企业运行管理的时间和精力有限，往往会出现一些劳资、工人之间的矛盾纠纷，导致员工流失。四是扶贫车间的特惠性政策主要针对建档立卡户，政策的悬崖效应造成非建档立卡户务工人员因心理失衡而流失。银川银欧服装滨河三村扶贫车间负责人谈道："这边比起市区来不好招人，毕竟市区的有甘肃来的，还有固原来的。在这里我只能用这里的人，她们很牛。我就是换个稍微复杂点的款式，她们就不给我做了。我自己又找不到其他人，这里就这几个能做活的。现在是她们把我拿住了，不是我把她们拿住了，哪有这样的道理？"（2023 年 10 月 29 日滨河三村扶贫车间访谈资料）

我们从访谈中也了解到，只有建档立卡户才能领取就业补贴，补贴根据收入的多少而定，从 2000 元到 4000 元不等，非建档立卡贫困户没有资格享受该项补贴政策。

2. 企业接单难、融资难

一是服饰企业全部为贴牌生产方式，十分依赖外部订单，受自身规模资质影响，一般大订单接不上也接不起。受疫情影响，部分外贸订单流失严重，个别服饰加工企业陷入无单可接的困境。二是除少数扶贫车间自建办公用房厂房设施之外，其他扶贫车间的基础设施全部为政府统建，企业出现资金需求时，由于没有固定资产作抵押，很难获得信贷支持，这对企业稳定生产、扩大规模影响比较大。

我们在调研中发现，涉及农产品加工、销售的扶贫车间，对建设用地及融资的需求比较强烈。比如，贾塘乡小杂粮加工厂负责人谈道："咱们储粮建设用地一定要公开，搞农业必须要有仓储场地，雨季的时候粮食收不回来保护不好，心里就像滴血一样。还有就是我们现有的农业用地要给办个证，有个合法的身份，否则的话我们融资融不来，想发展快点，引进一些新设备、搞些研发都没有钱。"（2023 年 10 月 25 日小杂粮加工厂访谈资料）

3. 企业物流成本过高，缺乏成熟技术人才

由于扶贫车间属于来料加工、产品外销"两头在外"模式，产品生产难以形成规模效应，导致物流成本过高。尽管扶贫车间培养了一批熟练工人，但没有后续技能提升培训政策，缺乏能够承担组织生产、培训员工、优化管理的技能型人才，依靠企业自身力量难以引进一定数量的高级技术工人。一些以电商平台为载体的扶贫车间也反映缺少相关的技术人才，迫切需要专门培训。银川银欧服装滨河三村扶贫车间负责人谈道："我们这个车间，每套校服的成本要比城里多 10 元，我一年做 3 万~4 万套，一年高出 30 万~40 万元。我的原材料从城里拉过来，工价一套衣服比城里贵 5 毛钱。我最害怕设备坏，人家（城里技术员）不愿意来，来一趟 500 元，还有 200 元油费。要么我用车把机器拉过去。"（2023 年 10 月 29 日滨河三村扶贫车间访谈资料）

总体来看，像很多扶贫项目一样，扶贫车间也存在某种逆市场的特点，即基于市场的扶贫车间项目，如果按照市场效率来衡量，也存在市场效益不高的问题。[1] 除了上述问题，逆市场的特点导致扶贫车间处于某种"相对低的市场效益"，进而导致在扶贫车间就业的妇女出现"相对收益损失"现象，即低报酬现象。[2] 同时，扶贫车间普遍采用弹性的劳动管理方式，这使扶贫车间作为政策载体的就业保护与作为市场主体的可持续发展之间充满张力。[3]

---

[1]　李小云、季岚岚：《妇女的劳动脱贫——基于产业扶贫案例的性别敏感性分析》，《中华女子学院学报》2021 年第 1 期。

[2]　李小云、季岚岚：《妇女的劳动脱贫——基于产业扶贫案例的性别敏感性分析》，《中华女子学院学报》2021 年第 1 期。

[3]　郝龙：《"弹性"跷跷板：乡村女工的双重劳动与扶贫车间的可持续发展》，《妇女研究论丛》2023 年第 1 期。

二　将扶贫车间升级为致富车间的建议

扶贫车间是实现巩固拓展脱贫攻坚成果同乡村振兴有效衔接的重要载体。它作为产业扶贫乃至产业振兴的创新模式，必须进行提档升级。

1. 坚持政策扶持与规范的市场化运作相结合的原则

从制度供给的角度来看，需要坚持政策扶持与规范的市场化运作相结合的原则，既要保证政策扶持的持续性，畅通扶贫车间资源的传递渠道，规范车间的组织管理制度，提高车间运营的质量，建立应对市场风险的长效机制，也要厘清政府、企业和社区的角色定位，完善利益分配机制。①

2. 继续加大政策扶持力度

目前，扶贫车间仍然需要以下几个方面的政策扶持。一是信贷扶持。将扶贫车间生产资料、设备、产品作为抵押，整合扶贫小额信贷和小微企业创业担保贷款项目政策，解决扶贫车间融资难、融资贵问题。二是进行消费扶贫产品认定。将扶贫车间生产的手工业初级加工品认定为消费扶贫产品，进入国家认证目录库，按照消费扶贫相关政策进行扶持。三是增加商品流通领域补贴。针对"两头在外"扶贫车间，加大物流环节补贴力度，降低企业运营成本，促进企业更好发展。四是落实相关减税降费政策，进一步降低企业税费负担。

3. 做好多项工作

一是完善扶贫车间的认定标准，出台用工普惠政策。一些地方强调把吸纳贫困人口就业作为认定扶贫车间的硬性标准，把贫困人口在务工人员中就业的比例不低于30%作为奖补依据。这在一定程度上造成了对非贫困人口的排斥。建议在坚持扶贫车间扶贫性质的基础上，出台用工普惠性政策，弱化建档立卡户务工人员悬崖政策的影响。二是结合农村地区正在开展的股权量化工作，厘清政府、企业和社区在扶贫车间中的权力与责任。注重挖掘社区内部资源，完善利益分配机制，实现社区内部自我创收，避免由资源输入不足和利益分配不均导致的潜在风险。三是建立同行业扶

---

① 苏海：《制度嵌入生活：农村贫困女性减贫的本土实践及反思——源于"扶贫车间"的案例考察》，《云南民族大学学报》（哲学社会科学版）2021年第1期。

车间联盟，订单富裕企业与缺乏订单企业结成帮扶对子，扩大生产规模，实现利益共享。四是在扶贫车间产业的选择上，应当倾向于本地农特产品，提高扶贫车间的"造血"能力。充分利用扶贫车间这一物理平台，对本地农特产品进行分拣、加工和包装，实现延长产业链、提升价值链、完善利益链；注重与电商平台合作，完善平台驱动的商业模式。五是完善农村儿童社会照料政策，以支持女性充分就业。包括做好农村学前教育服务，协调学龄子女上学与放学时间和扶贫车间就业女性的上下班时间，做好课后辅导和照顾相关服务等，帮助女性安心工作。

4. 加大农村职业技能和人才培养力度

首先，提升农村劳动力职业技能水平。国家、自治区出台各类职业培训政策，要严格落实员工各类技能培训政策，为企业提供跟踪化、定制化培训，提高扶贫车间劳动效率，增加员工收入。采取以训代补的方式，鼓励企业自主开展中高级技能培训工作，提升职工技能水平。其次，培养农村劳动力适应现代工厂工作的观念意识和素质能力。农民尚未培养起适应工厂生活的时间观念和纪律观念，这成为影响企业生产效率的一个重要因素。因此，在农民进行非农就业培训和顶岗实习的过程中要强化这方面的培养和教育。此外，转变部分男性农村居民对某些行业的偏见，比如服装加工业普遍被认为是女性从事的行业，男性不愿意从事。这不利于农村居民家庭的充分就业和收入增加。最后，培养本地青年创业人才和青年企业家。充分利用东西对口帮扶机制，在就业培训方面，除了职业技能培训，还需要增加创业培训及企业家精神和能力建设等内容。引导东部创业成功的企业家为西部地区青年人传道授业，以培养西部本土更多的青年创业人才，带动本地产业发展。

5. 支持扶贫车间发展相关政策时突出性别视角

扶贫车间相关的公共政策调整与创新，应以保障农村妇女发展的自由与机会为目标，以保障工具性自由为政策调整的重点领域，提升妇女的可行能力。具体包括以下几方面。一是提供有利于妇女发展的经济条件。加强对最低工资制度的实施和监察，提高妇女的收入水平；提高劳动合同的签订率，增加就业的稳定性。二是增加有利于妇女发展的社会机会。为女性提供更多的教育和培训机会，提供照料的公共服务和财政支持。三是提供有利于妇女发展的保护性政策。一方面，制定一些基本的安全和卫生标准，为扶贫车间提供相对安全和健康的工作环境；另一方面，推动扶贫车间妇女参加工伤、生育和失业等保险，加大保障力度。四是增强妇女的政治自由。建立妇女参与扶贫车间管理的体制和机制，让妇女在扶贫车间的民主管理方面发挥更大作用。

6. 对扶贫车间的经济社会效益进行科学评估

脱贫攻坚实施以来，宁夏和其他省份投入大量的人力和物力建设扶贫车间，其成本效益和社会效益尚未受到系统的评估，特别是对其创业的就业机会及就业质量的评估。另外，扶贫车间对非贫困人口非农就业的挤出效应，也有待进行更加深入细致的评估，从而做出科学的判断。

第十四章
新时代城市社区铸牢中华民族共同体意识的路径

徐东海[*]

2017年10月，党的十九大报告提出"铸牢中华民族共同体意识"，后"铸牢中华民族共同体意识"被写入《中国共产党章程》。2018年3月，"中华民族"首次被写入《中华人民共和国宪法》。2020年10月，"中华民族凝聚力进一步增强"被列入"十四五"时期经济社会发展主要目标。

顶层蓝图已绘就，落实还需看基层。"2014年中央民族工作会议把城市民族工作摆在突出位置，提出了一系列新要求。2021年中央民族工作会议专门对做好城市民族工作作出了进一步部署，明确了城市在铸牢中华民族共同体意识和促进各民族交往交流交融中的重要平台定位，标志着我们党对做好城市民族工作的认识达到了新的高度，必将推动城市民族工作迈上新的台阶。"[①] 城市社区是各族居民相嵌生活、彼此包容、相互融合的载体，要以铸牢中华民族共同体意识为主线，在这一载体的"'共同体'与'社会'之间的对立"[②] 中，探寻二者的统一。探究城市社区铸牢中华民

* 作者简介：徐东海，宁夏社会科学院社会学法学研究所助理研究员。

① 中共中央统一战线工作部、国家民族事务委员会编《中央民族工作会议精神学习辅导读本》，民族出版社，2022，第151页。
② 斐迪南·滕尼斯：《共同体与社会：纯粹社会学的基本概念》，林荣远译，商务印书馆，2020，第68页。

共同体意识的路径，对做好新时代城市民族工作意义重大。

第一节　问题的提出

随着铸牢中华民族共同体意识实践工作的深入推进，以 2021 年中央民族工作会议精神为指引，相关研究对基层群众、社区场域、宣传和教育等实践路径有所指向。基于此，本章的研究问题得以形成。

一　铸牢中华民族共同体意识路径的研究指向

在 2021 年中央民族工作会议上，习近平总书记强调，"铸牢中华民族共同体意识是新时代党的民族工作的'纲'，所有工作要向此聚焦"。① 持实践观点的学者认为，建设中华民族共同体，要扎实推进基础工作。② 党的十八大以来，习近平总书记多次强调"实干兴邦"。要不断向前推进中华民族共同体建设，最基础的就是做好宣传和教育工作，这也是扎实推进中华民族共同体建设的前提。③ 可以看出，把宣传和教育作为中华民族共同体建设的基础与前提，就是指铸牢中华民族共同体意识。

学术界对铸牢中华民族共同体意识的实践研究方向较为一致，主要围绕铸牢中华民族共同体意识的路径进行了有益讨论。对于铸牢中华民族共同体意识不同突破路径讨论的主要观点有三类：铸牢不同群体的中华民族共同体意识路径观认为，边境牧区各族居民群体④、少数民族群体⑤、移民群体⑥、易地搬

---

① 《习近平在中央民族工作会议上强调 以铸牢中华民族共同体意识为主线 推动新时代党的民族工作高质量发展 李克强主持 栗战书王沪宁赵乐际韩正出席 汪洋讲话》，《人民日报》2021 年 8 月 29 日，第 1 版。

② 王延中：《扎实推进中华民族共同体建设》，《民族研究》2022 年第 1 期。

③ 王延中：《扎实推进中华民族共同体建设》，《民族研究》2022 年第 1 期。

④ 高永久、杨文龙：《边境牧区各民族铸牢中华民族共同体意识的现实问题与路径选择》，《西南民族大学学报》（人文社会科学版）2022 年第 2 期。

⑤ 黄秀蓉：《当代云南文山苗族通婚圈变迁与铸牢中华民族共同体意识的实践路径》，《西南民族大学学报》（人文社会科学版）2022 年第 8 期。

⑥ 宋婧、罗刚：《东南亚回归移民铸牢中华民族共同体意识的内涵特质与实践路径》，《民族学刊》2022 年第 12 期。

迁移民群体①、大学生群体②等是铸牢中华民族共同体意识的群体性突破路径；不同场域的铸牢中华民族共同体意识路径观认为，网络空间场域③、学校场域④、少数民族自治区场域⑤、高等院校场域⑥、基层社区场域⑦等是铸牢中华民族共同体意识的场域性突破路径；铸牢中华民族共同体意识不同方式方法路径观认为，非物质文化遗产保护的方法⑧、讲好民族团结奋斗故事的方法⑨、发展民族传统体育的方法⑩、建立信任的方法⑪、促进文化认同的方法⑫、培育家国情怀的方法⑬、强化情感认同的方法⑭、推动群际接触的方法⑮、增进社会认同的方法⑯、常态化教育的方法⑰、社会治

①　黎亮：《铸牢易地扶贫搬迁安置多民族社区中华民族共同体意识的法治路径探讨》，《贵州民族研究》2022年第5期。

②　王丽、代宏丽：《内蒙古高校大学生铸牢中华民族共同体意识的路径探析》，《北方民族大学学报》（哲学社会科学版）2022年第6期。

③　白艳丽：《传播学视角下网络空间铸牢中华民族共同体意识的路径探析》，《西北民族大学学报》（哲学社会科学版）2022年第6期。

④　许可峰：《民族地区学校场域铸牢中华民族共同体意识：路径、问题与改进》，《西北师范大学学报》（社会科学版）2021年第5期。

⑤　卢少鹏：《西藏铸牢中华民族共同体意识的意义、内涵与路径》，《西藏民族大学学报》（哲学社会科学版）2022年第4期。

⑥　罗正鹏、杨柄：《新时代民族院校铸牢中华民族共同体意识路径探析——基于人才培养视角》，《民族教育研究》2022年第4期。

⑦　秦玉莹：《民族互嵌式社区铸牢中华民族共同体意识的经验、困境与优化》，《统一战线学研究》2021年第6期。

⑧　王丹：《非物质文化遗产铸牢中华民族共同体意识的价值逻辑与实践路径》，《广西民族大学学报》（哲学社会科学版）2022年第5期。

⑨　李郭倩：《讲好民族团结奋斗故事推进铸牢中华民族共同体意识教育路径研究》，《贵州民族研究》2022年第4期。

⑩　张云齐、郭立亚：《民族传统体育铸牢中华民族共同体意识的学校体育具身化路径》，《民族学刊》2022年第5期。

⑪　李雅宁、杨伊生：《民族信任铸牢中华民族共同体意识的心理路径》，《西南民族大学学报》（人文社会科学版）2022年第9期。

⑫　程林顺：《以文化认同铸牢中华民族共同体意识的实践经验与创新路径》，《四川省社会主义学院学报》2022年第3期。

⑬　陈纪、章烁晨：《家国情怀与铸牢中华民族共同体意识》，《西北民族研究》2021年第3期。

⑭　林钧昌、张宏溧、赵民：《情感认同视角下铸牢中华民族共同体意识路径探析》，《黑龙江民族丛刊》2021年第2期。

⑮　徐莉、彭梦鑫：《群际接触视角下社区中华民族共同体意识的铸牢策略》，《中南民族大学学报》（人文社会科学版）2022年第7期。

⑯　郝亚明：《社会认同视域下的中华民族共同体意识探析》，《西北民族研究》2020年第1期。

⑰　赵心愚、康坤全：《铸牢中华民族共同体意识教育的常态化》，《民族学刊》2022年第12期。

理现代化的方法①等是铸牢中华民族共同体意识的方式方法性突破路径。基于上述三类铸牢中华民族共同体意识路径观点的梳理，我们可以看出，学术界已然对基层民众群体路径有所明确，对基层社区场域路径有所关注，对宣传和教育的基础性、前提性路径也有所涉及。然而，学者们对于三个方面融合的城市社区铸牢中华民族共同体意识路径研究略显不足。

二　研究问题的澄清

虽然学者们对城市社区铸牢中华民族共同体意识路径的关注相对不足，但相关研究成果在不同程度上为城市社区铸牢中华民族共同体意识路径研究提供了框架性参考。国家治理体系和治理能力现代化实践与铸牢中华民族共同体意识实践是统一互构的关系。②基于公共治理的视角，强化教育治理、加强法治治理和协同治理是铸牢中华民族共同体意识实践的有效路径。③坚持党的领导、立足人民群众对美好生活的向往，打造多元共建共治共享格局，情感推进、以心换心是社区层面铸牢中华民族共同体意识实践探索的经验启示。④社区建设的经济-利益、政治-法律、精神-文化、社会-情感四方面维度实践与铸牢中华民族共同体意识之间是一种互构的关系。⑤因而，本章认为，城市社区铸牢中华民族共同体意识路径研究要结合基层治理体系和基层治理能力现代化的背景，注重党领导下的多元共建共治共享协同治理格局打造，综合情感、文化、法治、经济等要素，加以全方位考量。在此基础上，还需结合当前城市民族工作整体情况和现实基础，综合分析强化城市社区铸牢中华民族共同体意识的必要性与

---

① 高永久、邢艺譞：《国家治理现代化与铸牢中华民族共同体意识的关系——基于国家认同的研究视角》，《中南民族大学学报》（人文社会科学版）2022年第2期。

② 高永久、邢艺譞：《国家治理现代化与铸牢中华民族共同体意识的关系——基于国家认同的研究视角》，《中南民族大学学报》（人文社会科学版）2022年第2期。

③ 李桂华：《公共治理视角下铸牢中华民族共同体意识的实践路径》，《内蒙古社会科学》2022年第5期。

④ 卞成林、刘金林、周金衢、胡佳、谭洁：《铸牢中华民族共同体意识的基层经验与底层逻辑：来自广西基层治理成功案例的启示》，《广西民族研究》2021年第4期。

⑤ 李军：《铸牢中华民族共同体意识在多民族共居社区建设中的实践——以宁夏闽宁镇原隆村为例》，《北方民族大学学报》2022年第6期。

可行性。城市社区治理、治理格局、治理要素如何与铸牢中华民族共同体意识实践有机结合？本章尝试基于城市社区工作内容对这两个问题的答案进行探索。

第二节　城市社区铸牢中华民族共同体意识的必要性与可行性

通过对学术界铸牢中华民族共同体意识研究路径的梳理和本章研究问题的澄清，以当前城市民族工作整体情况、现实条件的分析来回答城市社区铸牢中华民族共同体意识的必要性与可行性，也是新时代城市民族工作重要意义的体现。

一　城市社区铸牢中华民族共同体意识的必要性

1. 城镇化进程加快

2020 年第七次全国人口普查数据显示，与 2010 年第六次全国人口普查的总人口数量 1339724852 人相比，全国总人口增加 72053872 人，增长 5.38%，年平均增长率为 0.53%；其中，居住在城镇的人口为 901991162 人，约占 63.89%，与 2010 年第六次全国人口普查数据相比，城镇人口增加 236415856 人，比重上升 14.21 个百分点，年平均增长率约为 1.42%。[①] 可以看出，无论是增长绝对值、增长百分比，还是年均增长率，城镇人口增长均高于全国总人口的增长。

从表 14-1 中可以看出，"七普"与"六普"相比，河北、山西、安徽、江西、河南、湖南、重庆、四川、贵州、云南、陕西、甘肃、青海、宁夏共计 14 个省、自治区、直辖市城镇人口比重增长超过全国水平。其中，西部地区有 8 个（西南地区和西北地区各有 4 个）省、自治区、直辖市城镇人口比重增长超过全国水平。

---

① 国务院第七次全国人口普查领导小组办公室编《2020 年第七次全国人口普查主要数据》，中国统计出版社，2021。

2. 少数民族人口快速增长

2020年第七次全国人口普查数据显示，全国共有少数民族人口125467390人，与2010年第六次全国人口普查相比，全国少数民族人口绝对值共计增加11675179人，增长10.26%[①]。可以看出，"七普"与"六普"相比，少数民族人口增长率比全国总人口的增长率高4.88个百分点。

从表14-1中可以看出，"七普"与"六普"相比，北京、上海、江苏、福建、江西、山东、湖北、广东、海南、重庆、四川、贵州、西藏、陕西、青海、宁夏共计16个省、自治区、直辖市少数民族人口增长率超过全国水平。其中，西部地区有7个（西南地区4个、西北地区3个）省、自治区、直辖市少数民族人口增长率超过全国水平；5个自治区中有2个自治区少数民族人口增长率超过全国水平；北京、上海、广州3个经济发达省、直辖市少数民族人口增长率超过全国水平。

3. 人口增速放缓

表14-2显示，2000年以来三次全国人口普查，我国人口增速呈放缓趋势。"六普"人口增速比"五普"人口增速放缓近50%；"七普"人口增速与"六普"人口增速相比，减缓速度稍趋缓和。

结合表14-1看，"七普"与"六普"相比，山西、内蒙古、辽宁、吉林、黑龙江、甘肃共计6个省、自治区已出现人口负增长情况；吉林、黑龙江人口负增长率已经超过一成。

在这一人口增速放缓背景下，人口向城镇聚集、少数民族人口快速增长，凸显了城市民族工作的重要性。

城市社区是城市生活的基础单元。结合表14-3看，居民委员会作为城市社区营建主阵地的建设力度正在逐年加大。2011~2021年，全国居民委员会数量增加2.8万家，增长31.46%。在这些城市生活的基础单元中，曾建设了一批批民族团结进步创建示范点，在统筹城市基层安全与发展方面发挥了桥头堡作用。我们可以认为，以城市社区为依托做好城市民族工作、在城市社区探寻铸牢中华民族共同体意识的路径，是十分必要的。

---

① 国务院第七次全国人口普查领导小组办公室编《2020年第七次全国人口普查主要数据》，中国统计出版社，2021。

表14-1　全国常住人口、城镇人口、少数民族人口绝对值及变化情况

单位：人，%

地区	"七普"常住人口绝对值	与"六普"相比常住人口绝对值变化	与"六普"相比常住人口变化率	"七普"城镇人口绝对值	与"六普"相比城镇人口绝对值变化	与"六普"相比城镇人口比重变化率	"七普"少数民族人口绝对值	与"六普"相比少数民族人口绝对值变化	与"六普"相比少数民族人口变化率
全国	1443497378	72053872	5.38	901991162	236415856	14.21	125467390	11675179	10.26
北京	21893095	2280727	11.60	19166433	2307741	13.70	1047929	246715	30.79
天津	13866009	927785	7.17	11744440	1466547	5.26	443481	—	—
河北	74610235	2756025	3.84	44816486	13241158	16.13	3221143	228266	7.63
山西	34915616	-796495	-2.23	21831494	4670950	14.48		—	—
内蒙古	24049155	-657166	-2.66	16227475	2507301	11.95	5113618	57984	1.15
辽宁	42591407	-1154916	-2.64	30725976	3558048	10.04	6421790	-221359	-0.11
吉林	24073453	-3379362	-12.31	15079014	430815	9.28	2087614	-98091	-4.49
黑龙江	31850088	-6463903	-16.87	20897694	-426021	9.95	1121476	-253334	-18.43
上海	24870895	1851699	8.00	22209380	—	—	399810	123647	44.77
江苏	84748016	6087075	7.74	62242383	14870895	13.22	621214	236288	61.39
浙江	64567588	10140697	18.60	46598465	13048256	10.55	2217714	—	—
安徽	61027171	1526703	2.57	35595103	10017986	15.34	432548	36906	9.33
福建	41540086	4645870	12.59	28557247	7492818	11.66	1121470	324615	40.74
江西	45188635	621160	1.39	27310611	7674182	16.38	219266	66855	43.86
山东	101527453	5734388	5.99	64014254	16393181	13.34	904959	179070	24.67

续表

地区	"七普"常住人口绝对值	与"六普"相比常住人口绝对值变化	与"六普"相比常住人口变化率	"七普"城镇人口绝对值	与"六普"相比城镇人口绝对值变化	与"六普"相比城镇人口比重变化率	"七普"少数民族人口绝对值	与"六普"相比少数民族人口绝对值变化	与"六普"相比少数民族人口变化率
河南	99365519	5341952	5.68	55078554	18858787	16.91	1155481	27198	2.41
湖北	57752557	514830	0.90	36320374	7875289	13.19	2771099	302564	12.26
湖南	66444864	744102	1.13	39046176	10593113	15.46	6685216	133807	2.04
广东	126012510	21709378	20.81	93436072	24408259	7.97	4752138	2688732	130.31
广西	50126804	4100175	8.91	27170956	8752281	14.18	18807980	1697447	9.92
海南	10081232	1409747	16.26	6075981	1767465	10.58	1582991	157573	11.05
重庆	32054159	3207989	11.12	22264028	6968225	16.43	2170790	233681	12.06
四川	83674866	3256666	4.05	47465912	15153879	16.55	5688228	780277	15.90
贵州	38562148	3815680	10.98	20495946	8748166	19.34	14050266	1502283	11.97
云南	47209277	—	—	23628564	—	14.85	15636032	—	—
西藏	3648100	645934	21.52	1303443	622854	13.06	3204730	447827	16.24
陕西	39528999	2201621	5.90	24769730	7710394	16.96	222744	33109	17.46
甘肃	25019831	-555423	-0.22	13067332	3830750	16.11	2656393	245895	10.20
青海	5923957	297235	5.28	3559363	1043105	15.36	2930423	287217	10.87
宁夏	7202654	901304	14.30	4678654	1660307	17.06	2589690	357752	16.03
新疆	25852345	4039011	18.52	14613622	5277870	13.73	14932247	—	—

资料来源：根据国家统计局和各省、自治区、直辖市统计局发布的《第七次全国人口普查公报》数据资料整理。

表 14-2 2000 年以来全国人口普查总人口变化情况

单位：万人，%

	总人口绝对值	总人口绝对值变化	总人口变化率
第五次全国人口普查	129533	13215	11.66
第六次全国人口普查	137054	7390	5.84
第七次全国人口普查	144350	7205	5.38

资料来源：根据国家统计局第五次、第六次、第七次《全国人口普查公告》整理。

表 14-3 2011~2021 年全国居委会数量情况

单位：万家

	2011 年	2012 年	2013 年	2014 年	2015 年	2016 年	2017 年	2018 年	2019 年	2020 年	2021 年
全国居委会数量	8.9	9.1	9.5	9.7	10	10.3	10.6	10.8	11	11.3	11.7

资料来源：根据历年民政部《民政事业发展统计公报》整理。

二 城市社区铸牢中华民族共同体意识的可行性

1. 城市社区党建引领"一核多元"组织架构完备

城市社区党建引领"一核多元"组织架构实质是以社区党组织为核心，以社区居民委员会为主导，社区物业、辖区单位/商户、共建部门、社区网格、辖区居民共同参与的社区多元共治机制，具有系统性和完整性的特征。面对铸牢中华民族共同体意识的任务，在社区党组织的领导下，一方面，社区居民委员会要进行自上而下的行政化城市民族工作部署并严格落实各项举措；另一方面，社区居民委员会要调动社区多元共治力量，结合本社区自治的实际情况把城市民族工作各项举措落实得更好。这在客观上是对社区居民委员会做好城市基层民族工作主导地位部分"行政化"功能合理性的认同，并且在此基础上，能够通过多元共治的"自治性"职能发挥，建立起精细化的共治事务类型分解，进而在政府、街道与社区居民委员会多元共治主体之间搭建授权委托、外包购买、协同治理等以"任务为导向"的政府购买服务平台，实现合理的"去行政化"可能性。

2. 党建引领"一核多元"的社区营建群众基础深厚

党建引领"一核多元"组织架构下的城市社区营建统一了社区、居民、物业企业等多元主体利益。在这个统一过程中，党建引领"一核多元"的城市社区营建秉承"居民至上"理念，突出居民这一最大利益群体，夯实了各族居民的群众基础。社区居民通过社区居民代表大会、业主委员会等组织实现了社区重大事项决策的民主参与，通过社区志愿服务队、文体活动队等组织实现了居民间交流交往交融渠道的拓展和实际互动，进而实现了社区营建事项的身心参与。社区居民不仅是社区营建的参与者，也是社区营建的监督者，参与过程中的监督。其通过参与式评议和专门化评议社区主体、物业服务企业相关工作及其质量效能，进一步推动了社区"自治性"职能的履行。通过社区营建的参与和监督，社区居民的利益得到了保障，各族居民的群众基础得以厚植。

3. 党建引领"一核多元"的社区治理进程具有一定的共同体文化基础

党建引领"一核多元"的社区治理加强了社区内各利益主体的有效联动，在社区层面搭建起多维度的制度平台以使多方利益主体合力得以聚拢，并在此基础上形成了社区治理共同体的制度和实践文化。社区"大党委"建设把社区党组织和社区内其他单位党组织党建力量拧成一股绳；社区联席会议将居民委员会、业主委员会、物业服务企业、社区社会组织、辖区单位/商户等成员联合起来，在以社区党组织为主的"大党委"领导下共同研究业务发展；社区相关组织重大事项向党组织报告、社区党组织通过党员交叉任职嵌入物业服务企业和业主委员会等举措进一步把社区"大党委"建设、联席会议制度等党建引领"一核多元"的社区治理制度落实为具体实践。由此形成的社区党组织对社区多元治理主体的整合，把各主体各自掌握的治理资源吸纳为社区治理共同体资源，进而形成社区治理共同体文化。

第三节　城市多民族互嵌社区铸牢中华民族共同体意识实践的案例①

铸牢中华民族共同体意识的具体实践，在基层社区不是孤立进行的，

---

① 根据宁夏回族自治区吴忠市利通区金星镇金花园社区调研资料整理得出。

正如 2022 年全国两会期间，"总书记说，铸牢中华民族共同体意识，既要做看得见、摸得着的工作，也要做大量'润物细无声'的事情"。① 城市基层社区铸牢中华民族共同体意识实践往往与民族团结进步创建工作相结合，寓于党建引领社区治理实践框架中。本章选取了宁夏吴忠市利通区金星镇金花园社区铸牢中华民族共同体意识、深化民族团结进步创建"四部曲"品牌实践的案例，并分析其做法、成效和经验启示。

一　金花园社区简介

金花园社区位于吴忠市利通区盛元广场北侧，创建于 2003 年 10 月，辖区东起利通北街、西至迎宾北街、南起明珠路、北至世纪大道，辖金花园 A 区、A2 区、B 区、C 区、如意苑、金茂园、小别墅区 7 个居民小区；社区直管党员 162 人；社区共有居民楼 119 栋，5025 户 13850 人，其中回族、满族、蒙古族等少数民族 6232 人，约占社区总人口的 45%。

近年来，金花园社区坚持党建引领社区治理，以"金色阳光、七彩家园"主题为创建载体，开展大党建、大联盟、大服务、大治理工作，创新社区治理和服务新机制，在社区建立和完善组织网络化、治理网格化"双网工程"，稳步推进红色物业服务、文化为民服务、平安建设服务、绿色健康服务、邻里互助服务、居家养老服务、志愿爱心服务的"七星服务"项目走深走实。社区先后获得"全国先进基层党组织""全国民族团结进步模范集体""全国民主法治示范社区""全国防震减灾示范社区""全国科普示范社区""自治区商业示范社区""自治区充分就业社区""自治区科普示范社区""自治区敬老模范社区""自治区安全生产示范社区""自治区级低碳社区""自治区级五星级和谐社区""吴忠市级卫生先进单位""吴忠市文明单位""利通区先进基层党组织""五星级基层党组织"等荣誉称号。

2020 年 6 月 8 日，习近平总书记视察宁夏时亲临金花园社区，金花园社区时刻牢记习近平总书记殷切嘱托，自觉把铸牢中华民族共同体意识融

① 《中华民族共同体意识是民族团结之本——习近平总书记重要讲话在内蒙古干部群众中引发热烈反响》，《人民日报》2022 年 3 月 6 日，第 2 版。

入各项群众服务工作中，坚定不移走中国特色解决民族问题的正确道路，构筑中华民族共有精神家园，持续深化社区民族团结进步创建"四部曲"品牌，努力擦亮"全国民族团结进步模范集体"这块金字招牌，用实干担当谱写社区民族团结进步创建新篇章，推动新时代党的民族工作高质量发展。

二　主要做法

1. 持续深化宣传教育，进一步唱响民族团结"前奏曲"

在社区精心打造了"总书记来到咱们家"红色教育基地，创作推出《习近平来到我们社区》等歌曲，组建"社区理论宣讲轻骑兵"队伍，广泛开展各类宣讲活动60余场。打造了"石榴籽议事厅"和文化长廊，深入开展"重温红色教育　重走视察路线"等主题宣讲系列活动120余次。通过"兰花大妈"带头开展"流动式+示范式"的志愿服务宣讲、热心党员开展"方言式+话家常"的接地气宣讲、普通党员开展"面对面""广场板凳会"的微宣讲等方式，切实把习近平总书记的亲切关怀传递到千家万户，营造了各民族亲如一家、血浓于水的浓厚氛围。

2. 持续深化为民服务，进一步唱响民族团结"和谐曲"

坚持从贴心服务抓起，大力开展行胜于言志愿服务、阵地建设便民服务、为民办事暖心服务等志愿服务活动，建设兰花志愿服务中心，组建"老娘舅""红袖章""红管家"等志愿服务队伍5支，开展志愿服务主题服务活动38场次，圆梦微心愿60个，推动形成了"有时间当志愿者、有困难找志愿者"的良好氛围。聚焦老旧小区基础设施陈旧、路灯不亮、屋顶漏雨等居民群众关心的热点难点问题，先后维修主路面5100平方米，更换小区路灯350个，维修改造了4个小区的商网下水管道500余米，铺设残疾人通道300平方米，种植绿植2万余株，打造垃圾分类示范点3个，建设文化长廊2个，人居环境不断改善，群众的幸福感、获得感、安全感得到进一步提升，让构建相互嵌入式的社会结构和社区环境成为共识。

3. 持续建设共有精神家园，进一步唱响民族团结"欢乐曲"

深入践行手足相亲、守望相助的理念，结合春节、元宵节、端午节、中秋节等中华民族传统节日，组织开展"迎新春民族团结文艺汇演""欢乐庆元宵联谊活动""粽香满园话情谊""花儿唱响新生活大合唱"等精彩纷呈的主题活动，使各族居民聚在一起，联欢联谊，相互贺节，共同分享，培树了持久浓厚的民族团结新风尚；创新开展了 17 届"社区邻居节"，发动辖区各族居民群众走出自己的小家，主动融入社区的大家庭，共同开展邻里百家宴、茶话会、文艺演出等形式多样、内容丰富的活动，大家像亲人一样聚在一起，欢歌笑语，共享百家宴、共唱邻里歌、共叙邻里情，体现出暖暖的团结情谊，凝聚了共建幸福美好家园的强大合力。

4. 持续发挥典型引领作用，进一步唱响民族团结"激励曲"

持续发挥典型引领作用，扎实开展"民族团结模范楼栋"和"民族团结进步先进个人"评选活动，深化"身边好人""好媳妇""好婆婆""美德少年"等群众性评选表彰宣传活动，拉近了邻里关系，增加了邻里感情，凝聚起共建幸福美好家园的强大合力，使民族团结进步之花开遍各个角落。以"最美家庭"和家风家训收集活动为契机，通过寻找、评选、宣传、表彰"最美家庭"，涌现出田颜秋家庭、铁占民家庭等"最美家庭""文明家庭""最美家庭""廉洁家庭""低碳家庭"30 余户，以正面典型教育引导辖区群众互帮互助、团结友善，唱响民族团结进步主旋律，让民族团结的模范事迹成为典范。

三　显著成效

1. 建强组织，把邻里居民"聚"在一起

金花园社区自 2020 年 10 月升格为党委后，在原来党组织架构基础上，组建 4 个网格党支部和 12 个楼栋党小组，发动 110 名党员担任楼道"红管家"，在每个单元显眼位置张贴"红管家"的姓名、联系方式、负责区域和工作职责，"有事找党员"成了居民的共识。通过把党组织建在网格上、小区里、楼栋中、商网下，"红管家"逐楼栋逐单元入户走访，畅通了党员与居民、居民与居民之间的关系，打破了过去的邻里陌生感。社区的庭院广场、党群服务中心、"家长学校""未成年人活动中心"等一应俱全，每天欢歌笑语，居民班前饭后都喜欢来这里坐一坐，与邻里聊一聊。党建下沉让基层治理有了新的生命力,党员服务更走心,邻里居民更热心,过去的"门对门、陌生人"变成了现在的"门对门、一家人"。

2. 发扬传统,唤醒邻里和睦浓浓真情

随着城市建设步伐的加快和居民居住条件的不断改善,居住在高楼大厦里的邻里之间出现了"一墙之隔不往来,擦肩而过不搭话,楼上楼下似陌路,对门相见不相识"的尴尬局面,邻里关系冷漠已成为和谐社会建设的一个极不和谐的音符。为了进一步唤起邻里间守望相助、和睦相处、彼此关心的优良传统,在每年9月"民族团结月"期间,金花园社区坚持举办"社区邻居节"。截至2021年,金花园社区已连续举办17届,建立了金花园"社区邻居节"活动的长效机制,开展各类邻里促进活动80余场次,参与居民达2万人次,被广大居民称为"咱老百姓自己的节日"。

3. 精选载体,架起邻里交往连心桥梁

金花园社区深入践行手足相亲、守望相助的理念,把开展民族团结进步创建抓在平时、融入经常。同过"邻居节"时,各族居民群众厨艺大比拼、才艺展示等轮番上阵,在交流中敞开心扉、在交往中增强互信;共庆各类节日时,各族居民群众你送我油香、馓子,我赠你粽子、月饼,一来一往中满是"远亲不如近邻"的邻里情。社区书画室、舞蹈室、文体活动室等常态开放,居民自发组成兴趣小组,一同唱歌、跳舞、弹琴、下棋、健身。久而久之,大家对社区的认同感更强了,彼此也越来越熟悉,不少居民参加完活动后留了电话、加了微信,从生人变成熟人,又从熟人变成了亲人。

四　经验启示

选准"领头雁"、方向有引领,是铸牢中华民族共同体意识、深入推进民族团结进步事业的重要基础。做好民族工作,关键在党、关键在人。社区党组织是党在城市社区全部工作的战斗力基础。实践证明,金花园社区民族团结进步创建工作推进就得益于党的坚强领导,有一个优秀的"领头雁",社区党委始终牢记中国共产党党员宗旨,听党话、跟党走、感党恩,用言行践行民族团结,给各族群众做出了表率、树立了榜样。只有这样，党组织有号召，群众才会有呼应；基层基础夯实了，中华民族共同体意识才能越铸越牢，民族团结社会大厦才会越加稳固。

先进为引领，创新勇争先，是铸牢中华民族共同体意识、深入推进民族团结进步事业的内生动力。坚持先进文化引领、构建共有精神家园是推动民族团结的不竭动力。加强民族团结宣传教育，就要坚持以现代文化为引领，以文化人、成风化俗，积极引导各族群众融入参与现代文明生活之中，积极追求现代文明生活。同时，要建立完善争先创优的激励机制，调动各族群众的积极性，激发全社会创新创造热情，使各族群众乐于接受新的改变，敢于接受新的挑战，追求文明、向善向美，始终与时代同行。

用情来感人，你心换我心，是铸牢中华民族共同体意识、深入推进民族团结进步事业的内涵追求。铸牢中华民族共同体意识是新时代党的民族工作的主线；民族团结是各族人民的生命线，也是最重要的群众工作。通过加强中华民族共同体意识、民族团结宣传教育，以团结群众、争取民心为目标，在思想上深化各民族"多元一体"的中华民族共同体共识，增强各民族平等团结的意识和"五个认同"思想，促进各民族各美其美、美美与共，不断巩固平等、团结、互助、和谐的新型民族关系；在行动上深化各民族共同团结奋斗、共同繁荣发展的共同体意识，推动全社会一起开展交流、培养、融洽感情的工作，促进各民族相互了解、相互尊重、相互包容、相互欣赏、相互学习、相互帮助，为推进社会稳定和长治久安共同努力。

点滴见行动，教育生活化，是铸牢中华民族共同体意识、深入推进民族团结进步事业的有效手段。中华民族共同体意识内化于心、民族团结外化于行，是宣传教育的重要目标。金花园社区在开展民族团结进步创建工作中，将宣传教育与群众需求有机地融合起来，使民族团结思想成为各族群众的共识。加强民族团结宣传教育就要将思想教育与生活世界全面融合，使二者合二为一、融为一体，深入开展各民族生产生活交往交流交融，推动建立相互嵌入的社会结构和社区环境，动员全体社区成员参与民族团结教育，做到铸牢中华民族共同体意识教育和民族团结教育全方位渗透于现实生活，生活之中时时处处体现出中华民族共同体意识和民族团结思想，使团结的行动成为全体社会成员的自觉行动，在全社会形成浓厚的团结风尚。

第四节　对城市多民族互嵌社区铸牢中华民族共同体意识路径的思考

结合金花园社区铸牢中华民族共同体意识、深化民族团结进步创建"四部曲"品牌实践的做法、成效和启示分析，本章认为，结合马克思主义认识论的观点，认识出发、用活工具、注重实践是城市多民族互嵌社区铸牢中华民族共同体意识的有益路径选择。

一　把准认识路径

1. 以民族政策理论学习夯实认识基础

通过把民族政策理论学习放在社区党建学习的重要位置，以开展集中学、专题学、自学和参加培训班等形式，进一步深化城市基层社区工作者对习近平新时代中国特色社会主义思想、中国化的马克思主义民族观宗教观世界观、党的民族宗教方针政策等的学习，进而提升城市基层社区工作者的政治理论水平和处理民族事务的本领，不断增强城市社区贯彻落实党的民族政策和维护民族团结的主动性、积极性。经由组织社区"两委"成员、党员、居民代表等"关键少数"学习党的民族政策理论，让中央民族工作会议精神、《中华人民共和国民族区域自治法》《城市民族工作条例》等政策法规知识真正走进基层社区。

2. 以民族政策宣传营造认识氛围

利用好社区现有场域资源打造各族居民家门口的"红色影院"，结合"四史"学习教育，以时政新闻、民族政策、红色电影等提升社区党员、群众对中华民族共同体的认同感；通过打造社区"名人长廊"，让"时代楷模""英雄人物"等模范故事走进各族群众日常生活，进一步宣传向上向善精神；在春节、元宵节、端午节、中秋节等中华民族传统节日和少数民族传统节日期间，组织丰富多彩的舞台剧、广场舞等庆祝活动，通过制作、悬挂中华民族大团结宣传标语、横幅、宣传展板等形式，加强铸牢中华民族共同体意识常态化宣传；在党和国家发展重要时间节点即将到来之际，组织各民族群众积极参加文艺团队，通过开展合唱、诗歌朗诵、读书会等活动，让各族群众以自己的方式表达对党和国家的美好祝愿，以歌颂好政策、增进各民族融合。

3. 以选树民族团结典型放大认识示范效应

以民族团结"N个好"[如"民族团结好少年""民族团结好母亲""民族团结好家庭""民族团结好邻居""民族团结好单元""民族团结好楼栋""民族团结好网格""民族团结好（物业）管家""民族团结好商户"等]模范评选活动为载体，及时发现、挖掘各族干部群众铸牢中华民族共同体意识先进典型。通过选树民族团结"好"典型，让民族团结细胞工程建设进商铺、进家庭、进物业，使各族干部群众真正成为民族团结教育的参与者、实践者，用典型示范提高影响力，把选树典型、示范引领作为城市民族工作的重要内容，弘扬民族团结主旋律、引领民族团结道德新风尚，以典型示范引领城市社区铸牢中华民族共同体意识工作的推进。

二　用活工具路径

1. 巧用制度工具

把社区民族工作纳入社区党组织和社区"大党委"重要议事日程、社区"两委"成员年终考核，结合社区实际，积极探索制订本社区"铸牢中华民族共同体意识走在前做表率行动方案"，已经被评为民族团结进步创建示范点的社区研制订本社区"民族团结进步创建巩固提升行动方案"，为高质量做好城市基层民族工作提供坚强的制度保障。对标全国民族团结进步创建等测评标准，探索建设本社区铸牢中华民族共同体意识目标、标准、动态管理等工作制度体系，有效推进城市基层民族工作标准化、精细化、规范化。

2. 打造品牌工具

结合城市社区实际，在社区的不同功能区积极探索打造铸牢中华民族共同体意识工作模式品牌。在住宅小区，从社区各族居民居住生活、工作学习、文化娱乐等环节入手，积极探索打造"党建引领+铸牢"工作模式品牌，有效推动建立嵌入式社会结构和加强社区环境建设；在辖区学校，积极探索打造"立德树人+铸牢"工作模式品牌，在青少年心中播撒中华民族大团结的种子，使学校成为团结友爱、同心筑梦的示范引领高地；在辖区宗教场所，积极探索打造"和谐寺观教堂+铸牢"工作模式品牌，教育引导宗教界人士和广大信教群众争做促进民族团结、宗教和顺的好公民、好教民，积极引导宗教与社会主义社会相适应；在辖区商贸区，积极探索打造"文商（旅）融合+铸牢"工作模式品牌，使民族团结和商贸零售、餐饮服务、签名打卡进一步相辅相成、交相辉映。通过打造国家、省、市、区民族团结进步创建示范社区释放工作模式品牌效应，在"民族团结月"积极探索打造"中华民族一家亲"主题活动品牌，进而彰显铸牢中华民族共同体意识工作的生命力与亲和力。

3. 依托德治工具

运用好城市社区"一约四会"德治工具，以居民公约、红白理事会、居民议事会、道德评议会、禁赌禁毒会为依托，提升居民道德素养，强化精神文明建设，深入推进移风易俗，让社会主义核心价值体系深入民心，进而加强社区治理体系建设，深化各族居民民主管理。通过积极发挥辖区民主党派成员、企业/商户老板、居民代表、业委会委员等人员的作用，积极开展结对帮扶、圆梦微心愿、"四点半"课业辅导等活动，让党建引领、文化塑造、自治善治、共建共享工作的有益探索以"微网格""微自治""微服务"等方式助力睦邻自治示范网格、睦邻楼宇（道）、睦邻议事厅等民族团结各项举措落地，使基于"一约四会"德治教化的民族团结之花在社区范围内处处盛开。

三　践行实干路径

1. 加强社区铸牢中华民族共同体意识阵地建设

依托城市基层社区警务室、党群活动中心、综治中心、政务代办中心、社会组织活动中心、退役军人服务中心、协商议事中心、新时代文明实践中心、医疗卫生服务中心建设，有序拓展建设面向各族居民的日间照料、心理咨询、石榴籽志愿服务等服务功能室，强化铸牢中华民族共同体意识阵地建设，更好地为做好城市基层民族工作奠定宣传教育、党员培训、服务居民、一体化协商的硬件基础。

2. 完善社区铸牢中华民族共同体意识工作体系

一方面，要建设社区民族工作组织架构。探索成立以社区书记为组长，以各民族居民代表、共建单位、社区网格员为成员的民族工作小组，研究探讨并制订社区民族工作方案、协商解决民族团结工作中存在的问题，为社区铸牢中华民族共同体意识构建坚实的组织架构；同时，在社区探索组建民族工作网格治理服务队伍，按照地理位置将辖区划分为若干民族工作治理服务网格，配合社区民族工作小组联合发力，奠定社区民族工作精细化、网格化基础。另一方面，要创新社区民族工作机制。围绕创新服务内容，探索并搭建以党建引领为核心的铸牢中华民族共同体意识平台；发挥社区党员活动室作用，组织各族党员学习马克思主义民族宗教观，进行"不忘初心跟党走"红色教育，常态化推进社区党员和各族群众的中国化马克思主义民族理论、民族政策及相关法律法规学习教育。

3. 夯实社区铸牢中华民族共同体意识的设施建设基础

结合文明城市创建工作，积极对接区（县）、街（镇）对辖区废弃房屋、残垣断壁、老旧小区、破损道路、断头路打通、停车场规划等进行改造提升，以基础设施建设带动社区人居环境换新颜；以争创全国文明城市为契机，加大招商引资力度，实施社区绿化提升工程和"15分钟便民生活圈打造"工程，优化社区公共绿地、健身路径、体育小品、文化长廊、延时托管、卫生健康、便民商超等网点布局，提升辖区教育教学、公共文化服务、文体服务、托幼养老等服务品质，改善各族居民的居住条件和生活环境。

4. 以提升社区公共文化服务水平为抓手构筑各族居民共有精神家园

全力落实公共文化服务体系建设工作要求，明确社区图书阅览、发展变革、民俗文化、文明实践、文娱体育等场馆、站点、中心周开放时间下限，积极承办文娱体育赛事和文化博览会，努力打造社区层面的公共文化服务示范点，为构筑各民族共有精神家园、铸牢中华民族共同体意识提供硬件支撑；依托公共文化服务场馆、站点、中心建设，深入挖掘社区剪纸、刺绣、武术、戏曲等优秀传统文化资源，整合文化人才，评选文化名家，壮大文艺队伍，挖掘非遗项目，进而面向社区各族居民讲述各族居民共同团结奋斗历程，树立和突出各民族共享的共同记忆和民族团结文化符号，为构筑各民族共有精神家园、铸牢中华民族共同体意识提供文化滋养。

5. 以精细化的网格服务稳固城市社区铸牢中华民族共同体意识的治理之基

科学划分社区网格，选优配强网格员，选任党员、居民代表和志愿者担任红色楼栋长和单元红管家，让网格员、楼栋长、单元管家、党员中心户有效参与社区红色物业服务和民情民意的常态化反馈机制，进而保障民族工作各环节触角可以常态化延伸到每家每户，实现网格民族工作精细化管理。积极引导"三社"联动向"五社"联动拓展，大力支持各类志愿服务项目在社区落地，高效开展各网格的共创文明城、党的政策进万家、关爱孤寡老人等志愿服务活动；让一对一/多的专业/公益心理咨询服务、家长讲堂、亲子课堂等活动以有效促进家庭邻里和谐为目标，在各网格有序开展。

总体而言，本章从我国城镇化速度、少数民族人口分布情况、总体人口增速、城市居民委员会建设等情况入手，对城市社区铸牢中华民族共同体意识的必要性进行了分析；从城市社区党建引领"一核多元"基层治理格局入手，对城市社区铸牢中华民族共同体意识的可行性进行了探讨。基于"认识—工具—实践"的思路对城市社区治理、治理格局、治理要素如何与铸牢中华民族共同体意识实践有机结合，做出了把准认识路径、用活工具路径、践行实干路径的建议式回答。本章认为，城市社区铸牢中华民族共同体意识实践是城市基层民族工作的主要方向，与依托党建引领"一核多元"的城市社区治理实践具有统一性和互构性，在具体实践中，应实现二者的有机结合。

第十五章
宁夏乡村医疗健康现代化进阶研究

张宏彩*

党和政府始终高度重视乡村卫生健康服务的发展。推动乡村医疗健康服务现代化建设，是助推中国式医疗卫生健康服务体系现代化的重要内容。新时代新征程，党的二十大提出"坚持农业农村优先发展""人的全面发展""健康中国"建设，这进一步为乡村基层医疗健康体系构建提供了科学指引，即应以系统整合观念看待乡村基层医疗卫生在基层医疗服务网络中的地位，优化乡村医疗卫生资源与服务的整体性结构，推进城乡医疗卫生服务均衡发展。我国已边上全面建设社会主义现代化国家新征程，系统总结宁夏乡村医疗卫生服务现代化的实践成就与历史经验，探索一系列成就背后的体系变迁路径与逻辑，不仅能为宁夏实现第二个百年奋斗目标提供重要保障，而且能为我国医疗卫生体系发展贡献宁夏经验与宁夏智慧。

第一节 我国乡村医疗健康现代化的理论与制度面向

乡村医疗健康现代化是解决城乡发展不均衡问题、补齐乡村发展短板的重要举措，是中国式现代化进程中"人的全面发展"和"健康中国"建设理论与实践的有效结合。认识中国乡村医疗健康现代化，需在厘清乡村

* 作者简介：张宏彩，宁夏社会科学院社会学法学研究所助理研究员。

现代化与乡村医疗健康现代化逻辑关联的基础上，从学理和制度的逻辑上分析其构成，这是乡村医疗健康现代化研究的前置基础。

一　乡村医疗健康现代化概念的厘清

在英语里，"现代化"（moderization）是一个动态的名词，意为 to make modern，即"成为现代的"之意。modern 这个作为表示时间概念的形容词，在普通英文词典里解作 of the present or recent times，原意为"现世（代）"或"（代）"。近代西方史学对人类文明史最粗略的基本分期法是三段式的：古代的（ancient）、中世纪的（medieval）、现代的（modern）。modern times 一词大致是指从公元 1500 年左右一直到现今的历史时期。此外，modern 在英语里还有另外一层含义，即"时新的"（new, up-to-date）与"新式的"（new fashioned）的意思（参见《牛津高阶英汉双解词典》）。由此引申，"现代"（modern times）有"新时代"的含义。关于"现代化"的解释，学界有多种释义，罗荣渠归纳了社会学家、经济学家、历史学家、政治学家等不同流派的"现代化"观点，认为现代化是工业革命以来，工业主义渗透到政治、文化、经济等各个领域的改革发展的历史过程，是多层次、多阶段、包罗万象的。[①] 马克思认为，现代化是任何国家都必然经历的过程。现代化的本质在于，它是以人的自由和全面发展为依归的一种价值取向和理性追求，是现代化引导下的人类文明与社会发展的历史进程。[②] 党的二十大报告明确指出，"在新中国成立特别是改革开放以来长期探索和实践基础上，经过十八大以来在理论和实践上的创新突破，我们党成功推进和拓展了中国式现代化"。"中国式现代化"概念自此正式确立。

党的二十大报告指出，"中国式现代化是人口规模巨大的现代化、全体人民共同富裕的现代化、物质文明和精神文明相协调的现代化、人与自然和谐共生的现代化"。仔细推敲这四项"中国式现代化"的内容，不难发现均与医疗健康事业发展息息相关，四项任务的实现离不开全体人民群

[①]　罗荣渠：《现代化新论：中国现代化之路》，华东师范大学出版社，2013，第 13 页。

[②]　马克思、恩格斯：《马克思恩格斯选集》（第一卷），人民出版社，1972，第 25 页。

众，而健康是人生存和发展的第一需求。① 所以，中国医疗健康事业现代化是中国式现代化建设的重要内容，没有健康就没有现代化。因此，党的二十大报告在关于推进健康中国建设中明确指出，"把保障人民健康放在优先发展的战略位置，完善人民健康促进政策"。另外，党的二十大报告还指出，"全面建设社会主义现代化国家，最艰巨最繁重的任务仍然在农村"，并提出了"提高基层防病治病和健康管理能力"的要求。

综上所述，乡村医疗健康现代化是中国式现代化的重要内容，中国式现代化为乡村医疗健康现代化指明了方向。只有把"建成健康中国"和"人的全面发展"思想始终贯彻于乡村医疗健康现代化建设，才能探索出符合中国乡村实际和乡村群众需求的乡村医疗健康发展之路。

二　乡村现代化与乡村医疗健康现代化的逻辑关联

习近平总书记指出："一个国家走向现代化，既要遵循现代化一般规律，更要符合本国实际，具有本国特色。"② 中国作为东方大国，具有悠久的农耕历史、广阔的农业种植面积和占全国人口总数超过 1/3 的农业人口。乡村现代化具有中国式现代化的重要地位，是中国式现代化的重要组成部分，是党中央和国家基于城乡不同社会结构，遵循乡村发展规律，结合乡村实际、乡村特点，针对乡村发展短板、弱项多等现状，对乡村在中国式现代化进程中做出的正确定位。

"农业现代化、农民现代化、农村现代化"是乡村现代化的有机组成。③ 进入 21 世纪，乡村经济社会衰退引起党和国家的重视，脱贫攻坚战取得全面胜利后，党和国家提出乡村振兴战略。在贯彻落实乡村振兴战略过程中，健康乡村建设、提高乡村居民民生保障水平是推动实现乡村振兴

① 依据马斯洛对人的基本需求层次的划分，生命健康是人需求的第一层次，是人最基本的需求。参见亚伯拉罕·马斯洛《动机与人格》（第 3 版），许金声等译，中国人民大学出版社，2012，第 49 页。

② 中共中央宣传部编《习近平新时代中国特色社会主义思想学习纲要（2023 版）》，学习出版社、人民出版社，2023，第 58 页。

③ 刘默：《乡村仍是中国现代化主战场——访中国人民大学经济学院刘守英教授》，《中国经济报告》2017 年第 12 期。

的重点任务。《中共中央 国务院关于全面推进乡村振兴加快农业农村现代化的意见》明确提出了"全面推进健康乡村建设"要求。从发展动力来看，乡村现代化包含了外在动力和内生动力两种，乡村居民的健康是乡村主体的现代化内容之一。因此，乡村医疗健康现代化是乡村现代化的内在动力组成，是乡村现代化建设的基础。

中国式现代化是以人民为中心的现代化，是追求公平和可持续发展的现代化。现阶段，随着我国经济社会的整体发展，乡村的弱势地位越来越明显。党的二十大报告明确指出，"促进优质医疗资源扩容和区域均衡布局"，"提高基层防病治病和健康管理能力"。乡村作为基层的重要组成部分，加快乡村医疗健康保障体系现代化建设，是解决乡村医疗资源匮乏、看病难、看病贵等问题，推进乡村振兴和乡村现代化建设的重要举措。

三 我国乡村医疗健康现代化理论面向

现有关于乡村医疗健康现代化的研究中，有学者从外部要素介入，提出乡村医疗的发展须与其所嵌入的制度、文化、结构相适应[①]；也有学者从县、乡、村三级医疗机构的组织内部结构要素介入，提出组织联盟理论[②]；还有学者基于医疗服务体系的特殊性和复杂性，提出建构具有新时代中国乡村特色医疗生态系统理论。[③] 本章认为，根据前述现代化概念的学理梳理，乡村医疗健康现代化是关于乡村医疗健康系统的、多层次的、体系性的改革和发展过程。从中国式现代化的本质、特征、要求等来看，加强乡村医疗健康现代化建设，关键在于构建符合中国乡村医疗发展规律、满足乡村群众医疗管理和服务需求、符合乡村医疗特点的理论。结合"人民"的主体地位、"发展"的改革创新要求、"共同体"的价值目标等中国式现代化建设要求，乡村医疗健康现代化理论的构建需以人民群众的

[①] 顾昕：《公共财政转型与政府医疗投入机制的改革》，《社会科学研究》2019 年第 2 期，第 146 页。

[②] 孙树学、蒋晓庆、李维昊、刘钰：《松散型医联体赋能基层医疗服务体系——组织竞合、政策激励与动态能力提升》，《公共管理学报》2021 年第 3 期，第 139 页。

[③] 张亮、邢怡青、马希望：《基层医疗卫生体系现代化的理论逻辑、历史演进与未来进路》，《社会科学研究》2023 年第 4 期，第 112 页。

健康诉求为核心。提升乡村医疗健康治理和服务水平，是推进乡村振兴和乡村现代化建设的基础工程，也是乡村医疗健康现代化理论构建的根本目标和核心所在。

同时，我国乡村悠久的农耕文化历史奠定了乡土中国的乡村发展理论基础，但是随着城镇化、工业化、信息化的发展，乡村人口结构、产业发展、利益诉求等发生颠覆性的变革。乡村医疗健康现代化理论需根植于乡村的"乡土性"，其发展转型面临"乡土性"与"现代性"的经济、文化、价值、场域等变革，是基于工业化、城镇化、信息化的现代化变革历程。因此，本章从乡村主体现代化、体制机制、发展状态三个层面展开，结合乡村实际，基于乡村医疗的信息化、科技化发展实况，从供需链现代化状态分析乡村医疗健康现代化面临的挑战和未来进阶路径。

四 我国乡村医疗健康现代化的制度演进

党的十八大以来，以习近平同志为核心的党中央坚持以人民为中心的发展思想，提出"健康中国 2030 纲要"和"2035 远景目标"[①]。党的十九大报告明确将农村现代化与工业化、信息化、城镇化并列写入，是在国家制度层面承认"农业、农民、农村"现代化同等重要。2016 年 10 月，中共中央、国务院印发《"健康中国 2030"规划纲要》（以下简称《纲要》），其中指出，"健康是促进人的全面发展的必然要求，是经济社会发展的基础条件。实现国民健康长寿，是国家富强、民族振兴的重要标志，也是全国各族人民的共同愿望"。将健康摆在优先发展的战略位置，要求以农村和基层为重点，加强农村和城市社区卫生与健康工作，增强基层防病治病能力，维护基本医疗卫生服务的公益性，逐步缩小城乡、地区、人群间基本健康服务和健康水平的差异，推动健康领域基本公共服务均等化，实现全民健康覆盖，促进健康公平。《纲要》明确了加强乡村医疗建设的重要性、价值和目标。2018~2021 年，中央一号文件连续 4 年对"全面推进健康乡

[①] "健康中国 2030 纲要"是指《"健康中国 2030"规划纲要》，"2035 远景目标"是指《中华人民共和国国民经济和社会发展第十四个五年规划和 2035 年远景目标纲要》中远景目标的内容。

村建设"提出明确发展要求。2022 年 9 月，中央全面深化改革委员会第二十七次会议审议通过了《关于进一步深化改革促进乡村医疗卫生体系健康发展的意见》，会上习近平总书记强调："要健全适应乡村特点、优质高效的乡村医疗卫生体系，让广大人民群众就近获得更加公平可及、系统连续的医疗卫生服务。"① 乡村医疗卫生服务是乡村群众健康的基本保障，乡村群众的高健康水平是保障乡村振兴发展的根本，乡村医疗健康事业发展是健康中国的重要组成部分，也是推进乡村振兴和现代化建设的基础。

健康扶贫实施后，县、乡、村医疗卫生机构实现全覆盖。在追求"一个都不能少"的健康扶贫路上，乡村留守老人、留守儿童和留守妇女、低收入人群、分散供养特困人群、残疾人等的健康权益在制度价值层面得到保障。2018 年国务院办公厅印发的《关于促进"互联网+医疗健康"发展的意见》提出，推进远程医疗、互联网医疗等服务向乡镇卫生院和村卫生室辐射延伸，提升乡村医疗服务能力和效率。自 2020 年 6 月 1 日起，《中华人民共和国基本医疗卫生与健康促进法》正式实施，为健康乡村建设和乡村医疗健康现代化建设提供了更加完善的法治保障。自 2021 年 6 月 1 日起实施的《中华人民共和国乡村振兴促进法》对农村医疗卫生等社会事业发展提出资源倾斜要求，指出了提升其服务体系的数字化、智能化水平。在一系列法律政策制度的倾斜配置下，乡村医疗服务体系得到不断完善，服务能力不断提升。

第二节　宁夏乡村医疗健康现代化发展现状

2018 年 7 月，宁夏借助银川市互联网医疗发展基础、中卫市云计算和大数据产业园等医疗与信息技术发展优势，获得全国首个"互联网+医疗健康"示范区建设机遇，同时成为全国继江苏、福建、山东等地之后的第六个国家健康医疗大数据中心和产业园建设省区。自此，宁夏乡村医疗健康事业现代化进入快速发展期。

---

① 《习近平主持召开中央全面深化改革委员会第二十七次会议》，https://www.gov.cn/xinwen/2022-09/06/content_5708628.htm，最后访问日期：2024 年 12 月 2 日。

自示范区建设以来，宁夏 5 个地级市、22 个市县（区）、193 个乡镇、2468 个乡村的医疗健康事业发展发生了翻天覆地的变化，252.6 万乡村居民的医疗健康服务环境产生根本性改变，广大乡村地区群众的医疗健康获得感、便捷度得到极大提升。[①]

一　乡村医疗健康现代化的制度供给

党的十八大以来，宁夏党委、政府以健康宁夏战略、乡村振兴战略、数字乡村战略等为契机，加强基层医疗健康公共服务体系建设，聚焦宁夏百姓看病就医"急难愁盼"问题，尤其是乡村地区医疗健康短板问题，借力"互联网+医疗健康"示范区、乡村全面振兴样板区，将乡村医疗健康服务信息化建设纳入惠民工程，持续深化推进卫生健康领域改革，不断加强基层医疗卫生服务机构软硬件建设。其主要从制度倾斜、经费投入、服务环境改善三个层面入手，致力于改变宁夏乡村医疗健康信息化程度低、医疗服务资源匮乏、健康保障水平低等发展短板，在一定程度上有效提升了基层医疗健康服务能力，提高了乡村地区居民的卫生健康保障水平。

1. 建立健全乡村医疗健康信息数字化制度支撑体系

截至 2021 年底，宁夏制定出台"互联网+医疗健康"相关规章制度实施方案近 60 件，制定"互联网+医疗健康"行业标准 25 项，实现多个全国"首创"，出台全国首个"互联网+医疗健康"示范区发展规划、首个医疗保险门诊大病互联网就诊报销制度、首个互联网医院监督标准等。在制度体系上，实现从宁夏顶层设计到各市各部门各级推进实施意见，建立健全了"互联网+医疗健康"制度体系；在推进部署上，实现了有规划、有方案、有清单的安排；在任务举措上，实现了主体准入、业务经营范围、支付结算方式、审查监督等全流程完善，为有序推进宁夏医疗健康现代化建设提供了坚实的制度支撑体系。

根据乡村振兴战略、数字乡村建设等中央战略工作精神要求，宁夏乡村医疗健康事业从健康扶贫、乡村信息化、乡村医疗健康数字化等入手，

---

① 《宁夏统计年鉴 2021》，https://nxdata.com.cn/files_nx_pub/html/tjnj/2021/indexfiles/indexch.htm？1=1，最后访问日期：2024 年 12 月 2 日。

结合宁夏乡村医疗健康服务发展实际，制定了一系列关于乡村卫生室、医务人员、设施设备等标准化建设制度，明确了基层智能诊疗系统配置率、乡村医生和家庭医生签约覆盖率、医疗队伍结构、财政经费投入等具体发展目标。同时，宁夏根据国家分级诊疗制度、现代医院管理制度、全民医保制度、药品供应保障制度和综合监管制度等"三医协同"改革发展制度要求，针对宁夏乡村医疗健康发展的现实需求，在 2019~2021 年制定发布了《2019 年宁夏基层医疗健康机构实施基本药物制度暨推进基层卫生综合改革项目实施方案》《宁夏贫困地区健康促进三年攻坚行动方案》《关于印发宁夏巩固拓展健康扶贫成果乡村振兴有效衔接的实施方案的通知》等 10 余件方案，为全面推进乡村医疗健康现代化发展奠定了良好的制度基础。

2. 不断加大乡村医疗健康财政经费投入力度

自 2017 年起，宁夏政府卫生支出经费每年都超过 100 亿元，并逐年增加，持续加大基层卫生经费投入力度。"十三五"期间，宁夏累计投入 4.6 亿元用于加快基层医疗健康机构标准化建设。2019 年，宁夏基本卫生服务项目补助标准人均为 69 元，到 2020 年提升为 74 元。截至 2020 年底，宁夏共计统筹资金 15620 万元，全部用于新建标准化村卫生室等基层卫生服务场所建设。[1] 截至 2021 年底，宁夏政府卫生支出占卫生总费用构成比例为 38.49%，比 2018 年的 33% 提升 5.49 个百分点。[2] 这些投入提高了宁夏乡村居民的医疗健康服务保障能力，让宁夏乡村医疗健康的服务环境得到极大改善，让乡村医疗健康基础设施设备配置、医疗人才培养和引进、信息化建设等更新和发展进入快速发展期。

3. 加强乡村医疗健康基础设施建设

根据党中央和国务院健康乡村建设要求，宁夏加大对乡村医疗健康服务基础设施设备配置的投入力度，依托"互联网+医疗健康"示范区建设，充分发挥中央和地方乡村扶持项目、各类社会公益慈善等项目的支撑作

---

[1] 《自治区卫生健康委关于报送〈自治区"十三五"推进基本公共服务均等化规划〉总结评估材料的函》，http://wsjkw.nx.gov.cn/zfxxgk_279/fdzdgknr/zdgkwj/202009/t20200922_2814256.html，最后访问日期：2024 年 3 月 12 日。

[2] 王维成：《2021 年宁夏卫生健康事业改革发展报告》，载李保平主编《宁夏社会发展报告（2022）》，宁夏人民出版社，2022，第 46~56 页。

用，积极推进乡村医疗机构基本诊疗设备配置改造更新，组织实施了乡村基层远程会诊系统建设项目、村卫生室健康一体机和全科诊断仪配置项目等提升行动。到 2018 年末，宁夏基本实现了国家"一乡一院""一村一室"①的设置标准；② 到 2020 年底，宁夏全面完成乡村人居环境整治三年行动，建设卫生户厕 10.5 万户，改建乡村公路 1200 公里，建成特色小镇 12 个、美丽村庄 100 个；③ 到 2021 年底，宁夏建设重点小城镇 12 个、美丽村庄 50 个，20 户以上自然村基本通了硬化路。④ 宁夏乡镇卫生院基本配备了彩超、数字影像、全自动生化分析仪等基本医疗设备，每个村卫生室均配备了全科诊断仪，乡村缺医、缺药、缺设备的状况得到极大改善。

二 乡村医疗健康现代化服务能力建设

2013 年以来，宁夏党委、政府积极响应中央和国家医疗健康服务信息化建设号召，积极解决宁夏优质医疗资源匮乏问题，打造了远程医疗、医联体、集团医院等发展模式，探索出多条推动优质医疗资源向基层下沉的路径，在一定程度上有效解决了宁夏乡村医疗资源匮乏、百姓"看病贵、看病难"等问题。尤其是"互联网+医疗健康"示范区建设以来，乡村医疗健康供给服务网络进入快速发展期。

1. 乡村医疗健康机构信息化水平提升

2018 年以来，宁夏以基层为中心，以乡村医疗健康信息化建设为抓手，加快推进乡村医疗健康服务网络和平台建设，持续深化推进分级诊疗、远程医疗、医联体、集团医院建设，利用"互联网+医疗健康"示范

① "一乡一院"是指一个乡镇拥有一所卫生院，"一村一室"是指一个行政村拥有一所卫生室。
② 《补短板 强弱项着力推进基层医疗健康机构标准化建设》，http://wsjkw.nx.gov.cn/xwzx_279/gzdt_46361/201906/t20190611_2809927.html，最后访问日期：2024 年 3 月 12 日。
③ 《2021 年宁夏回族自治区政府工作报告——2021 年 1 月 29 日在宁夏回族自治区第十二届人民代表大会第四次会议上》，https://www.nx.gov.cn/zzsl/zfgzbg/202102/t20210205_2593163.html，最后访问日期：2024 年 3 月 12 日。
④ 《2022 年宁夏回族自治区政府工作报告——2022 年 1 月 20 日在宁夏回族自治区第十二届人民代表大会第五次会议上》，https://www.nx.gov.cn/zzsl/zfgzbg/202201/t20220127_3306646.html，最后访问日期：2024 年 3 月 12 日。

区建设契机，推动宁夏县域、乡镇、农村医疗健康服务信息化建设，为乡村基本医疗健康事业高质量发展搭建良好的网络发展平台。

2018~2021 年，宁夏在推进基层医疗机构信息化、智能化建设方面累计投入 660 万元。截至 2023 年初，宁夏基本实现村级卫生专网全覆盖、基层人工智能辅助诊疗系统全覆盖及居民健康档案管理、家庭医生签约、儿童免疫规划、120 急救网络一体化等信息互联互通，乡村医疗健康服务信息化、智能化、现代化水平实现全面提速提档。截至 2021 年底，宁夏乡村医疗健康服务基本形成了以县医院为龙头、乡镇卫生院为中心枢纽、村卫生室兜底的基层三级医疗健康服务网络体系。村卫生室基本实现村村通网，乡村居民健康档案实现全面信息化，电子病历规范率提高到 96.45%，人工智能辅助诊疗系统在基层医院基本实现全覆盖，广大乡村居民通过远程医疗服务体系、家庭医生签约、医联体等信息技术，正逐步形成"大病不出县、常见病多发病不出村"的就医新秩序。

2. 优质医疗健康资源和服务乡村下沉实践

2018 年以来，宁夏通过引进全国知名互联网企业，依托实体医院，建立互联网医院，带动优质医疗资源和服务下沉乡村。截至 2021 年底，引进全国知名互联网企业 100 余家，挂牌执业互联网医院 74 家，在宁夏备案注册的全国医师达到 6.7 万余名，北上广等地专家接诊 5000 多例，极大地减轻少宁夏现有执业医师 [2021 年底，宁夏拥有执业（助理）医师 2.22 万名] 的工作负荷，初步形成了"基层检查+上级诊断+区域互认"现代化分级诊疗模式。

到 2021 年底，国家、宁夏、市、县、乡五级远程医疗服务体系全覆盖已经形成，广大乡村群众可以通过远程门诊、会诊、影像、心电、超声、家庭医生签约等远程服务系统，找到市级、省级乃至全国各地知名专家看病，基本实现小病不出村、大病不出县。医疗集团、专科联盟、医共体、城乡一体化等服务网络，推动宁夏二、三级医院医疗资源向广大乡村地区下沉，有力实现了以城市带动乡村医疗健康服务能力提升，为广大乡村患者在家门口享受优质医疗资源提供了便利渠道，提升了基层医疗健康服务能力。

3. 乡村医生健康服务能力提升实践

自 2011 年起，宁夏采取免费订单定向培养的方式培养乡村医生，出台了《关于改革完善全科医生培养与使用激励机制的实施方案》，建立全区统一规范的全科医生培养制度，采取转岗培训和定向等方式加快全科医生培养。通过订单定向招聘方式，宁夏累计为乡镇卫生院招聘、选拔 2000 多名医疗卫生专业技术人员。截至 2022 年底，宁夏在岗乡村医生中大专及以上学历 2439 人，占人员总数的 74.31%；中专学历 641 人，占人员总数的 19.53%；中专以下学历 202 人，占人员总数的 6.15%。乡村医生学历结构持续得到优化。到 2022 年末，宁夏乡村医师和卫生员数量占全区卫生人员总数的 5.6%，比 2018 年末提高 0.8 个百分点。[1] 从 2017 年起，依据《关于卫生计生系统落实"凡晋必下"制度的指导意见》，宁夏县级以上公立医院、妇幼保健、疾病控制和卫生监督机构高、中级职称人员，必须有在基层工作经历，才能晋升，连续 5 年开展"千名医师下基层"对口支援活动。宁夏每年选派 1000 名城市医院中级以上专业人员到基层服务，提升基层医疗机构服务能力。[2] 此外，宁夏回族自治区卫生健康委员会还通过科技赋能，针对基层医疗机构医务人员业务能力弱等问题，打造了医疗知识库、医疗 AI 库、医疗数据库，进一步便利了基层医疗人员加强业务学习，形成了"科技+服务+治理"基层医疗服务保障体系，实现了基层医学知识不搜即得、诊疗决策精准适时、诊后管理便捷可及。

三　乡村医疗健康现代化的保障体系建设

1. 消除城乡居民医保待遇不公平和服务不均等

早在 2011 年，宁夏就完成了城镇居民医保和新型农村合作医疗制度整合，实现了城乡居民基本医疗保险制度全区全覆盖，到 2021 年宁夏城乡居民参保基本实现全覆盖。宁夏自 2010 年试点推进城乡居民医保制度整合以

---

① 数据由宁夏回族自治区卫生健康委员会提供。
② 《关于自治区政协十一届四次会议第 484 号提案答复的函》，http://wsjkw.nx.gov.cn/zfxxgk_279/fdzdgknr/rdzxjyta/202108/t20210831_2998695.html，最后访问日期：2024 年 3 月 12 日。

来，对城乡居民的参保范围、政策标准、基金管理、服务流程、组织管理、信息档案等做出了制度探索，至 2020 年宁夏城乡居民基本医疗保险推行"一制一档"，在制度上实现了城乡居民医保待遇权利平等和服务均等化。

2018 年以来，宁夏推出一系列"互联网+医疗健康"发展制度，并出台了《自治区医疗保障局 卫生健康委员会关于制定第一批"互联网"医疗服务项目试行价格和医保支付政策的通知》《自治区医疗保障局关于落实"互联网+"医疗服务价格和医保支付政策的通知》等政策文件。银川市率先制定发布了《银川市人民政府办公室关于印发银川市医疗保险门诊大病互联网医院管理服务办法（试行）的通知》，为广大城乡居民互联网医疗在线支付和医保统筹提供制度保障与支付依据。2020 年，为充分发挥"互联网+医疗健康"优势、减少患者往返医疗机构频次、降低人流聚集风险及减轻参保群众负担，银川市医疗保障局、银川市卫生健康委员会、银川市财政局联合印发《关于调整互联网医院基本医疗保险相关政策的通知》，根据国家、自治区有关互联网医院医保政策规定及《银川市互联网医院医疗保险个人账户及门诊统筹管理办法（试行）》《银川市互联网医疗保险基金安全管控办法（试行）》《银川市医疗保险门诊大病互联网医院管理服务办法（试行）》等要求，对门诊大病病种、健康管理措施、服务规范和待遇标准等做了相应调整，进一步规范了互联网医院医保服务管理，扩大了参保人员受益面。

2. 扩大乡村居民医保支付范围，提高乡村居民医保支付金额

历时 10 余年，宁夏城乡居民医保已从"量的积累"转向"质的提升"发展阶段，改变了过去覆盖面窄、保障水平低的局面。目前，宁夏城乡居民在医疗健康供给上基本实现了"有医有药有保障"，同时医疗保障逐步朝着有层次、种类多、覆盖面广的方向发展。城乡居民医保参保缴费金额从 2011 年的 50 元提高到 2022 年的 350 元。城乡特困人群医保参保资助金额在 2011~2022 年从 27 元提高至 650 元。在医保覆盖面上，门诊保障、住院保障、大病医疗保险三大类普遍覆盖。在医保支付报销比例上，一、二级医院门诊医保支付报销比例分别从 2013 年的 65% 和 55% 提高到 2020

年的 70% 和 60%，门诊大病医保报销比例从 35% 提升至 60%，支付最高限额为 2 万元（除肾透析、苯丙酮尿症之外），住院费用从起付标准以上部分的报销比例分为三个档次，最高限额 13 万元，大病医疗保险起付标准从 2013 年的 6000 元，报销比例不得低于 50%。到 2020 年，宁夏五市根据不同地区确定不同起付标准，最低为 8500 元，最高为 10000 元，报销比例统一确定不低于 60%。①

2018 年以来，宁夏各市加强线上医保支付改革探索，着力推动"医+药+险+养"多级联动的互联网医疗生态体系，实施线上问诊、复诊、药品配送等统一审核支付报销流程。同时，根据中央互联网药品销售监管制度，宁夏各市开展"线上药品回扣行为"专项检查、"过度用药"检查等活动，加强行政监管，提高广大城乡居民线上医药供给安全水平。

3. 不断提升乡村医疗健康服务科技化智能化水平

宁夏以"互联网+医疗健康"示范区建设为契机，通过加强乡村医疗健康机构人工智能辅助诊疗系统的配置，基层门诊病历规范化标准化，常见病、慢性病、老年病等基层首诊制度，化解乡村地区医疗服务能力弱、药店药品少、检查检验设备不足等困境。截至 2021 年底，宁夏共投放了 26 台云巡诊车和 580 个云巡诊包，搭载了血压、心电、彩超、大生化、五分类血球、尿液分析仪等检查检验设备，能够提供 B 超、心电等 7 大项 53 小项基本检查检验；配置的人工智能辅助诊疗系统能够帮助基层医务人员对 66 种常见病、多发病实现准确诊断。②

宁夏回族自治区政府从基本公共卫生服务经费中分拨出部分经费，用于家庭医生签约服务，为广大居民提供慢性病、常见病、老年病等健康随访、上门诊疗、用药指导等服务，同时利用远程医疗体系、互联网诊疗服务等协助与上级医疗机构实时互动、线上诊疗等便捷就医服务。

四　闽宁协作助力宁夏乡村医疗健康现代化实践

1997 年以来，福建省贯彻党中央关于加强欠发达地区和少数民族地区

---

① 数据由宁夏医保局提供。
② 数据由宁夏回族自治区卫生健康委员会提供。

扶贫支医计划，建立闽宁对口帮扶协作机制，通过搭建帮扶机制、建立部门协作、整合区域医疗资源等多种形式，为宁夏乡村医疗健康现代化高质量发展提供了大量人力、资金、项目支持。据统计，截至 2023 年 12 月，福建省 22 家省级选派对口帮扶单位在宁夏诊疗门（急）诊患者 2.5 万余人次、住院患者 1.3 万余人次，开展住院手术 4000 余台次；开展培训 698 期，培训受援单位医疗专技人才 8000 余人次。① 福建切实为宁夏乡村医疗健康现代化高质量发展提供了有力的外援支持。

1. 建立县级对口帮扶长效机制

闽宁对口帮扶协作机制建立以来，为有效提高宁夏的医疗卫生服务水平，福建与宁夏在省级、市级、县级、乡镇等开展对口帮扶活动。尤其是县级医院对口帮扶长效机制的建立，有力推动了宁夏基层医疗服务高质量发展，不仅提升了宁夏县级医院的服务能力，还带动了乡镇卫生院医疗服务能力和水平的有效提升。1999 年以来，福建省与宁夏回族自治区永宁县、原州区、西吉县、隆德县、泾源县、海原县、同心县等建立对口帮扶长效机制，通过捐赠医疗卫生设备、资金投入、人才培训、远程医疗等形式，有效推动了宁夏基层医疗健康现代化发展。

2. 实施青年志愿者援宁项目

据统计，2000~2023 年，福建省向宁夏 5 个市 22 个县和部分乡镇医疗机构输送了大量青年志愿者，建立了 200 余个县级以上青年志愿者协会，参与的青年志愿者累计有 1000 多万人次。2000~2015 年，仅宁夏同心县人民医院就先后有六批次 131 名来自福建省的志愿服务队员进行支援，该医院的年门诊量由 1999 年的 6.3 万人次提升到 12 万人次，年手术人数由 1500 人次提升到 3000 多人次。②

3. 提供特殊群体医疗卫生关爱服务

针对老年人、妇女、儿童等特殊群体，福建省和宁夏回族自治区建立了政府主导、多部门协作、区域医疗资源整合、全社会参与的特殊群众救

---

① 《闽宁对口医疗协作开启新征程》，https://wjw.fujian.gov.cn/xxgk/gzdt/wsjsyw/202312/t20231222_6365144.htm，最后访问日期：2024 年 3 月 12 日。

② 数据由宁夏回族自治区卫生健康委员会提供。

助协作机制。2009 年，争取到中国妇女发展基金会及福建省妇联闽宁扶贫协作资金共计 253 万元，为宁夏 1.8 万名农村贫困妇女、城镇低保妇女提供"两癌"筛查服务。同时，通过创新引入公益保险的方式，在宁夏全区开展女性健康保险工作。宁夏妇女儿童发展基金会积极争取专项基金，使中国妇女发展基金会"爱茉莉太平洋女性专项基金"两次落地宁夏，累计投入 200 万元，在海原县、彭阳县、隆德县、原州区 4 个县（区）为 1.4 万名贫困妇女提供"两癌"筛查服务。

第三节　宁夏乡村医疗健康现代化进阶的困境

党的二十大报告明确提出，"全面建设社会主义现代化国家，最艰巨最繁重的任务仍然在农村"。随着党和国家推出的一系列惠农政策的出台与落地，宁夏乡村医疗健康现代化服务体系和服务能力不断得到提升，但是由于长期形成的乡村医疗健康服务基础弱、积累问题多等原因，改善乡村医疗健康服务条件并非短时间内能够实现的，补齐乡村医疗健康服务短板的任务依然艰巨，需要长期坚持推动乡村医疗健康现代化发展。

一　乡村人口结构和疾病谱系变化的挑战

第七次全国人口普查数据显示，2020 年，宁夏乡村人口数量为 252.40 万人，占比为 35.04%。同时，从宁夏流动人口城市集中化来看，根据宁夏流动人口年龄结构划分，60 岁以上人口占流动人口的比例为 12.79%（乡村占比更高）。近年来，宁夏乡村老年人口留守问题越来越严重、老龄化程度越来越高，基本养老保障和医疗保障水平较低。相较于城市老年群体，乡村老年人口的健康保障能力和水平较低，未来医疗健康保障问题十分严峻。同样，未来乡村卫生室和乡村医生的工作负荷和压力将非常大，这对乡村医疗健康保障建设带来严峻挑战。

另外，宁夏中南部山区乡村医疗健康服务在机构配备、医护人员配置等方面存在很大缺口。截至 2020 年 6 月，宁夏基层医疗健康机构标准化建设累计投入了 4.6 亿元，不过乡村人口数量多，医疗健康服务起步晚、底子薄，乡村医疗机构诊疗设备、信息化建设、技术力量、服务水平等方面仍然存在很大不足。对于广大乡村地区的妇幼、老年人、多发病和慢性病患者等人群来说，乡村医疗健康服务能力和水平乃至基础供给远远比不上城市医疗机构。同样，乡村"互联网+医疗健康"服务建设和发展能力亦无法弥合城乡差距。

二　乡村居民"乡土性"与"现代化"认知冲突

长期以来，普通百姓的"小病不治、大病上大医院治"和找"大医生""名医"的就医观念，加剧了城乡医疗资源分布不均，导致基层医疗机构健康"守门人"功能不断弱化。2011~2022 年，宁夏乡镇卫生院数量从 228 个降至 204 个，年均诊疗人次常年在 600 万人次左右，宁夏全区医疗机构年均诊疗人次在 4000 万人次左右[①]，二者对比，宁夏乡镇卫生院诊疗人次仅占宁夏全区医疗机构年均诊疗人次的 15%。2018~2021 年，宁夏全区村卫生室由 2300 个缩减为 2172 个，村卫生室总诊疗人次由 431.50 万人次下降至 419.65 万人次。除了乡村居民经济收入水平提升、交通便利等因素驱动居民有能力向城市医院就诊聚集，乡村居民对乡村基层医疗服务能力和水平不认可、不信任和不满意是主要原因。这种就医格局严重影响了医联体、分级诊疗、基层分流等现代化医疗业务在乡村的开展。

宁夏乡村居民线上医疗健康认知和接受度较低，具体表现为：一方面对线上医疗健康的知晓度普遍不高，另一方面对智能诊疗服务尚处于免费体验新鲜期，对诸如远程诊疗、家庭医生签约服务、互联网诊疗等服务的接受度不高。现有案例多数为因诊疗经济压力而被迫接受互联网医疗方式，这些案例在信息技术联通和实际落实程序上受到特殊政策倾斜和绿色通道照顾，导致远程医疗等现代化医疗设施设备在基层无法推广适用，这在一定程度上引发了乡村卫生室和乡镇等基层医疗机构先进智能设备空置率非常高、基层智能云诊车使用率不高等资源浪费现象。

---

① 2011~2022 年宁夏乡镇卫生院数量、医疗机构诊疗人次、乡镇卫生院诊疗人次等数据来自国家统计局官网，http://data.stats.gov.cn/easyquery.htm? cn = E0103，最后访问日期：2024 年 3 月 12 日。

上述现象和问题从基层医疗机构门诊率和住院率近 5 年来提升幅度不高可见一斑。同时，中央和宁夏长期推进分诊分类诊疗制度，但也存在乡村居民认知误区，该制度在乡村地区落地的过程中依然存在认知度低、医疗机构过度医疗和重复检查检验治理难等问题。

三　乡村医疗健康服务体系现代化建设的短板

人力、技术、设施等严重匮乏，让宁夏基层医疗机构长期面临疾病筛查难、诊断难、治疗难和健康保障难等健康诊疗窘境。据统计，2021 年宁夏约 253 万乡村人口，每万人拥有医生或卫生员 31 人，乡镇卫生院 205 个、村卫生室 2159 个[1]，占全区医疗机构总数的 52.33%，但年度出院人数仅占全区年均出院人数的 2.99%。即便是互联网医疗，也同样在体制机制、设施设备、人力物力等诸多方面加大投入力度，改善基层医疗健康设施设备、技术技能等落后的状况。

国家基本公共卫生服务项目规定涵盖了 14 个方面的城乡居民公共卫生服务项目[2]，但是宁夏乡村经济发展、地理条件等受限制，很难全面落实，乡村医疗健康机构配置、设施设备配备、医务人员配置等依然存在很大缺口，其至在县级医院，人员、硬件设施、药品物资等紧缺问题依然严峻，乡村医生一人管千人健康，工作负荷常态化问题严重。同时，随着疾控和公共卫生发展需求的增加，乡村医生工作负荷不断加重。同样，乡村信息化联通质量不高，也导致乡村医疗健康人员健康管理和诊疗服务能力提升路径和资源不多，乡村健康"守门人"的作用越来越被弱化。

虽然科技创新技术已经实现了智能辅助诊疗和患者健康信息数据自动采集，但这需要大量的资金和设备投入，相较于宁夏经济发展状况和财政负荷能力是非常庞大的投入。另外，宁夏乡村地区信息化建设资金缺口较大，新技术、新科技有效赋能基层医疗服务依然存在技术和资金缺口。因

---

[1]　《2021 年宁夏卫生健康统计公报》，http://wsjkw.nx.gov.cn/zfxxgk_279/fdzdgknr/wstjgb/202207/t202207203615847.html，最后访问日期：2024 年 12 月 6 日。

[2]　张灿强、龙文军：《乡村医疗健康服务与健康乡村建设》，载王鸿春、曹义恒主编《中国健康城市建设研究报告（2020）》，社会科学文献出版社，2020，第 104 页。

此，通过数据赋能基层医务人员提升业务能力，显然需要很长时间。

四　城乡融合的乡村医疗健康提升的现代化障碍

医疗信息标准化意味着互联网医疗、智慧医疗、远程医疗等区域信息化程度较高，各类平台对接顺畅无障碍，通常医疗机构横向信息共享需要覆盖 17 个功能。2021 年，全国仅有 15.66% 的机构能做到 7～10 个系统使用。2020 年，宁夏无一家医院入选智慧医院 HIC500 强。[1] 在宁夏 100 余家互联网医疗企业中，80% 以上的企业提供的信息系统标准、规范和流程是不统一的，这就使其承建的医疗机构信息系统技术和应用标准联通存在一定的障碍，需要经过技术和标准统一化处理，才能实现医疗信息数据联通无障碍。

然而，截至 2021 年底，宁夏全区共计 4574 家医疗机构，包括医疗信息人员在内的管理人员仅有 2887 人，其中专业医疗信息管理人员寥寥无几，医疗信息技术复核人才紧缺，这严重影响了医疗健康机构信息标准化建设，使宁夏医疗健康机构信息成熟度提高缓慢，优质医疗资源纵横下沉技术和操作难题多。另外，宁夏全区 102 家二级以上医院中，仅有 37 家建成互联网医院，22 个县（区）中仅有 13 个县（区）建立了智能诊疗系统，这一方面是因为信息化投入资金和人力缺口大，另一方面也是因为实体医院信息化推进跟不上时代发展步伐，现代化治理能力不够。

对于广大乡村地区来说，通过"互联网+医疗健康"实现在家门口享受优质医疗服务资源的渠道只有村卫生室和智能云巡诊车，而宁夏乡村医生在 2021 年的配置率仅为 1.49∶1，再加上县级医院医疗资源短缺依然严重，北上广优质医疗资源下沉乡村还需要克服很多难题，宁夏优质资源下沉乡村困难重重。化解基层"看病难看病贵"的困境，依然需要在乡村医疗健康信息化联通上下大功夫。[2]

线上医疗健康服务的医疗信息数据联通是关键，需要在制度、资金、

---

[1]　吴士勇、胡建平主编《全民健康信息化调查报告——区域卫生信息化与医院信息化（2021）》，人民卫生出版社，2021。

[2]　资料由宁夏回族自治区卫生健康委员会提供。

人力、技术等方面加大投入力度，建设和改造各地各级医疗健康机构信息管理系统、远程医疗平台、全民健康信息平台、互联网医疗服务监管平台等，以实现医疗信息联通。宁夏医疗信息化发展了 20 余年，示范区建设 3 年多，"省—市—县（区）—乡—村"五级医疗信息专网初步建成，距离全面联通还存在人力、技术等诸多难题，据调研，截至 2020 年底，宁夏电子病历规范率达不到 15%。

五　乡村药品供给的现代化发展堵点

药物配售除线上线下自身问题和隐患之外，还存在基层用药数量和品种权限的国家制度限制。此外，宁夏长期面临基层药店规模小、药品少、执业药师短缺和群众"购药远、购药贵、购药安全"的问题，结合医保基层支付不顺畅、处方流转在宁夏大部分地区不顺畅等现实，药品医疗器械供应下沉依然存在技术、制度等诸多难题。

2018 年，国务院办公厅印发的《关于促进"互联网+医疗健康"发展的意见》明确提出，鼓励和支持医疗机构发展互联网医院，支持探索医疗机构处方与药品零售信息共享，探索放开院外处方和第三方配送，打通在线问诊、处方、药品配送到家全流程。[1] 截至 2020 年 9 月底，银川市投入资金 1000 万元，成立了银川处方审核流转中心，实现了与 54 家药店、6 家市属医院和 5 台自助机处方信息互联互通。[2] 可见，此种政府主导建设流转平台的资金投入庞大，对于广大乡村地区来说，涉及物流联通、药品配送专业化、设施设备投入等，在人力、资金和技术上还需要漫长的过程。

同时，实现宁夏广大乡村地区的药品可及性、安全性、有效性，除了需要从制度、技术、人力等方面解决乡村药品储备、供应、流通、监管等诸多问题，还需要解决国家药品供应制度基层权限问题，完善药品供应相关审查制度，在制度层面为基层药品供应安全乃至乡村药品供应经济和安

①　姜晓桐、傅孟元、管晓东、乔家骏：《互联网医院药品供应及保障》，载池慧、李亚子、郭珉江主编《中国互联网医院发展报告（2021）》，社会科学文献出版社，2021。
②　数据来源于银川互联网+医疗健康协会 2020 年 12 月简报。

全提供保障。

第四节　宁夏乡村医疗健康现代化进阶路径

以色列学者艾森斯塔德认为，现代化富有渗透性的一面。[①] 因此，在乡村现代化进程中，我们需要正视和接纳不同领域的现代化的变化趋势，比如乡村人口减少导致人口结构发生变化，现代化对乡村生产生活乃至生态环境产生影响和冲击等，这是中国式现代化建设必然要解决的问题，也是推进"人口规模巨大的现代化、全体人民共同富裕的现代化、物质文明和精神文明相协调的现代化、人与自然和谐共生的现代化"需要突破的障碍，是党和国家改善人民群众生存、生活、生产环境、增进人民福祉要攻克的难题。医疗健康现代化是中国式现代化的基础保障支撑体系的重要内容之一。没有健康，健康中国无从谈起；没有健康中国，中国式现代化便无法实现。乡村医疗健康现代化是健康中国建设的重要内容，是中国式现代化建设的根基。

乡村医疗健康现代化是基层医疗健康服务制度改革和创新转型的过程。对于乡村医疗健康现代化建设来说，构建乡村医疗健康现代化服务体系是提升乡村居民健康水平的核心动力。推进乡村医疗健康现代化的核心目标是实现医疗健康服务均衡发展，关键是通过技术应用手段打破优质医疗资源和病患集中在城市、城乡发展不平衡的局面，构建符合乡村特点的医疗健康服务体系，这需要从政策制度、科技创新、技术推广等宏观外向渠道发力，畅通优质医疗服务资源向基层、向乡村下沉通道。与此同时，需要在乡村信息化建设、医疗健康服务能力、居民新科技应用能力提升等内在驱动上下功夫，营造良好的乡村医疗健康服务环境，进而形成科学合理的乡村医疗健康现代化发展新格局，为乡村现代化发展奠定基础。

---

① S. N. 艾森斯塔德：《现代化：抗拒与变迁》，张旅平、沈原、陈育国、迟刚毅译，中国人民大学出版社，1988，第5页。

一　优化乡村医疗健康政策制度

以现代化建设为导向，健全和完善乡村医疗健康高质量发展制度体系，是构建符合乡村特点的医疗健康服务供给机制的前提。持续深入推进优质医疗服务资源下沉体制机制建设、基本医疗健康服务均等化、医疗健康现代化技术创新应用等层面的制度改革，从乡村医疗健康政策精准定位入手，构建符合乡村医疗健康现代化发展的制度体系，化解乡村优质医疗资源匮乏、医疗健康保障体系不健全的难题。

一是加大乡村居民信息化、数字化、智能化服务实用政策扶持力度，通过政策引导提升数字乡村建设质效，提高乡村医疗健康服务体系和服务能力的现代化水平，为乡村居民提供便捷可及的现代化医疗健康服务。

二是以需求为导向，加强激励性政策体系建设。引导社会资金和人力通过小范围人、财、物集中投入发展（如选取某一人口密集、交通便利、连接周边几个乡镇的乡镇卫生院），以点带面，形成区块化医疗健康现代化提升工程辐射链条，提升周边乡镇及村庄医疗健康现代化发展水平，化解乡村医疗健康现代化投入大、基础弱的难题。

二　以实际需求为导向，完善乡村医疗健康现代化服务体系

人的主观能动性是认识和把握事物的基础，提升乡村居民现代化发展的能动认识，是促进乡村居民适用医疗健康现代化的关键，是乡村医疗健康现代化发展的前提。百姓"千军万马奔三甲"不仅是因为基层医疗机构服务能力弱，还与陈旧的医疗服务消费观有关。建议通过政策引导、技术攻关等转变群众就医消费观，推广普及医疗健康现代化技术创新应用，提升广大乡村地区居民对新技术的接受和适应能力，拥抱新科技，增强对医疗健康新科技应用便捷性和服务质效的认识。

在制度供给上，健全和完善乡村医疗健康现代化发展制度体系。积极制订相关推进实施方案，软件硬件"两手抓"，提升基层医疗健康服务水平；强化基层医疗机构互联网分诊、转诊、报销等乡村普惠政策落地生根，引导广大乡村地区群众正视医疗健康现代化服务的利好；逐步引导广

大群众形成慢性病、常见病、老年病、康复护理等基层复诊就医常态化。

在服务质效上，加大优质资源下沉力度。实施互联网医疗、远程医疗、医联体、医共体，将二级以上医院业务指导和诊疗常态化，提高基层优质医疗资源获取便利度，让百姓放心安心到基层就医。

在观念营造上，构建预防为先、既病防变的健康观，充分利用互联网医疗平台健康咨询、问诊服务、医学科普等应用的宣传作用，扭转群众"有病才治"的就医观念，引导百姓树立疾病预防保健观。

三 提升乡村基本医疗健康保障能力

提高基层医疗机构的服务能力是实现基层基本医疗和公共卫生服务双网兜底功能的重要举措。针对宁夏基层医疗健康服务能力弱的问题，应充分利用"互联网+医疗健康"示范区发展机遇，加强基层医疗健康软硬件建设，夯实基层医疗健康服务基础。

首先，加强基层信息化硬件建设，推进基础设备、智慧智能设施和医疗信息平台等建设，提高基层网络信息化程度，确保互联网医疗、远程医疗、云诊疗平台在基层建起来、用起来、发展起来，努力缩小区域、城乡、层级间医疗健康服务获得渠道和能力的差距。

其次，多举措提升基层卫生人员技能，推进基层"互联网+教育"、远程业务指导和培训、集中培训、流转学习等活动落实，保障基层卫生人员有时间、有机会参与技能提升培训，确保基层卫生人员的信息化、专业化服务能力提升有渠道、有路径实现。

最后，深化基层医疗机构综合改革，发挥基层在疾病患者急诊、分诊、分流、分类中的作用，加强常见病、多发病、慢性病等复诊、康养、护理等业务建设，业务上为基层医疗健康机构加码加担子。提升基层基本医疗和公共卫生服务体系建设能力，加强基层人力、技术等医疗健康保障功能建设，充分发挥基层医疗健康机构健康"守门人"的作用。

四 加强药品乡村下沉流通网络建设

多数乡村居民在经历城市"看病难看病贵"后，容易产生抵触情绪，不愿意去大城市三甲医院看病，但又不得不去大城市就诊，根本原因是许多药物在基层医院买不到。根据现有药品处方审查相关制度，结合大数据审查和健康档案信息内容，发挥线上药品流通和处方审查监督功能，有利于实现药品处方流通全过程监管，提高药品流通的安全性和实用性。

鉴于药品医疗器械的特殊性，不合规药品和医疗器械会对健康造成损害，需要建立严格的药品和医疗器械质量监督、流通监管等体系，建议加强相关制度建设，完善互联网医院药品供应制度和加强监管机制建设。比如，借鉴广东省药学会发布的《互联网医院处方流转平台规范化管理专家共识》，发挥行业专家第三方监督作用，提高药品流转安全水平，加强宁夏互联网药品和医疗器械行业规范以及药学服务质量管理标准制度建设，为宁夏药品下沉提供制度保障。

五　全力推动基层医疗健康信息系统联通

各级各地纵向和医疗机构横向卫生信息系统平台对接顺畅，是实现远程医疗、卫生信息数据共享、分级诊疗等"互联网+医疗健康"便民惠民应用技术发展的关键。因此，建议下大力气畅通医疗健康信息联通渠道，在信息技术应用上、推进策略方案上、平台对接实操上保障医疗信息联通顺畅。

推动社区（乡镇）卫生院信息化互联互通成熟度测试，压实任务完成时间表，限定时间节点，确保基层卫生信息平台向上对接无障碍；重点突出试点医院/区域信息化平台互联互通标准化、成熟度建设，强化平台整体推进、远程诊疗体系、优长重点技术攻关，逐步扩大互联互通成熟度范围；分时间段，联合技术攻关，逐步推进医联体、集团医院、私营医院以及其他医疗机构信息平台联通成熟度建设，确保多平台多云有效融合。

六　持续加强乡村医疗健康信息数据标准化建设

医疗信息数据标准化是医院和区域平台联通共享的基础。加强医疗健康信息数据标准化建设，不仅有利于信息联通，而且对乡村群众健康数据监测、数据应用研发具有十分重要的意义。

提高卫生数据标准化程度，即加强数据质量建设。首先，严格执行国家卫生健康信息元数据标准，不管有没有国际、国家、行业标准，实现患者（居民）诊疗（健康档案）数据兼容都是关键；其次，重点加强宁夏患者（居民）病历（健康档案）标准化建设，不管系统新旧，版本是 1.0 还是 2.0，改造兼容都是关键；最后，重视首诊、基层（尤其是社区/乡镇/乡村）医疗机构病历（健康档案）标准化建设，建立病历（健康档案）标准化规范化督导和奖惩政策制度，全面落实《电子病历基本架构与数据标准》，以实现基层分级诊疗、远程医疗和互联网医疗信息联通。

七　加强优质医疗资源线上线下并举机制建设

未来医疗健康服务总体发展趋势，将是线上线下服务长期共存的发展状态，互联网医疗"流量红利"盘面将不断扩大。强化服务提档升级和信息化建设，是未来宁夏实体医院和互联网医疗发展的必然路径。

首先，加强实体医院与互联网医院之间的信息化应用技术共建，无论是集团医院、医共体、县（区）乃至乡镇（社区）医疗信息一体化建设，还是各类医疗机构信息平台建设，都以应用联通兼容为重点；其次，加强业务互补协作，突出实体医院患者首诊质量，积极推动落实《医疗机构检查检验结果互认管理办法》，构建慢性病、常见病、多发病、老年病等线上线下协同服务体系；最后，加强技术和数据联合应用研发，组建互联网企业技术研发人员和实体医院医疗人才科研团队，联合攻关，提升医疗健康数据应用研发能力，释放大数据红利。

八　增强老年人等特殊群体的医疗健康保障服务能力

"未富先老"是当下宁夏面临的基本现实和发展挑战，更是宁夏乡村振兴和现代化发展的难题。第七次全国人口普查数据显示，宁夏城乡老龄化问题和养老保障问题日益严峻。因此，建议充分利用"互联网+医疗健康"全场景服务生态特征，以及城市康养产业发展优势，通过制度引导，构建城市带动乡村"康养"发展机制，打造城市向乡村"旅游+康养"与乡村向城市"互联网+医疗健康"融合对流发展模式，打造宁夏特色智慧康养产业。一是探索推进集养生、养身、养心于一体的全方位、全流程、全生命周期智慧服务产业发展模式；二是构建集医养、康养、旅游于一体的综合服务体系，推动宁夏中医药保健、健康养生、人工智能等互联网医疗产业发展；三是积极加强顶层设计，构建互联网康养"医+药+险+养"综合服务体系，让老年人老年病有钱医、有药治、有处养，提高老年生活质量。

第十六章
共同富裕背景下乡村义务教育
质量提升路径[*]

孔炜莉[**]

党的二十大报告指出，要"健全基本公共服务体系，提高公共服务水平，增强均衡性和可及性，扎实推进共同富裕"；强调坚持教育优先发展，加快建设高质量教育体系，办好人民满意的教育。共同富裕是全体人民共同富裕，是人民群众物质生活和精神生活都富裕。共同富裕要靠勤劳智慧来创造。让人民群众享受公平而有质量的教育，既是实现共同富裕的基础和重要内容，也是实现共同富裕的重要推动力。义务教育在我国教育体系中居于重中之重的地位，是国家保障民生的公益性事业，是优先发展的基本公共服务事业。提升乡村义务教育质量，缩小城乡义务教育差距，对培养高素质的公民、推进乡村振兴建设、建成社会主义现代化强国、实现全体人民共同富裕具有重要意义。

第一节 教育质量的理论依据和内涵

一 共同富裕背景下教育质量提升的理论依据

长期以来，国家高度重视教育事业的发展，始终将教育摆在优先发展

---

* 本章相关数据资料除特别标注之外，来自宁夏回族自治区教育厅，在此表示感谢。

** 作者简介：孔炜莉，宁夏社会科学院社会学法学研究所研究馆员。

的战略地位。尤其是党的十八大以来，习近平总书记从建设中国特色社会主义的战略高度、以人民为中心的发展思想、坚定不移推进义务教育均衡发展和城乡一体化出发，提出了一系列推进教育事业发展的新理论、新思想、新观点。党的十九大报告提出："建设教育强国是中华民族伟大复兴的基础工程，必须把教育事业放在优先位置，深化教育改革，加快教育现代化，办好人民满意的教育。"① 2018 年，在全国教育大会上，习近平总书记指出，"要努力构建德智体美劳全面培养的教育体系，形成更高水平的人才培养体系"。② 早在福建工作时，习近平总书记就深刻思考了贫困与教育的关系，他在《摆脱贫困》一书中指出："越穷的地方越难办教育，但越穷的地方越需要办教育，越不办教育就越穷。"同时，他提出贫困地区"教育先行"的战略定位，书中提到"古人提出'敬教劝学，建国之大本；兴贤育才，为政之先务'是很有见地的。我们必须站在这样的战略高度上看问题，真正把教育摆在先行官的位置，努力实现教育、科技、经济相互支持、相互促进的良性循环"。③ 教育扶贫是实现教育公平的重要手段，推进教育公平，就要办好公平而有质量的教育。习近平总书记指出："务必把义务教育搞好，确保贫困家庭的孩子也能受到良好的教育，不要让孩子们输在起跑线上。"④ 为此，我们要不断优化教育资源配置，实现教育均等化，要让每个孩子都享有同等的受教育机会，要努力提升教育质量，促进教育发展成果更多更公平地惠及全体人民，让中国全体人民共享优质教育。

二　教育质量的概念和内涵

教育质量是指教育水平高低和效果优劣的程度，最终体现在培养对象的质量上，衡量的标准是教育目的和各级各类学校的培养目标。⑤ 教育质

---

① 习近平：《决胜全面建成小康社会 夺取新时代中国特色社会主义伟大胜利——在中国共产党第十九次全国代表大会上的报告》，人民出版社，2017，第 45 页。
② 习近平：《坚持中国特色社会主义教育发展道路 培养德智体美劳全面发展的社会主义建设者和接班人》，《人民日报》2018 年 9 月 11 日，第 1 版。
③ 习近平：《摆脱贫困》，福建人民出版社，1992，第 129 页。
④ 习近平：《做焦裕禄式的县委书记》，中央文献出版社，2015，第 30 页。
⑤ 顾明远主编《教育大辞典》，上海教育出版社，1998，第 1893 页。

量的确立是一个主观与客观相结合的实践问题。随着社会的发展和人们对教育规律的把握，教育质量的具体内涵表现为特定的教育质量观。我国对教育质量的研究起步较晚，虽然沿袭了西方的研究范式，但我国的文化毕竟与西方存在诸多差异，也就形成了具有中国特色的问题范畴与理论体系。朱益明认为，教育质量是指学生获取的知识技能及价值观与人类和环境的条件及需要所相关的程度，应包括三个内在相关的维度：为教学提供的人与物的资源质量（投入）、教学实践的质量（过程）、成果的质量（产出和结果）等。[①] 靳涌韬、衣庆泳认为，教育质量是过程与状态的统一体，是教育系统所具有的满足个人和社会的明确或隐含的现实性需要的能力的特征，其特征需要通过教育输入、教育过程和教育结果全方位来体现。[②] 教育质量的保障离不开科学合理的监测机制。崔允漷强调，建立国家义务教育质量监测体系的根本目标不在于监测制度的建立或监测本身，而在于义务教育质量保障。[③] 秦玉友根据联合国相关组织的教育质量研究成果，着重分析教育质量概念和分析框架的研究，为教育质量研究提供了国际视野和必要的理论资源。[④] 中国教科院教育质量标准研究课题组认为，对教育质量衡量的核心在于特定类型、特定学段教育目标的实现程度，最终的落脚点在于学生的全面发展。[⑤]

第二节　宁夏乡村义务教育的改革发展

一　持续推进乡村义务教育质量提升

自 1986 年实施教育体制改革以来，宁夏逐步深化基础教育改革，普及九年义务教育，顺利完成"两基"工作。党的十八大以来，人民群众的教

---

①　朱益明：《教育质量的概念分析》，《比较教育研究》1996 年第 5 期。
②　靳涌韬、衣庆泳：《教育质量的内涵与衡量标准探微》，《大连大学学报》2003 年第 5 期。
③　崔允漷：《试论建立国家义务教育质量监测体系的价值》，《教育发展研究》2006 年第 5 期。
④　秦玉友：《教育质量的概念取向与分析框架——联合国相关组织的研究与启示》，《外国教育研究》2008 年第 3 期。
⑤　中国教科院教育质量标准研究课题组：《教育质量国家标准及其制定》，《教育研究》2013 年第 6 期。

育需求从"有学上"向"上好学"转变。在国家政策的引领下，宁夏义务教育进入以"促进公平""提高质量"为教育战略主题的深入发展阶段。2014年，宁夏制定全面改善贫困地区义务教育薄弱学校基本办学条件项目规划，重点对义务教育薄弱学校的基本教学条件、学校生活设施、县镇学校大班额、农村学校教育信息化等方面进行改善。2017年，《自治区人民政府关于统筹推进县域内城乡义务教育一体化改革发展的实施意见》提出，加快推进县域内城乡义务教育学校建设标准、教师编制标准、生均公用经费基准定额基本装备配备标准"四统一"和免除学杂费、免费提供教科书、免费提供自治区统一规定的教辅材料，对寄宿生补助生活费"三免一补"政策城乡全覆盖，明确着力提升乡村教育质量、统筹推进城乡学校标准化建设、优化配置城乡师资等教育质量改革措施。2019年，《自治区人民政府办公厅关于印发进一步调整优化结构提高教育经费使用效益实施方案的通知》提出，"优先保障教育投入，确保一般公共预算教育支出逐年只增不减，确保按在校学生人数平均的一般公共财政预算教育支出逐年只增不减"（以下简称"两个只增不减"），要求优化教育经费结构，重点保障义务教育优质均衡发展，要求始终把义务教育作为教育投入的重中之重，健全完善城乡义务教育经费保障机制，这是支持宁夏教育事业优先发展的重要政策措施。2020年，《自治区人民政府办公厅印发关于推进义务教育优质均衡发展实施方案的通知》提出，全面推进县域义务教育优质均衡发展，进一步缩小义务教育城乡、校际差距，解决人民群众日益增长的优质教育资源需求和不均衡不充分发展之间的矛盾，努力办好每一所学校、教好每一名学生，促进学生德智体美劳全面发展，从此开启了宁夏义务教育优质均衡发展的新征程。随后宁夏回族自治区教育厅积极探索多校协同、区域组团、九年一贯制等多种集团化办学，鼓励优质学校设立分校、委托管理薄弱学校和乡村学校，进而提升乡村学校、薄弱学校的办学质量，不断扩大优质教育资源覆盖面和受益面，整体提升义务教育优质均衡发展水平，让每名学生都享有更加公平更高质量的教育。2021年，宁夏回族自治区党委政府提出实施义务教育质量提升工程，推进义务教育薄弱环节改善与能力提升，加强乡村小规模学校和乡镇寄宿制学校建设，打造"乡村温馨校园"，促进县域义务教育优质均衡发展，做好进城务工随迁子女、农村留守儿童、困境儿童等关爱保护工作，加快构建更加公平更高质量的义务教育体系，力争全区主要发展指标和质量水平走在西部地区前列。

二　闽宁协作促进义务教育发展

自 1996 年起，福建和宁夏开始对口扶贫协作。1996~2021 年，福建省 30 多个县（市、区）、85 个乡镇、134 个村（社区），先后与宁夏 9 个贫困县（区）、105 个乡镇、129 个行政村点对点、一对一开展帮扶，先后选派援宁干部 11 批 183 人、专业人才 2000 多人次到宁夏，福建省级财政援宁投入 19.56 亿元、结对帮扶市县援助资金 7.11 亿元，组织社会团体、爱心企业捐款捐物折合 4 亿多元，全部投向贫困地区。[①]

一是闽宁共建教育结对帮扶协作。习近平总书记指出，"要推进教育精准脱贫，重点帮助贫困人口子女接受教育，阻断贫困代际传递，让每一个孩子都对自己有信心、对未来有希望"。[②] 自 2000 年起，福建与宁夏正式建立教育共建帮扶协作关系，两省（区）每年召开协作联席会议，签订教育对口合作项目协议。福建充分发挥优质学校示范引领作用，促进优质教育资源共建共享。20 多年来，两省（区）教育部门不断创新协作机制，扩大协作规模，开展教育部门、学校、师生等多层次、多领域的交流互访，逐步深化对口协作关系。福建在宁夏贫困地区援建希望小学 200 多所，福州、厦门、莆田等地分别与银川、固原、同心等市（县）建立协作共建关系，组织两地中小学、幼儿园结对帮扶，开展同步课堂建设，推动闽宁基础教育协作从省级部门向基层部门和学校拓展。闽宁教育协作实现了从"输血式"向"造血式"、从基础教育向各级各类教育、从单一支教向全方位帮扶合作的"三个转变"，实现了以强带弱、共同进步，宁夏被帮扶学

---

① 陈润儿：《迈向共同富裕的光辉实践——习近平总书记倡导推动的闽宁扶贫协作模式的经验启示》，《求是》2021 年第 7 期。

② 《习近平在北京市八一学校考察时的讲话》，https://www.gov.cn/guowuyuan/2016-09-09/content_5107047.htm，最后访问日期：2024 年 12 月 5 日。

校的教育质量、师资队伍素质实现稳步提升。

二是建立教师交流和培训协作机制。闽宁实施"牵手工程"，宁夏每年选派校长和骨干教师到福建中小学挂职实践、跟岗培训；福建每年选派名师讲学团赴宁夏讲学，每年选派中小学、幼儿园骨干教师赴宁夏南部 9 县区及银川闽宁镇支教。宁夏教师赴闽跟岗学习、福建选派名师赴宁送培送教等形式，促进了闽宁两地教师的深度交流合作。20 多年来，福建省已选派 22 批 1200 余名优秀教师到宁夏支教，宁夏近 400 名校长赴闽挂职锻炼。[①] 多年的合作推动两地教育协调发展，充分发挥了发达地区名师的引领、示范、辐射作用，有力助推了支教学校管理水平和教育教学质量提升。

三是共建"互联网+教育"学校。福建省教育厅每年增加优质中小学校与宁夏相关学校确定为"互联网+教育"共建学校，每年选派"互联网+教育"和人工智能骨干教师组成的名师讲学团赴宁夏讲学。闽宁两地通过远程同步课堂、专递课堂、微课堂等多种形式开展协同教学，做好教育资源数据对接工作，提升交流层次和内涵。

三　教育信息化促进乡村教育发展

随着信息化、数字化的到来，宁夏借助教育信息化，以其数字化、网络化、智能化的特点和开放、共享、交互、协作的基本特性，大力深化教育改革，提升乡村教育质量，促进城乡义务教育均衡发展。自 2012 年起，宁夏每年投入 5000 万元信息化专项资金，着力推动"三通两平台"建设。2014 年，自治区教育厅制定《宁夏回族自治区教育信息化发展规划（2013—2017 年）》，重点推进城乡教育信息化基础设施建设、优质教育资源开发和应用、信息技术与教育深度融合、教育管理和公共服务能力提升。2016 年，宁夏着力加强城乡中小学校园网络、计算机网络教室、多媒体教学终端、网络功能室等基础设施建设，教育信息化辅助教学管理、应用能力、保障机制等提供参考标准和建设依据。宁夏加快推进教育信息化

---

① 张贺：《以组团选派、集体作战方式开展教育帮扶助力乡村振兴——闽宁携手共写山海教育情》，《中国教育报》2023 年 2 月 16 日，第 1 版。

融合创新发展，建成了全国第一个以省级为单位教育资源公共服务平台（教育云），实现了全区教育公共服务体系平台集中建设，教育数据、教育资源集中城乡共享共用。2018 年，李克强总理在宁夏考察时说，"教育是获取知识、促进起点公平的关键，'互联网+教育'可以让贫困地区孩子也能听到好老师的讲课，开拓他们的眼界，点燃改变人生的火把"。① 宁夏通过打造教育资源公共服务平台，以信息化手段缩小城乡、区域之间的办学差距。宁夏教育信息化取得的显著成效，为宁夏成为全国首个省级建设"互联网+教育"示范区奠定了基础。

2018 年，自治区进一步提升优质教育资源服务效益，促进信息技术与教育教学的深度融合。同年 7 月，宁夏获批成为全国首个也是唯一的省级建设"互联网+教育"示范区，这对宁夏教育现代化快速发展具有里程碑意义。为此，宁夏出台《宁夏回族自治区"互联网+教育"示范区建设规划（2018 年—2022 年）》和《宁夏回族自治区"互联网+教育"示范区建设实施方案》，提出到 2020 年和 2022 年宁夏教育信息化的发展目标，在教育资源共享、创新素养教育、教师队伍建设、学校党建思政、现代教育治理五个方面深入推进义务教育优质均衡发展，缩小区域、城乡、校际、群体差距，实现教育发展水平和人才培养质量跨越式发展。2019 年，自治区党委、政府建立健全信息化创新体制机制，推动形成人才培养、教育服务、教育治理的新模式。"互联网+教育"示范区建设以来，宁夏大力推进"三个课堂"建设，通过加强专递课堂、名师课堂和名校网络课堂建设与应用，扩大优质教育资源覆盖面，指导各地各学校利用在线互动课堂开展在线教学教研活动，推动教育公平和质量提升，缓解薄弱学校教师结构性短缺、开不齐开不足开不好课的状况，推动实现义务教育优质均衡发展。2022 年，推进国家和宁夏平台技术对接、资源融通、应用拓展、模式创新、效益评价等工作，助力教育优质均衡发展，加快形成省域应用特色。多年来，宁夏教育信息化的改革举措为偏远薄弱地区的乡村教育提供了有力支撑，以现代化数字化的方式带动乡村教育的转变，提高乡村教育

---

① 《李克强在宁夏考察》，https://www.gov.cn/premier/2018-06-04/content_5296141.htm，最后访问日期：2024 年 12 月 5 日。

质量。

四 持续加强乡村教师队伍建设

党的十八大以来，在国家教育体制改革的引领下，宁夏持续推进中小学教师队伍建设改革，先后出台一系列政策和措施，逐步完善教师队伍资源配置，优化教师队伍结构，加强教师队伍建设；依托"国培计划""区培计划"等合作培训项目，帮助教师提升信息技术能力；补充农村学校、薄弱学校校长教师数量，提出用3~5年时间实现县（区）域内校长、教师交流轮岗工作制度化和常态化，为优化教师队伍结构、提高教师待遇、完善教师队伍补充机制提供了有力保障。2018年，宁夏全面深化新时代教师队伍建设改革，就加快推进教育现代化、造就高素质专业化创新型教师队伍、办好人民满意的教育提出要求。2021年，针对中小学教师结构性矛盾，宁夏以教师编制动态调整方式创新建立事业编制周转池，在教师总量内统筹调配学校教师编制和岗位数量；将超编的市县以自然减员、转岗分流等方式核减编制，并且及时补充给缺编地区，统筹推进全区中小学教师编制均衡配置；全面实施中小学教师"县管校聘"改革，用2~3年时间，县级政府统一管理学校教职工的编制、岗位、交流轮岗，促进县（市、区）域内城乡教师资源配置更加均衡、结构更加合理。同时，宁夏在全国率先开展"乡村小规模学校教师走教支持计划"。为了营造良好教育教学环境，宁夏制定中小学督查检查评比考核清单等十个方面为中小学教师减负，健全教师工资待遇保障长效机制，全面落实教师减负措施，让教师安心从教、静心育人。

第三节　宁夏乡村义务教育质量提升状况和取得成效

一 义务教育普及水平巩固提高

党的十八大以来，宁夏积极推进义务教育均衡发展，全区义务教育普及水平进一步巩固提高。2018年，宁夏22个县（市、区）全部达到国家评估标准，率先在西部实现以省为单位义务教育基本均衡发展目标。如表

16-1 所示，2021 年宁夏共有普通小学和普通初中 1815 所（含教学点），其中普通小学 1567 所，比 2012 年减少 17.35%；普通小学在校生 60.37 万人，比 2012 年减少 2.33%；小学六年巩固率达到 100.30%，比 2012 年提高 17.36 个百分点。普通初中 248 所，比 2012 年减少 1.20%；普通初中在校生 28.69 万人，比 2012 年减少 1.98%；初中三年巩固率达到 99.60%，比 2012 年提高 9.15 个百分点。普通小学、普通初中生师比分别为 17.25、13.60，比 2012 年下降 4.06%、9.99%。

表 16-1 宁夏义务教育发展情况

年份	学校数（所）		在校生（万人）		巩固率（%）		生师比	
	普通小学	普通初中	普通小学	普通初中	小学六年	初中三年	普通小学	普通初中
2012	1896	251	61.81	29.27	82.94	90.45	17.98	15.11
2016	1536	245	58.28	27.47	94.00	93.00	17.09	13.92
2017	1353	247	58.14	27.92	96.02	95.02	16.98	13.84
2018	1250	244	58.15	29.05	99.86	97.72	16.86	14.19
2019	1731	252	58.41	29.88	100.30	99.80	17.00	14.50
2020	1633	247	59.24	29.26	100.30	99.60	17.52	14.15
2021	1567	248	60.37	28.69	100.30	99.60	17.25	13.60

资料来源：《宁夏教育统计手册》（2012 年、2016~2021 年）、《宁夏回族自治区教育事业发展统计公报》（2012 年、2016~2021 年）。

二 持续改善乡村学校办学条件

1. 加强乡村小规模学校和乡镇寄宿制学校建设

"十三五"期间，宁夏推动义务教育从基本均衡向优质均衡转变，大力实施全面改善义务教育薄弱学校基本办学条件、义务教育薄弱环节改善与能力提升项目，着力搞好乡村小规模学校和乡镇寄宿制学校建设，推进乡村小规模学校相对集中办学；严格以国家规定的优质均衡标准办学，新建改建义务教育薄弱学校校舍 59.59 万平方米，完成了 1300 多所义务教育薄弱学校和教学点的改造任务。薄弱学校的办学条件、生活设施大为改善，乡村中小学校结束了火炉取暖、土操场上体育课的历史，内涵建设稳步加强。宁夏深入实施"危险校舍清零"行动，对 469 所 50 人以下小规模学校校舍安全进行排查鉴定，对排查出的 C 级危房实行"一校一案、一楼一策"整改，D 级危房全部实现动态清零；实施乡村教育振兴行动计划，开展"乡村温馨校园"创建活动，加快推进乡村校园建设。各地着力把乡村校园校舍等硬环境与精神文化等软环境结合起来，打造环境优美、安全舒适的乡村学校，确保乡村孩子享有公平且有质量的教育。石嘴山市惠农区简泉小学是一所生态移民学校，建有 3 栋教学楼和 12 个功能室，配有净化饮水系统、交互式电子白板多媒体教学系统、可调节课桌椅、护眼灯等基础设施，为学生提供了健康舒适的学习、生活环境。宁夏总结推广乡村校园典型案例和创新结验，充分发挥示范带动作用。

2. 推进乡村数字校园建设

作为全国首个省级建设"互联网+教育"示范区，宁夏率先在全国建成覆盖义务教育的省级智能化教育云平台，大力推动"三个课堂"的全覆盖建设与常态化普及，以信息化手段推动优质教育资源向乡村学校倾斜，缩小城乡、区域之间的办学差距，深入推进义务教育优质均衡发展。近年来，宁夏筹集资金 12.43 亿元，全面推进"互联网+教育"示范区基础网络建设。如今，宁夏城乡所有学校均接入互联网，学校实现 200M 以上互联网带宽接入率、班级数字设备配备率、学校互动教室普及率、数字校园建设覆盖率等全部达到 100%，实现优质教育资源城乡全覆盖。宁夏教育云平台整合 4800 万件优质数字教育资源并免费开放，全区所有乡村中小学校都可以在教育云上共享覆盖义务教育全学段各学科的优质教育资源，86% 的区内学校与区外优质学校跨省互助，已累计开展互动教学近 50 万节①，通过网络乡村每所学校均能实现与优质学校"同上一堂课"，均能使用"云"上资源开展信息化教学。

宁夏通过跨省联带、强弱帮带、中心拖带等互助模式，构建国家、自治区、市、县（区）、校五级贯通联动的智慧教育平台体系，建立优质学校和薄弱学校对口帮扶的集团化办学机制，1500 多所优质学校和乡村薄弱

① 高菲：《奋力书写宁夏教育事业的时代答卷》，《宁夏日报》2022 年 8 月 25 日，第 4 版。

学校进行网上结对帮扶，实现优质教育资源的互通共享，打破城乡、区域、校际的教学壁垒，形成了首都托首府、城市托县城、县城托乡镇、乡镇托村组的互助发展格局，有效缓解了乡村薄弱学校教学质量不高、教师结构性短缺等问题，有力促进了教育向数字化转型和高质量发展迈进，推动城乡义务教育一体化发展。宁夏中南部县区实施乡村学校网络在线课堂"一托二""一托 N"等模式，建立统一的课程、教学和评价体系，打造学校发展共同体模式，真正把优质教育资源传递给偏远乡村学校。固原市下辖四县一区已全部通过了自治区"互联网+教育"达标县（区）验收。全市拥有自治区教育信息化示范校 12 所、"互联网+教育"标杆校 17 所，建成录播教室 149 间、智慧教室 187 间、创客教室 26 间、VR 教室 10 间。全市 675 所学校建成在线互动课堂 1131 间（其中主课堂 475 个、辅课堂 656 个），辐射带动百人以下乡村薄弱学校 317 所。[①] 新冠疫情期间，全区各地充分利用教育云平台保证乡村教学线上线下有效衔接，保障学生停课不停学，乡村中小学线上教学平稳有序，有效推动智能时代宁夏教育发展的深刻变革。

三　保障学生享受公平的教育权益

与 2016 年相比，2021 年全区农村进城务工人员随迁子女在校情况略有变动，义务教育阶段随迁子女 9.84 万人，占全区在校生总数的 11.05%，普通小学、初中就学的随迁子女分别增长 2.69% 和 3.87%（见表 16-2），在教育部门学校就读的占 98.6%。宁夏创新义务教育入学流程，全力保障进城务工人员随迁子女入学。2021 年，银川市兴庆区新增学位 1 万多个，满足了本地学龄人口和随迁子女的就学需求，实现了进城务工人员随迁子女在城镇入学"零门槛"，保障了乡村学生"上好学"。宁夏全面落实义务教育有保障底线任务，扎实做好控辍保学工作，实现辍学学生常态化动态清零。2022 年，国家和宁夏回族自治区投入专项资金 8.8 亿元，资助学生 46 万人次，保障困难家庭学生"应助尽助"，实现义务教育阶段适龄儿童

---

① 蒲海生：《固原市：让更多孩子享有公平而有质量的教育——固原市探索信息技术与教育教学深度融合纪实》，《宁夏教育》2021 年第 11 期。

不失学辍学，努力让贫困地区的孩子接受更好的教育。宁夏对全区留守儿童和困境儿童进行摸底排查，并建立数据库。2021年，全区中小学共有留守儿童0.45万人（见表16-2），普通小学和普通初中在校生人数分别比2016年减少了65.26%、70.00%，下降幅度比较大。全区各中小学校均建立了留守儿童关爱服务体系，留守儿童关爱室建设基本实现全覆盖。宁夏在全国率先实施"农村义务教育学生营养改善计划"，每年惠及近80%贫困地区义务教育学生，被教育部作为"宁夏模式"向全国推广。石嘴山市惠农区简泉小学分类施策，实施减免校车乘坐费用、建立"微善之家"积分超市奖励兑换政策满足孩子就学需求，义务教育阶段共资助学生202名。学校创建"党员+青年教师志愿者"帮扶关爱模式，常态化开展送教上门和"一对一"结对帮扶等活动。

表16-2　农村进城务工人员随迁子女和留守儿童在校情况

单位：万人

年份	普通小学在校生		普通初中在校生	
	随迁子女	留守儿童	随迁子女	留守儿童
2016	6.68	0.95	3.10	0.40
2021	6.86	0.33	2.98	0.12

资料来源：《宁夏教育统计手册》（2016年、2021年）。

四　加强乡村教师队伍建设

1. 城乡中小学教师队伍现状

宁夏高度重视城乡中小学教师队伍发展，经过历届自治区党委和政府的大力支持、全区教育战线的不懈努力，形成了一支持续稳定发展的教师队伍。从数量规模看，截至2021年底，宁夏共有中小学专任教师5.61万人，其中，小学城镇专任教师2.46万人、乡村教师1.04万人，普通初中城镇专任教师1.83万人、乡村教师0.28万人。从学历层次看，小学教师拥有本科及以上学历的比例由2016年的55.31%提高到2021年的69.94%，提高14.63个百分点；普通初中教师的比例由91.59%提高到94.27%，提高2.68个百分点（见表16-3）。从宁夏和全国水平比较看，宁夏义务教育阶段专任教师本科及以上学历比例一直高于全国水平，但是二者之间的差距呈逐年缩小趋势，小学教师的比例差值由 2016 年的 4.89 个百分点下降到 2020 年的 0.55 个百分点，普通初中教师的比例差值由 2016 年的 9.12 个百分点下降到 2020 年的 5.41 个百分点（见表 16-3）。2022 年，宁夏以事业单位招聘、特岗教师、公费师范生等方式补充教师 1500 余名，通过多种方式引导中小学优秀校长、教师向乡村学校流动，比例达 37% 以上；选派 300 多名优秀教师开展支教活动，进一步充实乡村学校师资队伍。2016～2021 年，宁夏城乡中小学教师队伍不断壮大，学历结构明显优化，特别是拥有本科及以上学历的教师比例呈逐年上升趋势，并且一直高于全国平均水平，为纵深推进高素质专业化教师队伍建设提供了强有力的基础保障。

表 16-3 2016～2021 年宁夏中小学教师本科及以上学历占比情况

单位：%

	2016 年	2017 年	2018 年	2019 年	2020 年	2021 年
宁夏小学	55.31	57.96	60.97	63.80	66.55	69.94
全国小学	50.42	55.07	59.12	62.51	66.00	—
宁夏普通初中	91.59	91.77	92.65	93.26	93.97	94.27
全国普通初中	82.47	84.63	86.22	87.35	88.56	—

资料来源：《宁夏教育统计手册》（2016～2021 年）、《教育统计数据》（2016～2021 年）。

2. 乡村中小学教师队伍建设改革成效

为了推进城乡教师队伍的均衡发展，宁夏全面实施中小学教师"县管校聘"改革，将中小学教师队伍建设作为重点改革任务，推行学校教职工由县级政府统一管理模式，实现教师由"学校人"向"系统人"转变。全区共有 20 个县（市、区）全面完成改革任务，参与竞聘上岗教师 5.7 万余名，其中跨校竞聘 2878 人，城区学校和农村学校教师双向交流人数达 2900 余人，210 名县城教师聘用到乡村学校任教，有效促进了优质教师资源均衡配置，激发了教师队伍活力，是全国少数以省为单位推进"县管校聘"管理改革的省区之一。宁夏在全国率先创新实施乡村小规模学校教师走教支持计划，鼓励城镇骨干教师到乡村小规模学校走教，城乡教师队伍改革的综合效应逐步显现。

一是城乡教师编制供给明显增加。近年来，宁夏加快解决城乡中小学教师编制短缺问题，采取特岗教师招聘、公费师范生培养等方式持续扩大教师招录规模，通过建立事业编制周转池对教师编制进行动态调整，在总量内最大限度盘活调配教师编制和岗位数量，实现了教师资源跨地区、跨层级、跨部门的统筹管理和动态使用。2021年，宁夏向缺编严重的市、县（区）及教育厅直属中小学校下达编制 3200 多个[①]，有效缓解了城乡中小学教师地域分布不均衡和结构性短缺问题。二是城乡教师教学压力有所减轻。2016~2021 年《宁夏教育统计手册》数据显示，城镇小学生师比由 19.03 提高到 19.1，乡村小学生师比由 14.12 下降到 12.86，城镇普通初中生师比由 14.57 下降到 14.05，乡村初中阶段生师比由 10.88 下降到 10.64。可以看出，乡村中小学生师比呈下降趋势，城乡普通初中生师比自 2019 年起连续两年下降，教师队伍建设改革取得明显成效，教师教学压力有所减轻。三是城乡教师队伍活力不断增强。2016~2021年，小学阶段的城镇学校师班比由 2.58 下降到 2.43，乡村学校由 1.81 提高到 1.94，二者差距逐步缩小，由 0.77 下降到 0.49。普通初中阶段的城镇学校师班比由 3.53 下降到 3.50，乡村学校由 3.96 下降到 3.88，普通初中师资规模保持着乡村大于城镇状态。这说明实施"县管校聘"改革促进了城乡教师的轮岗流动，对提升乡村教育教学能力和教育质量作用明显。

第四节　宁夏乡村义务教育质量提升存在的问题

一　城乡义务教育差距仍然明显

虽然宁夏通过各种手段扩大优质教育资源覆盖面，促进城乡一体化发展，提升乡村教育质量，但是乡村学龄人口的流失加剧了政府优质教育资

---

① 《宁夏统筹优化编制资源配置实现中小学教职工编制全面达标》，http://www.nxjgbz.gov.cn/gzdt/202203/t20220304_3364080.html，最后访问日期：2024 年 3 月 1 日。

源向城市倾斜，加上各地经济发展水平的影响，对乡村教育资源的投入仍然存在一定的地域差异，这使城乡教育质量、办学效益存在较大的差距。全区教育资源供给与人民群众需求之间仍不平衡，乡村学校在基础设施建设、改善办学环境等方面还存在诸多短板，与建设目标相比仍有一定距离。如"互联网+教育"示范区建设，虽然宁夏教育系统网络宽带普遍提高，但是全区区域、城乡之间的信息化建设水平不均衡，数字化校园建设有较大差别，有的地区使用千兆、万兆教育专网，有的地区互联网带宽500M，还有的带宽200M。全区各个学校网络带宽建设高低不同，网络速度不顺畅，数字化设备不统一，造成对接学校之间信息传输不对等，加上乡村学校网络硬件设备滞后，网络声像信息不能迅速快捷地通过网络传递，造成接收信息时有课堂延时、卡顿现象，影响网络课堂同步教学效果，不能有效满足学生的教育需求。

二　乡村义务教育日趋弱化

1. 乡村学校日渐减少

随着经济社会的发展，宁夏城镇化建设日益加快，城镇化水平呈现加速提高趋势。近年来，宁夏的乡村人口不断向城镇尤其是中心城市流动。第七次全国人口普查数据显示，2020 年，宁夏在城镇居住的人口为 467.87 万人，占 64.96%；居住在乡村的人口为 252.40 万人，占 35.04%。与 2010 年相比，乡村人口减少了 75.9 万人，比重下降 17.06 个百分点。如今，家长对子女教育的需求从"有学上"转变为"上好学"，城镇优质教育资源加快了乡村学龄人口流向城市。2021 年，宁夏乡村小学 710 所（不含教学点），比 2016 年减少 37.94%；乡村小学共有班数 5349 个，比 2016 年减少 28.17%；乡村在校生为 13.32 万人，减少 30.12%（见表 16-4）。近年来，随着乡村学龄人口的逐年减少，乡村小学数量、班级数量、在校生数量也逐年减少，而城镇小学则逐年增长。城乡学校结构差异较大，形成"城镇挤、农村弱"现象。尽管宁夏不断将教育资源向乡村倾斜，但是乡村学校的发展仍然举步维艰。

表 16-4　宁夏乡村小学发展状况

年份	学校数（所）		教学点（个）		班数（个）		在校生（万人）	
	城镇	乡村	城镇	乡村	城镇	乡村	城镇	乡村
2016	392	1144	30	394	7899	7447	39.23	19.06
2021	419	710	21	417	10135	5349	47.05	13.32

资料来源：《宁夏教育统计手册》（2016 年、2021 年）。

2. 小规模学校数量大幅增加

近年来，宁夏为了适应乡村偏远地区的教育发展而设置的小规模不完全学校数量明显增多。除了乡村学校、班级、在校生，只有乡村教学点呈增长趋势。2021 年，全区共有教学点 438 个，其中乡村教学点 417 个，占95.21%，较 2016 年增长了 5.84%（见表 16-4）。作为宁夏人口输出主要城市的固原市共有小学教学点 292 个，占全区的 66.67%，比 2016 年增加了 109 个，占比提高了 23.51 个百分点。其中，增幅最大的彭阳县的教学点由 12 个增加到 97 个，增长了 7 倍。迁移到城镇的学生家庭经济条件比较好，留在乡村小规模学校的学生多数为留守儿童、单亲家庭子女、重组家庭子女，大部分由单亲父母或爷爷奶奶看管。由于家庭教育缺失，他们不能养成良好的行为习惯，学习成绩也相应地受到影响。

三　乡村教师资源配置存在的问题

目前宁夏中小学教职工编制已实现总量达标，符合全国统一的中小学教职工编制标准。但乡村学龄人口大量流入城镇，义务教育阶段学龄人口在城乡区域空间重新分布，城乡区域间教师资源分布、教师结构不均衡矛盾凸显。特别是在教师编制总量控制的情况下，乡村学校存在"师多生少""超编缺人"等重重矛盾，与加快推进教育现代化的目标要求还有差距。

1. 乡村教师队伍不稳定，"师多生少"矛盾凸显

2019~2021 年，宁夏城乡中小学教师流动性比较大，乡村中小学调出教师数量明显多于调入教师（见表 16-5）。乡村中小学教师数量持续减少，教师队伍稳定性不足。目前宁夏乡村中小学"师多生少"问题较为普

遍，与城镇中小学"师少生多"形成鲜明对比。以小学为例，2021年宁夏乡村小学生师比为12.86，比2016年下降了1.26，低于全区平均水平4.39个百分点。固原市小学生师比由2016年的14.88下降到14.65，低于全区平均水平2.6个百分点。在大量乡村学龄人口迁移的同时，大多数教师仍然坚守在原来的教育岗位上，平均每名乡村教师负担的学生逐年减少，教师数量相对于日益减少的学生数量"明显过剩"。

表16-5 2019~2021年宁夏城乡中小学教师变动情况

单位：名

年份	地区	小学		普通初中	
		调入	调出	调入	调出
2019	城镇	2350	2134	1310	1175
	乡村	1441	1986	254	402
2020	城镇	2250	1893	1160	933
	乡村	1245	2000	172	346
2021	城镇	2742	2102	1375	1215
	乡村	1399	1723	231	348

资料来源：《宁夏教育统计手册》（2019~2021年）。

2. 乡村小学"超编缺人"问题突出

从宁夏目前核定的乡村小学教师编制数量和教师配备情况看，"超编缺人"和学科教师结构性短缺是乡村小规模学校面临的现实问题，影响着乡村学校后续发展。一方面，乡村小学教师超编问题较为突出。2021年，宁夏13个市、县（区）中小学教职工超编4000余名[①]，特别是宁南山区存在县域内教师整体超编现象。原州区拥有10名及以下学生的教学点有16个，配备教师22名，按国家生师比标准核定，每所学校都再无教师编制可以增加。另一方面，乡村小学教师结构性短缺问题依然突出。许多学校普遍缺乏专职音体美、科学、信息技术和心理健康等教师，难以满足学生多样化的知识需求。红寺堡区现有200人以下小规模学校40所，按生师

---

① 《宁夏统筹优化编制资源配置实现中小学教职工编制全面达标》，http://www.nxjgbz.gov.cn/gzdt/202203/t20220304_3364080.html，最后访问日期：2024年3月1日。

比配备教师 236 名，为了确保开齐开足课程，需要配备 480 名教师，又陷入超编局面。

3. 中小学教师负担日益繁重

按照现有国家课程设置要求，乡村中小学班级的教学工作量不会因学生数量的减少、班级规模的变小而发生改变。目前宁夏大部分乡村教师身兼数职，同时教授跨年级、跨学科的多个班级、多门课程，教师平均教育教学工作总量偏大。除了承担授课任务，大部分乡村教师还要承担安全、信息化、送教上门、教育扶贫以及留守、贫困儿童的生活关爱和家庭特殊儿童的心理疏导等工作，应对名目繁多的行政事务，无形中增加了教师的工作量，很多教师为此感到身心疲惫，长此下去容易产生职业倦怠情绪。

4. 教师队伍结构"老化"现象严重

近年来，宁夏乡村小学教师队伍吸纳年轻教师的数量呈减少趋势，小学新聘教师规模缩小且教师年龄"老化"现象突出。据统计，宁夏乡村小学 29 岁及以下教师占比由 2016 年的 26.35% 下降到 2021 年的 16.22%，下降了 10.13 个百分点；50 岁及以上教师占比由 14.47% 增加到 20.17%，提高了 5.70 个百分点。原州区 29 岁及以下教师占 19.71%，50 岁及以上教师占 30.37%，高出年轻教师比例 10.66 个百分点；10 人及以下的 16 个教学点中，半数以上教师的年龄在 50 岁以上。由于缺乏中青年骨干教师，乡村教育理念转变和教学方法创新明显落后于城镇学校。

第五节　提升宁夏乡村义务教育质量的行动路径选择

一　创新优质资源互通共享，促进城乡教育均衡发展

针对城乡义务教育发展不均衡问题，各地要紧密结合当地地理特征、交通资源、城镇化进程、人口生育政策实施和城乡学龄人口流动变化等因素，统筹整合优化基础教育资源布局，并适度向乡村义务教育倾斜。宁夏从城乡教育一体化、提升乡村教育质量出发，依托宁夏教育云平台，缩小

区域、城乡间网络带宽差距，对接畅通从国家到乡村不同层次之间的教育资源渠道，形成从国家到乡村、从城市到乡村纵横交错的网络体系，深化"三个课堂"的建设与应用，实现乡村与全国各地学校、学科、教师之间优质教育资源融会贯通、互通共享。推进集团化办学，完善宁夏城乡学校对口支援、强校带弱校新校等办学机制，进一步推进城乡、校际的帮扶共建，加大城乡共建共享力度，有效解决乡村教育发展不均衡不充分等问题。继续保障全面改善义务教育薄弱学校基本办学条件、义务教育薄弱环节改善与能力提升等项目资金支持，建立校舍安全保障和教育教学设施设备补充更新长效机制，推进乡村学校标准化建设，着力改善乡村学校基本教学条件，全面落实义务教育学校管理标准，提高办学质量。

二 坚持城乡一体化发展，科学优化乡村义务教育学校布局

乡村教育要实现高质量发展，需要结合共同富裕战略，深化乡村教育综合改革，在战略层次上坚持城乡一体化思维，实现由"量的增长"向"质的提升"转变[①]，探索宁夏乡村教育质量提升的新路径。《国务院办公厅关于全面加强乡村小规模学校和乡镇寄宿制学校建设的指导意见》强调，农村学校布局既要有利于为学生提供公平、有质量的教育，又要尊重未成年人的身心发展规律、方便学生就近入学。《自治区人民政府办公厅关于印发宁夏回族自治区教育事业发展"十四五"规划的通知》强调，要完善中小学布局规划制度和学校布局调整机制，推动建立与新型城镇化发展和乡村振兴战略相适应的学校布局。宁夏各级政府要站在城乡一体化发展的高度，合理规划学校布局，持续优化乡村学校建设布局。按照乡村人口迁移规律，在有利于推进乡村振兴发展、确保学生上学便利的基础上，科学确定乡村中小学服务半径、办学规模、资源配置，要将各地经济发展水平、地形地貌和人口密度的差异性纳入参考范围，对于一些具有较高文化价值、文化特色的乡村，应充分考虑乡村文化保护与传承的因素。[②] 推

---

① 邬志辉：《中国农村教育发展的成就、挑战与走向》，《探索与争鸣》2021年第4期。
② 金志峰、庞丽娟、杨小敏：《乡村振兴战略背景下城乡义务教育学校布局——现实问题与路径思考》，《北京师范大学学报》（社会科学版）2019年第5期。

动乡村学校相对集中办学，但对确需保留的乡村学校要保留，防止学生失学辍学；要不断满足群众对高质量教育的需求，以教育振兴带动乡村全面振兴。

三　促进乡村小规模学校走内涵式发展道路

统筹推进城乡义务教育一体化发展，必须高度重视乡村小规模学校建设。应抓住国家打造"乡村温馨校园"机遇，将乡村小规模学校发展重心转向内涵式发展。乡村小规模学校需要与当地社区、环境相结合，因地制宜发掘自身优势，打造小而美、小而优的地方特色学校。要尊重儿童的生活经验与原有认知基础，将乡村教育与生活、文化、生态联系起来，充分汲取地方资源，构建具有地方特色的教学课程体系。建设学校特色文化，整合乡村社区资源，形成品牌优势。[①] 根据小班教学特点，乡村小规模学校要改变普通的授课方式，突出线上、线下个性化教学和针对性辅导，以"五育并举"丰富课堂内容，通过形式多样的教学方式激发学生的学习兴趣，提升学生的综合素养。

四　优化城乡中小学教师资源配置，提升乡村教育质量

1. 加快完善教师编制调整机制，有效满足教学需求

严格落实《新时代基础教育强师计划》，在全区教师编制总量内盘活用好现有事业编制资源，按照标准核定并动态调整教师编制。综合考量生师比、班师比、教师工作量以及跨年级、跨学科教学等多种因素核定教师编制标准，运用考录招聘、"三支一扶"等多种方式增加教师总量，着力破解义务教育阶段教师编制供给短缺困境。建议完善中小学教师编制全区统筹和跨区域动态调整机制，按照"严控总量、盘活总量、动态调整和增减平衡"的原则，结合市、县（区）学校布局调整、不同学段中小学生规模变化等情况，科学确定调整时限，对全区中小学教师编制进行有时段的动态调整，进一步提高编制使用质效。

---

① 宗晓华：《城乡义务教育差距与共同富裕》，《教育经济评论》2022 年第 3 期。

2. 全面推进教师队伍体制改革，提高乡村教学质量

在全区实施"县管校聘"基础上，全面推进乡村小规模学校教师走教支持计划，完善长效运行机制，加大乡村中小学音体美、信息技术、心理健康等学科教师补充力度，加强城镇优秀教师、校长向乡村学校、薄弱学校流动，扩大优质资源覆盖面，提升乡村中小学校育人能力。完善城乡教师交流轮岗激励机制，加大教师跨校、跨学段、跨学科交流力度，将到农村学校或薄弱学校任教1年以上作为申报高级职称的必要条件，将到农村学校或薄弱学校任教3年以上作为选任中小学校长的优先条件。城镇教师、校长在乡村交流轮岗期间按规定享受乡村教师相关补助政策。在专项津贴、相关补助、发展空间等方面加大改革力度，增强教师交流轮换机制的吸引力，实现城镇交流教师与乡村学校的需求供给高匹配，促进城乡教师更好跨校交流。①

3. 定向培养小学全科型教师，建强乡村教师队伍

教育部等五部委联合印发的《教师教育振兴行动计划（2018—2022年）》提出，"通过公费定向培养、到岗退费等多种方式，为乡村小学培养补充全科教师，为乡村初中培养补充'一专多能'教师"。国家政策提倡把乡村教师培养成"全科型""一专多能"教师，乡村教师要同时能够教授两门以上课程，成为具有多学科教学能力的全科型人才。过去我国中等师范教育培养的小学教师基本上是全科型的，语文、数学、音乐、体育、美术等各门学科都可以教。从国际经验看，小学教师大多是全科教师，尤其是小学低年级多采取全科教学。从国内情况看，近些年山东、重庆、甘肃等省份积极探索培养全科师范生，培养乡村小学全科型教师，对缓解乡村教师队伍结构性短缺、促进乡村教育质量的提升起到了积极作用。建议宁夏制定小学全科型教师专项培养计划，通过公费师范生培养计划定向委托培养等方式，每年为乡村各类小学培养补充一批能胜任多门课程教学任务的全科型教师，使乡村学校拥有更多科学知识丰富、专业结构合理的高质量教师队伍，确保乡村小学教师队伍稳定，逐步提高乡村小学

---

① 李国强、李志远：《城乡教师跨校交流中的匹配策略——基于"个人-组织匹配"的调查研究》，《华东师范大学学报》（教育科学版）2021年第4期。

教育质量。实践证明，小学全科教师有热爱乡村教育的情怀，能适应乡村学校小规模教学，能打破学科分科界限，能实现课程整合并实施融合教育，能够对学生进行全景式教育。小学全科教师以其对乡村文化的理解与认同，深深地影响着在乡村读书的孩子与家庭，甚至可以改变乡村教育生态。[1]

---

[1]　张艳、程艳霞：《小学全科教师助力乡村振兴》，《中国教育报》2021 年 12 月 20 日，第 10 版。

图书在版编目（CIP）数据

新社会转型的理论与实践：宁夏农村现代化与共同富裕建设和探索 / 王春光等著 . --北京：社会科学文献出版社，2024.12. --（中国社会科学院国情调研丛书）. --ISBN 978-7-5228-4244-8

Ⅰ. F327.43

中国国家版本馆 CIP 数据核字第 2024PB3673 号

中国社会科学院国情调研丛书

新社会转型的理论与实践

——宁夏农村现代化与共同富裕建设和探索

著　　者／王春光　李保平 等

出 版 人／冀祥德
责任编辑／孟宁宁
责任印制／王京美

出　　版／社会科学文献出版社·群学分社（010）59367002
　　　　　地址：北京市北三环中路甲 29 号院华龙大厦　邮编：100029
　　　　　网址：www.ssap.com.cn
发　　行／社会科学文献出版社（010）59367028
印　　装／三河市龙林印务有限公司

规　　格／开 本：787mm×1092mm　1/16
　　　　　印 张：25.75　字 数：393 千字
版　　次／2024 年 12 月第 1 版　2024 年 12 月第 1 次印刷
书　　号／ISBN 978-7-5228-4244-8
定　　价／158.00 元

读者服务电话：4008918866